LEVERKUS · DIE RASANTEN MOTORRÄDER DER 60er JAHRE

Ernst Leverkus

Die rasanten Motorräder der 60er Jahre

Motorbuch Verlag Stuttgart

Einband- und Umschlagkonzeption: Siegfried Horn
Umschlagzeichnung: Caro Demand

Fotos: Ernst Leverkus, Archiv Inge Rogge, Volker Rauch (1). Zeichnungen und Diagramme: Ernst Leverkus,
»Das MOTORRAD«, Werkzeichnungen.

ISBN 3-87943-952-4

1. Auflage 1983
Copyright © by Motorbuch Verlag, Postfach 1370, 7000 Stuttgart 1.
Eine Abteilung des Buch- und Verlagshauses Paul Pietsch GmbH & Co. KG.
Sämtliche Rechte der Verbreitung – in jeglicher Form und Technik – sind vorbehalten.
Satz und Druck: Schwabenverlag, 7302 Ostfildern 1 (Ruit)
Buchbinderische Verarbeitung: Verlagsbuchbinderei Karl Dieringer, 7000 Stuttgart.
Printed in Germany.

Inhalt

Vorwort

In alter Motorrad-Literatur sind nicht sehr oft eindrucksvolle Schilderungen von den Fahrleistungen früherer Maschinen zu finden. Vielleicht in alten Testberichten. Aber dort ist nichts vom Erlebnis selbst erwähnt, das man mit einer Vierzylinder-Windhoff von 1929, mit einer Brough Superior SS 100 von 1935 oder mit einer BMW R 5 von 1939 haben konnte. Aufzählungen technischer Daten und Besonderheiten gibt es viele, aber wie eine Zündapp K 800 beispielsweise die alte Blaukopf-Rennstrecke bei Königstein hinauftanzte oder hinunterrutschte, wenn es naß war und man 80 km/h solo mit dem starren Schalenrahmen-Vierzylinder-Roß drauf hatte (1933 bis 1938 gebaut und leer fast 200 kg schwer), wobei der lange Handhebel der Viergang-Kugelschaltung einem dauernd irritierend an den Stiefelschaft trommelte und der Dampfer langsam immer weiter auf dem Halbrund der Straße nach rechts außen zum Sandstreifen hin trudelte – genau so etwas findet man nur selten irgendwo beschrieben.

Und gerade bei Motorrädern, die in irgendeiner Form Geschichte machten, möchte ich auch etwas vom Fahren und vom Erlebnis wissen. Ich möchte mir das vorstellen können, die Geschwindigkeit, das Fahrverhalten, die Leistungscharakteristik des Motors, die Probleme mit dem Ding beim Schrauben und Pflegen.

In meiner Geschichte über die tollen Motorräder der 50er Jahre habe ich schon versucht, aus dem eigenen Erlebnis der damaligen Maschinen heraus meinen Freunden nahezubringen, wie denn so eine Fox beispielsweise auf einem Sandweg der Lüneburger Heide ging, oder wie das Gefühl war, mit einer KS 601 eine Steigung hinaufzuröhren. Und daß zu einem richtigen Motorrad keine trockene Zahlen- und Datenaufzählung gehört, das habe ich probiert zu schildern.

Nun geht es um die wichtigen Motorräder zwischen 1960 und 1970, aber dazu gehört auch die Situation in der Umwelt, in der wir diese Maschinen gefahren haben.

Ob das die Straßen- und Verkehrsverhältnisse waren, die wirtschaftlichen Probleme, die technischen Anforderungen oder die neu aus dem Fernen Osten heranstürmende japanische Konkurrenz – die Motorräder dieser zehn Jahre kann man nur in diese Ereignisse und Verhältnisse hinein stellen, um ihre Technik, Fahrleistung und um das Erlebnis zu verstehen, welches mit ihnen verbunden war.

Eine Honda CB 72 kann sich niemand richtig vorstellen, der dabei nicht auch die Dinge aus ihrer Umwelt 1962 berücksichtigt. Unsere heutigen Motorradfahrer haben bestimmt keine Möglichkeit mehr, hinter unsere damalige Begeisterung zu kommen, wenn sie so eine Maschine nun in die Umwelt der 80er oder 90er Jahre stellen würden. Das muß man versuchen herauszuschälen.

Es gibt vielleicht Menschen, die Freude und Begeisterung stört, wenn beides in einer technischen Darstellung zum Ausdruck kommt. Warum nur?

Für mich sind Motorräder immer etwas zur Freude und zum Begeistern gewesen – die eine Maschine weniger, die andere mehr und die dritte ganz besonders. Was wäre denn ausgerechnet ein Motorrad ohne das dazugehörende Erlebnis?

Ein nüchterner, uninteressanter Fortbewegungsgegenstand. Sonst nichts.

Nein, mit öder Technik habe ich nie etwas im Sinn gehabt. Die Freude und die Begeisterung gehören zum Motorradfahren, und das möchte ich auch versuchen, meinen Freunden und meinen Lesern zu erklären.

Vielleicht trage ich damit Eulen nach Athen. Das würde mich froh machen.

Die Motorräder der 60er Jahre gehören in den großen Reigen der herrlichen Maschinen, die in uns immer und immer Freude, Abenteuer und Begeisterung erwecken. Wer sich erinnern möchte oder wer es nicht miterleben konnte, dem schlage ich vor, mit mir in diesem Buch das Wissen darum zu bereichern oder sich noch einmal mit mir zusammen über die rasanten Eisen jener Zeit zu begeistern.

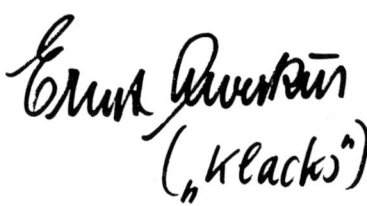

Wer ist »wir« in diesem Buch?

Dem Leser wird auffallen, daß die nachstehenden Kapitel nicht in Ichform verfaßt sind, sondern daß immer aus einer Gruppe heraus erzählt wird. Da heißt es durchweg, daß w i r etwas gedacht, gesagt, getan, gefahren, geschraubt, gemessen und so weiter haben.
Wer soll diese Gruppe sein?
Ganz einfach: Es sind damit alle meine guten Freunde gemeint, die in diesem Jahrzehnt zwischen 1960 und 1970 dabei waren, z.B. mit mir zusammen die Tests gefahren haben, dazu schlosserten und überall mithalfen. Es sind die Menschen in der noch kleinen Redaktion unserer Zeitschrift »Das MOTORRAD« gemeint, die unter der Regie von Chefredakteur Obering. Siegfried Rauch tätig waren. Ohne ihre Hilfe, ohne unsere gemeinsamen Diskussionen und ohne den gegenseitigen Meinungsaustausch, ohne das ständige Zupacken aller Mitglieder dieses Kreises wäre nichts gelaufen.
Keines der so markanten Motorräder aus jenen Jahren könnte ich hier behandeln, wenn sie nicht alle mitgemacht hätten, nicht zuletzt meine eigene kleine Familie.
So eine BMW R 69 S, eine Triumph Bonneville, eine Honda CB 450, eine Ducati 250 Desmo und was es alles war – das war nicht nur mein persönliches Erlebnis, es war unsere gemeinsame Arbeit, Mühe, Freude und unser gemeinsames Abenteuer, woher schließlich auch unsere Begeisterung kam.
1960, als es mit den Motorrädern in der Bundesrepublik Deutschland ganz schlecht aussah, da waren es unsere gemeinsamen Depressionen und Sorgen – und endlich dann auch unsere gemeinsame Tatkraft, den Karren aus dem Dreck zu zerren.
Deswegen haben w i r diese Maschinen auch in diesem Buch gefahren, haben w i r eine Gruppe dargestellt, aus der heraus alles das gekommen ist, was ich aus diesen Jahren im Folgenden zu erzählen weiß.
Wenn ich heute beim Schreiben der Seiten alles das wieder vor Augen habe, dann gibt es nur einen Satz dazu: »Mensch, was haben w i r für eine herrliche Motorradzeit erlebt!«
Es war pfundig – !

Einleitung

Es war der 2. Januar 1960. Wir waren auf der Autobahn Stuttgart–Karlsruhe–Darmstadt–Frankfurt/Main mit zwei BMW-Gespannen unterwegs. Mit einer Testmaschine R 60 und mit unserer eigenen R 69. Beide hatten den Steibseitenwagen TR 500. Unser Ziel: Elefantentreffen auf dem Feldberg im Taunus.

Mit uns waren zum gleichen Treffpunkt und zur selben Zeit noch mehr Motorräder auf der Reise über die winterlichen Regen- und Nebelstraßen. Schnee gab es kaum, höchstens hier und da etwas Eis in den Waldgegenden. Ein großes Motorrad mit Seitenwagen war das Winterfahrzeug. Das verfluchte ätzende Salz zum Abtauen von Eis und Schnee spielte zum Glück noch keine Rolle. Der feine und direkte Lenkkontakt durch das führende Vorderrad einer Gespannmaschine zwischen Fahrer und Straßenoberfläche und dazu die Möglichkeiten, mit Gasgeben, Gaswegnehmen, mit Bremsen oder Gewichtsverlagerung das Gefährt auch da noch sicher führen zu können, wo Glätte oder Schneematsch die Bodenhaftung der Räder und die Spurstabilität bei allen anderen Fahrzeugen zunichte machten, schenkten uns sagenhafte Überlegenheit.

Aber diese Tatsache war unseren Mitmenschen in ihren Autos unbekannt (und ist es vermutlich auch heute noch!), so daß man uns als Lebensmüde, Irre oder sonstwas einstufte. Ja, genau – das Jahrzehnt begann unter so ähnlichen Aspekten: wir waren Anachronisten (Duden: Anachronismus = »durch die Zeit überholte Einrichtung«), Narren. Wir waren Motorrad–»Verrückte«. Und zum Jahreswechsel hatten wir folgende dpa-Meldung in der Redaktion von »Das MOTORRAD« erhalten:

Schweinfurt, 15.12.1959
»Das Motorrad ist tot« – Diese Ansicht vertritt der Chef der Schweinfurter Fichtel & Sachs-Werke, Ernst Wilhelm Sachs. Was wirklich lebe, sei das Moped, und auch das Fahrrad habe sich wieder erholt.

In der nur noch sehr kurzen Liste der Motorradhersteller der Bundesrepublik Deutschland standen u.a. als »Große«: BMW, Hercules, Maico, NSU (zum letzten Male mit der 250 cm^3 Supermax und der 175 cm^3 Maxi), Zündapp und die Zweirad-Union. Ende.

Die Behörden hatten drastischen Erhöhungen der Haftpflichtversicherungsprämien für Motorräder zugestimmt.

Wollte man eine große Maschine über 500 cm^3 kaufen, mußte man bis zu DM 4000,– oder mehr hinblättern. Sie kostete dann statt bisher DM 166,– Versicherungsprämie plötzlich DM 250,– jährlich. Bei einem Monatseinkommen von DM 1200,– (das längst nicht jeder hatte) waren das ganz respektable Summen, die zur Norm eines gehobenen Mittelklasse-Autos gehörten.

Die Zeitschrift »Das MOTORRAD« hatte ca. 14 000 Abonnenten und ca. 26 000 verkaufte Exemplare pro Ausgabe. Wir waren drei Leute in der Redaktion, ertranken aber fast bei jedem Posteingang in der Menge der Leserbriefe. Alle 14 Tage erarbeiteten wir mit unseren freien Mitarbeitern zusammen 20 bis 25 redaktionelle Seiten und waren wild entschlossen, auch mit erheblichen persönlichen Opfern »unsere« Zeitschrift am Leben zu erhalten.

Längst war es keine normale Chronistik und keine normale publizistische Arbeit mehr. Wir

Gespanne beim Elefantentreffen 1960 auf dem Feldberg im Taunus.

waren eine Interessenvertretung, eine Institution, Hilfsorganisation und Zuflucht für den Kreis der Motorradfahrer. Dieses Elefantentreffen, zu dem wir gerade unterwegs waren, gehörte zu den mehr oder weniger privaten Unternehmungen, das Fahrzeug Motorrad vor dem Verschwinden zu bewahren.

Und während wir also mit echten 110 km/h – das war so das damalige Reisetempo großer Gespanne – über die Bahn orgelten, gingen uns alle diese Fakten, Zahlen und Daten durch die Köpfe. In was für ein Motorrad-Jahrzehnt würden wir kommen?

Ganz abgesehen davon, daß heutige Motorradfans sich die Situation und die darauf basierende Seelentemperatur der Motorradbegeisterten anfangs der 60er Jahre kaum vorstellen können, muß man sagen, daß es nie vorher (und hoffentlich auch nicht noch einmal wieder!) so viel Deprimierendes auf diesem Sektor gegeben hatte. Es gehörte schon eine große Portion Optimismus dazu, an eine gute Chance zu glauben. Und diesen Optimismus w o l l t e n wir haben und zeigen.

Da gab es einige kleine Anhaltspunkte: 1959 hatten die Japaner N. Taniguchi, G. Suzuki und J. Suzuki mit ihren Hondas in der 125-cm³-Klasse die Tourist Trophy auf der Insel Man auf den Plätzen 6, 7 und 11 und mit dem Fabrik-Mannschaftspreis beendet, und wir hatten Nachrichten aus Tokio, daß Honda im Jahre 1960 ganz gewaltig in das Sportgeschehen eingreifen wollte und auf dem europäischen und auf dem Weltmarkt beabsichtigte, ganz neue Motorrad-Modelle sportlichen Charakters vorzustellen.

Es mehrten sich außerdem Zeichen, daß nicht nur mehr Motorräder produziert und in die Bundesrepublik eingeführt wurden, sondern auch absetzbar waren.

Wir hatten auch den Eindruck, daß zu diesem Elefantentreffen mehr Motorradfahrer in Europa auf Achse waren als zuvor in den Jahren seit 1956, zu welchem Zeitpunkt diese Zusammenkunft zum ersten Male an der Solitude-Rennstrecke bei Stuttgart mit etwa 30 Köpfen begonnen worden war.

Allerdings hatten europäische Motorradhersteller Japans TT-Aktivität und die Weltmarkt-pläne noch kaum in sich aufgenommen, und das Elefantentreffen wurde überhaupt nicht registriert oder gar erkannt. Im Gegenteil, bei NSU hörte man mit dem Motorradbau auf und war der Meinung, daß (Zitat) »eine besondere Erwähnung der Motorrad-Vergangenheit der NSU-Werke ein negatives Werbeargument für die angelaufene NSU Wagenproduktion sei« (Zitat-Ende).

Wirklich wahr – es eilte uns sehr, am 2. Januar 1960 auf den Feldberg im Taunus zu kommen – !

Natürlich wird heute jeder fragen, wieso Motorräder für die Allgemeinheit so uninteressant werden konnten.

Dafür gab es viele Gründe. In dem sehr raschen Wiederaufbau nach dem Zweiten Weltkrieg ab der 1948er Währungsreform waren Motorräder nach und nach in den Status eines Arme-Leute-Vehikels hineingedrängt worden. Wer etwas darstellte, der hatte eben ein Auto, und wenn's auch noch so klein war.

Man war es auch müde geworden, mit Motorrädern schutzlos bei jedem schlechten Wetter fahren zu müssen, und als schließlich vierrädrige Fahrzeuge leistungsfähiger wurden als Motorräder und dazu auch noch weniger finanzielle Mittel benötigten, blieben Motorräder auf der Strecke.

Von »großer Sportlichkeit«, »grenzenloser Freiheit«, von »echten Männern auf echten Motorrädern« sprach niemand, kein Reklamegag, kein Journalist, kein Clubhäuptling. Der Begriff »Motorrad–Erlebnis« blieb ebenso auf der Strecke. Die Erlebnisse des Krieges waren vorerst stark genug gewesen, man brauchte nichts Neues. Geld, Sicherheit, Schutz – das brauchte man, und das schien nicht vom Motorrad zu kommen.

Außerdem sorgte eine ganz bestimmte Journallie dafür, daß man die ganze Motorradfahrerei und die Fahrersippe für verdammenswert halten konnte.

Wie schrieb Siegfried Rauch unter der Überschrift »Hexenjagd« in Heft 4/1959 von »Das MOTORRAD»? Eine kleine Kostprobe unse-

rer Probleme wird dadurch ganz gut deutlich:

»... dieser blutleere Kinderschreck (ein tschechoslowakischer Fernsehfilm mit der Tendenz, **alle** Motorradfahrer seien immer besoffen!) paßt genau in den Streifen der Lokalreporter, die ihr Teil dazu beitragen, die Hexenjagd gegen die Motorradfahrer in Gang zu bringen ...

... wir, die über vier Millionen, die in Deutschland auf motorisierten Zweirädern fahren, verbitten uns derartige Darbietungen ...«

Und dann weiter unter der Überschrift »Das Negerproblem« in Heft 3/1960 von »Das MOTORRAD«:

»... Die gleiche Mentalität, die uns Deutsche einst anderen Menschen bunte Stoffetzen an die Jacken heften hieß, um sie als ›Untermenschen‹ zu kennzeichnen – die gleiche Unduldsamkeit, die gleiche Unsachlichkeit richtet sich heute gegen uns als Motorradfahrer ...«

Es gab aber noch andere »Aufmunterungen« für uns. Immer und immer wieder wurden wir gefragt, ob wir uns den Luxus noch weiter leisten könnten, für eine Motorradzeitung zu arbeiten. Das sei doch keinerlei Zukunft, da sei auch kein Weiterkommen mehr möglich und vom großen Geld sei da doch bestimmt nicht die Rede.

Auf dem Automobilsektor – ja, da sei Zukunft, Weiterkommen und Verdienst als Zeitungsmensch in jeder Menge vorhanden. Es blühte überall das Wirtschaftswunder, in der Autobranche ging es zu wie beim Goldrausch, da würde doch jeder vernünftige Mensch die Motorradgeschichte ganz, ganz schnell an den Nagel hängen.

»Vielleicht geht es noch zwei Jahre, aber dann seid ihr vom Fenster weg. Und für die dann noch übriggebliebenen paar Hanseln wird niemand mehr eine Zeitung machen können«, sagte ein großer Fachkollege immer wieder zu uns.

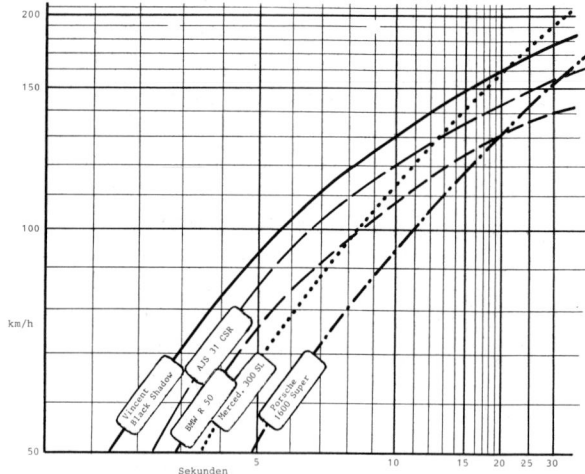

Beschleunigungen von Solo-Motorrädern (26 PS, 39 oder 55 PS) im Vergleich mit Sportwagen anfangs der 60er Jahre.

Natürlich, wer die Situation 1960 ganz nüchtern betrachtete, konnte schon glauben, daß mit Motorrädern kein Stern mehr vom Himmel zu holen war. Insgesamt nur acht Straßenmotorräder hatte »Das MOTORRAD« 1959 für

Auch Motorräder mit Seitenwagen (30 oder 42 PS) waren mit ihrem Beschleunigungsvermögen gegenüber Autos anfangs der 60er Jahre keine Mauerblümchen.

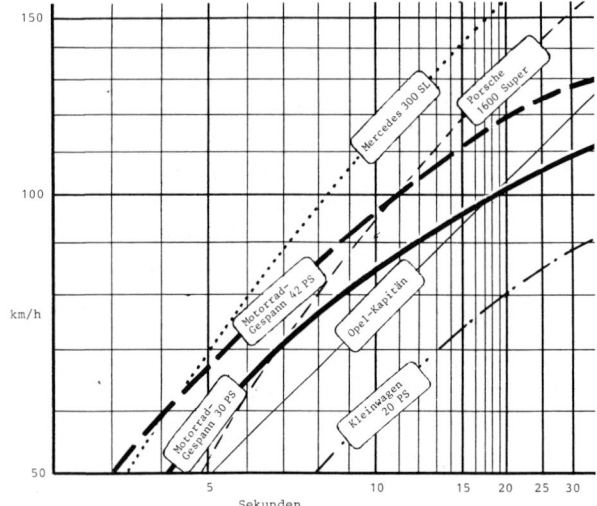

Testfahrten bekommen, und das würden 1960 nicht mehr werden.

In der Tat, ein Motorrad schien nur noch für eine Handvoll Verrückter attraktiv zu sein. 1958 waren 20 000 Neuzulassungen gegenüber knapp 40 000 im Jahre 1957 registriert worden, und 1959 lag diese Zahl unter 20 000. Und doch –

– während wir uns der Gegend um den Feldberg im Taunus langsam näherten, begann sich unsere deprimierte Stimmung wieder zu heben, die uns aufgrund dieser hier kurz geschilderten Fakten und Zahlen und aufgrund noch anderer Erfahrungen in den letzten beiden Jahren befallen hatte.

Trotz aller Unkenrufe und düsterer Prophezeiungen wollten wir das neue Jahr und das neue Jahrzehnt mit einem Lachen in den Augen beginnen.

Es war zuerst einmal das Fahrerlebnis eines Motorrades, welches uns jetzt wie früher schon und wohl auch in aller Zukunft wieder fröhlich werden ließ. So ein R 69-Gespann ging in der Ebene immer seine echten 120 km/h, und das war um das Jahr 1960 herum noch immer so eine Art Normtempo von Mittelklasse-Autos auf der Autobahn. Auf den Landstraßen war man weiter der Kaiser aller Reußen, denn einem voll ausbeschleunigten 35 PS-Motorrad mit Seitenwagen folgte höchstens jemand in einem Porsche oder etwas Ähnlichem zum Fahren. Alles andere zog die Ohren ein – !

In den 80er Jahren wäre das eine Maschine mit Seitenwagen, deren Motor 100 PS hergibt, womit man die vierrädrigen Freunde zum Erstaunen bringen könnte. 1960 genügten dazu 35, 42 oder – wenn's überhaupt schon gab – 50 PS bei weitem. Und das erwähne ich nur, damit unsere Freunde von heute sich das richtige Verhältnis vorstellen können, was ungefähr zwischen 1955 und 1965 auf den Straßen zwischen den möglichen Fahrleistungen verschiedener Fahrzeugkategorien vorhanden war. Und damit sie auch verstehen, woher unserere Begeisterung kam und die Stärke in unseren Erlebnissen.

Als wir nun plötzlich auf dem Weg zum Elefantentreffen merkten, daß wir wohl doch nicht so ganz allein und ›lonely wolves‹ waren, bereitete diese Beobachtung uns Freude und Zuversicht.

Ja, wir drehten auf der Autobahn sogar den Gasdrehgriff etwas zurück und sahen erfreut und überrascht einer Prozession von großen Motorrädern aller Sorten zu.

Schrumm – schrumm – schrumm – schrumm – ein ganzer Pulk aus der Schweiz war das, alle mit Seitenwagen. Eine Zündapp KS 601, eine Vincent-Zweizylinder, eine Norton Dominator mit dem Seitenwagen auf der linken Seite, eine BMW R 68. Und sie hatten einen ganz schönen Zahn drauf.

Vor unserem R 60-Gespann fuhr Inge mit ihrer R 69 und dem TR 500-Seitenwagen. Unsere Motorrad-Oma hinter der Windschutzscheibe, Koffer hinten über dem Reserverad. Nun ging sie noch weiter nach rechts, denn –

– schrumm – schrumm, schrumm – schrumm und schrumm – ! Münchener Kennzeichen, Bad Tölz, Tübingen, Freiburg und Basel. Die hatten es aber eilig – wohl noch keine Quartiere gemacht.

Und wieder brausten sie an uns vorbei. Bergkraxler aus Starnberg, dann ein Salzburger, danach – ja, gab es das? – eine Saturno oder sowas aus Mailand. Ein Gespann aus Garmisch, wieder einer aus Passau, hinterher eine Ludwigsburger Nummer – den müßten wir doch kennen?!

Wir ließen uns weiter überrollen, denn es war eine grandiose Schau. An der Abfahrt Darmstadt hatten wir eine Zeitlang vorher einen Straßenwachtmann vor seinem Stationsgebäude gesehen, wie der brav den Vorplatz fegte. Schrumm – schrumm – eine ganze Herde brauste da vorbei – er stellte den Besen weg und schaute – tummtumm, schrumm – eine Gruppe Einzylinder- und Zweizylinder-Maschinen – er sprang ins Gebäude, vermutlich ans Telefon, denn bestimmt war es seit Stunden schon so gegangen. Nun wollte er wissen, was da los war, wohin die alle fuhren. Jetzt am ersten Wochenende im Januar. Sowas Verrücktes – !

Der Tankwart in Darmstadt hatte uns gefragt: »Was is'n los? Gibt's noch soo viele schwere Maschinen? Was macht ihr denn? Eine Rallye?«

»Nö. Das ist nichts Besonderes. Nur ein Elefantentreffen«, hatten wir ihn angelacht.

»Elefanten–? Waaaas – ?« und er hatte geschaut, als würde er schrecklich frieren.

»Macht zehnachtzig – vierzehn Liter – und fahrt bitte schnell weg – !«

Er stand noch mit offenem Mund und schaute, bis der nächste Motorradfahrer an der Säule hielt und über den zu kleinen Tank für sein Gespann schimpfte.

»Ich werd' verrückt«, hatte der Tankwart die Inge noch mit großen Augen angestarrt. »– 'n Määädchen – un' 'ne Oooma – von welchem Stern seid ihr denn?«

Ja, 1960 glotzten sich die lieben Mitbürger noch immer gewaltig die Augen aus dem Kopf, wenn ein Mädchen mit einem Motorrad fuhr. Sowas machten doch nur Mann- oder Flintenweiber – unmöööglich – schon wegen der Gesundheit.

Es war schon zum Lachen, Freunde – !

Auf dem Feldberg waren ungefähr 700 Maschinen aus allen westlichen Ländern Europas versammelt, für uns eine unvorstellbare Menge zu jener Zeit, ohne daß da irgend jemand besondere Reklametrommeln gerührt hatte.

Das war wieder ein Kraftquell für uns, denn nirgendwo wäre man in dieser Jahreszeit sonst so vielen Motorradfreunden begegnet. Und für die weiten Reisen und großen Strapazen gab es nichts, keine sportlichen Ehren oder sonst Lobeshymnen und Weihrauch. Die Frauen, Mädchen, Burschen und Männer kamen sozusagen aus ganz klarem Spaß an der Freude – !

Können sich Motorradfahrer heute vorstellen, wie uns da zumute wurde?

Im Jahre drauf, 1961, war das Treffen zum ersten Mal auf dem Nürburgring, und wieder waren es mehr Teilnehmer. Irgendwie bekamen wir den Eindruck, daß ein Tiefpunkt überwun-

den sei, daß sich Anzeichen häuften, die eine bessere Motorradzukunft erkennen ließen.
War das so?
Ja, es war so. Allerdings schienen nur wir diese positive Entwicklung zu erkennen. In Industriekreisen, in der Öffentlichkeit und sogar in KFZ-Clubs und -verbänden galt das Motorrad als aussterbendes Vehikel und die Fahrer weiter als Anachronisten.
Wenn wir in »Das MOTORRAD« darauf aufmerksam machten, daß es sich lohnen würde, für das Fahrzeug Motorrad eine Menge Goodwill-Aktivitäten in Gang zu setzten, dann schüttelten die meisten unserer Partner in der Branche verständnislos die Köpfe. Übrigens fürchte ich, daß es Mitte der 80er Jahre genauso sein könnte – !
Bei BMW wurde ernsthaft darüber diskutiert, den Motorradbau einzustellen, und auch anderswo erkannte niemand, welche Winde aus dem Fernen Osten wehten.
Was wir eigentlich immer wieder mit Enttäuschung feststellten, das war das zum Teil hysterische Konkurrenzdenken, welches selbst dann von den einzelnen Motorradherstellern oder -Importeuren nicht überwunden werden konnte, wenn es darum ging, notwendige Maßnahmen aller für den Fortbestand des Fahrzeuges Motorrad zu treffen. Obwohl man damit der am Motorrad interessierten Allgemeinheit hätte großzügig helfen können, kamen irgendwelche handfesten Aktionen nicht zustande.
Da hatte zum Beispiel jemand den Gedanken gehabt, einen positiv gestalteten Film über das Warum und über die Schönheiten des Motorradfahrens zu drehen, um endlich einmal der allgemeinen Motorradverteufelung entgegentreten zu können.
Dazu war natürlich Geld nötig.
»Ja, Geld gibt's dafür nur, wenn unsere Marke ABC ganz besonders herausgestellt wird und unser großer Werksfahrer Grautvornix die Hauptrolle spielt!« sagten die einen.
»Was? Da kommt so eine Gurke der Marke ABC drin vor mit dem Kamikaze Grautvornix? Nöö, in so einem Falle gibt's da keinen Pfennig

von uns«, kommentierte der Boß der nächsten Fabrik.
»Wenn da nicht jede dritte Szene vom Moto Cross handelt, machen wir nicht mit«, sagte der Chef der dritten Fabrik.
»Unsere Hilfe können Sie vergessen, denn das wird ja nur ein Schlammrutscher-Streifen«, meinte der Alte von der Marke DEF.
Es war wie im Kindergarten, und man nehme es mir als Chronisten nicht übel, wenn ich gleichartige Zerstrittenheit in dieser Branche auch heute noch erkenne.
Was war die Folge? Es gab keinen groß angelegten und unter die Menschheit gebrachten Film. Der hilfswillige Filmemacher dachte schließlich den alten Spruch des Götz von Berlichingen, machte für seine eigenen Gröschlein einen 8mm-Film, packte danach alles in den Seitenwagen seiner KS 601 und fuhr an seinen freien Wochenenden mit der Geschichte »Fahrensleute« über die Dörfer. Dieser Mensch war ich.
Zwar war das nur ein Winztropfen auf den glühend heißen Stein der Anti-Motorradwelle, aber es war wenigstens mehr als gar nichts. Es kam aus dem unbedingten Willen heraus, einer guten Sache den Steigbügel zu halten.
So, und gerade diese kleinen positiven Sonnenstrahlen aus dem grauen Gewölk am Motorradhimmel waren es, die uns an eine gute Zukunft glauben ließen. Es konnte und es durfte nicht sein, daß in einem Zeitalter gewaltiger Technisierung ein wunderschönes und abenteuerliches Mittel zum nötigen Eindringen und Vertrautwerden mit dieser Technik für die Jugend verschwinden sollte – das Mittel »Motorrad«.
In der guten alten Zeit mußte jeder junge Landwirt mit Pferden im Schlaf umgehen können, also wuchs er zwischen den Tieren und mit den Tieren auf. Das Motorrad erschien uns als ein »Pferd« in der Technik, mit dem junge Menschen nicht früh genug Kontakte kriegen sollten, um mit den dabei gemachten Erfahrungen ein Leben im technischen Zeitalter gut meistern zu können.
Daß als Zugabe zum Fahrzeug Motorrad das

ganz besondere Fahrerlebnis und die Freude an dessen Mechanik für uns Faszinationen darstellten, ohne die wir uns unser Dasein nicht vorstellen konnten, war ein ebenso starker Beweggrund, dabei zu bleiben. Wir «leisteten uns weiter und weiter den Luxus und das aussichtslose Risiko, für eine Motorradzeitung zu arbeiten».

Auf der ganzen Fahrt von Marbach am Neckar, unserem Wohnort im Jahre 1960, bis zum Feldberg im Taunus hatten uns immer wieder Gefühlswellen von Depression wie auch von Freude und Hoffnung überfallen. Es war in diesen Stunden sozusagen eine Miniaturausgabe unserer Gedankenwelt, wie sie sich durch die nächsten Jahre hinziehen sollte.

Wer in diesem Buch die Chronik der Motorräder in den 60er Jahren verfolgt, dem wird eine solche Umweltschilderung bestimmt nützlich sein, manche Aussage aus diesem Jahrzehnt richtig verstehen zu können.

Auf den letzten Kilometern hinter Königstein hinauf in den Nebel des Feldbergs fuhren wir in den Reihen von mehr und mehr Maschinen mit dem Ziel »Elefantentreffen«. Ja, wir sahen erstmals ein finnisches Kennzeichen, englische Nummernschilder, sogar einen BSA Three Wheeler aus Birmingham, italienische und französische, holländische und belgische Motorradfahrer, Dänen und Schweden, Österreicher und Schweizer und Nummernschilder aus allen Gegenden Deutschlands – !

Fantastisch. Wir fühlten uns nicht mehr allein zwischen Hunderten von Motorrädern aller Baujahre, Marken und Typen. Durchweg war zu erkennen, daß ihre Fahrer keine grünen Jungen mehr waren. Der Marquardt-Mantel, die englischen Fahranzüge und praktische Winterklamotten ohne Showeffekte beherrschten die Szenen. In Jeans riskierte man mehr als nur eine Blasenerkältung – !

Und wer sich die Maschinen näher betrachtete, der merkte, daß irgendwelcher Chrompofel, Flitterflatter-Kram und technischer Zirkusfirlefanz zugunsten praktischer, nützlicher und oft raffinierter Verbesserungen an den Feuerrössern weit in den Hintergrund traten.

Irgendwie waren diese Fahrzeuge eine Visitenkarte der Motorradfahrer der frühen 60er Jahre. Besonders jener, die noch Tag für Tag fuhren, viele lange Strecken bewältigten und in sehr vielen Fällen alles selbst reparierten und pflegten. Aber auch die vornehmlich am Sport und sportlichen Fahren interessierten Enthusiasten waren vertreten. Zwar nicht mit ihrem Gelände- oder Straßensportgerät, sondern auch mit ihren »Alltags«-Allroundmaschinen oder im Seitenwagen eines Freundes. Und auch diesen Maschinen sah man sehr viel »Gewußt-Wie« an.

Den Fahrertyp, der zum Sommer-Sonntag gehört, gab es natürlich auch. Doch war er 1960 zahlenmäßig nicht so stark wie später in den 70er und 80er Jahren. Erst wenige Motorradfahrer hatten schon neben ihrem Motorrad auch noch ein Auto oder neben einem Auto auch noch ein Motorrad in der Garage stehen. So etwas kam erst ab der Mitte der 60er Jahre mehr und mehr in die Szene.

Das Selbermachen an den Maschinen war ein ernstes und jeden Tag neu diskutiertes Thema. Mit dem Verschwinden vieler Motorradhersteller in Europa verschwanden auch viele Händler und Werkstätten. Wer früher noch Motorräder verkauft und betreut hatte, der beschäftigte sich mit Autos, wenn er nicht ganz das Handtuch geworfen hatte.

Der Beruf des Motorradmechanikers war nicht mehr attraktiv, es gab also kaum guten handwerklichen Nachwuchs. Um so mehr machte sich Stümper- und Murksertum breit. Vielfach funktionierte auch die Ersatzteil-Versorgung nicht, und der arme Teufel, der mangels Zeit und eigenem Können auf fremde Werkstatthilfe angewiesen war, dem konnte schon sehr bald der letzte Motorradspaß vergehen.

Die bei »Das MOTORRAD« (1960 hieß unsere »Bibel«« noch so) täglich eingehenden Briefe sprachen zu 70 % nur von Werkstattärger, stellten bohrende technische und handwerkliche Fragen und hofften immer auf besonders gute und trickreiche handwerkliche Tips.

Gute Werkstätten waren sehr bald wie Oasen

in der Wüste, als Motorradbegeisterter kannte man sie. Ebenso sprachen sich miese Murksbuden sagenhaft schnell herum. Es kam der Begriff des »Edelschraubers« für besonders gute und erfolgreiche Mechaniker auf, auch diese Leute wurden sehr rasch bekannt.

Überhaupt, da gab es ein fantastisches Nachrichtensystem von Mund zu Mund. Das funktionierte schnell und zuverlässig wie die Trommeln im Urwald oder die indianischen Rauchzeichen über der Prärie.

Unter Händlern und Werkstattleuten aber war es umgekehrt wiederum sehr schnell herum, wenn irgendwo ein mieser Kunde auftauchte. Natürlich gab es sowas auch. Nicht bezahlte Teile, Arbeitsstunden oder anderer Ärger brachten da ihre Probleme mit sich.

Heute kann man sagen, daß es oft wie ein Wunder scheint, daß nicht alles ringsum in der Motorradbranche den Bach hinunter schwamm – ja, genau – in diesen 60er Jahren. Computer-gesteuerte Ersatzteil-Versandsysteme kannte man nicht, Werkstatt-Spezialeinrichtungen wie heute hatte kein Mensch. Dafür ging's nach alter Väter und Handwerker Sitte mit dem Schlossern, dem Reparieren, dem Bestellen und so weiter. Wer nicht richtig reparieren konnte, sondern nur »Teile wechseln wollte«, der kam dabei nicht zurecht.

Zugegeben, ein guter Werkstattmensch mußte verflixt viel auf dem Kasten haben, wollte er von seiner Arbeit existieren. Da kamen sie mit BMWs, mit Mäxen, mit englischen Maschinen, mit Horexen, mit Zündapps und was im Alphabet noch alles verzeichnet war. Zwar hatte er über seiner Tür deutlich gemacht, daß er nur NSU, Horex und BMW betreute – tja, aber wenn dann einer mit einer zusammengebrochenen KS weit von zu Haus angehumpelt kam, dann sollte man den doch nicht wieder fortschicken müssen. Der nächste Zündappmann war ja noch wieder 50 Kilometer weiter.

Man könnte jetzt feststellen, daß Werkstätten, die 1960 einen guten Motorrad-Ruf hatten und heute noch arbeiten, zum Besten gehören, was man als Helfer auftreiben kann.

Auf dem Zubehör- und Bekleidungsgebiet war auch nicht viel los. Die Marquardt-Mantel-Fabrik in Heilbronn hatte aufgegeben, nur einzelne gute Leute quälten sich mit feinen und sehr praktischen Sachen herum. Das »Lädle« von Dillenberg oder Konrad Wellnhofer mit seinem feinen Sportanzug, Ernst Harr in Rohrdorf mit seiner Tourenkombi und später mit der Tanktasche »Elefantenboy«, die englischen Fahranzüge von Barbour oder Belstaff – das wären so einzelne Beispiele.

Wenn wir eine gute Idee hatten – wie z.B. mit meinem Elefantenboy – dann dauerte es ewig, bis man jemanden für die Herstellung fand. Denn bei den Leder- und Bekleidungsherstellern waren nur große Stückzahlen gefragt. »Was? Für die wenigen Motorradfahrer sollen wir so einen Anzug herstellen? Nein. Unter 10 000 Stück läuft bei uns nichts. Auf Wiedersehen!« war meistens die Antwort.

So kam es, daß die wenigen Leute, die sich um vernünftige Klamotten kümmerten, bekannt waren wie Wyatt Earp im Wilden Westen. Man hätte ihnen nur gewünscht, daß ihre Entwicklungen mit einem besseren Copyright versehen gewesen wären, denn als der Motorrad-Boom später einsetzte und mit ihm Hunderte von Händlern hochgeschwemmt wurden, da wurden ihre Arbeiten kopiert und kopiert, und keiner weiß heute mehr, woher dieses oder jenes vernünftige Bekleidungsstück zum Motorradfahren eigentlich stammt.

Doch das nur nebenbei. Aber es gehört auch zum Verständnis der Verhältnisse im Jahr 1960.

Im Anzeigenteil von Zeitungen fand man (hier eine Mini-Auswahl) folgendes:

Wer fährt noch Motorrad? – Niemand. Trotzdem: beim Kauf eines Wagens BMW 700 vergüte ich Höchstpreise über dem Durchschnitt für gebrauchte Motorräder und ermögliche Finanzierung bis zu 24 Monatsraten.

✳

Tausche guten Ford M 12 gegen sportliche BMW R 50, möglichst mit großem Hoske-Tank. Nicht unter Baujahr 1959.

Tausche am 1. April 1960 meine schnelle BMW R 50 gegen öldunstfreie und zuverlässige englische Lady nicht unter 650 cm³, 170 km/h im Dritten und 44 PS. Eventuell auch gegen zwei Stück NSU-Max. Exemplare mit Fransen, Totenköpfen und Chrompofel bevorzugt. Bildangebote an Orgelwerner . . .
(So machten wir uns über »Teddyboys« und Angeber lustig!)

✱

Suche Motor oder gute Kurbelwelle für Matchless G 80, da normal über Handel seit fünf Monaten nicht zu kriegen. Biete dagegen komplettes Doppelbett-Schlafzimmer mit großem Schrank, zwei Nachttischen, Kommode und Tisch neuwertig (Herstellung 1959).

✱

Anzeigen mit dem Text »Wer schenkt armem Studenten NSU-Max für Fahrten zur Uni und zum Sport?« fand man seltener. Das und die Bitte um Sponsoren für eine Sportbetätigung kamen erst später.

Endlich waren wir auf dem Feldberg angelangt, und die Überlegung, daß das dort oben nun alles ohne Riesenaufwand, ohne Club, ohne Industriewerbung, ohne sportliche Wertung, höchstens durch das Motorradfahrer-Nachrichtensystem à la Buschtrommeln und Feuersignale bekanntgeworden, eben »nur so« in Bewegung geriet, packte uns irgendwie an.

An jedem Mann, an jeder Maschine hingen farbige und wundervolle Geschichten, technisches Wissen und Gedankengut, Tausende von abenteuerlichen Kilometern, Opfern, Strapazen, Erholung, Glück, Höhen und Tiefen – kaum wird jemand darüber eine Story richtig schreiben können.

Und in diesem Zirkel haben wir dann das Jahrzehnt von 1960 bis 1970 begonnen. Wir wußten noch nicht, was wir erleben würden, was uns blühte, wie es ablaufen könnte, nur eines ahnten wir vielleicht im Unterbewußtsein dort auf dem Berg zwischen allen unseren Freunden: das Motorrad würde doch nicht sterben, und wenn sich alles und jedes dagegen verschwören würde!

Womit nun der Moment gekommen ist, die Geschichte der Motorräder in den 60er Jahren zu lesen.

Nürburgring

Meß-, Test- und Vergleichsstrecke

Um die Maschinenbeschreibungen in den folgenden Kapiteln mit der Charakterisierung ihres Fahrverhaltens und mit ihren Beurteilungen besser verstehen zu können, müssen wir vom Nürburgring in der Eifel sprechen.

Er ist allgemein als Rennstrecke bekannt, die 1927 eröffnet wurde und auf der sich bis heute bedeutende Ereignisse im Motorsport zutragen. In den 20er und 30er Jahren waren Namen wie Rudolf Caracciola, Tazio Nuvolari, Bernd Rosemeyer bekannt wie die großen Fußballstars. Die Rennwagen der Auto Union, von Mercedes Benz, von Alfa Romeo, Maserati, Bugatti und viele andere waren ebenfalls mit dieser Strecke verbunden.

Unter den Motorradfahrern waren es Männer wie Graham Walker, Georg Meier, Wiggerl Kraus, Ewald Kluge, Siegfried Wünsche und viele mehr, die jeder kannte. AJS, BMW, DKW, Gilera, Moto Guzzi, Norton, NSU und andere kamen als Markenbegriffe in jedem Bericht über die faszinierenden Motorenschlachten vor.

Nach dem Krieg fingen die ersten Rennen 1947 wieder an, und danach erlebte die Strecke in fast ununterbrochener Reihenfolge einen motorsportlichen Höhepunkt nach dem anderen.

Und wieder umschwärmten die Sportbegeisterten von uns Motorradfahrern die Nürburgring-Experten. Namen wie das Gespannpaar Böhm/Fuchs (NSU), wie die Solisten Heiner Fleischmann (NSU), Wilhelm Herz (NSU), Ewald Kluge (DKW), Georg Meier (BMW), H. P. Müller (DKW, Horex und NSU), das BMW-Gespann Wilhelm Noll/Fritz Cron, den Moto Guzzi-Fahrer Hein Thorn-Prikker, den DKW-Fahrer Siegfried Wünsche und den BMW-Mann Walter Zeller.

Später gesellten sich dazu noch Werner Haas (NSU), Hans Baltisberger (NSU) und viele, viele mehr (man möge gnädig mit mir sein, wenn ich an dieser Stelle nicht ein Fahrerlexikon vom Nürburgring aufstellen kann, aber ich habe versucht, wenigstens einige populäre deutsche Fahrer zu nennen, die in den 50er Jahren Furore machten).

Bis heute ist der Nürburgring ein Austragungsort großer Rennen, aber nur wenige Menschen nehmen zur Kenntnis, wie oft die Strecke für Versuchs- und Testfahrten befahren wird.

Dazu diente während der 60er Jahre in der Hauptsache die Nordschleife, zu der auch die Südkehre bei Start und Ziel gehörte. Sie war genau vermessen 21,810 Kilometer lang und wies 46 schärfere Kurven auf. Insgesamt wurden 33 Links- und 40 Rechtskurven offiziell genannt. Es gab Steigungen und Gefälle zwischen 7 % und 16 %, eine Spezialstrecke für Messungen hatte 27 % Steigung. Die Breite betrug etwa acht Meter, bei Start und Ziel 20 m. Der höchste Punkt lag 620 m ü. NN hinter der Nordkurve bei Start und Ziel, der tiefste mit etwa 320 m ü. NN bei dem Ort Breidscheid (Kilometer 10).

Zwischen 1960 und 1965 waren wir bei der Zeitschrift »Das MOTORRAD« nicht immer mit Testmotorrädern gesegnet. 1960 konnten wir nur vier deutsche Maschinen und fünf Motorräder aus dem Ausland organisieren. Zu Langstrecken-Tests über Zigtausende von Kilometern war kein Hersteller oder Importeur bereit, denn dazu fehlte der finanzielle Hintergrund. Die Redaktion von »Das MOTORRAD« hatte aber auch keinen Etat, um Maschinen für solche Zwecke kaufen zu können. Wir waren froh, daß wir unsere eigenen Motorräder finanzieren konnten.

Im Straßenverkehr, in der Stadt und über Land, war es schon 1960 viel zu gefährlich, ja unmöglich geworden, besonders mit stärkeren Maschinen ungestört Meßfahrten zu unternehmen. Nur nachts auf den dann wenig befahrenen Autobahnen konnten wir Langstrecken-Zuverlässigkeits- und Gewalttests zwischen Hamburg und Wien machen. Aber sonst gab es keine Gelegenheiten mehr, eine Maschine in ihrem ureigensten Bereich – z. B. auf einer kurvenreichen gebirgigen Straße über Land – auf ihre Leistungsfähigkeit, auf die Zähigkeit des Materials, auf den Verbrauch, auf die Fahrwerksqualitäten usw. zu untersuchen. Reisen in einsame Sonnenländer waren uns unmöglich – !

Motorräder waren schon keine Alltagsfahrzeuge mehr, wenn sie auch noch im Alltag herumfuhren, ihre Welt war bereits vordringlich das sportliche Hobby-Fahren, und unter diesem Gesichtspunkt mußten wir sie beurteilen. Ob sie hielten, ob sie sicher fuhren, ob sie ihr Geld wert waren.

Das aber ging nur auf einer ungestörten Rundstrecke, die Kurven, Steigungen, Gefälle aufwies und nicht zu kurz war. Der Ring war geradezu ideal dafür. Hielt eine Maschine dabei 40 sehr scharfe Runden, dann war sie nicht von schlechten Eltern und ließ einwandfreie Rückschlüsse auf ihre normale Brauchbarkeit zu.

Unsere Freunde und Leser wollten verwertbare, ablesbare und kritische Stellungnahmen zu interessanten Maschinen, und das mußten wir unbedingt schaffen.

Schon Mitte der 50er Jahre hatten wir begonnen, Testmotorrader auf dem Ring zu fahren und hatten nach und nach eine neue Testmethode entwickelt, die wir schließlich für die 60er Jahre perfektionierten. Nun waren keine 10 000 Test-Kilometer mehr nötig, um eine Maschine beurteilen zu können.

Kienzle baute mir zwei Fahrtschreiber, deren Skalen bis 140, 160 km/h und 210 km/h reichten, und deren Uhrwerke die Scheiben in 24 Minuten einmal herumdrehten. Dadurch wurden die aufgezeichnete Geschwindigkeitenlinie so weit auseinander gezogen, daß man sie Sekunde für Sekunde und 100 Streckenmeter-weise verfolgen konnte. 24 Minuten reichten immer für eine Runde um die Nordschleife – selbst für 50 cm³-Motorräder.

Um die genaue Geschwindigkeitsanzeige zu erhalten, wurde der Antrieb über ein kleines Getriebe innerhalb der Tachowelle eingestellt. Die Getrieberäder wurden so lange gewechselt, bis auf unserer 1000 m Meßstrecke bei Start- und Ziel die Zeitmessungen haargenau mit der auf der Fahrtschreiber-Scheibe aufgezeichneten Geschwindigkeit übereinstimmten.

Bei den ersten Versuchen war das eine Nerven und Zeit raubende Beschäftigung. Nachdem wir aber hinter alle Schwierigkeiten gekommen waren, unzählige Tachometerwellen mit für jede Maschine passenden Anschlüssen und 82 verschiedene Übersetzungsmöglichkeiten durch fast 200 kleine Zahnräder hatten, funktionierte die Sache fantastisch.

Der Spezialfahrtschreiber (Kienzle) auf dem Tank der Honda CB 450 (1965). 1 = Fahrtschreiber, 2 = Zwischengetriebe in der Antriebswelle.

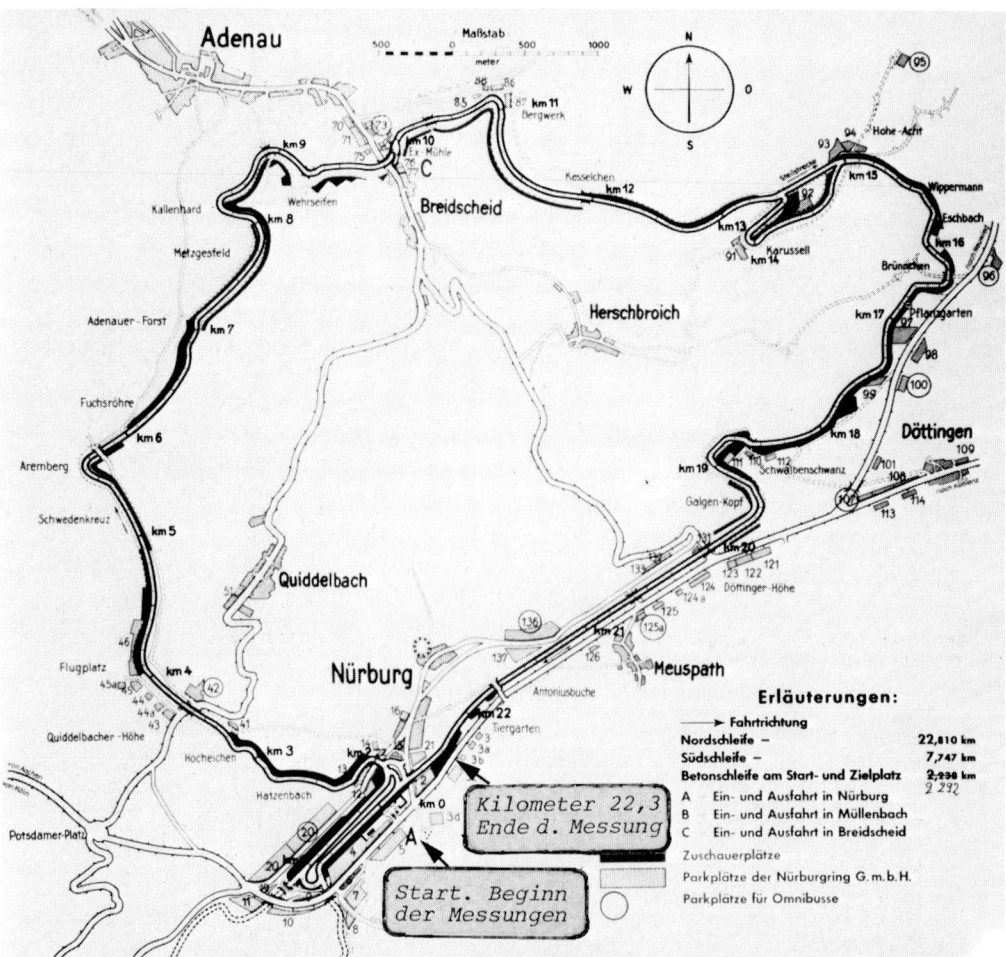

Die Nordschleife des Nürburgringes in den 60er Jahren. Gemessen wurden unsere Testmaschinen gegen Ende des Jahrzehnts von Start und Ziel bis zur Kilometer-Marke 22,3 vor der Endschikane.

Sehr bald kamen wir dahinter, daß man von der aufgezeichneten Geschwindigkeit auf die Drehzahlen, auf Gänge, auf Verbrauch und anderes Rückschlüsse ziehen konnte, so daß so ein Fahrtschreiberblatt mit einer Nordschleifenrunde wie eine Art Testbuch wurde, aus dem wir viele Dinge ablesen konnten, die man bis dahin normalerweise kaum bei einem Test festhielt.

Es wurden dazu die Vibrationen des Motors deutlich, es gab sprunghafte Haken in der Linie, wenn die Maschine infolge eines unruhigen Fahrwerks Kapriolen fabrizierte, und vieles mehr.

Deutlich wurde auch das Verhalten bei scharfem Bremsen, bei Belastung mit Gepäck und zwei Personen, beim Touren- und beim Fahren auf Krawall.

Brachte man jede abweichende Aufzeichnung mit der jeweiligen Streckenstelle der Nordschleife in Zusammenhang, dann ließen sich daraus auch wieder Schlüsse ziehen. Die Streckenstellen selbst erkannte man genau am Verlauf der Tempolinie.

Abb. rechte Seite:
Fahrtschreiber-Blatt (oben) mit eingezogener Geschwindigkeitslinie und Auswertung der Aufzeichnung im Höhendiagramm des Nürburgringes (unten) am Beispiel der Honda CB 750 (Juli 1969).

20

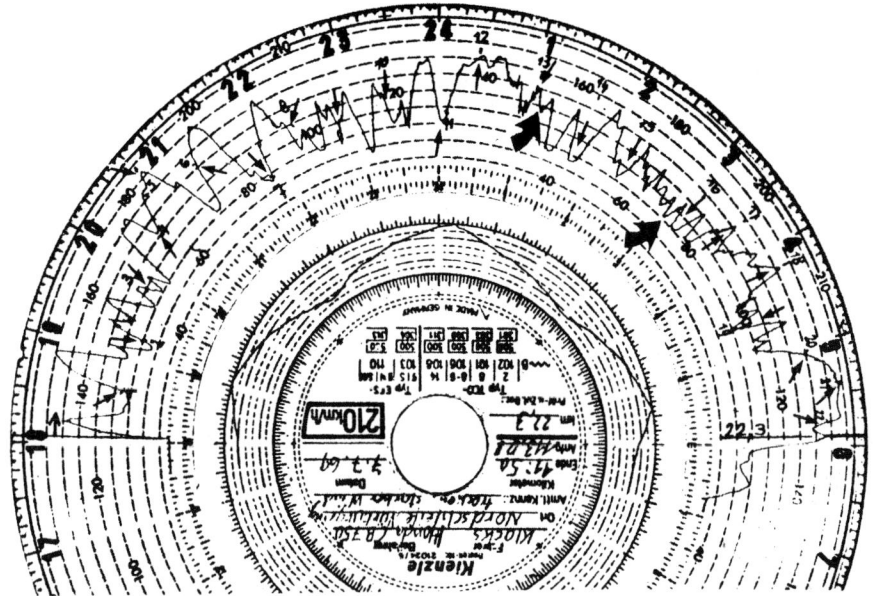

Fahrtschreiber-Blatt einer Runde um die Nordschleife des Nürburgringes. Die Zeit wurde bis km 22,3 gemessen.

Zwei Baustellen bei km 13,1 und 15,8 mit Zeitverlust.

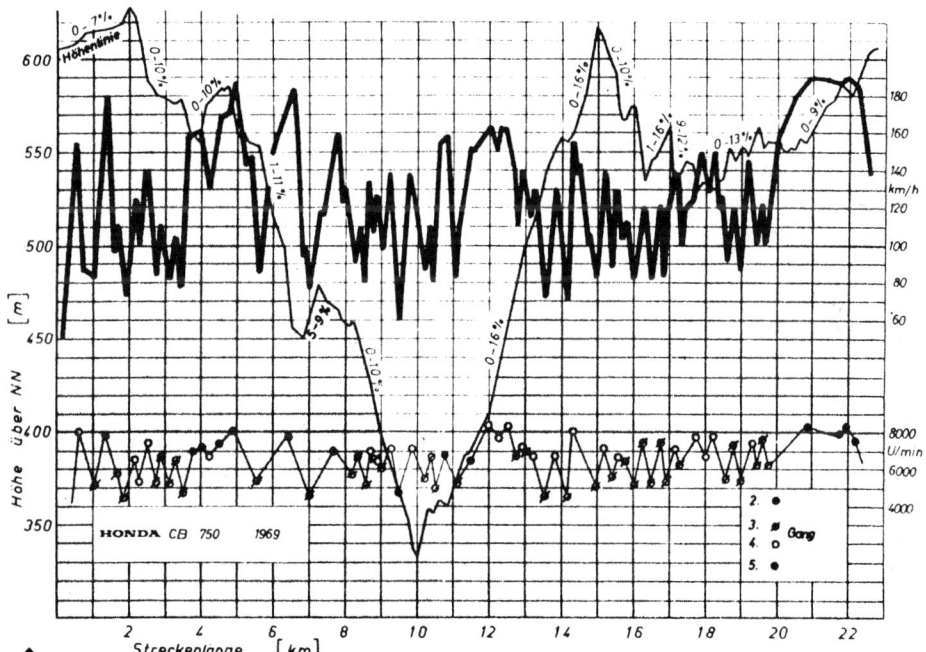

HONDA CB 750 1969

Höhenprofil des Nürburgringes mit Geschwindigkeits- und Drehzahlangaben, wobei zu sehen ist, daß vor allem die Beschleunigung ab 80 km/h sich auswirkt. Nur selten kommt man beim Räubern über einen solchen Kurs in den fünften Gang, das meiste wird im dritten und im vierten Gang gefahren, was ein Bereich zwischen 50 und 160 km/h ist. Bei km 4,8 am Schwedenkreuz ist in der Beschleunigung deswegen ein flacher Abschnitt, weil dort der Wind mit unerhörter Stärke seitlich über die Felder und Höhen fegte und die Spurtreue der Maschine beeinträchtigte. Dieser Umstand und zwei Baustellen waren der Grund, daß die Fahrtschreiber-Runden nicht schneller waren. Später auf dem gesperrten Ring bei günstigerer Witterung wurden die Zeiten

natürlich besser. Am Ausgang der Fuchsröhre (km 6,8) mußte man durch den enormen Schwung, den man vom Gefälle und vom Tempo her (ca. 185 km/h) hatte, an 9% Steigung noch wie verrückt herunterbremsen, um den Einlauf zum Adenauer Forst ohne Schwierigkeiten zu schaffen. Im Kesselchen fuhr man im vierten Gang glatt 160 km/h an ca. 8% Steigung. Und selbst nach dem Karussell (km 14,2) kam man auf dem kurzen Stück zur Hohen Acht-Kurve (km 15) hinauf doch wieder auf 155 km/h. Das charakterisiert wohl zur Genüge, daß da nicht nur eine Menge PS vorhanden sind, sondern daß man damit auch etwas anfangen kann. Also: Fahrwerk gut, Bremsen gut, Getriebe-Abstufung stimmt.

Wir machten uns von der Strecke ein Höhendiagramm, in dem die Streckenkilometer, Steigungen, Gefälle verzeichnet waren. Dort hinein übertrugen wir die gefahrene Geschwindigkeitslinie, wozu wir aus fünf Fahrtschreiberblättern einen Mittelwert erarbeiteten, um möglichst einen guten Durchschnitt für die Auswertung zu bekommen.

Danach zeichneten wir die jeweils in den entsprechenden Gängen gefahrenen Drehzahlen mit ein, dazu die Schaltpunkte. Und das ergab ein immer im Maßstab gleichbleibendes Diagramm, das sich auch hervorragend für Vergleiche verschiedener Maschinen heranziehen ließ.

Helmut Werner Bönsch hatte so etwas zu Anfang der 50er Jahre schon bei Versuchen mit Adler-Maschinen auf dem Nürburgring praktiziert, allerdings mit 24-Stunden-Schreibern und nicht mit dieser hier von uns benutzten Auswertung jeder Scheibe. Bei ihm lagen andere Aufgaben vor, aber er war sozusagen unser Ideen-Geber für dieses Verfahren.

Zugute kam uns die Tatsache, daß wir von da an immer die gleiche Teststrecke mit möglichst immer dem gleichen Fahrer befuhren. Natürlich probierten wir auch viele Runden mit ausgesprochenen Renn- und Sportkanonen, was dann interessant wurde, wenn es galt, die letzten Grenzen einer Maschine zu probieren.

So gelang es in sehr kurzer Zeit, Meßdaten und Aufzeichnungen zu bekommen, die für diese Jahre im journalistischen Testbetrieb zwar nicht gerade neu waren (siehe H. W. Bönsch), die uns aber sehr dicht an die notwendige Testobjektivität der Aussagen heranbrachten.

Die Elektronik war noch weit entfernt für unseren Geldbeutel und für unsere Möglichkeiten, vor allem auch deswegen, weil auf einem Motorrad kaum Platz für großvolumiges Testgerät war.

Im Laufe der Jahre bekamen wir eine solche Fertigkeit, mit den Fahrtschreibern und den Aufzeichnungen umzugehen, daß wir innerhalb von vier Wochentagen bis zu sechs Motorräder völlig durchmessen und analysieren

konnten. Und das – als willkommener Nebeneffekt – kam auch unserer knappen Redaktionskasse zugute.

Viel hat es uns geholfen, daß wir bei diesen Testtagen auf dem Nürburgring sehr oft begeisterte Helfer hatten. Dazu gehörten nicht nur unsere eigenen Motorrad-Familien, sondern auch viele hilfsbereite Freunde, die auf diese Weise dazu beitrugen, daß in unserer Leib- und Magenzeitschrift immer wieder interessante Maschinen-Berichte erschienen. Ihnen allen muß ich an dieser Stelle dafür danken, denn die 60er waren für uns keine leichten Jahre, unsere Redaktions-Mannschaft konnte man an den fünf Fingern einer Hand aufzählen. Trotzdem bemühten wir uns darum, die Motorradtechnik farbig und nicht trocken darzustellen, und einem Test ein sichtbares und ablesbares Leben zu geben.

Die gefahrenen Minuten und Sekunden, die jeweils zwischen den Streckenkilometern eingehaltenen Geschwindigkeiten, waren klar zu sehen, und wenn man ein Diagramm mit einem anderen verglich, konnte man genau sehen, ob das eine Motorrad bessere Bremsen hatte, das andere schneller auf den Geraden war, ob eine Maschine besser als eine andere um die Kurven kam, ob man an langen Steigungen dauernd überdrehte und damit eine besondere Belastung erzielte. Man konnte sehen, wenn ein Getriebe schlecht abgestuft war oder wenn eine Übersetzung nicht stimmte, man wurde deutlich gewahr, wenn ein Fahrwerk nichts taugte und die Maschine nur auf guten Steckenabschnitten schnell gefahren werden konnte. Es gab noch die Möglichkeit genauer Verbrauchsmessungen und eine Überlegung, anhand der errechneten Kolbengeschwindigkeiten eine Aussage zu Verschleißneigungen zu machen.

Schließlich konnten wir sogar die Wirkung von Federbeinen und Reifen ablesen, von unterschiedlichen Ölfüllungen in Stoßdämpfern, und vieles mehr. Nach längstens 3000 Kilometern war so schon eine ziemlich genaue Analyse eines Motorrades möglich.

Das alles führte dazu, daß man viele Male im

Jahr (im Rhythmus der Erscheinung von »Das MOTORRAD«) zwei bis vier Tage während der »trockenen« Jahreszeit auf dem Nürburgring war, um Messungen durchzuführen. Schließlich hatte ich (allerdings von 1951 an) bis zur Mitte der 70er Jahre runde 150 000 Motorradkilometer dort auf der Eifelstrecke hinter mich gebracht.

Die Strecke war ziemlich sicher, denn es gab noch nicht die für Motorradfahrer so ekelhaft gefährlichen Leitplanken. Rechts und links waren durchweg »weiche« Maschendrahtzäune und Auffanghecken, und sollte einmal jemand von uns rausfliegen, dann segelte oder rutschte er in diese den Stoß stark abdämpfenden Pflanzenpolster. »Motorrad fliegt – Hecke auf – Motorrad durch – Hecke zu – Fahrer in Hecke«, sagten wir. Glücklicherweise ist uns das nicht passiert – ja, Tatsache – wir hatten immer Glück und brachten jede Testmaschine ohne Sturzschäden wieder von der Strecke runter (eigentlich auch ein Rekord! Oder – ?!). Vielleicht waren wir inzwischen große Routiniers geworden. Wer weiß.

Nein – halt – einmal – das war mit der Victoria-Swing 200 cm³. Da flog in der Fuchsröhre der vierte Gang bei 120 km/h raus und beim Betätigen der elektromagnetischen Getriebeschaltung rastete – ratsch – der e r s t e Gang ein. Es gab einen schrecklichen Haken und schon raste die Hecke auf mich zu –
– aber das Teufelsding fing sich und spurte weiter. Beinahe – !

Abends beim Nett-Wirt in Drees (ich weiß – diese Motorradfahrer-Stätte existiert immer noch) haben wir dann Geburtstag gefeiert. Oder auch manche schnelle Runde oder einige »zerdrehte« Motorräder.

Mit englischen Maschinen befuhren wir den Nürburgring besonders gern. Sie hatten meist sehr gute Fahrwerke und vor allem Motoren, die aus dem unteren Drehzahlbereich gewaltig herauszogen. Ihre Getriebe waren herrlich genau und weich zu schalten. Die japanischen Renner waren durchweg Drehteufel und hatten meist harte Federungen und viel zu harte Reifen, die wir gegen deutsche Gummis aus-

wechselten. Die Schwingen-BMWs, wir nannten sie auch »Gummikühe«, zeigten die kultiviertesten Motoren, hatten lange Radstände und reagierten auf kleine Unregelmäßigkeiten im Fahrwerk (z. B. zu großes Spiel der Hinterrad-Schwingenlagerung und anderes) auf Wellen durch Schaukeln. Man konnte aber ungeheuer schnell mit ihnen sein.

Eine besondere Rolle spielten die für schnelle Straßenfahrten ausgelegten italienischen Sportmotorräder. Oft waren sie bockelhart gefedert, lagen aber auf dem Nürburgring ausgesprochen gut. Es machte gewaltigen Spaß, zum Beispiel eine Ducati-Desmo 250 cm³ auf dem Ring zu scheuchen.

So bildeten sich mit der Zeit feste Charakteristiken für die verschiedenen Arten von Motorrädern, und vor allem stimmten die Eindrücke, die wir auf dem Nürburgring gewannen, immer mit den Vorkommnissen zusammen, die bei normalem Betrieb im Alltag auftraten. Der Nürburgring war schließlich so etwas wie eine zwar sehr gekürzte und komprimierte Testmöglichkeit, aber eine viele Kilometer ersetzende Alltagsbilanz.

Mein heimlicher Wunsch war es immer, einmal eine Norton-International auf dem Ring zu fahren. Das war der Typ mit dem 500 cm³ Königswellen-Einzylinder-Motor im Doppelrohr-»Federbett«-Rahmen. Ein ganz elegantes, leichtes Motorrad. Aber sie war rar, wurde nicht mehr gebaut und geriet nie in unsere Testgarage. Es blieb ein Traum.

So, und nun analysieren wir einmal gemeinsam so eine Fahrtschreiber-Aufzeichnung, wie sie 1969 von der Honda CB 750 gemacht wurde.

Auf dem Fahrtschreiber-Blatt sehen wir deutlich die Geschwindigkeitslinien mit der Einteilung 40-60-80-100-120-140-160-180-200-210 km/h. Am äußersten Rand sind die Striche zum Kreismittelpunkt, die die Minuten und Sekunden angeben. Ein durchgehender Strich ist eine Minute, die Teilstriche geben jeweils fünf Sekunden an.

Bei 18:05 sind wir losgefahren mit einem rasanten Start. Bei 05:55 wurde durch abruptes

Bremsen die Durchfahrt durch die Endstelle der Messung bei Kilometer 22,3 markiert. Auf dem Ring gab es im Juli 1969 drei Baustellen bei Kilometer 13,1, 15,8 und 22,3. Die beiden ersten erlaubten ein Vorbeifahren mit Gaswegnehmen und Aufpassen auf die Bauarbeiter, die dort die Straße neu asphaltierten. Die letzte Baustelle konnte man nur sehr langsam passieren, weil dort an der, Ende der 60er Jahre, neuen Endschikane gearbeitet wurde. So blieben also 22,3 Kilometer zum Messen, Vergleichen und Auswerten.

Nun zählen wir die benötigte Zeit zusammen. Vom Anfahren bis zum Abbremspunkt kriegen wir anhand der Zeitteilstriche auf dem äußersten Rand der Scheibe insgesamt 11 Minuten und 50 Sekunden zusammen. Bei einer Streckenlänge von 22,3 Kilometern bedeutet das einen Durchschnitt von 113,01 km/h.

$$\text{Formel:} \quad \frac{22{,}3 \text{ Kilometer} \times 60}{11{,}84 \text{ Minuten}} = 113{,}01 \text{ km/h}$$

Die 50 Sekunden werden in 0,84 Minuten umgerechnet. (50 Sekunden $\times$ 100 : 60 = 0,84 Minuten.)

Anhand des genauen Streckenplans mit der Markierung für jeden Streckenkilometer legen wir mit Hilfe der aufgezeichneten Geschwindigkeitslinie die Kilometerpunkte fest. Das kann man mit einiger Erfahrung sehr genau machen. Die Kilometer markieren wir dann mit den kleinen Pfeilen direkt an der Geschwindigkeitslinie, die von der Nadel des Schreibers in die Wachsschicht der Scheibe geritzt worden ist. (Seite 21)

Das Auf und Ab der Tempolinie gibt bei Kilometer 5 beispielsweise knapp 190 km/h an. Schauen wir auf den Streckenplan, sehen wir, daß es dort am Schwedenkreuz über fast 1,5 Kilometer in leichter Linkskrümmung geht. Wir wissen, daß es genau da ein langes Gefälle bis zu 11 % gibt, auf dem Höhendiagramm ist es zu finden. Klar, daß man da mit einer fast 70 PS starken Maschine auf eine so hohe Geschwindigkeit kommt. Gleich dahinter aber liegt gleich die enge Arembergkurve, und da muß mit Macht heruntergebremst werden.

Siehe da – in der Abwärtslinie des Tempos ist ein kleiner Haken nach aufwärts zu erkennen! Was war denn da los?

Bei etwas über 140 km/h in der Bremsphase? An dieser Stelle war im Sommer 1969 eine kleine Längskante auf der Bahn direkt in der Kurvenideallinie, die man bei hoher Fahrt in etwa 70° Schräglage nach links hängend entlang kommt. Die Kante stammte von einem ausgebesserten Asphaltstück.

Mit einem Wagen merkt man da gar nichts. Die Honda – und auch andere Maschinen – machten in dieser Situation einen leichten Ruck im Lenker, egal mit welchen Reifen und Federbeinen man fuhr. Das zwang jeden Normalbürger zu einer Reaktion im Gasdrehgriff, wodurch der aufgezeichnete Haken in der Tempolinie entstand.

Und schon tickt unsere Erinnerung: die Yamaha R 5, 350 cm³, machte das nicht so kraß, ihre Linie beim Anbremsen der Arembergkurve war viel glatter und steiler abwärts. Die Suzuki T 500, 500 cm³, produzierte einen größeren Haken – !

Also können wir bei der CB 750 von Honda damit rechnen, daß das Fahrwerk kritisch bei unebener Straße werden könnte. Und siehe da, kurz vor Kilometer 13 gibt es viele Haken aufwärts in der Linie im Anstieg zur unteren Einlaufkurve in die Karrussell-Region. Tempo: von 110 bis 140 km/h, kurz vor der ersten Baustelle.

Zu unserem Höhendiagramm besaßen wir eine Bildermappe, die jeden Kilometer der Strecke aus der Sicht des Motorradfahrers auf der Ideallinie zeigte. Außerdem Karten aus der Vogelperspektive und Luftaufnahmen einzelner Abschnitte. Bei Kilometer 13 waren vor der Kurve im Anstieg mehrere Querwellen auf der Bahn, und da man diese in Schräglage und dazu noch über einen Buckel etwas im Winkel überschnitt, gab es bei vielen Motorrädern Schaukel-, Schwimm- oder auch ruckartige Bewegungen beim Aussteigen und anschließenden Wiedereintauchen der Federung. Fazit: Schlechte Dämpfung, Rahmenlabilitäten usw.

Wenn wir an dieser Stelle solche Haken in der Tempolinie erkannten, brauchten wir kein Bild der Strecke (die hatten wir nur für Leute gemacht, denen wir unser Testverfahren erklären mußten) – wir konnten sehen, daß es Schwierigkeiten mit der Spurhaltung gab. Je höher das Tempo und je krasser die Haken, dann um so schlimmer.

Auch die ablesbaren Kurvengeschwindigkeiten waren interessant. Mit der Honda kam man in engen Ecken bis auf 80 km/h runter, manchmal noch niedriger. Eine der schönsten Rechtskurven war die über einen langen Buckel am Eschbach zum Brünnchen hinunter bei Kilometer 15,8. Aber da war ausgerechnet an diesem Tag die zweite Baustelle. Am Galgenkopf – Kilometer 19,3 bis 19,5 vor der langen Endgeraden – machte es auch besonderen Spaß, mit großer Schräglage über den langen Buckel zu schießen. 100 bis 120 km/h machten wir das mit der CB 750. Die Tempolinie zeigt keine Haken und Schlenker. Das deutet auf problemlose Reifen und Federung an dieser Stelle hin.

Vielleicht erkennt man daran, wie wir Kilometer für Kilometer einer solchen Runde beobachten konnten und sahen, was an Leistung und Spurtreue möglich war. Im Höhendiagramm kamen dann noch weitere interessante Punkte zum Vorschein.

Erstens natürlich die Feststellung des Durchzugsvermögens des Motors, dann aber auch die Stufung des Getriebes durch die Festlegung von Drehzahlen und Schaltpunkten. Daraus schließlich weiter die Kolbengeschwindigkeiten an kritischen Stellen bei Erreichen von sehr hohen Drehzahlen oder gar beim Überdrehen des Motors.

Die CB 750 hatte so viel Kraft und eine gute Lage der Gänge, daß Überdrehen über 8000 U/min hinaus kaum vorkam. Also blieben die Kolbengeschwindigkeiten auch im Rahmen. Bei anderen Motorrädern aber ging es da oft sehr haarig zu, besonders bei kleineren Maschinen, die ständig überdreht werden mußten, um eine annehmbare Durchschnittsgeschwindigkeit zu erreichen. Hatten diese aber

kurzhubige Motoren, so war das noch nicht gar so schlimm.

Immerhin aber bedeuteten zum Beispiel 20 hart gefahrene Nordschleifen-Runden gewiß eine gewaltige Belastung. Und wenn das 1960 eine Maschine klaglos mitmachte, dann konnte man ihr auch einige Qualität attestieren. Außerdem wurde sichtbar, wo es fehlte. Der Beobachter dieser Tests erhielt dabei einen Eindruck von möglichen Geschwindigkeiten, von der Leistungsfähigkeit und dem Charakter der vorgestellten Motorräder und vermochte ohne viel Phantasie als Motorradfahrer das alles nachzuempfinden. Das nannte ich lebendige Darstellung unserer Testobjekte und Maschinen.

Noch etwas probierten wir sehr oft: Wir fuhren mit zwei Personen um die Nordschleife und versuchten, dabei nur im größten Gang des Getriebes zu bleiben. Ging das aber an Steigungen oder Kurvenausgängen überhaupt nicht mehr, fing der Motor an zu rucken, erst dann schalteten wir in den nächstniedrigeren Gang hinunter.

Auch dies zeichnete der Fahrtschreiber sauber auf, wobei die eventuellen Schaltpunkte deutlicher als sonst zu erkennen waren.

Selbstverständlich waren solche Runden langsamer als die mit nur einer Person und vollem Durchschalten des Getriebes. Über den Geschwindigkeitsunterschied und über den geringeren Rundenschnitt kamen wir danach zu Darstellungen über die Durchzugskraft (= Drehmomentlage) eines Motors.

Das werteten wir in Prozenten aus. Beispiel: Durchschnitt einer Maschine solo 105 km/h, mit zwei Personen im größten Gang nur 88 km/h. Das war 83,8 % von 105 km/h. Eine andere Maschine erreichte 99,2 km/h solo und 72,6 km/h mit zwei Personen im größten Gang. Das war nur 73,2 % der Solozeit = schlechtere Drehmomentausnutzung und Leistungsfähigkeit. Ebenso interessant waren Fahrtschreiber-Runden bei Dunkelheit. Hier sanken die Rundendurchschnitte oft ganz gewaltig in den Keller, oft wurden nicht einmal 50 % eines guten Durchschnitts erzielt, wie er bei Tageslicht möglich war.

Wir wollten damit dokumentieren, daß die meisten Motorradfabriken der notwendigen Lichtausbeute zu wenig Augenmerk schenkten. Noch waren 25/25er Lampen in Gebrauch, die 35/35er waren inzwischen bei allen serienmäßig, aber wenn man sich hellere Lampen und Scheinwerfer mit größerem Lichtaustritt oder gar Zusatzlampen besorgte, dann kam man leicht mit der StVZO in Konflikt.

Aber einem Motorrad, welches gut und gerne bei Tageslicht 160 km/h fahren konnte, einen Scheinwerfer anzubauen, dessen Spiegeldurchmesser nur 140 mm betrug und der eine Biluxlampe von nur 25/25 Watt (6 Volt) als Funzel hatte, das hielten wir für reichlich »rationalisiert«. Aber welche Auswirkungen so etwas haben konnte, das vermochten wir nur durch solche Fahrtaufzeichnungen festzuhalten, die wir bei mondlosen Nächten ohne Regen oder Nebel auf dem Nürburgring machten.

Rundenzeiten auf dem Nürburgring von Motorrad-Rennfahrern.

1958 John Surtees im Training zum Großen Preis von Deutschland mit der 500 cm³ Vierzylinder-MV Agusta
22,810 km Nordschleife in 10:19,8 = 132,5 km/h

1969 Ferdinand Kaczor in der fünften Runde beim 5. Lauf um die Deutsche Straßenmeisterschaft auf seiner 500 cm³ Zweizylinder-Stoßstangen-BMW
22,835 km Nordschleife mit Endschikane in 10:03,1 = 136,3 km/h

1969 Ferdinand Kaczor bei Testfahren über die bis zum Kilometer 22,3 gemessene Nordschleife mit Fahrtschreiber auf einer 750 cm³ Serien-BMW R 75/5 (50 PS, Zweizylinder-ohv) in
10:52 = 123,1 km/h

Damit wollten wir auch dem Argument entgegentreten, welches besagte, daß Motorradfahrer nur höchst selten bei Dunkelheit unterwegs seien, und dann müßten sie sowieso ihre Geschwindigkeit drastisch herabsetzen, und deswegen sei es doch überhaupt nicht nötig, so schrecklich helle (= teure!) Lichtanlagen einzubauen. Dazu müßte man dann nämlich stärkere Lichtmaschinen und größere Batterien vorsehen und so weiter – und so weiter – !

Die Auswertung der Fahrtschreiberblätter und der übereinander gelegten Höhendiagramme mit den Fahrtlinien, welch letztere auf Pergament gezeichnet wurden, offenbarte auf einem Lichtkasten fantastische Vergleichsmöglichkeiten vieler Maschinen untereinander. Aber man konnte die Aufzeichnungen auch nebeneinander legen (z. B. die Seiten der Testberichte in »Das MOTORRAD«), um auf diese Weise automatisch Vergleichstests zur Hand zu haben und sich Urteile bilden zu können.

Es blieb nicht aus, daß unsere Nürburgring-Fahrten von allen Seiten beobachtet wurden. Dabei kam es vor, daß sichtbar gewordene Mängel an Maschinen von den Herstellern überprüft und auch behoben wurden.

Ob das nun am Motor, am Getriebe, am Fahrwerk, an Federungselementen oder Reifen nötig war. Mehr als einmal kamen wir mit Technikern und Entwicklungs-Ingenieuren in Kontakte und zu Diskussionen.

Dann war es eines Tages so weit, daß wir mit Hilfe der Fahrtschreiber-Aufzeichnungen gezielte Einzeltests an Reifen, Federbeinen u. a. machten, um noch intensiver die uns da gebotenen Untersuchungsmöglichkeiten ausnutzen zu können. Es war gut, daß so Dokumentationen entstanden, die im Laufe des Jahrzehntes sehr deutlich die sehr schnelle technische Weiterentwicklung der Motorräder aufzeigten. Aus ihnen können wir ablesen, welcher große Sprung nach vorn in zehn Jahren gemacht wurde, nachdem die Umwelt 1960 das Motorrad bereits für tot erklärt hatte.

Also: nun auf, zum Nürburgring mit den rasantesten Motorrädern der 60er Jahre!

Etwas zu den Bezeichnungen PS und U/min

Vor ein paar Jahren wurden die Bezeichnungen für die Leistung eines Motors von dem bisherigen Wert PS (Pferdestärke) in kW (Kilowatt) geändert. Die Bezeichnungen von Drehzahlen (Umdrehungsfrequenz) pro Minuten U/min wurde in 1/min umgewandelt.

Auch andere bis dahin geltende Bezeichnungen wechselten.

In diesem Buch aber benutze ich den in den 60er Jahren noch gültigen Wert PS für die Leistung eines Motors und U/min für die Drehzahlen der Kurbelwelle.

Damals waren diese Bezeichnungen Vergleichsbasen und steckten uns in Fleisch und Blut (auch heute noch sprechen wir eher mit diesen als mit den neuen Bezeichnungen). Irgenwie hätten die neuen Werte die Atmosphäre dieser Motorradgeschichten verdorben, vor allem für die Leser, die heute vielleicht nicht mehr fahren, aber noch immer aus den 60er Jahren erzählen und in Erinnerungen schwelgen.

Würde ich nun gesagt haben, daß die Triumph Bonneville 650 cm³ mit ihren 34,5 kW dies oder jenes getan hat, dann würden meine alten Motorradfreunde ziemlich verwirrt schauen und könnten mit dieser Zahl erst gar nichts anfangen, weil es kein Vergleichsbegriff für sie ist.

47 PS – die Leistung der Bonneville – ja, das ist klar – !

Außerdem werden die Versicherungsklassen für Motorräder und Autos auch heute noch nach PS-Werten eingeteilt.

Wer nun aber meint, daß es unbedingt wichtig sei, bei jeder PS-Zahl die entsprechende kW-Zahl in Klammern dazu zu setzen, der kann ganz einfach aus untenstehender Tabelle grob ablesen, wie das Verhältnis PS zu kW oder umgekehrt ist.

1 PS = 0,736 kW	/	1 kW = 1,36 PS
10 PS = 7,36 kW		60 PS = 44,16 kW
15 PS = 11,01 kW		65 PS = 47,84 kW
20 PS = 14,72 kW		70 PS = 51,52 kW
25 PS = 18,4 kW		75 PS = 55,2 kW
30 PS = 22,08 kW		80 PS = 58,88 kW
35 PS = 25,76 kW		85 PS = 62,56 kW
40 PS = 29,44 kW		90 PS = 66,24 kW
45 PS = 33,12 kW		95 PS = 69,92 kW
50 PS = 36,8 kW		100 PS = 73,6 kW
55 PS = 40,48 kW		105 PS = 77,28 kW

Bei den U/min braucht man nichts umrechnen, sondern eben nur die neue Bezeichnung 1/min dafür einsetzen, wenn man Wert darauf legt.

Typentafeln

Deutsche Motorräder 1960

(Für die Vollständigkeit dieser Liste und die Preisangaben kann keine Gewähr übernommen werden, sie wurde auf Grund der neuesten Werksangaben zusamme g estellt). (Der Steuersatz ist der jeweilige Jahresbetrag, die angegebenen Versicherungssummen stellen die Jahresprämie für die gesetzliche Haftpflichtversicherung r 250 000/50 000/10.000 Deckungssummen dar.)

Fabrikat	Typ	Arbeitsweise	Zylinderzahl	Bohrung mm	Hub mm	Leistung	bei Drehzahl	Primärantrieb	Gangzahl	Schaltung	Hinterradantrieb	Rahmen	Vordergabel	Hinterradfederung	Bereifung	Eigengewicht	Geschwindigkeit	Normverbrauch	Richtpreis
50 ccm Steuer: frei, Versicherung: DM 22.–																			
Dürkopp	Mokick	2	1	38	43	3,6	4500	Ke	3	H	Ke	Pr	S	S	23 x 2,50	65	70	—	958.-
Goebel	GS 11	2	1	38	42	3,2	6800	Za	3	H	Ke	Pr	S	S	21 x 2,75	64	65	1,9	977.-
Göricke	346	2	1	38	42	3,2	6800	Za	3	H	Ke	Pr	LS	S	23 x 2,50	65	65	—	940.-
Hercules	220 K	2	1	38	42	3,2	6800	Za	3	H	Ke	Pr	LS	S	23 x 2,50	62	65	2,3	927.-
Kreidler	Florett	2	1	40	39,7	3,6	6000	Za	3	H	Ke	Pr	LS	S	23 x 2,50	73	70	1,8	928.-
Miele	K 53	2	1	38	42	3,2	6800	Za	3	H	Ke	Pr	S	S	23 x 2,50	—	65	—	948.-
Panther	K 9	2	1	48	42	3,2	6800	Za	3	H	Ke	R	LS	S	21 x 2,75	—	65	—	944.
Puch	DZ 50 SK 2	2	1	38	43	2,6	7400	Za	3	H	Ke	Te	LS	S	23 x 2,50	68	58	1,6	886.-
Rex	Silberpfeil	2	1	40	39,5	3,6	6000	Za	3	H	Ke	Pr	LS	S	21 x 2,75	68	70	1,8	965.-
Zündapp	Falconette	2	1	—	—	3,6	—	Za	3	F	Ke	—	—	—	21 x 2,75	—	65	—	894.-
	KS 50	2	1	—	—	4,2	—	Za	4	F	Ke	—	—	—	21 x 2,75	—	75	—	978.-
Zweiradunion	155	2	1	40	39	3,7	6800	Za	3	H	Ke	Pr	LS	S	20 x 2,75	74	70	1,7	998.-
75 ccm Steuer: DM 11.–, Versicherung: DM 22.–																			
Zündapp	KS 75	2	1	—	—	5,6	—	—	4	F	Ke	—	—	—	21 x 2,75	—	80	—	1098.-
100 ccm Steuer: DM 15.–, Versicherung: DM 22.–																			
Göricke	Gö 100 S 57	2	1	48	54	6,6	5750	Ke	3	F	Ke	R	LS	S	3,00-16	100	85	2,2	1195.-
Hercules	K 100	2	1	48	54	5,2	5250	Ke	3	H	Ke	R	LS	S	3,00-16	89	75	—	1046.-
	K 101	2	1	48	54	6,6	5750	Ke	3	F	Ke	R	LS	S	3,00-16	102	85	—	1172.-
	K 102	2	1	48	54	6,6	5750	Ke	3	F	Ke	R	LS	S	2,50/3,00-16	89	85	—	1118.-
Rixe	RS 100/3	2	1	48	54	5,2	5250	Ke	3	F	Ke	R	LS	S	3,00-16	91	80	2,0	1070.-
125 ccm Steuer: DM 18.–, Versicherung: DM 75.–																			
MZ	RT 125/3	2	1	52	58	6,5	5200	Ke	4	F	Ke	R	Tc	Te	2,75/3,00-19	109	85	2,3	995.-
Puch	SV	2	1	2x38	55	6,5	5800	Ke	4	F	Ke	Pr	Te	S	3,25-16	117	80	2,3	-.-
	SVS	2	1	2x38	55	8	6100	Ke	4	F	Ke	Pr	Te	S	3,25-16	117	90	2,5	-.-
175 ccm Steuer: DM 26.–, Versicherung: DM 75.–																			
Hercules	K 175 SE	2	1	62	58	11	5250	Ke	4	F	Ke	R	Te	S	3,25/3,50-18	134	100	—	1498.-
Maico	M 175 SS	2	1	61	59,5	15,5	6500	Ke	4	F	Ke	R	S	S	3,00/3,25-18	135	110	2,6	1630.-
	175 GS (Geländesport)	2	1	61	59,5	15,5	6500	Ke	4	F	Ke	R	Te	S	3,00-21/3,25-19	138	—	—	1885.-
	175 MC (Moto Cross)	2	1	61	59,5	16	6400	Ke	4	F	Ke	R	Te	S	3,00-21/3,25-19	132	—	—	2285.-
MZ	ES 175/1	2	1	58	65	11	5000	Za	4	F	Ke	R	LS	S	3,25/3,50-16	155	95	2,9	1470.-
NSU	Maxi	4	1	62	58	12,5	6500	Za	4	F	Ke	R	Pr	S	3,00-18	137	110	2,6	1698.-
Puch	SV	2	1	2x42	62	9	5850	Ke	4	F	Ke	Pr	Te	S	3,25-16	119	90	2,7	1545.-
	SVS	2	1	2x42	62	11	6300	Ke	4	F	Ke	Pr	Te	S	3,25-16	119	95	2,9	1645.-
Zündapp	Trophy 175 S	2	1	—	—	10,5	—	Ke	4	F	Ke	R	Te	S	3,00-18	—	95	—	1645.-
250 ccm Steuer: DM 36.–, Versicherung: DM 107.–																			
BMW	R 27	4	1	68	68	18	7400	Dir	4	F	Ka	R	LS	S	3,25-18	158	120	3,9	2330.-
Maico	Blizzard	2	1	67	70	14	5200	Ke	4	F	Ke	R	S	S	3,00/3,25-18	137	102	3,3	1790.-
	250 GS (Geländesport)	2	1	67	70	17	5800	Ke	4	F	Ke	R	Te	S	3,00-21/3,25-19	140	—	—	1985.-
	250 MC (Moto Cross)	2	1	67	70	18	6000	Ke	4	F	Ke	R	Te	S	3,00-21/3,25-18	134	—	—	2385.-
MZ	ES 250/1	2	1	70	65	14,25	5100	Za	4	F	Ke	R	LS	S	3,25/3,50-16	158	110	3,6	1690.-
NSU	Supermax	4	1	69	66	18	6000	Za	4	F	Ke	Pr	S	S	3,25-19	147	120	3,4	2076.-
Puch	SG	2	1	2x45	78	12	5500	Ke	4	F	Ke	Pr	Te	S	3,50-16	155	100	3,1	1958.-
	SGS	2	1	2x45	78	14,2	6000	Ke	4	F	Ke	Pr	Te	S	3,50-16	155	105	3,3	2040.-
Simson	Sport	4	1	68	68	15	6300	Dir	4	F	Ke	R	Te	S	3,25/3,50-18	156	108	3,7	-.-
Zündapp	Trophy 250 S	2	1	—	—	14,5	—	Ke	4	F	Ke	R	Te	S	3,00-18	—	110	—	1765.-
350 ccm Steuer: DM 44.–, Versicherung: DM 220.–																			
Maico	277 GS (Geländesport)	2	1	71	70	17,6	5800	Ke	4	F	Ke	R	Te	S	3,00-21/3,25-19	140	—	—	2050.-
	277 MC (Moto Cross)	2	1	71	70	18,5	6000	Ke	4	F	Ke	R	Te	S	3,00-21/3,25-19	134	—	—	2450.-
500 ccm Steuer: DM 72.–, Versicherung: DM 275.–																			
BMW	R 50	4	2	68	68	26	5800	Dir	4	F	Ka	R	LS	S	3,50-18	195	130	5,1	3130.-
	R 50 S	4	2	68	68	35	7650	Dir	4	F	Ka	R	LS	S	3,50-18	198	145	5,2	3535.-
600 ccm Steuer: DM 87.–, Versicherung: DM 275.–																			
BMW	R 60	4	2	72	73	30	5800	Dir	4	F	Ka	R	LS	S	3,50-18	198	135	5,0	4030.-
	R 69 S	4	2	72	73	42	7000	Dir	4	F	Ka	R	LS	S	3,50-18	202	160	5,3	4510.-

Fabrikat und Typ	Zylinderzahl	2- oder 4-Takt	Hub/Bohrung ccm	PS U/min	Verdichtung	Anzahl der Gänge	Rahmenbauart	Federung vorn	Federung hinten	Bereifung vorn	Bereifung hinten	Leergewicht	zulässiges Gesamtgewicht	Höchstgeschwindigkeit solo ca. km/h	Preis
Aermacchi															
Ala Verde	1	4	72/66/246,5	16/6500	8,5	5	R	T	S	2,50–17	3.00–17	114	284	140	2500.–
AJS/Matchless															
250 SS	1	4	65/70/248	22/–	8	4	R	T	S	3,25–17	3,25–17	148	298	125	2900.–
Sceptre	1	4	85,5/72/348	21/–	8,5	4	R	T	S	3,00–19	3,50–19	172	350	120	3740.–
Statesman	1	4	85,5/86/500	29/–	7,3	4	R	T	S	3,00–19	3,50–19	178	350	140	3840.–
Swift	2	4	2x79,3/72/650	43/–	7,5	4	R	T	S	3,25–19	3,50–19	200	400	165	4400.–
Hurricane	2	4	2x79,3/72/650	47/–	8,5	4	R	T	S	3,25–19	3,50–19	180	400	168	4570.–
33	2	4	2x89/73/750	49/–	7,6	4	R	T	S	3,25–19	4,00–18	180	400	175	4750.–
AWD															
SZ 252	2	2	58/52/250	15,1/6000	6,9	4	R	T	S	3,25–19	3,25–19	149	299	120	2650.–
BMW															
R 27	1	4	68/68/247	18/7400	8,2	4	R	S	S	3,25–18	3,25–18	162	325	130	2670.–
R 50	2	4	2x68/68/494	26/5800	7,5	4	R	S	S	3,50–18	3,50–18	198	360	140	3440.–
R 60	2	4	2x73/72/594	30/5800	7,5	4	R	S	S	3,50–18	3,50–18	198	360	145	3645.–
R 69 S	2	4	2x73/72/594	42/7000	9,5	4	R	S	S	3,50S–18	3,50S–18	202	360	175	4430.–
BSA															
C 15 Star	1	4	70/67/249	16/6500	8	4	R	T	S	3,25–17	3,25–17	125	325	115	2460.–
C 15 Sportsman	1	4	70/67/249	20/7250	8,75	4	R	T	S	3,25–17	3,25–17	125	325	130	2700.–
B 40 Star	1	4	70/79/343	21/7000	7	4	R	T	S	3,25–18	3,50–18	134	335	130	2720.–
A 50 Royal Star	2	4	2x74/65,5/499	33/6500	9	4	R	T	S	3,25–19	3,50–19	178	380	145	3650.–
A 50 Wasp (USA)	2	4	2x74/65,5/499	35/6500	10,5	4	R	T	S	3,25–19	4,00–18	175	380	150	3950.–
A 65 Lightning	2	4	2x74/75/654	50/6750	9	4	R	T	S	3,25–19	3,50–19	178	380	170	4350.–
A 65 Thunderbolt	2	4	2x74/75/654	42/6250	9	4	R	T	S	3,25–19	3,50–19	178	380	160	3900.–
A 65 Hornet (USA)	2	4	2x74/75/654	53,5/7000	10,5	4	R	T	S	3,25–19	4,00–18	175	380	180	4150.–
A 65 SS Spitfire	2	4	2x74/75/654	55/7000	10,5	4	R	T	S	3,25–19	4,00–18	172	380	182	4700.–
Bultaco															
Tralla 102	1	2	60/51,5/124,9	15/7500	11,2	4	R	T	S	2,75–18	2,75–18	97	247	115	2600.–
Metralla 250	1	2	60/72/244	25/7000	10	5	R	T	S	2,75–18	2,75–18	97	247	160	2850.–
Capri-Agrati															
Rekord	1	2	39/40/49	5,1/7000	10	4	R	T	S	2,25–19	2,50–19	70	220	84	1175.–
Goebel															
GS 14	1	2	42/38/48	4,3/7250	9	4	B	S	S	21x2,75	21x2,75	73	225	73	1080.–
Göricke															
350 S	1	2	44/38/49	5,2/7400	9	5	R	T	S	23x2,5 s	23x2,5 s	75	240	üb.80	1165.–
Harley-Davidson															
Sportster XLH	2	4	2x96,8/76,2/900	55/6300	9	4	R	T	S	3,50–18	3,50–18	220	420	195	ab 7300.–
Sportster XLCH	2	4	2x96,8/76,2/900	55/6300	9	4	R	T	S	3,50–19	4,00–18	204	404	195	ab 7300.–
El. Glide FL	2	4	2x100,8/87,3/1207	60/5400	7,25	4	R	T	S	5,00–16	5,00–16	310	500	170	ab 7950.–
FLH	2	4	2x100,8/87,3/1207	65/5800	8	4	R	T	S	5,00–16	5,00–16	310	500	190	ab 8275.–
Hercules															
K 50	1	2	44/38/49	5,2/7400	9	5	R	S	S	21x2,75S	21x2,75S	80	235	üb.80	1226.–
K 50 S	1	2	44/38/49	5,2/7400	9	5	R	S	S	21x2,75S	21x2,75S	80	235	üb.80	1292.–
K 103 S	1	2	54/48/97	8,2/6000	8,7	4	R	S	S	3,00–16	3,00–16	99	250	üb.90	1424.–
Honda															
SS 50	1	4	41/39/49	5,2/10000	9,5	5	B	T	S	2,75–17	2,75–17	75	235	üb.80	1249.–
S 90	1	4	45/50/89,6	7,5/7300	8,2	4	B	T	S	2,50–18	2,50–18	80	235	90	1335.–
CB 125	2	4	2x41/44/124,6	12/8800	9	4	R	T	S	2,50–18	2,75–18	127	250	ü. 115	2185.–
CB 250	2	4	2x54/54/247	22/7420	9,5	4	R	T	S	2,75–18	3,00–18	153	310	135	2675.–
CB 450	2	4	2x57,8/70/444	43/8500	8,5	4	R	T	S	3,25–18	3,50–18	180	380	170	3995.–
Jawa/CZ															
CZ 125	1	2	58/52/123	7/5000		4	R	T	S	3,00–16	3,00–16	113	270	80	985.–
CZ 175	1	2	65/58/171	10/5000		4	R	T	S	3,00–16	3,25–16	116	275	95	1320.–
Jawa 250	1	2	75/65/248	14/5000		4	R	T	S	3,25–16	3,50–16	129	290	110	1550.–
Jawa 350	2	2	2x65/58/344	18/5250		4	R	T	S	3,25–16	3,50–16	139	300	120	1850.–
Jet/Sachs															
Jet Cobra	1	2	44/38/49	5,2/7400	9	5	R	T	S	2,50–18	2,75–18	68	245	80	1368.–

Fabrikat und Typ	Zylinderzahl	2- oder 4-Takt	Hub / Bohrung ccm	PS U/min	Verdichtung	Anzahl der Gänge	Rahmenbauart	Federung vorn	Federung hinten	Bereifung vorn	Bereifung hinten	Leergewicht	zulässiges Gesamtgewicht	Höchstgeschwindigkeit solo ca. km/h	Preis
Kreidler															
Florett	1	2	39,5/40/50	5,2/7500	11	4	B	S	S	21x2,75S	21x2,75S	77	245	80	1159.-
Florett Super	1	2	39,5/40/50	5,2/7500	11	5	B	S	S	21x2,75S	21x2,75S	78	245	80	1198.-
Florett Super TS	1	2	39,5/40/50	5,2/7500	11	5	B	S	S	21x2,75S	21x2,75S	78	245	80	1256.-
Maico															
175 S	1	2	59,5/61/174	16/6400	9,5	4	R	T	S	3,00–18	3,25–18	135	295	110	2300.-
250 Blizzard	1	2	70/67/247	14,5/5200	7	4	R	T	S	3,00–18	3,25–18	137	295	102	1865.-
Motobi															
125 SS	1	4	54/54/123,6	10/8500	8,8	4	B	T	S	2,75–18	2,75–18	93	260	115	1985.-
125 Spezial	1	4	54/54/123,6	14/9500	9,5	4	B	T	S	2,75–18	2,75–18	93	260	130	2185.-
Sprite	1	4	57/74/245,1	18/8200	8,5	5	B	T	S	2,75–18	3,00–18	98	280	140	2475.-
Moto Guzzi															
Dingo S	1	2	38,5/42/49	ca. 5/–	8	3	R	T	S	1,20–18	2,00–18	50	200	85	1050.-
Stornello Sport	1	4	58/52/123	12/–	9,8	4	R	T	S	2,50–17	2,50–17	92	245	120	1790.-
Moto Morini															
Corsarino zz	1	4	37/41/49	4,44/9400	9,8	4	R	T	S	2,50–17	2,50–17	57	217	ca. 90	1228.-
Münch															
Mammut	4	4	4x66,6/72/1000	43–55/5200	8–9	4	R	T	S	3,25–18	3,50–18	185	–	üb. 180	ca. 6500.-
MV Agusta															
Vierzylinder	4	4	4x60/56/590	52/8000	9	5	R	T	S	3,50–18	3,50–18	220	450	180	ca. 7300.-
MZ															
ES 125	1	2	58/52/123	8,5/5500	9	4	R	S	S	3,00–18	3,00–18	112	270	90	975.- a W.
ES 150	1	2	58/56/143	10/5500	9	4	R	S	S	3,00–18	3,00–18	112	270	95	1185.- a. Hb.
ES 175/1	1	2	65/58/172	12/5200	9	4	R	S	S	3,25–18	3,50–18	149	320	100	1290.- a. W.
ES 250/1	1	2	65/70/249	16/5200	8,5	4	R	S	S	3,25–18	3,50–18	153	320	115	1795.- a. H.
Norton															
250 Jubilee	2	4	2x44/66/249	18/–	8,7	4	B	T	S	3,00–18	3,25–18	140	340	130	3600.-
88 Sport	2	4	2x72,6/66/497	37/–	7,8	4	R	T	S	3,00–19	3,50–19	180	400	160	4560.-
650 Sport	2	4	2x89/68/647	49/–	8,9	4	R	T	S	3,00–19	3,50–19	180	400	175	4660.-
Atlas	2	4	2x89/73/749	49/–	7,6	4	R	T	S	3,25–19	4,00–18	180	400	175	4750.-
Puch															
VZ 50 M	1	2	44/38/49,9	5,0/6800	12	4	B	T	S	21x2,75	21x2,75	80	240	75	1295.-
175 SV	1	2	62/2x42/172	9/5850	6,5	4	B	T	S	3,25–16	3,25–16	120	270	95	1575.-
175 SVS	1	2	62/2x42/172	12,3/6200	6,9	4	B	T	S	3,25–16	3,25–16	120	270	100	1675.-
250 SG	1	2	78/2x45/248	14/5800	6,2	4	B	T	S	3,50–16	3,50–16	154	305	110	1880.-
250 SGS	1	2	78/2x45/248	16,5/5800	6,5	4	B	T	S	3,50–16	3,50–16	154	305	115	1970.-
Triumph TEC															
Tiger Cub	1	4	64/63/199	10/6000	7	4	R	T	S	3,00–18	3,00–18	99,8	250	100	2000.-
Sports Cub	1	4	64/63/199	14,5/6500	9	4	R	T	S	3,00–19	3,50–18	101	250	110	2200.-
Twenty One	2	4	2x65,5/58,25/349	18,5/6500	7,5	4	R	T	S	3,25–18	3,50–18	154,7	320	120	3400.-
Tiger 90	2	4	2x65,5/58,25/349	27/9000	9	4	R	T	S	3,25–18	3,50–18	152,8	320	140	3480.-
Speed Twin	2	4	2x65,5/69/490	27/6500	7	4	R	T	S	3,25–18	3,50–18	154,7	350	140	3450.-
Tiger 100	2	4	2x65,5/69/490	34/7000	9	4	R	T	S	3,25–18	3,50–18	152,8	350	150	3540.-
Thunderbird	2	4	2x82/71/649	37/6700	7,5	4	R	T	S	3,25–18	3,50–18	167	370	155	3800.-
Trophy	2	4	2x82/71/649	40/6500	8,5	4	R	T	S	3,25–19	4,00–18	165,5	370	160	4080.-
Bonneville 120	2	4	2x82/71/649	47/6700	9	4	R	T	S	3,25–18	3,50–18	165,5	370	165	4250.-
Yamaha															
YF 1	1	2	40/40/49	4,5/7000	7,1	4	B	S	S	2,25–17	2,25–17	75	230	üb. 65	1069.-
YG 1	1	2	42/47/73	6,5/7000	6,8	4	B	T	S	2,50–17	2,50–17	75	225	80	1219.-
YDS 3	2	2	2x50/56/246	24/7500	7,5	5	R	T	S	3,00–18	3,00–18	156	320	145	2669.-
Zündapp															
KS 50 Super SL	1	2	41,8/39/49,9	5,2/7500	9	5	K	T	S	21x2,75S	21x2,75S	80	235	üb. 80	1288.-
KS 50 Sport	1	2	41,8/39/49,9	5,2/7500	9	5	K	T	S	21x2,75S	21x2,75S	80	235	üb. 80	1288.-
KS 100	1	2	50/50/98	8,2/6340	9	4	K	T	S	2,75–16	2,75–16	89	250	ca. 85	1428.-
Zweirad Union (Victoria-DKW-Express)															
159 TS	1	2	39,5/40/50	5,3/7400	11	5	R	T	S	21x2,75S	21x2,75S	87	245	80	1298.-

Fabrikat und Typ	Zylinderzahl	2- oder 4-Takt	Hub/Bohrung ccm	PS U/min	Verdichtung	Anzahl der Gänge	Rahmenbauart	Federung vorn	Federung hinten	Bereifung vorn	Bereifung hinten	Leergewicht	Zulässiges Gesamtgewicht	Höchstgeschwindigkeit solo ca. km/h	Preis (incl. MWSt.)
Aermacchi															
Ala Verde	1	4	72/66/246,5	18/7000	8,5	5	R	T	S	3,00-18	3,00-18	115	280	140	2550.-
AJS/Matchless															
33	2	4	2x89/73/750	49/6000	7,6	4	R	T	S	3,25-19	4,00-18	180	400	175	4850.-
33 CSR	2	4	2x89/73/750	49/6000	7,6	4	R	T	S	3,25-19	4,00-18	180	400	175	4850.-
BMW															
R 50	2	4	2x68/68/494	26/5800	7,5	4	R	S	S	3,50-18	3,50-18	198	360	140	3443.-
R 60	2	4	2x73/72/594	30/5800	7,5	4	R	S	S	3,50-18	3,50-18	198	360	145	3641.-
R 69 S	2	4	2x73/72/594	42/7000	9,5	4	R	S	S	3,50 S-18	3,50 S 18	202	360	175	4433.-
BSA															
B 25 Starfire	1	4	70/67/249	26/7250	9,5	4	R	T	S	3,25-18	3,50-18	127	330	135	2790.-
B 44 Shooting Star	1	4	90/79/441	30/6500	9,5	4	R	T	S	3,25-18	3,50-18	134	350	155	3290.-
A 50 Royal Star	2	4	2x74/65,5/499	33/6500	9	4	R	T	S	3,25-19	3,50-19	178	380	145	3600.-
A 65 Lightning	2	4	2x74/75/654	53/6750	9	4	R	T	S	3,25-19	3,50-19	178	380	170	4270.-
A 65 Thunderbolt	2	4	2x74/75/654	41/6250	9	4	R	T	S	3,25-19	4,00-19	178	380	170	3870.-
A 65 SS Spitfire	2	4	2x74/75/654	55/7000	10,5	4	R	T	S	3,25-19	3,50-18	172	380	182	4650.-
Bultaco															
Metralla	1	2	60/72/244	27,5/7500	8,5	5	R	T	S	2,75-18	3,00-18	102	280	160	2950.-
Ducati															
250 Monza	1	4	57,8/74/250	18/7500	8	5	R	T	S	2,75-18	3,00-18	125	-	130	-
Mark 3	1	4	57,8/74/250	24/8500	10	5	R	T	S	2,50-18	2,75-18	116	-	150	-
M 3 D	1	4	75/76/340	36/8500	10	5	R	T	S	2,75-18	3,00-18	128	320	165	3395.-
M 3	1	4	75/76/340	30/8300	10	5	R	T	S	2,75-18	3,00-18	128	320	150	2950.-
M 3 D (250)	1	4	58/74/248	29/8500	10	5	R	T	S	2,75-18	3,00-18	127	320	150	2950.-
Garelli															
Monza	1	2	39/40/49	6/8500	12	1	R	T	S	2,00-19	2,00-19	63	140	95	885.-
Rekord	1	2	39/40/49	6/8500	12	4	R	T	S	2,25-19	2,50-19	65	210	95	898.-
Record „Cross"	1	2	39/40/49	6/8500	12	4	R	T	S	2,50-17	2,50-17	65	-	85	948,-
Gilera															
98 Sport	1	4	50/50/100	7/5500	-	4	R	T	S	2,50-17	2,75-17	-	-	-	1400.-
125 Sport	1	4	50/56/125	8/5500	-	4	R	T	S	2,50-17	2,75-17	-	-	-	1680.-
175 Sport	1	4	61/60/175	12/5500	-	4	R	T	S	2,50-17	2,75-17	-	-	-	2100.-
Goebel															
GS 15 Super	1	2	44/38/49	5,3/7000	9	5	R	T	S	21x2,75	21x2,75	80	225	80	1315.-
Göricke															
GS 50	1	2	44/38/49	5,3/7000	9	5	R	T	S	21x2,75 S	21x2,75 S	75	240	80	1397.-
Harley-Davidson															
Sportster XLH	2	4	2x96,8/76,2/900	65/6300	9	4	R	T	S	3,50-18	3,50-18	220	420	195	ab 7300.-
Sportster XLCH	2	4	2x96,8/76,2/900	65/6300	9	4	R	T	S	3,50-19	4,00-18	204	404	195	ab 7300.-
El. Glide FL	2	4	2x100,8/87,3/1207	60/5400	7,25	4	R	T	S	5,00-16	5,00-16	310	500	170	ab 7950.-
FLH	2	4	2x100,8/87,3/1207	65/5600	8	4	R	T	S	5,00-16	5,00-16	310	500	190	ab 8275.-
Hercules															
K 50 (Standard)	1	2	44/38/49	5,3/7000	9	5	R	S	S	21x2,75 S	21x2,75 S	80	245	80	1195.-
K 50 S	1	2	44/38/49	5,3/7000	9	5	R	S	S	21x2,75 S	21x2,75 S	80	245	80	1407.-
K 50 Super Sport	1	2	44/38/49	5,3/7000	9	5	R	S	S	21x2,75 S	21x2,75 S	80	245	80	1447.-
K 50 RS	1	2	44/38/49	5,3/7000	9	5	R	S	S	21x2,75 S	21x2,75 S	85	245	80	1495.-
K 105	1	2	54/48/97	10/7300	9	5	R	S	S	2,75-17	2,75-17	106	300	100	1645.-
Honda															
SS 50	1	4	41/39/49	5,1/9960	9,5	5	B	T	S	2,75-17	2,75-17	75	225	81	995.-
SS 50 de Luxe	1	4	41/39/49	5,1/9960	9,5	5	B	T	S	2,75-17	2,75-17	75	225	81	1156,05
CB 250	2	4	50,6/56/249	26/10150	9,5	5	R	T	S	3,00-18	3,25-18	170	320	150	2697.30
CB 450	2	4	57,8/70/444	41/8200	9	4	R	T	S	3,25-18	3,50-18	193	350	175	3728.49
Jawa															
50	1	2	40/38/48	3,5/6500	7,8	3	R	T	S	2,75-16	2,75-16	69	230	ca. 70	698.-
90	1	2	49/48/89	9,5/6500	8,5	5	R	T	S	2,75-18	2,75-18	76	272	100	998.-
90 „Cross"	1	2	49/48/89	9,5/6500	8,5	5	R	T	S	2,75-18	2,75-18	76	272	100	1075.-
Jawa 125	1	2	58/52/123	7/4750	7,8	4	R	T	S	3,00-16	3,00-16	112	270	90	980.-
Jawa 175	1	2	65/58/171	10/4750	7,6	4	R	T	S	3,00-16	3,25-16	115	275	100	1180.-
Jawa 250	1	2	75/65/248	14/5000	8	4	R	T	S	3,25-16	3,50-16	128	290	110	1480.-
Jawa 350	2	2	2x65/58/344	18/5000	8,1	4	R	T	S	3,25-16	3,50-16	139	300	110	1780.-
Californian 250	1	2	75/65/248	16/5000	8,0	4	R	T	S	3,25-19	3,25-19	128	300	110	1980.-
Californian 350	2	2	2x65/58/344	20/5000	8,1	4	R	T	S	3,25-19	3,25-19	139	311	120	2280.-
Jet/Sachs															
Jet Cobra	1	2	44/38/49	5,3/7000	9	5	R	T	S	2,50-18	2,75-18	68	245	80	1450.-

Fabrikat und Typ	Zylinderzahl	2- oder 4-Takt	Hub/Bohrung ccm	PS U/min	Verdichtung	Anzahl der Gänge	Rahmenbauart	Federung vorn	Federung hinten	Bereifung vorn	Bereifung hinten	Leergewicht	zulässiges Gesamtgewicht	Höchstgeschwindigkeit solo ca. km/h	Preis (incl. MWSt.)
Kawasaki															
F 2/175	1	2	56/62/169	18/7000	6,6	4	B	T	S	2,50–18	2,75–18	115	–	125	2150.–
A 1/250	2	2	2x56/53/247	31/8000	7	5	R	T	S	3,00–18	3,25–18	145	–	160	2950.–
A 7/350	2	2	2x56/62/338	40,5/7500	7	5	R	T	S	3,25–18	3,50–18	149	–	170	3400.–
W 1/650	2	4	2x72,6/74/624	50/6500	8,7	4	R	T	S	3,25–18	3,50–18	181	–	135	4830.–
W 2 SS/650	2	4	2x72,6/74/624	53/7000	9	4	R	T	S	3,25–19	4,00–18	181	–	185	5440.–
Kreidler															
Florett TM	1	2	39,5/40/50	5,3/8000	11	5	B	T	S	21x2,75 S	21x2,75 S	79	245	80	1323.–
Florett RS	1	2	39,5/40/50	5,3/7500	11	5	B	T	S	21x2,75 S	21x2,75 S	80	245	80	1433.–
Maico															
MD 50	1	2	38/41/49	5,5/8000	–	5	R	T	S	21x2,75	21x2,75	85	240	80	1440.–
MD 125	1	2	54/54/123	15/6000	–	5	R	T	S	2,50–16	3.00–16	87	250	125	1870.–
175 S	1	2	59,5/61/174	16/6400	9,5	4	R	T	S	3,00–18	3,25–18	135	295	110	2300.–
250 Blizzard	1	2	70/67/247	14,5/5200	7	4	R	T	S	3,00–18	3,25–18	137	295	102	1870.–
Morini															
Corsarino ZZ	1	4	41/37/48	5,2/10000	9,8	4	R	T	S	2,25–17	2,25–17	54	206	üb.80	985.–
Settebello	1	4	69/66/247	22,8/–	9	4	R	T	S	2,75–18	2,75–18	115	265	140	2385.–
Motobi															
125 Sprite 5	1	4	54/54/123	12/10000	9,5	5	B	T	S	2,50–18	2,75–18	100	260	130	1995.–
250 Sprite 5	1	4	57/74/245	20/8200	8,5	5	B	T	S	2,75–18	3,00–18	113	320	140	2495.–
Moto Guzzi															
Stornello Sport	1	4	58/52/123	12/–	9,8	4	R	T	S	2,50–17	2,50–17	92	245	120	1880.–
Sport 160	1	4	58/58/1˜4	14/–	9	4	R	T	S	2,75–17	2,75–17	107	260	130	1995.–
V 7	2	4	2x70/80/700	42/6200	9	4	R	T	S	4,00–18	4,00–18	245	450	170	5150.–
MZ															
ES 150	1	2	58/56/143	10/5500	9	4	R	S	S	3,00–18	3,00–18	112	270	95	1125.–
ES 250/2 (Gespann)	1	2	65/70/249	17,5/5200	8,5	4	R	S	S	3,25–16	3,50–16	153 +SW	320	95	kpl. 2980.–
Norton															
650 SS	2	4	2x89/68/647	49/6000	8,9	4	R	T	S	3,00–19	3,50–19	180	400	175	4760.–
Atlas 750	2	4	2x89/73/749	49/6000	7,6	4	R	T	S	3,25–19	4,00–18	180	400	175	4870.–
Commando	2	4	2x89/73/749	55/6700	8,7	4	R	T	S	3,25–19	4,00–18	180	–	180	4990.–
Puch															
VZ 50 M	1	2	44/38/49,9	5,0/6800	12	4	B	T	S	21x2,75	21x2,75	80	240	75	1353.–
M 125	1	2	52/55/123	11/7000	11,5	4	R	T	S	2,50–17	3,00–17	104	260	110	1815.–
250 SGS/67	1	2	78/2x45/248	14,2/5800	6,5	4	B	T	S	3,00–16	3,50–16	150	316	115	2310.–
Suzuki															
A 100	1	2	–/–/98	9,5/7500	–	4	R	T	S	2,50–17	2,50–17	92	250	110	1496.–
T 20	2	2	54/54/247	29/7500	7,3	6	R	T	S	2,75–18	3,00–18	145	350	160	3025.–
T 500	2	2	–/–/500	46/–	–	5	R	T	S	–	–	–	–	185	–
Triumph-TEC															
Tiger Cub	1	4	64/63/199	11/6000	7	4	R	T	S	3,00–18	3,00–18	99,8	250	100	2150.–
Sports Cub	1	4	64/63/199	14,5/6500	9	4	R	T	S	3,00–19	3,50–18	101	250	110	2250.–
Trophy 250	1	4	70/67/250	26/8000	8,5	4	R	T	S	3,25–18	4,00–18	130	–	–	2780.–
Tiger 90	2	4	2x65,5/58,25/349	28/7500	9	4	R	T	S	3,25–18	3,50–18	152,8	320	140	3450.–
Tiger Daytona	2	4	2x65,5/69/490	39/7500	–	4	R	T	S	3,25–18	3,50–18	153	350	160	3900.–
Tiger 100	2	4	2x65,5/69/490	34/7000	9	4	R	T	S	3,25–18	3,50–18	152,8	350	150	3660.–
Trophy	2	4	2x82/71/649	45/6500	8,5	4	R	T	S	3,25–19	4,00–18	165,5	370	160	4060.–
Bonneville 120	2	4	2x82/71/649	47/6700	9	4	R	T	S	3,25–18	3,50–18	165,5	370	165	4320.–
Yamaha															
YL–1	2	2	43/38/97	9,3/8500	7,1	4	B	T	S	2,50–18	2,50–18	82	250	110	1549.–
YAS–1	2	2	2x43/43/125	15/8500	7	5	R	T	S	2,50–18	2,75–18	98	250	125	1849.–
YDS 5–E	2	2	2x50/56/248	25/8000	7,5	5	R	T	S	3,00–18	3,00–18	148	320	160	2895.–
YR–1	2	2	2x59/61/350	36/7500	7,5	5	R	T	S	3,00–18	3,50–18	157	350	165	3245.–
Zündapp															
KS 50 Super Sport	1	2	41,8/39/49,9	5,3/7500	9	5	K	T	S	21x2,75 S	21x2,75 S	86	235	80	1463.–
KS 50 Sport	1	2	41,8/39/49,9	5,3/7500	9	5	K	T	S	21x2,75 S	21x2,75 S	86	235	80	1430.–
KS 50	1	2	41,8/39/49,9	5,3/7500	9	5	K	T	S	21x2,75 S	21x2,75 S	84	235	80	1390.–
KS 100	1	2	50/50/98	8,2/6300	9	4	K	T	S	2,75–16	2,75–16	94	250	üb.90	1558.–
Zweirad Union															
159 TS	1	2	44/38/49	5,3/7000	9	4	R	T	S	21x2,75 S	21x2,75 S	80	245	80	1195.–
159 TS Standard	1	2	44/38/49	5,3/7000	9	5	R	T	S	21x2,75 S	21x2,75 S	80	245	80	1407.–
159 TS Super	1	2	44/38/49	5,3/7000	9	5	R	T	S	21x2,75 S	21x2,75 S	80	245	80	1443.–
125 TS	1	2	54/54/123	12,5/7300	9	5	R	T	S	3,00–17	3,00–17	106	300	110	1701.–

FRÜHJAHR 1970

Fabrikat und Typ	Zylinderzahl	2- oder 4-Takt	Hub/Bohrung ccm	PS U/min	Verdichtung	Anzahl der Gänge	Rahmenbauart	Federung vorn	Federung hinten	Bereifung vorn	Bereifung hinten	Leergewicht	Zulässiges Gesamtgewicht	Höchstgeschwindigkeit solo ca. km/h	Preis (incl. MWSt)
Aermacchi															
Ala Verde Sport	1	4	72/66/246,5	18,5/7000	8,5	5	R	T	S	3,00–18	3,00–18	115	280	140	2600.–
BMW															
R 50/5	2	4	70,6/67/498	32/6400	8,6	4	R	T	S	3,25–19	4,00–18	205	398	155	3696.–
R 60/5	2	4	70,6/73,5/599	40/6400	9,2	4	R	T	S	3,25–19	4,00–18	210	398	165	3996.–
R 75/5	2	4	70,6/82/745	50/6200	9,0	4	R	T	S	3,25–19	4,00–18	210	398	175	4996.–
BSA															
B 25 Star	1	4	70/67/249	26/7250	9,5	4	R	T	S	3,25–18	3,50–18	127	330	135	3070.–
B 44 Shooting Star	1	4	90/79/441	30/6500	9,5	4	R	T	S	3,25–18	3,50–18	134	350	155	3380.–
A 50 Royal Star	2	4	2x74/65,5/499	33/6500	9	4	R	T	S	3,25–19	3,50–19	178	380	145	3850.–
A 65 Lightning	2	4	2x74/75/654	53/6750	9	4	R	T	S	3,25–19	3,50–19	178	380	170	4460.–
A 65 Thunderbolt	2	4	2x74/75/654	41/6250	9	4	R	T	S	3,25–19	4,00–19	178	380	170	4070.–
A 65 SS Firebird	2	4	2x74/75/654	55/7000	10,5	4	R	T	S	3,25–19	3,50–18	172	380	182	4550.–
A 75 Rocket 3	3	4	3x70/67/740	58/7250	9	4	R	T	S	3,25–19	4,00–19	200	–	195	6300.–
Bultaco															
Metralla	1	2	60/72/244	27,5/7500	8,5	5	R	T	S	2,75–18	3,00–18	102	280	160	2950.–
Ducati															
250 M III	1	4	57,8/74/250	18/7500	10	5	R	T	S	2,50–18	2,75–18	116	–	130	2730.–
350 M III	1	4	75/76/350	24/8500	10	5	R	T	S	2,75–18	3,00–18	128	320	145	2935.–
450 M III	1	4	75/86/436	27/7000	9	5	R	T	S	3,50–18	4,00–18	133	–	145	3255.–
250 M III D	1	4	57,8/74/250	20/8000	10	5	R	T	S	2,75–18	3,00–18	127	320	135	2895.–
350 M III D	1	4	75/76/350	26/8000	10	5	R	T	S	2,75–18	3,00–18	128	320	145	3155.–
450 M III D	1	4	75/86/436	31/7000	9,3	5	R	T	S	2,75–18	3,00–18	130	320	155	3550.–
Garelli															
Monza	1	2	39/40/49	6/8500	12	4	R	T	S	2,00–19	2,00–19	71	150	85	758.–
Rekord	1	2	39/40/49	6/8500	12	4	R	T	S	2,25–19	2,50–19	65	210	ü. 85	898.–
Goebel															
GS 15 Super	1	2	44/38/49	5,3/7000	9	5	R	T	S	21x2,75	21x2,75	80	225	80	1480.–
GS 15 Super Sport	1	2	44/38/49	5,3/7000	9	5	R	T	S	21x2,75	21x2,75	80	225	80	1530.–
Guazzoni															
Matta	1	2	37,5/41/50	ca.6/–	11	6	R	T	S	2.00–18	2,25–18	60	–	ca.95	1800.–
Harley-Davidson															
Sportster XLH	2	4	2x96,8/76,2/900	65/6300	9	4	R	T	S	3,50–18	3,50–18	220	420	195	ab 7300.–
Sportster XLCH	2	4	2x96,8/76,2/900	65/6300	9	4	R	T	S	3,50–19	4,00–18	204	404	195	ab 7300.–
El. Glide FL	2	4	2x100,8/87,3/1207	60/5400	7,25	4	R	T	S	5,00–16	5,00–16	310	500	170	ab 7950.–
FLH	2	4	2x100,8/87,3/1207	65/5600	8	4	R	T	S	5,00–16	5,00–16	310	500	190	ab 8275.–
Hercules															
K 50 Sprint	1	2	44/38/49	5,3/7000	9	5	R	S	S	21x2,75 S	21x2,75 S	80	245	80	1270.–
K 50 SX	1	2	44/38/49	5,3/7000	9	5	R	S	S	21x2,75 S	21x2,75 S	80	245	80	1595.–
K 50 RX	1	2	44/38/49	5,3/7000	9	5	R	S	S	21x2,75 S	21x2,75 S	85	245	80	1635.–
K 105	1	2	54/48/97	10/7300	9	5	R	S	S	2,75–17	2,75–17	106	300	100	1740.–
Honda															
SS 50	1	4	41/39/49	5,1/9960	9,5	5	B	T	S	2,75–17	2,75–17	76	225	81	995.–
SS 50 de Luxe	1	4	41/39/49	5,1/9960	9,5	5	B	T	S	2,75–17	2,75–17	75	225	81	1156.05
ST 50 Dax	1	4	41/39/49	5,1/9960	9,5	5	B	T	S	4,00–10	4,00–10	–	–	85	995.–
CB 125	2	4	2x41/44/124	15/11000	9,4	5	R	T	S	2,50–18	2,75–18	–	–	130	2098.–
CB 250 - K 1	2	4	50,6/56/249	26/10150	9,5	5	R	T	S	3,00–18	3,25–18	170	320	150	2697.30
CB 350	2	4	2x50,6/64/325	36/10500	9,5	5	R	T	S	3,00–18	3,50–18	–	–	160	3195.–
CB 450 - K 1	2	4	57,8/70/444	7/5525	9	5	R	T	S	3,25–18	3,50–18	193	350	175	3728.49
CB 750	4	4	4x63/51/736	67/8500	9	5	R	T	S	3,25–19	400–18	218	–	200	6495.–
Jawa															
50	1	2	40/38/48	3,5/6500	7,8	3	R	T	S	2,75–16	2,75–16	69	230	ca. 60	748.–
90	1	2	49/48/89	9,5/6500	8,5	5	R	T	S	2,75–18	2,75–18	90	240	95	998.–
Jawa 350	2	2	2x65/58/344	18/5000	8,1	4	R	T	S	3,25–16	3,50–16	150	311	120	1750.–
Californian 250	1	2	75/65/248	15/5000	8,0	4	R	T	S	3,25–19	3,50–19	144	300	110	1650.–
Californian 350	2	2	2x65/58/344	18/5000	8,1	4	R	T	S	3,25–19	3,50–19	154	311	120	1950.–

FRÜHJAHR 1970

Fabrikat und Typ	Zylinderzahl	2- oder 4-Takt	Hub/Bohrung ccm	PS U/min	Verdichtung	Anzahl der Gänge	Rahmenbauart	Federung vorn	Federung hinten	Bereifung vorn	Bereifung hinten	Leergewicht	zulässiges Gesamtgewicht	Höchstgeschwindigkeit solo ca. km/h	Preis (incl. MWSt.)
Kawasaki															
90 GA 2	1	2	51,8/47/89	10,5/7000	7	5	R	T	S	2,50–18	2,50–18	79	–	105	1490.–
A 1/250	2	2	2×56/53/247	31/8000	7	5	R	T	S	3,00–18	3,25–18	145	–	160	2850.–
A 7/350	2	2	2×56/62/338	40,5/7500	7	5	R	T	S	3,25–18	3,50–18	149	–	170	3300.–
Mach III	3	2	3×58,8/60/498	60/7500	6,8	5	R	T	S	3,25–19	4,00–18	174	–	195	4300.–
Kreidler															
Florett TM	1	2	39,5/40/50	5,3/8000	11	5	B	T	S	21×2,75 S	21×2,75 S	79	245	80	1410.–
Florett RS	1	2	39,5/40/50	5,3/7500	11	5	B	T	S	21×2,75 S	21×2,75 S	80	245	80	1574.–
Florett RSH	1	2	39,5/40/50	5,3/7500	11	5	B	T	S	21×2,75 S	21×2,75 S	80	245	80	1598.–
Maico															
MD 50	1	2	38/41/49	5,6/8000	–	5	R	T	S	21×2,75	21×2,75	85	240	80	1581.75
MD 125	1	2	54/54/123	14,5/7200	–	5	R	T	S	2,50–16	3.00–16	87	250	125	1981.35
250 Blizzard	1	2	70/67/247	14,5/5200	7	4	R	T	S	3,00–18	3,25–18	137	295	102	2136.75
Morini															
Corsarino ZZ	1	4	41/37/48	5,2/10000	9,8	4	R	T	S	2,25–17	2,25–17	54	206	üb. 80	1099.–
Motobi/Benelli															
125 Sprite 5	1	4	54/54/123	12/10000	9,5	5	B	T	S	2,50–18	2,75–18	100	260	130	1900.–
250 Sprite 5	1	4	57/74/245	20/8200	8,5	5	B	T	S	2,75–18	3,00–18	113	320	140	2415.–
Moto Guzzi															
V 7	2	4	2×70/80/700	42/6200	9	4	R	T	S	4,00–18	4,00–18	245	450	170	5480.–
V7 „Spezial"	2	4	2×70/83/757	51/6500	9	4	R	T	S	4,00–18	4,00–18	245	450	185	5890.–
Münch															
TTS	4	4	66,6/75/1200	88/6500	11	4	R	T	S	3,25–18	4,00–18	240	–	215	9988.–
MZ															
ES 150	1	2	58/56/143	10/5500	9	4	R	S	S	3,00–18	3,00–18	119	270	105	1098.–
ETS-250 Sport	1	2	65/70/249	18,5/5500	8,5	4	R	T	S	2,75–18	3,50–16	-	-	130	2250.–
ES 250/2 (Gespann)	1	2	65/70/249	18/5200	8,5	4	R	S	S	3,25–16	3,50–16	153	320	95	kpl. 2980.–
Norton												+SW			
650 SS Mercury	2	4	2×89/68/647	49/6000	8,9	4	R	T	S	3,00–19	3,50–19	180	400	175	3600.–
Commando R + S	2	4	2×89/73/749	59/6700	8,7	4	R	T	S	3,25–19	4,00–18	180	–	180	5295.–
Ossa															
Wildfeuer	1	2	61/72/247	25/7200	10	4	R	T	S	3,00–18	3,00–18	98	–	150	2900.–
Puch															
VZ 50 M	1	2	44/38/49,9	5,0/6800	12	4	B	T	S	21×2,75	21×2,75	80	240	75	1368.28
M 125	1	2	52/55/123	12,5/7000	11,5	4	R	T	S	2,50–17	3,00–17	104	260	110	1835.–
MC 125	1	2	52/55/123	16/8500	11	6	R	T	S	21–3,00	3,25–18	90	290	120	2650.–
250 SGS	1	2	78/2×45/248	14,2/5800	6,5	4	B	T	S	3,00–16	3,50–16	150	316	115	2310.–
Suzuki															
A 100	1	2	-/-/98	9,5/7500	–	4	R	T	S	2,50–17	2,50–17	92	250	110	1496.–
T 20	2	2	54/54/247	29/7500	7,3	6	R	T	S	2,75–18	3,00–18	145	350	160	3025.–
T 500	2	2	64/70/492	47/7000	6,6	5	R	T	S	3,25–19	4,00–18	–		180	–.–
Triumph-TEC															
Trophy 250	1	4	70/67/250	22/8000	8,5	4	R	T	S	3,25–19	4,00–18	130	-	-	2990.–
Tiger Daytona	2	4	2×65,5/69/490	41/7200	9	4	R	T	S	3,25–18	4,00–18	153	350	160	4040.–
Tiger 100	2	4	2×65,5/69/490	34/7000	9	4	R	T	S	3,25–18	3,50–18	152,8	350	150	3800.–
Trophy	2	4	2×82/71/649	45/6500	8,5	4	R	T	S	3,25–18	4,00–18	165,5	370	160	4190.–
Bonneville 120	2	4	2×82/71/649	47/6700	9	4	R	T	S	3,25–19	4,00–18	165,5	370	165	4430.–
Trident 750	3	4	3×70/67/740	60/7250	9	4	R	T	S	3,25–19	4,10–19	200	–	195	6250.–
Yamaha															
FS-1	1	2	39,7/40/49	5,2/7800	6,8	5	B	T	S	2,25–17	2,50–17	70	–	80	ca. 1300.–
YAS-1/5-Port	2	2	2×43/43/125	15,2/8500	7	5	R	T	S	2,50–18	2,75–18	98	250	125	1879.–
DS-6/5 Port	2	2	2×50/56/248	25/8000	7,3	5	R	T	S	3,00–18	3,00–18	138	320	160	2895.–
R3/5 Port	2	2	2×59/61/350	36/7000	7,5	5	R	T	S	3,00–18	3,50–18	154	350	165	3245.–
XS-1	2	4	74/75/650	53/7000	8,7	5	R	T	S	3,50–19	4,00–18	185	–	185	–.–
Zündapp															
KS 50 Super Sport	1	2	41,8/39/49,9	5,3/7500	9	5	K	T	S	21×2,75 S	21×2,75 S	86	235	80	1618.–
KS 50 Sport	1	2	41,8/39/49,9	5,3/7500	9	5	K	T	S	21×2,75 S	21×2,75 S	86	235	80	1568.–
KS 100	1	2	50/50/98	10/6300	9	5	K	T	S	2,75–16 S	2,75–16 S	95	250	100	1738.–
Zweirad Union															
159 Jet	1	2	44/38/49	5,3/7000	9	5	R	T	S	21×2,75 S	21×2,75 S	80	245	80	1230.–
RT 159	1	2	44/38/49	5,3/7000	9	5	R	T	S	21×2,75 S	21×2,75 S	80	245	80	1595.–
RT 159 Super	1	2	44/38/49	5,3/7000	9	5	R	T	S	21×2,75 S	21×2,75 S	80	245	80	1635.–
125TS	1	2	54/54/123	12,5/7300	9	5	R	T	S	2,75–17	3,00–17	106	300	110	1795.–

Der faszinierende Rest in Deutschland

Das eingefahrene Gleis:
In Deutschland tat man sich sehr schwer

1960 standen noch 34 Motorradmodelle zwischen 50 und 600 cm³ Hubraum aus der Produktion bundesdeutscher Hersteller in der Liste. 1970 waren es noch 23.
Hier die Markenaufstellung in alphabetischer Reihenfolge:

1960	1970
BMW	BMW
Dürkopp	–
Goebel	Goebel
Göricke	–
Hercules	Hercules
Kreidler	Kreidler
Maico	Maico
Miele	–
–	Münch
NSU	–
Panther	–
Rex	–
Rixe	–
Zündapp	Zündapp
Zweirad-Union	Zweirad-Union

Dazu muß als Produzent von Einbaumotoren Fichtel & Sachs 1960 und 1970 erwähnt werden.

1965 gab das Kraftfahrt-Bundesamt eine Aufstellung des Bestands an Motorrädern in der Bundesrepublik Deutschland heraus, die sehr interessant war. Dabei mußte man aber wissen, daß darin auch noch existierende Vorkriegs-Exemplare berücksichtigt wurden und alle Motorräder, die tatsächlich liefen oder noch nicht länger als ein Jahr abgemeldet worden waren (denn erst nach einem Jahr der Stillegung wurde der Kfz-Brief gelöscht). Außerdem waren Motorroller und Motorfahrräder (davon auch die Vorkriegs-Mofas 98 cm³) erfaßt worden.
In zahlenmäßiger Reihenfolge stellte sich diese Aufstellung folgendermaßen dar:

168985	NSU	6965	Glas (Goggo)
114202	DKW	6521	Rixe
89512	Heinkel	5557	Ardie
86507	Zündapp	5218	Rabeneick
75478	BMW	4449	Puch
59175	Vespa	3553	Göricke
27480	Hercules	2658	Wanderer
23891	Adler	2414	Mars
19870	Triumph	2205	Tornax
12930	Dürkopp	2166	Panther
11462	Express	2109	Progress
9689	Maico	1708	Manurhin
9106	Hoffmann	1393	UT
8419	Horex	1354	Honda
8365	Miele	1329	Meister
7260	Victoria	1320	Pamag

Hinzu kamen noch 12 495 sonstige deutsche und 2914 ausländische Fabrikate (unter den letzteren mußte man vor allem englische und italienische Marken suchen). Kleinkrafträder und Mopeds bis 50 cm³ Hubraum wurden nicht registriert. Daher fehlt z. B. die Marke Kreidler in dieser Liste.

Wenn man diese Zahlen oberflächlich betrachtete, dann konnte man bestimmt nicht auf den Gedanken kommen, daß eines Tages japanische Motorräder in Deutschland die erste Geige spielen würden. Doch das war ein gewaltiger Irrtum. Denn unter diesen aufgezählten Maschinen waren die meisten ja noch aus der Mitte der 50er Jahre:

Aus folgenden Baujahren stammen diese am 1. 1. 1965 in der Bundesrepublik registrierten Motorräder, Motorroller und Motorfahrräder:

1964	7717	1954	108904
1963	11387	1953	92094
1962	18075	1952	71478
1961	32196	1951	41265
1960	43384	1950	27873
1959	40777	1949	7439
1958	41586	1945–48	1243
1957	54289	1940–44	3032
1956	83259	1939 und	
1955	104728	früher	12832

Zählt man den Bestand von 1961 bis 1964 zusammen, dann gibt das 69 375 Motorräder, Motorroller und Motorfahrräder. Davon sollte man mindestens 40 000 als Motorroller und Motorfahrräder abziehen, so daß gute 29 000 Motorräder übrig bleiben. Davon waren 1354 Hondas, aber die nächsten japanischen Marken waren bereits im Anmarsch. Die ersten Hondas wurden 1961 in der Bundesrepublik registriert.

Wendet man sich nun den »richtigen« Motorrädern zu, die eventuell in der Lage waren, den japanischen 125 cm³-, 250 cm³- und größeren Maschinen echte Konkurrenz zu bieten und in der Bundesrepublik hergestellt wurden, dann sah die Geschichte 1965 wieder noch anders aus:

125 cm³
___

z. B.	kein
Honda CB 125/12 PS	deutsches
Yamaha YA-5/10,5 PS	Angebot

175 cm³
___

| kein japanisches | z. B. |
| Angebot | Maico 175 S/15 PS |

250 cm³
___

z. B.	
Honda CB 250/22 PS	BMW R 27/18 PS
Yamaha YDS-3/24 PS	Maico 250 Blizzard/
	14,5 PS

über 250 cm³
___

z. B.	
Honda CB 450/43 PS	BMW R 50/26 PS/500 cm³
444 cm³	BMW R 60/30 PS/600 cm³
	BMW R 69 S/42 PS/
	600 cm³
	Münch /43–55 PS/
	1000 cm³

Schon von der Motorleistung her war also nichts Vergleichbares aus westdeutscher Produktion vorhanden, was in der Lage gewesen wäre, dem japanischen Andrang auf den deutschen Markt erfolgreichen Widerstand zu leisten.

In der Bundesrepublik war man sehr stark in der Entwicklung der Kleinkrafträder bis 50 cm³ geworden. Auf dem Gebiet der Hubräume über 125 cm³ und bei den sportlichen größeren Motorrädern hinkte man gewaltig nach. Die BMW R 27 war z. B. der letzte deutsche Einzylinder-Viertakter, hatte zwar ein hervorragendes Schwingenfahrwerk, kam aber in der Leistung nicht mehr mit. Die großen BMWs R 50, R 60, R 69 S (die R 50 S war 1964 schon nicht mehr in der Liste) waren hinsichtlich Qualität, Laufkultur, Fahrwerk und Leistung und aufgrund eines sagenhaften Qualitätsnimbus in der ganzen Welt als einzige Produkte in der Lage, sich zu behaupten. Maico profitierte von seinen Gelände- und Moto Cross-Maschinen. Münch war ein konkurrenzloser Außenseiter mit seinem 1000 cm³-Motorrad, dessen Bau aber erst 1966 ernsthafte Formen annahm, jedoch in kaum erwähnenswerten kleinen Stückzahlen blieb. Alle anderen deutschen Hersteller motorisierter Zweiräder glänzten ohne bedeutende japanische Konkurrenz mit ihren 50 -, 75 - oder 100 cm³-Fahrzeugen, aber damit kamen sie über die Runden.

Kurz und gut: bei den Motorrädern mit faszinierenden Leistungen war die Bundesrepubulik Deutschland ziemlich aus dem Geschehen heraus. Es war nicht mehr viel in jener Motorrad-Kategorie aus Deutschland übriggeblieben, in der man Maschinen auf die Räder brachte, bei denen es jeden von uns vor Begeisterung herumriß, wenn sie vorbeifegten. 1968 war dann auch die R 27 von BMW verschwunden, sie hatte nur noch ein Gnadenbrot genossen.

Aber die großen BMW-Gespanne, die waren noch immer Glanzpunkte – wenn man nicht noch eine alte KS 601 von Zündapp am Leben erhalten konnte.

Erst 1964 hatte BMW begonnen, eine ganz neue Konzeption für seine Motorräder zu entwerfen. Es dauerte bis zum Sommer 1969, ehe die neuen Modelle R 50/5, R 60/5 und R 75/5 (500 cm³/32 PS; 600 cm³/40 PS und 750 cm³/50 PS) auf dem Markt erschienen. Damit gelang es dem deutschen Motorrad-»Nationalheiligtum«, gegen die mächtigen Konkurrenten in Deutschland und auf dem Weltmarkt zu bestehen. Allerdings blieb bei dieser Entwicklung die zuletzt fast konkurrenzlose BMW-Gespannmaschine (sieht man von den 750er Moto Guzzi-V-7-Gespannen ab) auf der Strecke.

Reden wir also von den deutschen »Spotlights« jener Jahre: den tollen 50ern, den letzten BMW-Gespannen, dem Außenseiter Münch, und schließlich von der neuen R 75/5, die sozusagen im letzten Augenblick des Jahrzehnts eine neue Baurichtung einläutete.

Aufgeheizte Fingerhüte:
125 PS/Liter aus 50 cm³

Nachdem Mitte der 50er Jahre das Kleinkraftrad aus den »Fahrrädern mit Hilfsmotor« hervorgegangen war, begann eine wahnsinnige Entwicklung.

1956 hatte Kreidler das Modell »Florett« vorgestellt, welches schon mehr einem richtigen kleinen Motorrad als einem Moped oder dem Mofa früherer Jahre ähnelte. 3 PS bei 5500 U/min war die Leistungsangabe.

Die kleine Maschine war ein großer Erfolg, und es dauerte nicht lange, bis auch andere Fabriken in der Bundesrepublik Deutschland sich auf dieses Geschäft stürzten. Und damit begann eine gnadenlose Jagd nach immer mehr Motorleistung bei den 50ern, die zunächst niemand ernst genommen hatte.

Als sich schließlich der Sport dieser Klasse annahm, und als aus den ersten 50er Rennen um den »Moto-Cup Hockenheim« 1962 eine 50 cm³-Klasse nicht nur bei den nationalen Titelläufen und Rennen, sondern auch bei der Weltmeisterschaft entstand, da gab es parallel zu diesem sportlichen Wettkampf auch den Kampf um immer mehr Leistung und damit um Marktanteile bei den 50 cm³-Serienmaschinen.

Von 1956 bis 1966 vermehrten sich die PS von 3 bis 5,3. Schließlich – im Herbst 1969 – kam man bis 6,25 PS (= eine Hubraumleistung von 125 PS/Liter bei Serienmotoren, die in großen Stückzahlen produziert wurden!).

Heute lächelt vielleicht dieser oder jener über unser damaliges Staunen, doch es waren Leistungen, die bei den großen Hubräumen in die Kategorie Sport und Rennen gehörten. Hätten wir von unseren Testrunden um die Nordschleife des Nürburgringes nicht unsere Fahrtschreiber-Aufzeichnungen vorlegen können, hätte zu Anfang dieser Entwicklung kaum jemand die sagenhaften Rundendurchschnitte glauben mögen.

Mit der Leistung stiegen aber auch die Drehzahlen. Bei 3 PS kam man noch mit 5500 U/min aus; bei 5,3 PS waren 8000 U/min erreicht, und als schließlich 6,25 PS geschafft waren, da stieg der Drehzahlmesser über 8500 U/min und 9000 U/min.

Das bedeutete aber auch, daß die Durchzugskraft der Winzmotoren immer weiter zur Spitze der Leistungskurve verschoben wurden und das verfügbare Leistungsband immer schmaler erschien. Somit mußte man von den anfänglichen drei Gängen erst auf vier (1962), dann auf fünf (1965) und in den 70er Jahren bis auf sechs Gänge gehen, um immer für eine gute Fahrleistung im besten Drehbereich die beste Leistung zu bekommen.

Dazu gesellten sich die Forderungen des Gesetzgebers nach immer weniger Geräuschentwicklung, denn die Mini-Zweitakter glänzten durch unangenehme Frequenzen. Das Problem für die Konstrukteure war nun, diese Geräusche erträglicher zu halten, ohne dabei etwas an Leistung einzubüßen.

So umstritten heute der Gang der Ereignisse mit dem wahnsinnigen Leistungsdrang erscheinen mag, so bewunderungswürdig ist es aber, was die Ingenieure hier geboten haben. Keine ausländische Serien-50er ist in diesem

Jahrzehnt dort mitgekommen, sie holten höchstens die Weltmeister-Titel mit Rennmaschinen, die ganz speziell dafür gebaut waren. In der Serie und auf dem Markt blieben die Deutschen vorn.

Niemand, der sich mit Motorrädern der 60er Jahre beschäftigt, kann um diese glänzenden technischen Leistungen bei den 50 cm³-Maschinen aus Deutschland herumkommen.

Das gilt sowohl für die Einbaumotoren von Fichtel & Sachs als auch für die Marken Kreidler, Maico und Zündapp. Aus Österreich wären in diesem Zusammenhang KTM und Puch zu nennen, deren leistungsfähige 50er auch in der Bundesrepublik Deutschland den Markt bereicherten. Aus Italien zog beispielsweise die Marke Garelli nach, und aus Japan wäre die Honda SS 50 zu erwähnen.

Aber die deutschen Markennamen blieben dominierend in diesem Bereich. Zuerst begann der Wettlauf wie schon erwähnt 1956 mit dem Kreidler Florett, und dieses Motorrad (die amtliche, trockene Bezeichnung lautete Kleinkraftrad) hat uns von allen späteren 50ern immer wieder und wieder überrascht. Ein großer Konkurrent – die kleine Zündapp – spielte aber auch eine Rolle im Wettlauf um PS und Kunden, so daß ich hier beide mit ihren verblüffenden Fortschritten erwähnen möchte.

Zuerst zum Florett. Den Höhepunkt der langen Modellreihe seit 1956 erlebten wir im Herbst 1968 mit einem ganz neuen Florett-RS-Prototyp auf dem Nürburgring. Diese Maschine war der Vorrenner des Florett-RS, wie es bis 1981 hergestellt wurde.

1968 hatten die 50er alle noch offizielle 5,3 PS und natürlich auch das Florett. Aber wer rastet, der rostet – !

Ja, in der Tat, wer rastete, der rostete. Diesen alten, kurzen, simplen aber um so mehr wahren Spruch sollte die Geschäftsleitung jeder Motorradfabrik wichtiger nehmen als die Jahresbilanz, dachten wir 1968. Vor allem unsere Freunde in der Bundesrepublik.

Es gab Hersteller von 50ern, bei denen es so war, man merkte es an ihrer Modellpflege und demzufolge auch an der Qualität der Maschinen. Es gab sogar Stellen, wo die Ingenieure aufgrund vieler Experimente und Forschungen dem damaligen Stand der Technik voraus waren, was aber – wie ich heute feststelle – keineswegs die Regel darstellte. Man erprobte Neuheiten gern bei Sportveranstaltungen, z. B. bei Geländefahrten, aber auch andere Wege wurden beschritten. Eines stand fest, man mußte, um am Ball bleiben zu können, wie überall in der Welt bei allen cleveren Motorrad-Produzenten stets ein Modell für morgen schon »am Tage davor« parat und das Modell für übermorgen bereits auf dem Reißbrett haben.

Deutschland war führend in der 50 cm³-Klasse, und das mußte so bleiben. Daher waren wir über den Gang dieser Entwicklung sehr gut informiert, aber es war nur selten möglich, daß wir selbst ein »Modell für übermorgen« fahren konnten.

Neben vielen anderen tüchtigen Ingenieuren forschte besonders auch bei Kreidler Chefingenieur Johann Hilber immer und immer nach neuen und besseren Lösungen, Leistung, Qualität und Geräuscharmut zu vereinen. Aus der Rennbeteiligung von Kreidler kamen viele Erfahrungen dazu.

1968 wollte es ein Zufall, daß wir im Frühjahr ein Florett RS auf dem Nürburgring entdecken und fahren konnten, welches uns – für den damaligen Stand der 50 cm³-Technik! – erstaunlich schnell vorkam. Flugs montierten wir

Anstieg der Motorleistungen des 50 cm³ Kreidler-›Florett‹ von 1956 bis 1969.

Rudolf Kunz im Herbst 1968 mit dem Prototyp »RS« des Kreidler-Floretts (6,25 PS) beim Fahrtschreiber-Test auf dem Nürburgring.

unseren Fahrtschreiber und kamen zu ganz überraschenden Aufzeichnungen.

Es war äußerlich ein Florett RS neuester Serienausführung, wie es im Herbst desselben Jahres auf der Ausstellung in Köln stehen sollte: u. a. ein sehr großflächig verrippter Zylinder, eine neue große Hinterrad-Bremsnabe und die mit Fingerrillen versehenen Handhebel am Lenker. Doch der Motor war leistungsfähiger als der, den wir bis dahin gekannt hatten. Es waren statt 5,3 PS zum Versuch etwa 6,5 PS bei 8500 U/min vorhanden, wie sie ab Herbst 1970 serienmäßig reduziert auf 6,25 PS verkauft werden sollten.

Bereits 450 m nach dem Start war das rasante Ding schon auf 85 km/h. Das war eine Beschleunigung vom Stand weg auf 50 km/h in fünf Sekunden, auf 70 km/h in zehn Sekunden und bis 85 km/h in 20 Sekunden. Durch die Südkehre ging es mit 70 km/h, und auf der Gegengeraden erreichte man aus diesem Tempo heraus nach 700 Metern 80 km/h. Und das schaffte nicht nur ein klein gemachter Jokkey im engen Lederzeug, sondern auch ein Normalbürger im englischen Fahranzug – !

Aber weiter: In den Hatzenbach ging es mit 90 km/h den Berg runter, Weltrekordinhaber Rudolf Kunz flitzte um die Hatzenbach-Einlaufkurve mit 75 km/h, meine Wenigkeit machte das mit 73 km/h. Im langen Gefälle am Schwedenkreuz bei Kilometer 5 stieg die Nadel bis 100 km/h, und in der Fuchsröhre an

11 % Gefälle kamen wir bis über 105 km/h hinauf.

Das waren mehr als 11 000 U/min, und wir warteten darauf, daß der Minizweitakter an dieser Stelle auseinanderfliegen würde. 11 000 U/min waren bei unseren Vorstellungen in den 60er Jahren höchstens etwas für kurzlebige Rennmotoren – !

Aber dann ging es wieder den Berg hinauf, und am Adenauer Forst (Kilometer 7) kam das scharfe S-Stück. Der Motor kam von den hohen Drehzahlen wieder herunter und kühlte etwas ab.

Wir hatten sehr viel Angst bei solchen Versuchsmotoren oder bei sehr hoch drehenden Aggregaten, daß sie uns gerade hier in der Fuchsröhre oder später in der langen Auffahrt zur Hohen Acht in niedrigeren Gängen explodieren würden.

Bei einer Horex-Versuchs-Imperator 400 cm³ im Jahre 1956 war es mir in der Fuchsröhre dreimal passiert, daß der Zweizylinder-ohc-Motor die hohen Drehzahlen nicht verkraften konnte. Jedesmal ging etwas Entscheidendes in die Brüche, so daß der Motor schlagartig stehenblieb. Und das bei einem Tempo in der Nähe von 160 km/h.

Da mußte man im Bruchteil einer Sekunde die Kupplung ziehen, um Triebwerk und Hinterrad zu trennen. Denn sonst blockierte das, und die Folge war, daß man blitzartig quer stand, runterflog und gewaltig in die Gegend kobolzte.

Ganz gefährlich wäre es geworden, wenn ein Bruch im Getriebe oder im Hinterradantrieb (bei Kardanmaschinen) entstehen würde, denn dann war ein blockierendes Hinterrad in 99 von 100 Fällen nicht zu vermeiden, und es wäre zu einem ganz gefährlichen Sturz aus hohem Tempo heraus gekommen.

Auch Kolbenklemmer (durch plötzliche Abkühlung der Zylinderwände) oder andere Überraschungen waren in der Fuchsröhre vorgekommen, die zu einer Motorenblockade führten. Der kleine Kreidler-Motor aber drehte im hohen C sauber rund, und auch in der langen Steigung passierte über viele Runden hinweg gar nichts. Die Fahrwerksgüte zeigte sich in den Abschnitten Eschbach, Brünnchen und Pflanzgarten von Kilometer 15 bis 18. In der Eschbachkurve 78 km/h, Brünnchen-Senke und -Ecke 60 km/h, Pflanzgarten 73 km/h und 92 km/h.

So ging das immer weiter. Man meinte, eine sportliche 175 cm³-Maschine der 50er Jahre zu fahren. Rundendurchschnitt 16:32 = 80,93 km/h. Mit der 250 cm³ NSU Max war ich 1958 noch 97,18 km/h gefahren, wenn man das als Vergleich ebenfalls angibt.

Ja, wir haben 1968 über das Florett wirklich runde Augen bekommen. Fast 81 km/h Rundenschnitt mit 50 cm³!

Die Zukunft und die Weiterentwicklung ließen aber auch die Zündapp-Leute in München nicht ruhen. Was Kreidler im Straßenrennsport und im Grand Prix-Sport darstellte, das war das alte Familien-Unternehmen Zündapp in allen nationalen und internationalen Geländesport-Arten und bei der Sechstagefahrt (nicht nur in der 50 cm³-Klasse!). Jetzt aber – im Sommer 1968 – wollte Ingenieur Ernst Keitel (wer kannte ihn nicht von der Zeit der 600 cm³ KS 601-Maschinen her, als er mit seinen Kameraden Ernst und Weiß die berühmte Gespann-Mannschaft Ernst/Keitel/Weiß für Zündapp mit den großen Wettbewerben gebildet hatte – ?!) – also dieser Ernst Keitel wollte es auch genau wissen am Nürburgring, was eine Zündapp KS 50 schaffen würde.

Das Versuchsobjekt war eine Serienmaschine, deren Motor einen neuen Zylinder besaß. Auch hier lag die Leistung über 6 PS, und der Motor drehte in der Fuchsröhre bis 11 000 U/min bei 110 km/h im fünften Gang. Regen und eine nasse Bahn verhinderten zwar neue 50er Serien-Rekorde, man blieb bei 17 und 18 Minuten. Aber auch hier war ein Motorrad von übermorgen im Versuch, das ebenfalls ab 1970 mit dieser Leistungsspitze auf dem Markt kommen sollte.

Doch nicht nur der Motor wurde erprobt, auch die Getriebe mit ihren fünf Gängen, deren Abstufung, neue Zweikammer-Federbeine (von Boge), Lenkungswinkel, Reifen und vieles andere wurde untersucht. Ein Motor hatte einen Bing-Ringschwimmer-Vergaser 19 mm $\varnothing$, ein anderer einen Vergaser mit 20 mm $\varnothing$, in einem dritten Motor war eine neue HKZ-Zünd-

Ingenieur Ernst Keitel (2. von links) und als Fahrer Heinz Rosenbusch mit der 50er Versuchs-Zündapp im Herbst 1968 auf dem Nürburgring. Fahrtschreiber auf dem Tank montiert.

Rechte Seite:
Höhendiagramm des Nürburgringes (oben) und Gangdiagramm (Mitte) mit Eintragungen für das Versuchs-Florett »RS«. Herbst 1968.
Unten: Gangdiagramm der 50er Versuchs-Zündapp im Herbst 1968.

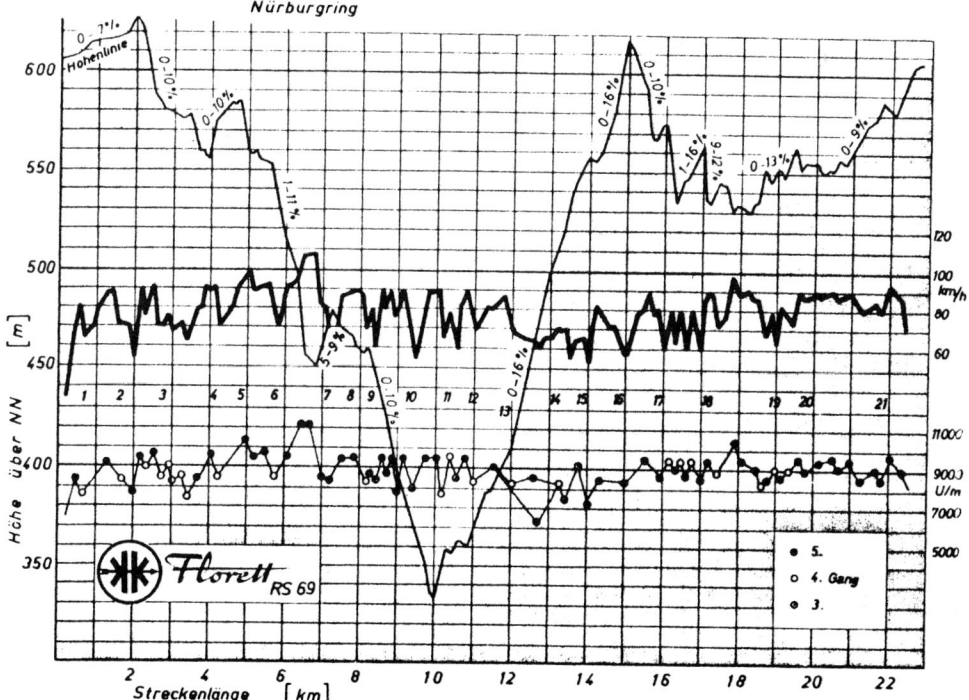

Nürburgring

Höhendiagramm des Nürburgringes mit Geschwindigkeits- und Drehzahlverlauf. Sehr deutlich ist zu erkennen, daß das Fünfgang-Getriebe wunderbar abgestuft ist und nur wenige Drehzahlsprünge vorkommen. Die Zahlen bedeuten: 1 Südkehre, 2 Nordkurve, 3 Hatzenbach, 4 Flugplatz, 5 Schwedenkreuz, 6 Aremberg, 7 Adenauer Forst, 8 Metzgesfeld, 9 Kallenhard, 10 Wehrseifen, 11 Breidscheid, 12 Bergwerk, 13 Kesselchen, 14 Karussell-Einlauf, 15 Karussell, 16 Hohe Acht, 17 Wippermann, 18 Brünnchen, 19 Schwalbenschwanz, 20 Galgenkopf, 21 Antoniusbuche.

Das Gangdiagramm der Maschine. ▼

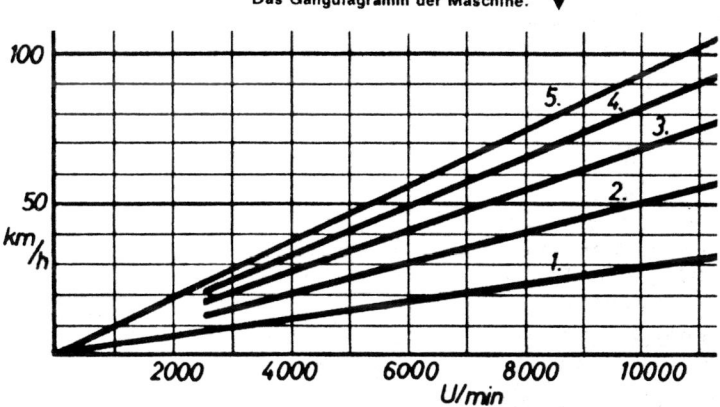

Gangdiagramm. Die serienmäßige Hinterradübersetzung wurde um einen Zahn knapper gewählt. Dabei kam dieses Diagramm zustande. Man sieht sehr gut, daß das Getriebe sehr harmonisch für schnelle Straßenfahrt abgestuft ist.

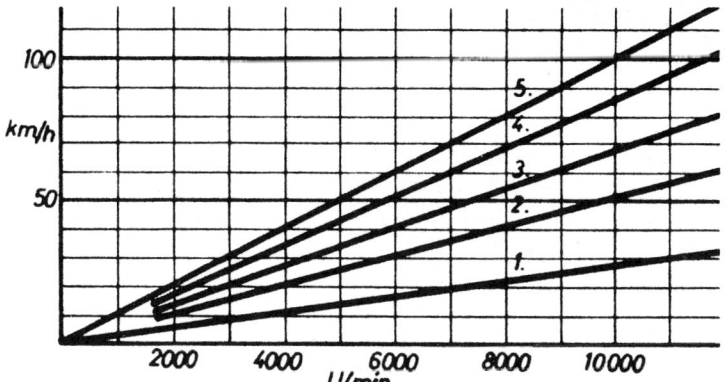

anlage. Die Schwingen hatten eine zusätzliche Versteifung, und die Bremsen neue Dimensionen.

Viel probierte man an den Übersetzungsmöglichkeiten herum, um das Ideale zu finden. Und auch dieser kleine Renner zeigte gewaltige Leistungen.

Bei den Zündapp-Maschinen fielen die langen Schaltwege auf, aber im Fahrwerk waren sie ebenfalls erstklassig. Das merkten wir im Abschnitt vom Metzgesfeld (Kilometer 8) bis hinunter nach Breidscheid (Kilometer 10), wo man zeitweise bis auf 100 km/h kam trotz vieler Ecken und unruhiger Bahn.

Im Anstieg zur Hohen Acht waren wir erstaunt, daß die Maschine auch noch im vierten Gang bis über 80 km/h zu fahren war. Dann kam das Karussell mit seiner Steildurchfahrt und deren Betonplatten –

– da, Boys, da habe ich vielleicht dumm geglotzt – !

Da stand doch wahrhaftig auf den zum engen Kurveninneren abgeschrägten Platten ein Gentleman aus Merry Old England mit seinem Ford Anglia und ein anderer hopste weiter oben quietschvergnügt mit einem Fotoapparat herum – !

»Haut ab, ihr Narren!« habe ich denen zugebrüllt, und es ging haarscharf in Briefmarken-Stärken an dem Auto vorbei – ! Schluck – !

Kurz vor der Hohen Acht kam man sogar noch kurz in den fünften Gang bei 8000 U/min = 80 km/h. Anschließend begann der Tanz am Wippermann, durch die Eschbach-Kurve, die glatte 80 km/h vertrug. Und in der Endgeraden kamen wir bis über 90 km/h.

Der Zündapp-Motor war übrigens gar nicht so scharf im Geräusch für den Fahrer. Er sang, und man mußte den Kopf drehen, um nach den Drehzahlen zu hören. Nach oben hinaus dreht er lustig, lustig, lustig – nichts rannte gegen Gummi, nur allmählich legte er nicht noch mehr zu.

In der Ebene langte es so bis 9400 U/min (= ca. 95 km/h im fünften Gang), und in der Fuchsröhre waren es regelmäßig 11 000 U/min (= 110 km/h).

Es war leider schlechtes Wetter, und es war sehr kalt – so richtige Eifelnässe und Eifelkälte. Man betete Runde für Runde, daß das Ende bald da sei und man sich an den Boxen schnell mit heißem Tee aufwärmen konnte. Am schlimmsten klapperte Heinrich Rosenbusch in seinem dünnen Rennleder, der zitterte genau so, wie sonst seine Norton-Manx vibrierte – !

Einen Tag später schien die Sonne, aber wir mußten alle weiter. Wenn sie nicht aufgehört hätte zu scheinen, zu wärmen, zu trocknen und zu leuchten, ich wette, der Rosenbusch würde immer noch mit dem Zündapp-Prototyp 50 cm³ vom Sommer 1968 um den Ring kreiseln. Runde um Runde um Runde – ! Er war damals völlig perplex, was eine 50er Serienmaschine leisten konnte. Und das waren auch wir mit ihm.

Diese 6,25 PS-Fünfziger existierten bis in die 80er Jahre hinein. Dann wurden sie von den 80 cm³ »Leichtkrafträdern« abgelöst, deren Leistung auf 80 km/h begrenzt sein sollte – –.

Niemals wieder entstanden danach Serienmotorräder in Deutschland mit einem derartig hohen Leistungsvermögen, einer Literleistung von 125 PS bei einem Hubraum von 50 cm³. Es waren durchweg schlitzgesteuerte Einzylinder-Zweitakter, nur Maico bot einen kleinen Drehschieber-Zweitakter an.

Klar, viele meinen, daß es ja »nur« 50 cm³ Fingerhüte und widerlich kreischende Mähmäh-Zweitakter gewesen seien. Na, und – ? Gab es vielleicht einen Serien-Viertakter 50 cm³ mit so viel Dampf drin?

Nein, die aufgeheizten Fingerhüte darf niemand verächtlich abtun. Für uns waren auch sie rasante Erlebnisse.

Ich glaube, daß es wohl ein tolles Stück war, als mit zwei 50 cm³-Motorrädern die Strecke Hamburg–Wien über die Autobahn schneller bewältigt wurde, als das mit den 1969 zur Verfügung stehenden schnellsten D-Zügen möglich war.

Das glauben Sie nicht? Bitte, hier ist die Geschichte.

Es hatte schon lange in der Luft gelegen: wie

Die beiden 50er Floretts beim Autobahntest Hamburg-Wien, September 1969.

lange mochte wohl eine Fünfziger eine rücksichtslose Vollgasjagd auf der Autobahn mitmachen, und was würde dabei an Durchschnitten und Erkenntnissen herauskommen? Damit meinten wir keine speziell vorbereiteten und »getunten« Maschinen, sondern vom Band gelaufene Serienfahrzeuge. Kreidler war dazu bereit, und als am 27. und 28. September 1969 die Organisation für eine Hamburg-Wien-Dauerfahrt über 24 Stunden für die großen 750 cm³ Moto Guzzi-Maschinen fertig war (siehe Seite 158), stellten sich auch zwei Florett-Motorräder ein, um einen Versuch zu machen.

Die tatsächliche Änderung gegenüber einem Serien-Florett war, daß die Gesamtübersetzung um einen Zahn knapper gewählt worden war. Wir hatten die Maschinen selbst am Fertigungsband ausgewählt, eingefahren und per Achse nach Hamburg gebracht. Nicht einmal anderes Getriebeöl, als vom Werk vorgeschrieben, wurde verwendet, keine andere Vergaser- und Zündeinstellung, kein größerer Tank, keine größeren Scheinwerfer, nicht einmal Tankpolster. Aber jeder Fahrer nahm eine Tanktasche mit.

Da wir einen Maschinentest und keinen Fahrertest machen wollten, waren für jedes Motorrad zwei Fahrer vorgesehen, die sich ständig an den fünf Zwischenkontrollen ablösten, wo auch blitzschnell aufgetankt wurde.

Am 27. 9. gingen beide Floretts um 15.01 Uhr in Hamburg-Stillhorn auf die Reise. Bis zur Kontrollstelle Rhön-Tankstelle (436 gefahrene Kilometer nach Tacho) lief alles prima.

Seit der Kontrolle Seesen bei Hannover war man schon mit Licht unterwegs, der Gesamtschnitt betrug nach Tacho 85,2 km/h und nach Karten (446 Kilometer!) 87,1 km/h. Daraus mag hervorgehen, daß die Maschinen ständig mit Vollgas und überhöhter Drehzahl gefahren wurden.

Aber dann wurde es neblig, kalt und feucht, und schließlich begann es hinter der Kontrolle Greding fürchterlich zu regnen. Die Kälte, das Wasser und vor allem die Scheinwerfer-»Funzeln« (25 Watt) an den Maschinen machten die Sache unangenehm. Der Durchschnitt sank auf 78 km/h.

Doch im Morgengrauen wurde es wieder trocken, der Durchschnitt stieg bis Linz wieder auf 83,7 km/h. Bis nach Wien waren es von da nur noch 163 Kilometer, und die wurden mit einem Etappen-Schnitt von 83,6 km/h bewältigt. Um 05.23 Uhr waren beide Maschinen am Autobahnende in Wien.

Das ergab nach 1235 Karten-Kilometern einen Gesamtschnitt von 85,96 km/h, nach 1194 Tacho-Kilometern von 83,1 km/h und nach der bis dahin geringsten Distanzangabe von 1150 Kilometern einen Durchschnitt von 80,05 km/h. Man suche sich das Passende aus.

Mit Überdrehen kamen die Floretts (5,3 PS bei 8000 U/min) mit der knappen Übersetzung auf echte 95 km/h, wenn sich der Fahrer klein machte, wie hier geschehen. Gefahren wurde von Gerhard Bareis, Walter Biedermann, Dieter Golias und Kasimir Rapczynski. Die Zeit war 14 Stunden und 22 Minuten. Ein normaler

Ziel selbst die größten, schnellsten, komfortabelsten und raffiniersten Motorräder und Autos (!!!) aus dem Felde schlug – ! Dann schlugen die Konkurrenten Rad, wenn bei der Siegerehrung der zähe Icke bescheiden aufs Podium kletterte und den größten Silberpott für einen Gesamtsieg, Klassensieg usw. in Empfang nahm – ! Das konnte, das durfte doch nicht wahr sein – !

Mensch, Icke – ! Wie war das noch? »Einmal Moskau und zurück« 1967 oder 5000 Kilometer in sieben Tagen oder die 1000-km-Fahrten usw. Man muß es ihm zugestehen, daß er ebenso oft die Leistungsfähigkeit der 50er unter Beweis stellte, wie für Kreidler oder Zündapp deren Weltrekorde.

Mir wird angst und bange, wieviele schöne Geschichten, Heldengedichte und Motorrad-Abenteuer noch zu erzählen sind. Auch dieses Buch hier müßte 1000 Seiten mit 400 Bildern haben – ! Und darin kämen die 50er aus Deutschland bestimmt nicht schlecht weg.

Herbert (»Icke«) Jonas aus Stuttgart war der Fahrer, der »mit einem eisernen Hintern« wohl die spektakulärsten Langstrecken-Fahrten mit 50 cm³ Motorrädern in den 60er Jahren machte.

D-Zug hätte es in 14 Stunden 54 Minuten geschafft, nur ein TEE brauchte weniger: 12 Stunden und ein paar Minuten.

Naja, ein einzelner Mann hätte bestimmt nicht 14 Stunden lang in Rennfahrerhaltung sitzen und immer nur fahren können – so blieb es ein theoretischer Erfolg gegen die Eisenbahn. Aber immerhin – mit 50 cm³ – !

Unvergessen sind auch die gewaltigen Langstrecken-Fahrten, die Herbert »Icke« Jonas mit seinem Florett in den 60er Jahren auf Wettbewerben und privat unternahm. Damit handelte er sich den Spitznamen »Icke mit dem eisernen Hintern« ein, wenn er wieder einmal bei einer weiten Rallye durch halb Europa geduldig und zäh ohne Pause (mit einem Riesentank und anderen Spezialitäten ausgerüstet) fuhr und fuhr und fuhr und fuhr und am

Die absoluten Gespanne, die Solo-Schwingen und der Neubeginn: BMW in den 60er Jahren

Wenn ich heute an die BMW-Motorräder der 60er Jahre denke, dann habe ich das Gefühl, daß Tausende von Eindrücken mich überschwemmen. Sortiert man das Ganze dann schließlich, dann bleiben vier Hauptpunkte übrig: die großen Gespanne und die unendlich vielen Kilometer, die wir mit ihnen fuhren; die (wenn richtig produziert und behandelt!) kultivierten Solomaschinen; das Problem der »fliegenden Zylinder« und schließlich ganz am Ende dieses Jahrzehnts der absolute Neubeginn.

In der Zeit zwischen 1960 und 1969 fuhren wir mehrere 600er BMW-Gespanne, nachdem 1959 unser »Grüner Elefant«, die Zündapp KS 601, bei Kilometerstand 189 000 den Geist aufgegeben hatte und der Bau dieser 600er bei Zündapp aufgegeben worden war. Aber

Die 600 cm³ BMW R 60 mit dem großen Seitenwagen TR 500 von Steib war eines der bekanntesten Gespann-Motorräder.

wir mußten unbedingt weiter ein großes Gespann zwischen 30 und 40 PS Motorleistung für die langen Reisen haben, und so begannen wir mit einer BMW R 69 mit dem Steib-Seitenwagen TR 500.

Es folgten R 69 S-Gespanne (42 PS), dazu zwei R 60 mit Seitenwagen, und zeitweise bewegten die Inge und ich neben den Testmaschinen jeder eine eigene BMW-Gespannmaschine. Das letzte Gespann war eine R 60 mit über 30 PS Motorleistung, wie sie bis zum Modell-Umschwung bei BMW 1969 produziert wurde. Diese R 60 war nach dem Modell R 69 (35 PS, bis 1959 gebaut) die unverwüstlichste Seitenwagen-Maschine, die wir nach der KS 601 besessen hatten.

Die großen Gespanne erlebten in der Bundesrepublik Deutschland in diesem Jahrzehnt noch einmal eine Art Hochsaison, danach baute BMW keine Gespannmaschine mehr, weil die zu erwartende Stückzahl zu gering geworden wäre, wie die offizielle Lesart war. Heute wie damals meine ich, daß im Hause BMW die Begeisterung für Gespanne vorüber war, daß man aber – wenn man gewollt hätte – im Zuge eines Typen-Baukastensystems ohne Risiken noch weiter ein Modell für Seitenwagenbetrieb hätte anbieten können.

Diese, unsere letzte, BMW mit Seitenwagen war zuerst eine R 60-Testmaschine gewesen. Sie blieb von 1963 bis 1967 bei uns und überlebte zwei R 69 S-Gespanne (ein weißes und

danach ein schwarzes), bis sie schließlich nach Bremen ging.

Den Leser wundert es vielleicht, wenn hier beinahme minuziös fast nur über ein einzelnes Exemplar erzählt wird. Das liegt daran, daß wir in jenen Jahren an unseren Motorrädern besonders hingen, daß wir auch alle Maschinen unserer Freunde und Bekannten – ja, sogar die interessanten Motorräder, die im Besitz von Lesern unserer Zeitschrift »Das MOTORRAD« waren – verfolgten, denn der Kreis der Motorradfahrer war 1963 nur ein Bruchteil der Anzahl der Motorradfahrer von 1983. Es war fast so, daß jeder jeden und alle ihre und andere Maschinen genau kannten.

Bis 1960 war das Modell R 60 mit guten 28 PS bei 5800 U/min gebaut worden, ab 1961 hatte man die Leistung aufgestockt. Weitere Änderungen waren 1963 erfolgt. Das war auf den ersten Blick äußerlich nicht zu erkennen, aber die Motorleistung, das Drehmoment und das geänderte Getriebe für Seitenwagenbetrieb ergab ein ganz neues Bild.

Der Motor hatte ein verstärktes Gehäuse, verstärkte Lager, verstärkte Kupplung und andere Änderungen mehr aufzuweisen. Die Vergaser hatten flachere Mischkammerdeckel und größere Ausgleichkammern, es gab eine verbesserte Entlüftung des Hinterrad-Getriebes, neue Rahmenstützen und noch weitere Dinge.

Die bis zu den nächsten Modellen von 1960 –

45

R 50 (500 cm³ – 26 PS), R 50 S (500 cm³ – 35 PS), R 60 (600 cm³ – 28 PS) und R 69 S (600 cm³ – 42 PS) – gebaute R 69 (600 cm³ – 35 PS) war das bis zu diesem Zeitpunkt wohl beste Motorrad gewesen, das BMW hergestellt hatte. Es erreichte noch nicht die von uns 1960 als kritisch angesehene Grenze einer Hubraumleistung über 70 PS/Liter und bot trotzdem eine maximale Fahrleistung mit großem Stehvermögen.

Der inzwischen aber allgemein schneller und dichter gewordene Verkehr verlangte nun 1963 von einer Seitenwagen-Maschine wie z.B. die 28 PS – R 60 mehr Temperament. Man hatte sich nicht entschließen können (warum nur ??), die so erfolgreiche und zuverlässige R 69 als Top-Gespannmodell in der Typenreihe zu behalten. Man nahm dafür von diesem Motor ein paar PS weg, legte zu der 28 PS – R 60 etwas zu und erhielt offizielle 30 PS bei 5800 U/min Dauerleistung sowie eine Leistungsspitze von 32 PS bei 6000 U/min für die R 60 ab 1963.

Das bedeutete eine Senkung der Hubraumleistung der früheren R 69 von 58 PS/Liter auf 50 bzw. 53 PS/Liter bei Verminderung der Drehzahl, Herabsetzung der Kolbengeschwindigkeit von 17 m/s (bei 7000 U/min der früheren R 69) auf nun 14,6 m/s (bei 6000 U/min der R 60 von 1963), was die Zuverlässigkeit des Motors anhob. Gleichzeitig wurde in dem neuen R 60-Motor das Drehmoment gegenüber der bisherigen R 60 wesentlich verbessert.

Gerade die Kraftabgabe im Drehbereich zwischen 4000 und 4500 U/min in der Drehmomentspitze und insgesamt zwischen 3000 U/min und 5000 U/min galt für die Anforderungen des schnelleren Allgemeinverkehrs als besonders wichtig. Das Ziel war weniger die Erhöhung der Endgeschwindigkeit als die des Durchzugs im mittleren Drehbereich für bessere Beschleunigung und zur problemloseren Ausnutzung einer akzeptablen Autobahn-Dauergeschwindigkeit in der Nähe der Höchstleistung.

Wesentlich war, daß man hier nicht einfach einen früher schwächeren Motor aufpulverte

(wie bei der R 50 S und der R 69 S), sondern daß man die Erfahrungen eines früheren stärkeren Motors, eben der R 69, für eine Verbesserung anwandte. Unsere R 60 von 1963 hatte, als uns ihr neuer Besitzer ab 1967, Ingo Heilmann in Bremen – kurz vor ihrem Ende durch Diebstahl und Feuer – von ihr erzählte, ca. 100 000 Kilometer ohne besondere Ärgernisse oder dramatische Pannen erreicht. Sie begleitete uns und später Ingo durch alle Länder Europas, wurde noch einmal wieder neu aufgebaut und war noch 1971 voll in Fahrt. Zugegeben, in Maxe Klankermeiers fantastischer Versuchswerkstatt war sie vor dem Beginn ihres Lebensweges noch einmal von Meister Achatz durchgesehen und einsatzbereit gemacht worden. Natürlich war in jeder Serienproduktion Ausschuß, und im Hinblick auf die damalige (und heutige – ???) Facharbeiter-Situation an den Fließbändern durfte diese Feststellung bei der Beurteilung einer Maschine nicht fehlen. Doch wenn es den Münchnern gelungen wäre, die R 60 ab 1963 in der Qualität unseres Exemplares regelmäßig vom Band laufen zu lassen, dann wäre das ein ganz enormes Motorrad gewesen, das die Qualitäts-Tradition der ehemaligen R 69 unbedingt hätte fortsetzen können.

Hierher gehört nun noch einmal die Feststellung (siehe Seite 12), daß wir mit unseren Gespannen keine Mauerblümchen im Verkehr waren. Auf den Landstraßen waren es nicht die Autos, die ein Motorrad mit Seitenwagen behinderten, höchstens schnell fahrende Lastwagen oder Reisebusse. Da waren wir für ein hohes Drehmoment des Motors dankbar. Mit voll belastetem Seitenwagen brauchten wir von 70 bis 90 km/h etwa 14 Sekunden, von 80 bis 95 km/h 22 Sekunden (Letzteres nur im vierten Gang!). Auf der Autobahn war man mit 100 km/h zwar nicht der Allerschnellste aller Reisenden, aber die Stetigkeit, mit der man Stunde um Stunde 100 km/h hielt, brachte schließlich einen sehr guten Reisedurchschnitt.

Wir haben mit dieser R 60 niemals irgendwo an der Landstraße schlossern müssen, kamen

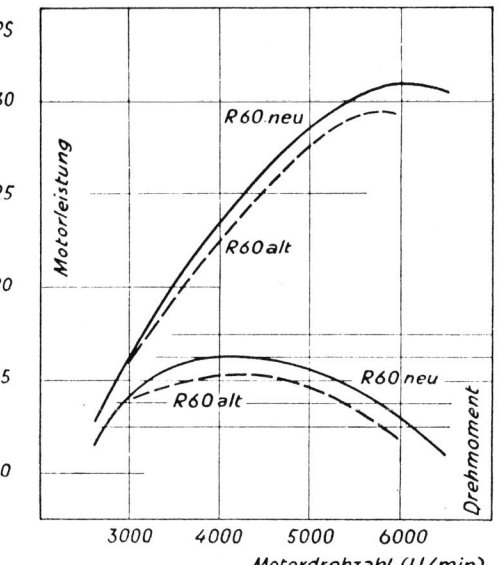

PS

Entwicklung der Motorleistung bei der BMW R 60 in den 60er Jahren.

niemals wegen irgendwelcher Pannen oder Schwierigkeiten zu spät an unsere Ziele. Es war das zuverlässigste Motorrad, das wir nach der KS 601, nach der R 69, und bis zur nachfolgenden Moto Guzzi V 7, 700 cm³ (40 PS), besessen haben.

Der Zweizylinder-Viertaktmotor ohv, dessen Zylinder sich in Boxeranordnung gegenüber lagen, zeigte kaum irgendwelche Vibrationen, und die mechanischen Geräusche erschienen beim Fahren lauter als das Auspuffgeräusch. Der erste Gang reichte mit der Seitenwagen-Übersetzung im Hinterrad-Getriebe 4,33:1 (Zähnezahlen 6/26) und mit der Seitenwagen-Übersetzung im Getriebe (5,33/3,02/2,04/1,54) bei Nenndrehzahl 6000 U/min bis 30 km/h, der zweite Gang bis 53 km/h, der dritte bis 80 km/h, der vierte bis 104 km/h, und bei der von uns immer erreichten Endgeschwindigkeit von 118 km/h drehte der Motor ca. 6400 U/min.

Die beiden Vergaser (24 mm ∅) hatten große Ausgleichskammern außen am Schiebergehäuse, der Motor blieb auch in scharf gefahre-

Die Fahrleistung des R 60-Gespannes eingezeichnet im Höhendiagramm des Nürburginges.

Höhendiagramm mit Geschwindigkeits- und Drehzahlverlauf. Deutlich ist zu sehen, daß das Drehmoment des Motors so gut ist, daß man auch aus niedrigen Geschwindigkeiten mit dem dritten

Gang flott wieder auf Tempo kommt. Gewicht der Maschine 600 kg, aufgestellte Windschutzscheibe. In der Endgeschwindigkeit langsamer als die „alte" R 60, im Durchschnitt macht es kaum etwas aus.

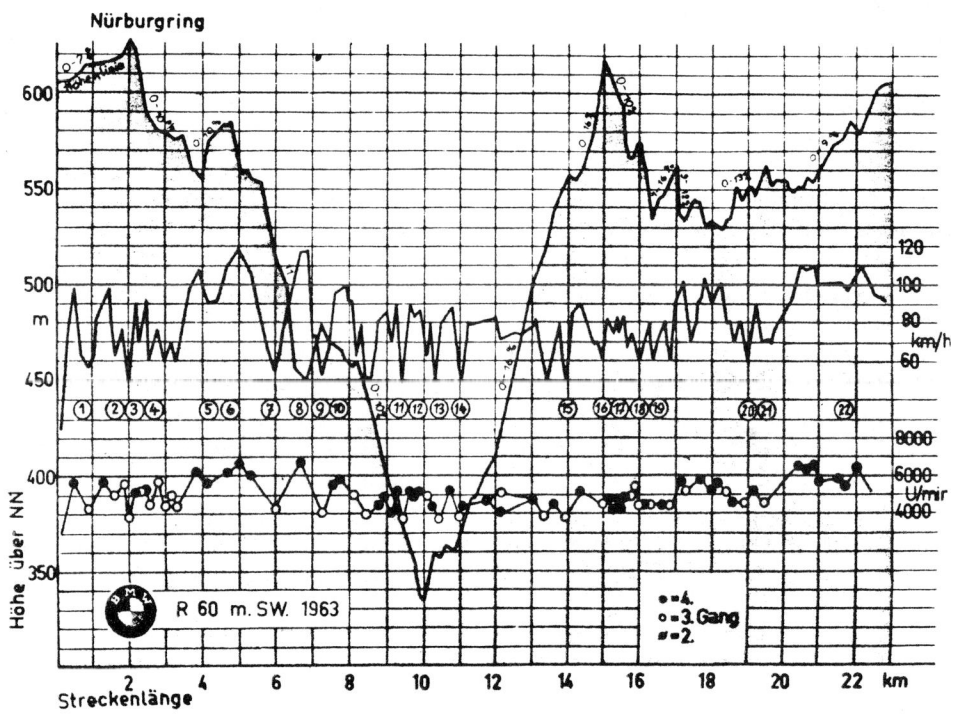

R 60-Gespannmotor nach großer Belastung und langer Reise, 1963.

nen Kurven nicht weg. Und man konnte schon ganz schön um die Ecken stauben.

Wer es raushatte, Rechtskurven (um den rechts angeschlossenen Seitenwagen herum) im Powerslide zu bewältigen, der hatte einen besonderen Kurvenspaß. Die lange Vorderschwinge (für Solo- oder Seitenwagenbetrieb an den Gabelrohr-Enden zur Veränderung des Nachlaufs umsteckbar!) war ungemein feinfühlig. Die Kursstabilität selbst auf üblen Klamottenwegen blieb immer erhalten, das Gespann war mit dem kleinen Finger zu lenken. Da brauchte man keine Wunder- oder Jahrmarktbizeps, in dieser Weise war das ein Mädchengespann, und wir fuhren mit kaum angezogenem Lenkungsdämpfer.

Mit dieser Lenkung konnte man auch auf Schotterwegen ganz schön räubern, und daß es sich im Winter auf Eis und Schnee ebenso sicher und genau fahren ließ, das war unser Extra-Spaß.

Der Umgang mit den damaligen schweren Gespannen bewirkte unsere Animosität jeder Hinterradkette gegenüber. Die konnte man unter diesen Belastungen und bei unseren Vorstellungen von Zuverlässigkeit nicht brauchen. Die im rechten Schwingenholm verlegte Kardanwelle zum Hinterrad und das Hinterradgetriebe waren auch bei den schlimmsten Anforderungen problemlos. Wir hätten ganz gewiß keine Maschine brauchen können, bei der man alle 2000 Kilometer die Kette mit allen schlosserischen und dreckigen Beigaben hätte pflegen müssen.

Als sehr zweckmäßig erwies es sich, daß wir den Seriendrehgriff mit seinem langen Weg gegen einen mit kurzer Betätigungsmöglichkeit und daß wir den serienmäßigen 18-Liter-Tank gegen einen mit 24 Liter Inhalt tauschten. Das eine war notwendig, weil man gerade mit dem Gespann sehr oft darauf angewiesen war, plötzlich Gas geben zu müssen ohne nachzugreifen, und das andere war bei einem Verbrauch von ca. 8 Liter Benzin auf 100 Kilometer bitter nötig, wollte man nicht alle 150 Kilometer anfangen, die nächste Tankstelle zu suchen.

Der Verschleiß an Reifen war so, daß der Metzler Block K-Hinterradreifen nach 7000 Kilometern glatt war. Wir wechselten ihn alle 5000 Kilometer. Der Vorderradreifen Metzeler Block C war nach etwa 8000 Kilometern reif zum Auswechseln gegen einen neuen, aber der abgefahrene lief noch auf dem Seitenwagenrad weitere 4000 Kilometer mit.

Um die Nordschleife des Nürburgrings waren Durchschnitte zwischen 80 und 87 km/h zu schaffen, wobei das Gespann voll mit dem Gepäck beladen war, das wir für die unmittelbar darauf folgende Reise zur Isle of Man brauchten, wo wir die Tourist Trophy 1963 besuchten. Mindestens 20 Runden auf dem Ring (= ca. 450 Kilometer) waren in diese Reise eingeplant. Die einzige Schlosserarbeit war dabei, den Fahrtschreiber zu montieren.

Zusammen mit unserem weißen R 69 S-Gespann schleppten wir Gepäck für vier Personen für einen Zeitraum von guten 14 Tagen mit, dazu eine komplette 16 mm Kamera-Ausrüstung mit allem schweren Zubehör, Schreibmaschine und – und – und – Filmmaterial, Stativ und sonst noch allerhand, denn wir wollten für das Zweite Deutsche Fernsehen einen Isle of Man-Film drehen.

Man konnte ungeheure Mengen mitschleppen und trotzdem noch sportlich Motorrad fahren. Am Ziel einer Reise brauchte man auf nichts zu verzichten, was man gewöhnlich im eigenen Heim nach des Tages Mühen gewohnt war.

Das Schwingenfahrwerk der R 60, die Zuver-

Start zur TT-Reise 1963. Vorn Inges schwarze BMW R 60, dahinter das weiße BMW R 69 S-Gespann. Für die R 60 mit dem kleinen Tank war ein Reservekanister zweckmässig.

lässigkeit dieser Maschine, ihr hervorragendes Beschleunigungsvermögen brachten echte Fahrfreuden. Den früheren Kolbenärger, hauptsächlich im rechten Zylinder, hatten sie im Werk schon seit zwei Jahren durch eine verbesserte Kolbenform und 1963 durch eine zusätzliche Schmierung der Zylinderlaufflächen beseitigen können.

Aber wir sprachen von einem verbesserten Seitenwagen mit etwas mehr Raum und einem Regendach. Bei Steib lief nichts mehr, es gab die aufsetzbare Richter-Kabine, eine sehr feine Sache, doch das war so ziemlich alles. Gegen Ende des Jahrzehntes brachte dann Hansjoachim Penz aus Urach (Konstrukteur bei Magura), ein ganz alter Motorrad- und Gespannhase, seinen voluminösen Penz-Seitenwagen heraus. Das war sozusagen das letzte deutsche Seitenwagen-Unternehmen in den 60er Jahren mit vielem Gewußt-Wie.

Leider fehlte da die richtige Finanzierung, auch klappte die Produktion nur schubweise, und es war ein Jammer, daß sich kein Finanzstarker für diese Konstruktion erwärmto.

Erst in den späten 70er Jahren begann wieder Interesse am Gespannfahren zu wachsen, fast 15 Jahre oder länger lag dieses wunderbare Gebiet des Motorradfahrens völlig brach bis auf wenige kleine private Eigenbau-Initiativen.

Die BMW R 69 S, 600 cm³, 42 PS war 1969 ausgereift, doch die neue Baureihe R 50/5, R 60/5, R 75/5 ersetzte die Schwingen-Modelle.

Der R 69 S-Motor der letzten Serie 1969.

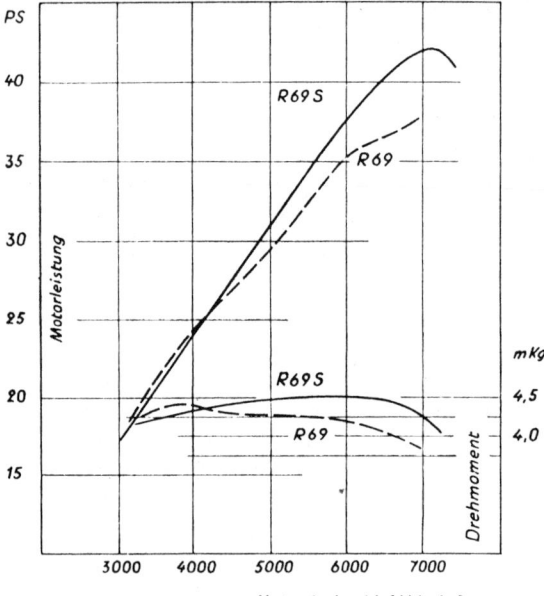

PS

40 — R69S

35 — R69

30

25 — Motorleistung

20 — R69S — mKg 4,5
    — R69 — 4,0
15 — Drehmoment

3000 4000 5000 6000 7000

Motordrehzahl (U/min)

Leistungskurven der BMW R 69 (1955–1960) und R 69 S (1960–1969).

Auch unsere R 69 S-Gespanne waren faszinierende Reisefahrzeuge. Aber mit der R 69 S gab es öfters Ärger, von dem wir anfangs auch nicht verschont blieben. An diesem 600er 42-PS-ohv-Motor traten ganz ekelhafte Schwingungen im Kurbeltrieb auf. Man hätte ein mittleres Lager für die Welle vorsehen müssen.

Das tat man aber nicht, sondern setzte, als

diese Schwingungen immer häufiger zu abgerissenen Zylindern (!) führten, einen Schwingungsdämpfer auf das vordere Wellenende.

Den BMW-Werbespruch »Aus Freude am Fahren« dichteten die Motorradfahrer in den Spruch »Aus Freude am Bauen« um. Beim Elefantentreffen erschienen R 69 S-Fahrer mit großen Ankerketten, die sie um Zylinder und Motorgehäuse gewickelt hatten. Jene Geschichte machte überall die Runde, daß einem R 69 S-Fahrer auf der Autobahn beim Überholen eines Goggomobils (das war einer der Kleinwagen von Glas/Dingolfing) der rechte Zylinder abriß, seitlich wie ein Geschoß wegflog, den Goggofrosch traf und ihn in den nächsten Acker schoß.

Die Zylinder-Schießerei wurde zu einem Dauerthema und verstummte auch nicht, als das Werk mit dem Schwingungsdämpfer die Sache weitgehend im Griff hatte.

Wenn man aber 6200 U/min etwa fünf Minuten lang stur drehen ließ, dann wurden die Schwingungen der Kurbelwelle derart hoch, daß es zu Materialbrüchen am Zylinderfuß kam. Auf dem Hockenheimring konnte ich 1968 einmal einen gerade wegfliegenden Zylinder an der getunten Stoßstangen-BMW von Otto Labitzke beim Clubtraining an den Boxen erwischen, und dieses Bild – allerdings nicht von einer R 69 S, sondern von einer für Renn-

Bei der ersten BMW R 69 S-Maschinen gab es Brüche am rechten Zylinderfuß. Dies ist zwar keine R 69 S sondern ein für Straßenrennen getunter 500 cm³-Serienmotor (Otto Labitzke am 3. 3. 1968 in Hokkenheim), aber so etwa sah es aus, wenn eine R 69 S ihren rechten Zylinder verlor. Das Bild entstand vor den Boxen, der Motor lief noch auf dem linken Zylinder –! Gerade drückt Otto den Kurzschlußknopf.

zwecke hergerichteten 500 cm³ R 50 oder R 50 S – zeigt ziemlich deutlich, was sich in einem solchen Fall tat.

An unseren Gespannen passierte uns das nur einmal bei der weißen S, aber nach Umbau auf den Schwingungsdämpfer, und als wir es immer vermieden, länger im Bereich von 6200 U/min zu fahren (wir hatten nachträglich einen Kröber-Drehzahlmesser angebaut!), passierte uns ein solches Mißgeschick nicht mehr. Wir haben unsere S-Gespanne ebenfalls auf vielen großen Reisen benutzt und sind unterwegs nur einmal 1961 auf dem Weg zum Trial Lamborelle mit dieser Zylinderpanne liegen geblieben. Es fehlte an Ersatzteilen (!), und es gab noch Ärger mit Werkstätten, so daß wir die Sache in Eigeninitiative regelten. Danach gab es keinen Motorärger mehr, nur einmal ging das Hinterradgetriebe auf der Autobahn in die Binsen, weil bei der Inspektion vergessen worden war, neues Öl einzufüllen.

Von da an waren wir mißtrauischer, aber es ging seit diesen Erfahrungen alles gut. Vielleicht weil wir dann immer eine Menge Werkzeug und auch Ersatzteile im Seitenwagen mitführten.

Die Solo R 69 S, die wir noch 1969 fuhren, war ein Gedicht. Allerdings paßten wir höllisch auf die Bereifung, auf sauber laufende Räder, auf exakte Stoßdämpfung, auf das richtige Schwingenlager-Spiel an der Hinterradschwinge und auf regelmäßig gespannte Speichen auf. Auf diese Art hatten wir keine »Gummikuh«, sondern ein unheimlich schnelles und komfortables Solomotorrad, allemal für 165 km/h Autobahn-Dauertempo gut und fantastisch auf kurvenreichen Landstraßen zu fahren.

Von unseren Testmaschinen aller Art waren wir allerhand Abenteuer gewohnt, an der R 69 S gab es nur fahrerische Höchsterlebnisse, und technische Straßenrand-Abenteuer blieben nach 1961 aus. Es war eine schwere, aber schnelle und kultivierte Maschine. Der Zweizylinder-ohv-Boxer lief fast vibrationsfrei, nur das Getriebe mußte man ohne Kratzen schalten lernen.

1969, kurz vor der neuen BMW-Modell-Reihe R 50/5, R 60/5 und R 75/5, war die »alte« R 69 S auf dem Höhepunkt ihrer Entwicklung hinsichtlich Schnelligkeit, Fahrkomfort (!) und Zuverlässigkeit. Auf dem Nürburgring war ihre schnellste Runde mit Fahrtschreiber 113,73 km/h gewesen (zum Vergleich: Norton 650 cm³ SS, 49 PS, dieselbe Zeit). Wir hatten viele, viele tausend Kilometer solo und mit Seitenwagen mit der »S« zurückgelegt und mußten uns von einem Motorrad verabschieden, das man »das Absolute« genannt hatte.

Die gewaltige Maschine, der »Schwarze Mustang«, hat BMW- und Motorradgeschichte gemacht und wird heute immer noch auf unseren Straßen gesehen.

Seit 1964 aber war man bei BMW eifrig dabeigewesen, für eine neue Motorradzeit die richtige Modellreihe zu entwickeln, und man schaffte das, obwohl in jener Zeit mehr als einmal im eigenen Werk, (das zu einer der größten und erfolgreichsten Automobilfabriken geworden war,) der Gedanke diskutiert wurde, den Motorradbau aufzugeben.

Dafür gab es mehrere Gründe. Am Rande des Autogeschehens, das jede Arbeitskraft und alle Überlegungen der maßgebenden Leute bis zum äußersten mit Beschlag belegte, war das Motorrad unter »ferner liefen« angesiedelt. Irgendwo am Rande beschäftigte man sich damit und war auch oft der Meinung, daß man gegen die gewaltige japanische Konkurrenz – vor allem auf dem USA-Markt – viel zu viel investieren müßte, um sich noch einmal als Motorradfabrik durchzusetzen.

Doch trotz allem gab es einen festen Kreis von Motorrad»gläubigen« bei BMW (z. B. Direktor H. W. Bönsch und natürlich die Entwicklungs- und Versuchsmannschaft mit Ing. von der Marwitz, Ing. Gutsche u. a.), der zäh am Einspur-Fahrzeug festhielt und eine neue Entwicklung mit Krallen und Zähnen verteidigte. Mit dem Motorrad hatte es 1923 bei BMW begonnen, durch die großen Maschinen über Jahrzehnte hinweg wurde der BMW-Nimbus geschaffen, erhalten und so weit vergrößert, daß davon der Automobilbau noch heute profitiert. Undenkbar wäre es gewesen, wenn es weltweit keine großen BMWs mehr gegeben hätte.

Man entwickelte, forschte, baute Prototypen seit 1964, verwarf Ideen und fand wieder neue – ohne groß davon zu reden und auch ohne daß von allen Unternehmungen der BMW-Motorrad-Männer auch der Aufsichtsrat etwas wußte.

Es prallten Ideologien, Marktansichten und technische Kenntnisse aufeinander, so daß es für alle Beteiligten nicht sehr leicht war, die neue Motorrad-Modellreihe endlich auf die Räder zu bringen. Während der Versuchsfahrten verlor Manfred Zeller sein Leben, und draußen in der Welt breiteten sich die Japaner weiter und weiter aus. Bei BMW wollte man, daß »Opas alte BMW nun endlich tot« war, daß es ohne generelle Neukonzipierung überhaupt nicht weitergehen durfte.

In einer Sache war alles klar: der Zweizylinder-Boxermotor und der Kardanantrieb zum Hinterrad mußten beibehalten werden, auch wenn man völlig neu konstruierte. Denn diese Basis war ein Markenzeichen, das konnte man zu diesem Zeitpunkt auf keinen Fall aufgeben.

Im Sommer 1969 endlich konnten wir die neuen Motorräder auf dem Nürburgring fahren, nachdem wir besonders ab 1967 zunehmend Versuche beobachtet hatten.

Die 500 cm³ R 50/5 (32 DIN-PS bei 6400 U/min), die 600 cm³ R 60/5 (40 DIN-PS bei 6400 U/min) und die R 75/5, 750 cm³ (50 DIN-PS bei 6200 U/min) waren 1969 serienreif, womit eine neue BMW-Motorradzeit anfing.

Sie standen zwar auf der Rangliste der Motorleistungen nicht auf den ersten Plätzen (die neu herausgekommene Honda CB 750 Vierzylinder-ohc hatte 67 PS), gleichwohl aber lagen die von uns auf der Nordschleife des Nürburgrings mit der R 75/5 gefahrenen Durchschnitte mit 12:00, 11:24 bis 11:20 für die 22,3 Kilometer lange Meßstrecke (111,50 km/h; 117,37 km/h oder 118,06 km/h) glatt im Rahmen der Zeiten, die wir auch mit anderen 750 cm³-Maschinen erreichten, für die seitens der

Hersteller mehr als 50 DIN-PS angegeben wurden.

Der damals als Versuchsfahrer bei BMW tätige und als Straßenrennfahrer in der Deutschen Meisterschaft bekannte Ferdi Kaczor schaffte eine besonders schnelle Runde in 10:52 = 123,13 km/h. Der Grund für diese Rundenschnitte lag einwandfrei am Fahrwerk, in der erstaunlichen Handlichkeit und in der Leistungscharakteristik des Motors begründet, dessen günstigstes Drehmoment bei 5000 U/min mit 6 mkg angegeben war, der aber bereits bei 2500 U/min ca. 4,8 mkg produzierte. Bei 4800 U/min waren es 5,75 mkg. Das Fahrwerk war »schneller als der Motor«, wir waren der Meinung, daß durchaus mehr Leistung hätte verkraftet werden können, aber wir sagten, daß 50 PS für einen normalen Fahrer bestimmt genug seien, selbst diese Kraft richtig und völlig auszunutzen.

In der Tat zeigten unsere Meßfahrten auf dem Ring immer wieder, daß mit zunehmender Motorleistung noch lange nicht die erzielbaren Rundendurchschnitte in gleicher Weise anstiegen. Je mehr Leistung ein Motorradmotor hergab, je enger wurden die Stufen der erreichbaren Schnitte nach oben zu auf einer kurvenreichen und bergigen Strecke. 50 PS waren für eine 750er noch ein guter Wert, und man war in der Lage, noch überall mitzuhalten, wobei man vor allem auch noch im Rahmen einer erstrebenswerten Zuverlässigkeit blieb. Für ein Leistungsgewicht von 4,2 kg/PS (bei 210 kg Leergewicht fahrfertig) waren Durchschnitte mit Fahrtschreiber von 115 km/h um die Nordschleife ein gutes Niveau (3,25 kg/PS, z. B. 116 km/h; 5 kg/PS ca. 110 km/h). Die Hubraumleistung von 67 PS/Liter war beileibe nicht zu hoch, um Bedenken hinsichtlich der Lebensdauer haben zu müssen, und die Kolbengeschwindigkeit (Hub: 70,6 mm/Zylinderbohrung 82mm/Hubraum 745 cm³ genau) von nur 14,6 m/s bei 6200 U/min war durchaus zivil. Es war noch nicht das, was man einen hochgetrimmten Sportmotor hätte nennen können.

Auf der langen Geraden des Nürburgrings

Herbst 1969, Ferdi Kaczor, Versuchsfahrer bei BMW, mit der neuen R 75/5 in der Südkurve des Nürburgringes.

Entwicklungsleiter v. d. Marwitz (links) und »Klacks« im Herbst 1969 mit einer Versuchs-R-75/5 auf dem Nürburgring.

Leistungskurven der neuen BMWs, 1969.

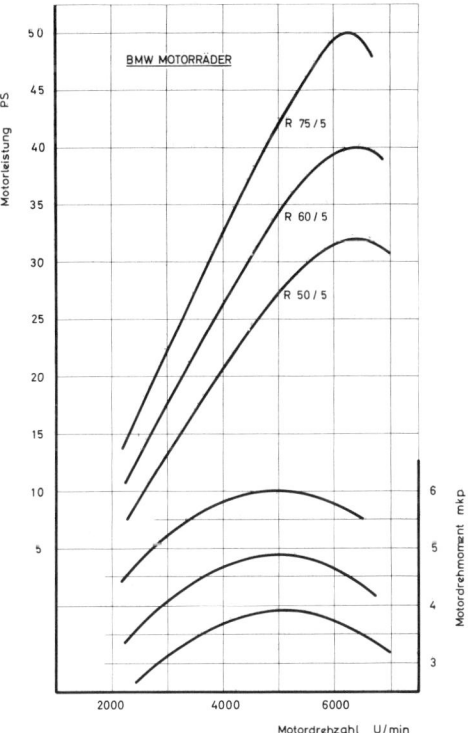

Gangdiagramm der BMW R 75/5.

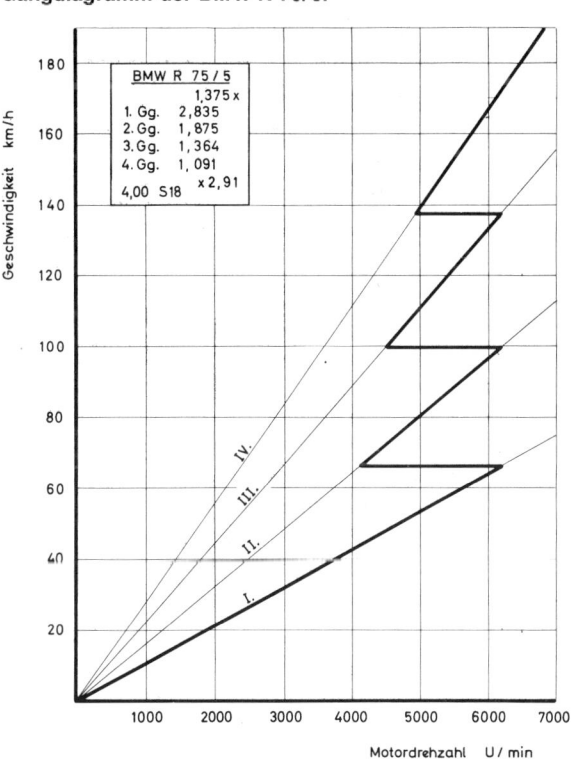

zwischen Kilometer 20 und 21, möglichst mit klein gemachtem Fahrer trotz aufgeschnalltem Fahrtschreiber, lief die R 75/5 zwischen 168 und 172 km/h bei ziemlich hartem Gegenwind – Fahrer im Lederzeug, das nicht flatterte. Vom unteren Drehbereich heraus kam der Motor schnell auf Touren.

Aus dem Stand beschleunigte das Motorrad bis 100 km/h in sechs Sekunden, und das war auch die Zeit der interessantesten und teuersten Sportwagen 1969 (Iso Griffo Lusso, 5360 cm³, 350 PS in 6,4 Sekunden. Lamborghini Miura S, 4000 cm³, 370 PS in 6,5 Sekunden. Maserati Ghibli 4700 cm³, 310 PS in 7 Sekunden oder Porsche 911 Targa S, 2000 cm³, 170 PS in 8 Sekunden).

Von 80 auf 150 km/h in 13 bis 15 Sekunden mit vorhandenem Schwung bei Überholmanövern und aus dem Stand bis 160 km/h in knapp 20 Sekunden – das waren ebenfalls imponierende Beschleunigungswerte.

Das Getriebe hatte vier Gänge (Vorgelege zwischen Motor und Getriebe 1,375; 1. Gang 2,835/ 2. Gang 1,875/ 3. Gang 1,384/ 4. Gang 1,091 – Gesamtübersetzung bei einer Hinterradübersetzung von 2,91: 1. Gang 11,34/ 2. Gang 7,5/ 3. Gang 5,46/ 4. Gang 4,36), die bei Nenndrehzahl 6200 U/min bis 66,0 km/h; 99,0 km/h; 136 km/h und 171 km/h reichten.

Zog man bei einer Blitzüberholung den 3. Gang bis Drehzahlmesser-Angabe 7000 U/min hoch (= ca. 155 km/h) und schaltete dann sehr kurz in den 4. Gang, schloß dieser mit ca. 5500 U/min (= ca. 46 PS und 5,9 mkg Drehmoment) und bester Leistung des Motors an, so daß die Maschine noch förmlich einen Satz nach vorn machte. Schaltete man bei 6000 U/min (= ca. 133 km/h) in den 4. Gang, schloß dieser mit ca. 4750 U/min = 39 PS und 6,0 mkg Drehmoment an, was der Maschine ebenfalls noch eine raketenartige Beschleunigung verlieh. Das Leistungsband war nicht mal so schmal, daß ein Fünfganggetriebe notwendig gewesen wäre.

Zum Angewöhnen fuhren wir mit 80 km/h ruhig durch die Südkurve, dann zog man auf und kam über die 800 Meter der Gegengeraden bis zum Eingang der Nordkurve auf über 150 km/h. Die vertrug bis zu 90 km/h, und hier schon merkte man beim Bremsen, was das Fahrwerk vertrug und was die Bremsen hergaben. Man wartete darauf, daß es auf der linken Maschinenseite irgendwo schrappte – es bumste nur kurz in sehr großer Schräglage, und das war der Gummi der Fußraste. Kein Ständer kratzte hier, kein Schalldämpfer schrammte, kein Zylinderdeckel berührte den Boden. Der Motor war nach vorn zu angehoben, so daß die Zylinder höher lagen (außerdem war der Knickwinkel der Kardanwelle dann kleiner), und die enorm langen und gewaltigen Schalldämpfer waren ebenfalls nach hinten angehoben. Nichts kam in Schräglage davon auf die Straße. Der vorn angehobene Motor, die vor dem Motor unten vorgesehene Verbindung der beiden Auspuffrohre und die abgeknickte Form der Schalldämpfer entsprachen nur nicht der gewohnten schönen BMW-Linie.

Den Hatzenbach hinunter war man auf 140 km/h, an der Quiddelbacher Höhe auf 150 km/h, am Schwedenkreuz auf 170 km/h, in der Fuchsröhre auf 170 km/h, weiter dann an der langen Steigung von Breidscheid bis zur Hohen Acht im Kesselchen an 7 und mehr Prozent Steigung kam man auf über 150 km/h (7000 U/min im 3. Gang, aber der 4. Gang fiel noch nicht sehr ab).

An der Hohen Acht waren es schon wieder 140 km/h, bevor man die Kurve durchfuhr. Pflanzgarten-Ausgang bis 150 km/h, dann kam die lange Gerade, wo die Leistung des Motors ganz ausgespielt wurde.

Die sehr weich ansprechende und langhubige Telegabel war hervorragend gedämpft (214 mm Federweg) und nicht labil. Ein Stahlrohrbügel erhöhte die Verdrehfestigkeit. Der Rahmen war in seinen wichtigsten Teilen aus konisch-oval gezogenem Rohr, der Lenkkopf wurde durch die beiden vorderen Rohre im oberen Teil abgestützt.

Was der Motor herauszuziehen im Stande war, zeigte auch eine Testrunde mit zwei gewichtigen Personen, die nur im 4. Gang ohne

Zurückschalten gefahren wurde. Dabei kamen wir im Regen noch auf 13:24 = 99,8 km/h. Nahm man die erreichte Höchstgeschwindigkeit von 171 km/h und setzte dagegen den erreichten Fahrtschreiber-Durchschnitt von 118,2 km/h, so kam man auf einen Wert von 69,3 % der Höchstgeschwindigkeit. Mit der schnellsten Runde von Ferdinand Kaczor mit 123,1 km/h kam man auf 72 % der Höchstgeschwindigkeit.

Hierzu zum Vergleich einige Zahlen früherer Tests: Norton-Commando 750 cm^3, 172 km/h Endgeschwindigkeit zu 116,34 km/h mit zwei Personen = 67,7 %; Honda 750, 750 cm^3, 195,0 km/h zu 116,3 km/h mit zwei Personen = 59,6 %; Moto Guzzi V 7 Ambassador 750 cm^3, 178 km/h zu 119,5 km/h mit zwei Personen = 67,2 %.

Damit war die BMW R 75/5 mit ihrem Fahrwerk ein gutes Motorrad, denn es kam in dieser Klasse selten vor, daß mehr als 68 % der erzielten Höchstgeschwindigkeit selbst als Einzelleistung mit dem Nürburgring-Durchschnitt geschafft wurden. Es war aber auch der Beweis, daß die Maschine mehr PS mühelos vertragen hätte. Der Motor – von Dipl.-Ing. Jardin konstruiert – hatte eine Kurbelwelle, die mit mächtigen Zapfen in Gleitlagern lief, die Pleuelfüße waren teilbar. Man konnte die Maschine mit dem Kickstarter oder mit dem E-Anlasser starten, der übrigens Kaltstartversuche bis zu minus 20° C sicher bestand. Der Motor sprang sofort an, notfalls betätigte man mit dem links am Motorgehäuse (eine ungewöhnliche Stelle) befestigten Hebel die Starthilfe der Unterdruckvergaser (32 mm Ansaugweite).

Es war gewohnter kultivierter BMW-Leerlauf. Beim Gasgeben entstand keine Lücke, und der Motor vibrierte nur, wenn er – wie beim Zwei-Personen-Test im 4. Gang – ab 60 km/h im großen Gang schuften mußte. Sowie aber mehr als 2500 U/min erreicht waren, ließen selbst unter diesen Umständen die Vibrationen nach und verschwanden schließlich völlig. Normal gefahren spürte man überhaupt nichts, nur bei 7000 U/min merkte man in den

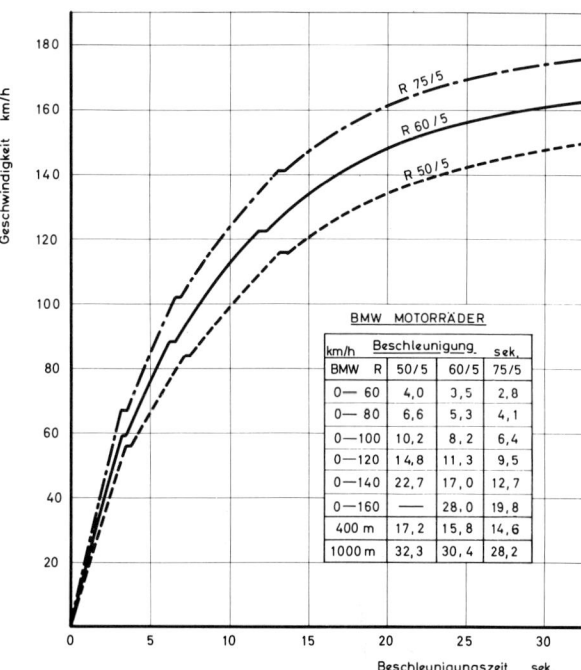

km/h	Beschleunigung			sek.
BMW R	50/5	60/5	75/5	
0— 60	4,0	3,5	2,8	
0— 80	6,6	5,3	4,1	
0—100	10,2	8,2	6,4	
0—120	14,8	11,3	9,5	
0—140	22,7	17,0	12,7	
0—160	—	28,0	19,8	
400 m	17,2	15,8	14,6	
1000 m	32,3	30,4	28,2	

Beschleunigungen der neuen BMW Modellreihe -/5, 1969.

Lenkerenden, daß sich da unten etwas mehr rührte als sonst. Bei höherem Tempo ließ das Windrauschen am Helm sogar das Auspuffgeräusch fast völlig versinken.

Ein verhältnismäßig sauberes Fahren! Und so machte die ganze Maschine einen erfreulichen Eindruck, selbstverständlich ohne Ölnebel und Ölschmiere. Jeder Kettenärger fiel ja ohnehin weg.

Die Sitzposition für den Fahrer war ausgezeichnet und weitestgehend ermüdungsfrei, doch war die Sitzbank für eine Langstreckenreise mit zwei ausgewachsenen Personen meines Erachtens etwas zu kurz (später wurde ja auch der Radstand bei den nächsten -/6-Modellen von BMW verlängert. Das kam u.a. auch einer etwas größeren Ruhe des Fahrwerkes in langgezogenen, schnellen Kurven über wellige Stücke zugute.

398 kg war das zulässige Gesamtgewicht, 210 kg betrug das Leergewicht, blieben 188 kg mögliche Zuladung einschließlich Benzin und Öl. Bei zwei Personen zu je 70 kg blieben noch 48 kg Zuladungsmöglichkeit für den Urlaub. Der Tank faßte 24 Liter (2 Liter Reserve) und

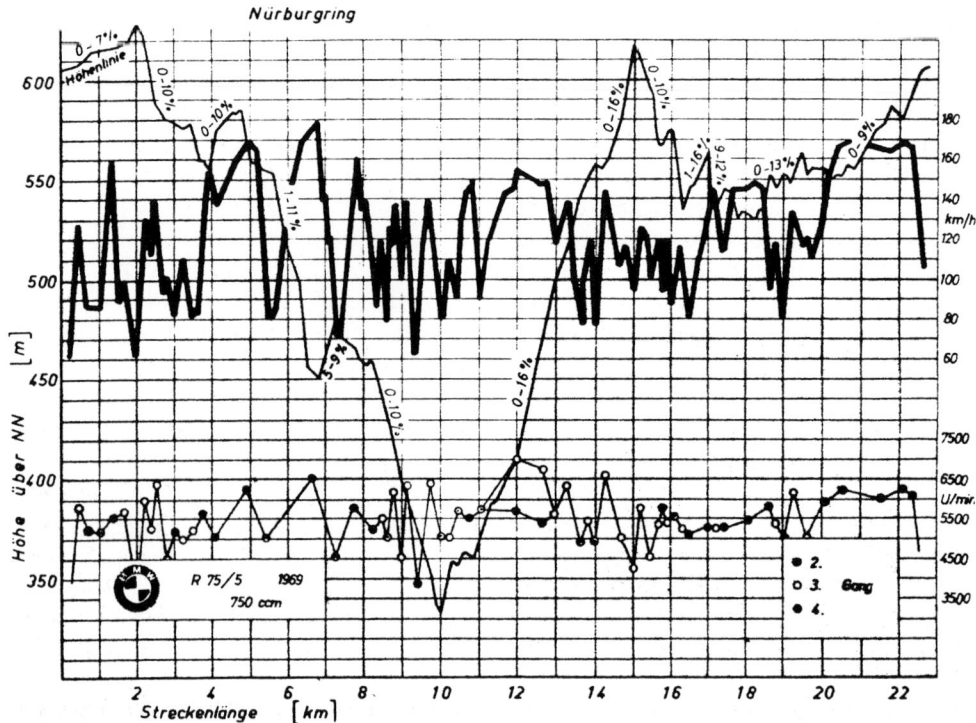

Höhendiagramm mit Geschwindigkeits- und Drehzahlverlauf auf der Nordschleife des Nürburgringes. Nur selten erreicht man auf dieser Strecke selbst in den unteren Gängen die Drehzahlgrenze. Infolge der günstigen Lage und Höhe des Drehmomentes besitzt. die Maschine ein sehr großes Anzugsvermögen. Das ist dann auch mit ein Grund der gefahrenen Durchschnitte, allerdings spielt da das sehr gute Fahrwerk eine erhebliche Rolle. km 1 = Südkehre, km 2 = Nordkurve und Hatzenbach-Einlauf, km 4 = Flugplatz hinter der Quiddelbacher Höhe, km 5 = Schwedenkreuz, km 6 = Fuchsröhre, km 7 bis 8 = Metzgesfeld, km 10 = Breidscheid, km 11 = Bergwerk-Kurve, km 12 = Kesselchen, km 14 = Karussell, km 16 = Brünnchen, km 17 = Pflanzgarten, km 19 = Schwalbenschwanz, km 20 = Döttinger Höhe, km 22 = Antoniusbuche. Endgeschwindigkeit zwischen 168 km/h und 171 km h bei starkem Gegenwind.

Die erste Darstellung des Fahrverhaltens einer BMW R 75/5, 1969, auf dem Nürburgring.

war endlich einmal ein Behälter, der nicht alle 150 km zu Tankpausen zwang. Da waren immer 250 bis 300 km Radius drin.

Die gesamte Hebelei wurde neu entwickelt und stellte in Ausführung und Zweckmäßigkeit ebenfalls etwas Besonderes dar. Die Lichthupe war obligatorisch, und die Seilzüge mit Nylon-Röhren innen versehen. Das Kombi-Instrument im Schweinwerfer war oben für den Tachometer und unten für einen kleinen mechanischen Drehzahlmesser eingeteilt. Beide waren übersichtlich ablesbar, doch hätten wir uns den Raum für den Drehzahlmesser größer gewünscht. Die 12 Volt-Drehstromlichtmaschine leistete 180 Watt, die Batterie hatte 15 Ah Kapazität. Der Anlasser lag über dem Motor und griff an der Schwungscheibe an, eine automatische Sperre sorgte dafür, daß man ihn bei laufendem Motor nicht betätigen konnte. Durch diese Anordnung mußte die Nockenwelle, durch Kette angetrieben, unter die Kurbelwelle verlegt werden.

Auf der von uns gefahrenen Maschine befanden sich vorn und hinten Metzeler-Reifen — vorn 3.25-19, hinten 4.00-18. Beides Höchstgeschwindigkeitsreifen, die für Geschwindigkeiten über 175 km/h zugelassen waren. Der Hinterradreifen hatte ein neues Profil. Er wurde praktisch zusammen mit den neuen BMWs entwickelt und zeichnete sich durch sehr gute Spurhaltung und Haftung besonders bei großer Schräglage aus. Es war kein besonders feines Profil, doch hatte man sich schon Gedanken über die notwendige Entspannung der Reifen-Oberfläche gemacht. Ohne ihn wären die gezeigten Fahrleistungen nicht zustande gekommen. Wir schätzten seine Lebensdauer nach Erfahrungen mit gleich starken Motorrädern auf dem Hinterrad auf bis zu 3000 km.

Gegen Ende des Jahrzehnts mußte also auch die Reifenindustrie neue Reifen für die nun schneller und stärker gewordenen Motorräder entwickeln.

Die Runden um den Nürburgring mit der neuen BMW hatten uns wie selten gezeigt, daß ein geglücktes Fahrwerk viele Motorkräfte in einem mißglückten Fahrwerk mehr als gut ersetzen kann. Die vielen besonderen Konstruktions-Details bewiesen, mit welch klugen Überlegungen diese neuen Motorräder entworfen und entwickelt worden waren. Da gab es auch keine absolute Verbeugung vor den Anforderungen eines besonderen Marktes wie z.B. Amerika – man hatte zunächst überlegt, was wirklich gebraucht wurde und was sich zweckmäßig verwirklichen lassen würde. Es war kein »Amerika«-Motorrad.

Ein neuer Abschnitt – nicht nur in der BMW-Motorradgeschichte – war damit gestartet, und niemand sprach mehr von einem etwaigen Ende der BMW-Motorräder. Es war also doch sinnvoll gewesen, trotz der fast übermächtigen japanischen Konkurrenz auf allen Motorradmärkten der Welt, nicht das Handtuch geworfen zu haben.

1969 noch ein Superlativ: Münch-4 TTS, 1200 cm³, 88 PS

Als der Winter 1965/66 seinem Ende zu ging, hatte Friedel Münch in Niederflorstadt/Hessen, Kfz-Meister und Inhaber einer Motorradwerkstatt, in der er für Bahn- und Straßen-

sportfahrer Motoren schnell machte sowie Fahrwerke und Sonderteile für Sportmotorräder baute, das erste Exemplar eines Motorrades fertiggestellt, das bis in die 80er Jahre durch die Listen der Typenbücher, durch die Seelen vieler Abenteurer und über Europas und Amerikas Straßen geistern sollte.

Bei mir zu Hause ging das Telefon: ». . . ich hab' sie fertig, es kann losgehen.«

»Friedel! Hast du sie schon gefahren?«

»Oh, nein – da muß ich erst noch frühstücken. Aber ihr könnt sie morgen haben.«

Es war der 28. Februar 1966, und wir wohnten dem »Roll Out« und den ersten Tönen eines gewaltigen Motorradmotors bei. Am 3. März trafen wir uns bei NSU in Neckarsulm auf dem Fabrikhof wieder, und um die Schöpfung auf zwei Rädern standen staunend das alte NSU-Motorradteam sowie die hohe Prominenz herum. Generaldirektor Stieler von Heydekampf, Direktor Victor Frankenberger, Dr. Fröde, Ingenieur Praxl, Meister Horch, und dazu sammelten sich immer mehr Werksangehörige an, um ein Motorrad zu bewundern, das den damaligen NSU-Vierzylinder-ohc-Automotor im Rahmen hatte.

So fing die Münch-Geschichte an.

Schon Wochen vorher hatten wir Monat für Monat beobachtet, wie der Friedel in seiner Werkstatt Teil für Teil zusammenbaute, und eines Abends saßen wir um unseren Ecktisch zu Hause.

»Das ist mehr als ein Elefant, noch mehr als ein Saurier . . .«, meinte Inge.

». . . das ist ein Mammut«, sagte unsere Motorrad-Oma und lachte.

Schon stürzten wir ans Telefon: »Friedel, weißt du, wie dein Riesenmotorrad heißt? Mammut nennen wir es.«

Aber da war leider ein Haken daran, denn dieser Marken- bzw. Modell-Name war schon zweimal bei Motorrädern verwendet worden, und für eine Bielefelder Firma war er zu dieser Zeit noch geschützt.

Nun ja, das ging also nicht, und der Friedel konnte nur seinen eigenen Namen benutzen. Er nannte die Maschine »Münch-4«.

»Nur Fliegen war schöner« –! Münch-4 TTS, 1200 cm³, 88 PS, ca. 200 km/h (wenn man sich traute!) von 1969. (Flugzeug: Jodel DR 1050 Ambassadeur mit Vierzylinder-Continental-Motor, 100 PS).

Aber Motorradfahrer sind nicht zu bremsen, wenn eine Sache gut paßt. Und so bürgerte sich für die Münch-4 sehr bald der romantische Modellname »Mammut« in ihren Gesprächen ein.

Es klingt alles ein wenig unglaublich, wenn man das heute hört, aber genau so – und im Zuge der weiteren Entwicklung noch viel abenteuerlicher und unglaublicher – kamen

Der große Augenblick: das erste Roll-Out der ersten Vierzylinder-Münch am 28. 2. 1966 (vier Horex-Schalldämpfer).

die Münch-4-Maschinen auf die Räder. Erst mit dem 996 cm³- und dann mit dem 1177 cm³-Vierzylinder-Automotor von NSU.

Es war in der Tat ein Motorrad-Mammut. In jeder Beziehung. Ein alter Krieger hätte 1969 gesagt, als noch keine der 850-, 1000- oder 1200 cm³-Maschinen italienischer oder japanischer Fertigung der späteren Jahre in Sicht waren: »Wenn's trifft, haut's alles z'sammen – trifft's nicht, ist die moralische Wirkung eine ungeheure – !«

Es war bis 1969 – zum Zeitpunkt, als wir das Modell TTS 1200 cm³ testen konnten – das erste und bis dahin einzige Motorrad der Welt (wenn man von den Brough Superior Prototypen/GB mit dem 800 cm³ Austin Seven-Motor mit 23 PS bei 4600 U/min von 1931 absah), das mit einem echten sportlichen Automobilmotor in kleiner handwerklicher Serie für einen Kreis von besonderen Motorrad-Liebhabern hergestellt wurde.

Die Geschichte dieser Maschine beinhaltete von 1966 bis 1969 schon eine Menge Höhen und Tiefen, Schwierigkeiten und Erfolge, Fehler und guter Sachen, daß es einem Abenteurer-Roman gibt (an dem ich gerade schreibe). Friedel Münch, der Konstrukteur, der erste »Fabrikant« und 1969 technische Leiter die-

Der Friedel zeigt seine Schöpfung am 3. 3. 1966 den staunenden NSU-»Rest«-Motorradvätern. Von links nach rechts: Ing. Praxl, Direktor Victor Frankenberger, kniend ein weiterer NSU-Ingenieur, Dr. Fröde, zwei Münch-Mitarbeiter. Friedel Münch lehnt über der Maschine.

ses Projektes, hatte den Mut nie verloren. Da Friedel zwar ein guter Handwerker und phantasievoller Konstrukteur, aber kein raffinierter Kaufmann war, gab es 1966 bis 1969 schon zweimal in der Welt Motorrad-Narren, die seine Ideen aufgriffen, das Unternehmen finanzierten und am Leben erhielten. Das war zuerst der Amerikaner Floyd Clymer, der auch mit Friedel Münch die Marke »Indian« wieder zum Leben erwecken wollte, danach Georg Bell, ebenso aus Amerika. Es folgten dann weitere Namen, die aber in diesem Jahrzehnt noch keine Rolle spielten.

Eine Leistungskurve des Motors der TTS 1969 zeigte fast 90 PS – 88 DIN-PS genau – bei 6500 U/min, und die Besonderheit daran war schon ihr ungewöhnlich flacher Verlauf im oberen Bereich. Das größte Drehmoment von 10,5 mkg war bei 6000 U/min da, aber bei 2500 U/min hatten wir schon 7,5 mkg im Diagramm. Bei 3000 U/min war bereits eine Leistung von mehr als 38 PS vorhanden.

Das Leistungsgewicht der Maschine (es wurden ca. 250 kg Leergewicht angegeben) betrug demnach nur ca. 3,66 kg/PS.

Bei einer Geschwindigkeit von 160 km/h drehte der Motor im 4. Gang 4800 U/min (= ca. 80 PS – 10,0 mkg) bei einer Kolbengeschwindigkeit von nur 10,6 m/s. Vom Zahlenpapier in die Wirklichkeit umgesetzt bedeutete das, daß man bei einem solchen Tempo von der Drehzahl und vom Motorengeräusch her auf eine Geschwindigkeit von ca. 80 oder 90 km/h tippte. Der Blick auf den Tachometer belehrte einen aber darüber, daß man Geschwindigkeiten auf dieser Maschine nicht mehr schätzen konnte. Es zeigte sich weiter, daß die Leistung und damit die Lebensdauer des Motors von niemandem bis zur möglichen Grenze ausgenutzt werden konnte.

Es bedeutete außerdem, daß noch ein so ungeheurer Leistungsüberschuß bei der genannten Geschwindigkeit vorhanden war, daß man beim Aufdrehen auf Vollgas wie ein Gummiball auf die hintere Sitzbankhälfte gedrückt wurde, auch dann, wenn man zur Beschleunigung nicht zurückschaltete.

Von 160 km/h bis zur Endgeschwindigkeit von 196 km/h (auf dem Nürburgring gemessen) brauchte man 10 Sekunden im 4. Gang. Im 3. Gang war es noch weniger, aber das haben wir nur auf der völlig freien Gegengeraden der Nordschleife probieren können, weil es ein merkwürdiges Gefühl war, wenn das Roß zwischen Döttinger Höhe und Antoniusbuche bei über 170 km/h im Moment des Heraufschaltens auf der Vorderhand »leicht« und die Telegabel »lang« wurde.

Denn da waren auf dieser langen Geraden des Nürburgringes die in der Ausdehnung langen und sonst so sanften Erhebungen plötzlich so eine Art kurze und zackige Sprunghügel. Vor der Brücke an der Antoniusbuche auf der Bergkuppe wurde deswegen unwillkürlich das Gas weggenommen und der Kopf ganz auf den Tank gepreßt, weil man bei der rasenden Fahrt meinte, im Hochkommen aus den Federn mit der Birne an die Steinbrücke zu knallen – !

Diese 1500 Meter von Kilometermarke 20 bis 21,5 durchflog man in weniger als 30 Sekunden, und obwohl man fühlte und auf dem Drehzahlmesser sehen konnte, daß der Motor noch nicht am Ende war und zulegen würde, machte man den Hahn zu. Die Hecken rückten so eng zusammen, die Unterführung unter der Antoniusbuchen-Brücke wurde klein wie ein Nadelöhr, auf das man wie ein Jagdflieger im Tiefflug mit der ganzen Maschine zielte. Mehr als 6000 U/min waren schon von seiten der »Traute« nicht mehr drin auf diesem Stück – !

Im 3. Gang von 85 km/h auf 100 km/h kam man ohne Anstrengung in knapp 2 Sekunden, auf 120 km/h in knappen 5 Sekunden, auf 140 km/h in etwa 7 Sekunden, auf 160 km/h in ca. 10 bis 11 Sekunden, und von 85 km/h bis 180 km/h brauchte man ohne Krampf nur knappe 5 Sekunden bei unserer Beschleunigungsprüfung waren es aus dem Stand 16 Sekunden. Die Messungen waren jedoch sehr problematisch, denn bei der sehr knappen Übersetzung (2,12) des 1. Gangs der Testmaschine ging das fürchterlich über die für solche Belastungen unterdimensionierte Kupplung her (sechs

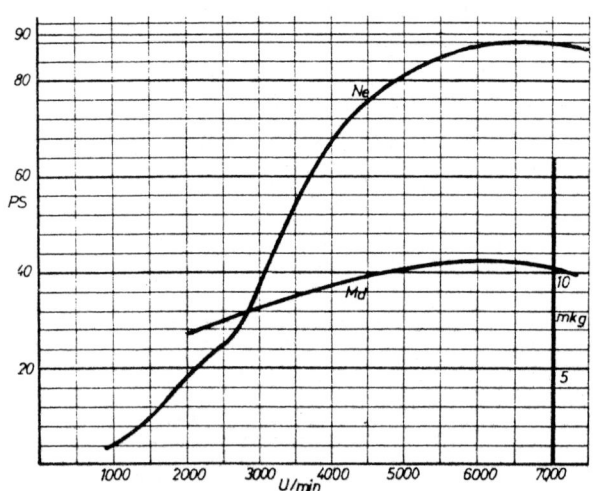

Münch 4 TTS-Leistungskurve, 1969.

Platten von der früheren NSU-Max).

Ich dachte, daß der Mann noch geboren werden müßte, der die volle Kraft bei dem sehr kurzen Radstand ohne rückwärtiges Überschlagen auf den Boden bringen könnte. So waren unsere Meßwerte nur ein Anhaltspunkt und konnten nicht repräsentativ sein, und ich

Gangdiagramm Münch 4 TTS, 1969.

Gangdiagramm mit der Hinterrad-Übersetzung 14:35. Bis zu 7000 U/min kann man den Motor drehen lassen — aber wer bringt das im dritten und im vierten Gang fertig? Den möchten wir erleben. ▼

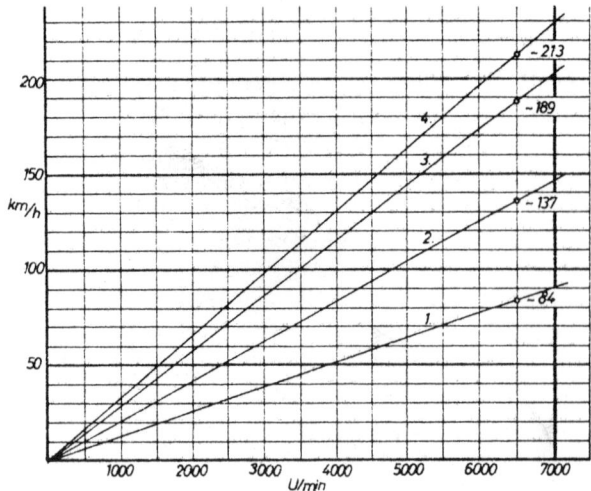

glaube, die TTS wurde nie genau gemessen, weil es keinen Kamikaze-Mann dafür gab Wer die große Maschine sah, die so breit und schwer wirkte, konnte sich kaum vorstellen, daß damit auf einem kurvenreichen und bergigen Kurs Zeiten herauszuholen waren wie mit einem leichteren und eleganteren Modell. Meine persönliche Bestzeit auf dem Nürburgring war bis dahin mit einer 750 cm³ Norton-Commando in 10:52 (= 123,13 km/h) bis zu Kilometer 22,3 vor der Endschikane. Das gelte als Maßstab.

Mit der Münch 1200 cm³ lagen die Zeiten noch immer zwischen 11:30 und 12:00. Dabei wurde in Schräglage sogar der linke Teil der Ölwanne angekratzt. 11:30 bedeuteten einen Durchschnitt von 116,3 km/h, und das war bislang die Rekordzeit der Honda CB 250 unter Walter Sommer gewesen. Also die Zeit einer sehr wendigen und spritzigen 250er unter einem ausgesprochenen Ring-Kenner und guten Rennfahrer. Natürlich holte man mit der TTS die guten Sekunden durch die Beschleunigung und die hohe Endgeschwindigkeit. In den Kurven wagte man mit einer leichteren Maschine mehr.

Trotzdem: Südkurve mit 80 bis 85 km/h, Aremberg-Ecke mit 95 km/h, Hohe Acht mit 90 km/h, Bergwerk-Kurve mit 80 bis 85 km/h – das waren doch bestimmt Werte, die sich sehen lassen konnten, wobei zu berücksichtigen war, daß ein Rennfahrer vielleicht noch mehr geschafft hätte. Bei unseren späteren Testfahrten auf der Autobahn, auf schnellen Bundesstraßen und bei langen Touren, die vor allem von Peter Karlau gemacht wurden, war das Motorrad kaum von irgendeinem anderen Fahrzeug zu übertrumpfen.

Der TTS Vierzylinder-NSU-Wagenmotor, 1177 cm³, mit den beiden Weber-Doppelvergasern (Einlaßkanal 40 mm ∅) und der obenliegenden Nockenwelle (durch Kette in Ölbad angetrieben) lief völlig vibrationsfrei. Mit einer Drehung des Zündschlüssels betätigte man den Anlasser, der Motor sprang sofort an. Fünf Liter Öl wurden durch eine Pumpe aus der Ölwanne heraus im Umlauf zu den einzelnen

60

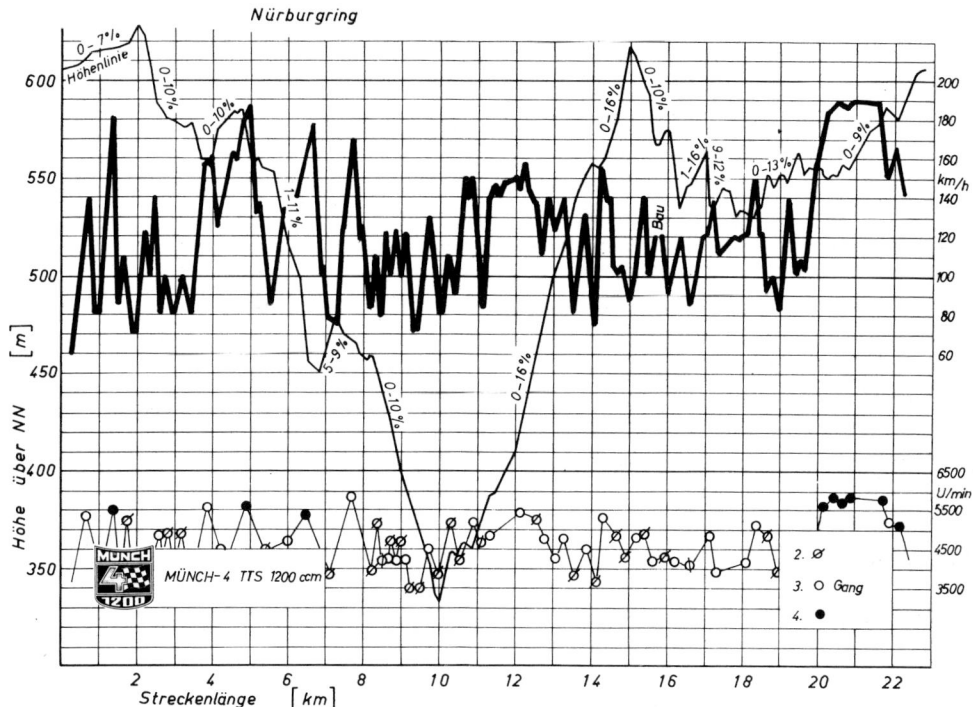

Darstellung der Münch-Fahrleistung 1969 auf dem Höhendiagramm des Nürburgringes mit Geschwindigkeits- und Drehzahlverlauf sowie mit allen Schaltpunkten.

Schmierstellen und zurück gefördert; die Öl-wanne war aus Elektronguß und wurde für den Einbau des Motors in den Rahmen neu entworfen (Öltemperatur auf der Autobahn-Jagd bis 130° C, auf dem Nürburgring 105° C).

Der Motor hatte kein Kühlgebläse und keine außenliegenden Schwungmassen. Für die Kühlung reichte der Fahrtwind aus, und Versuche mit Seitenwagen in den Bergen ergaben, daß auch dafür selbst im Sommer kein Gebläse notwendig war. Im NSU-Wagen eingebaut wurden bei diesem Motor die Zylinder von der Seite angeblasen (was sowieso für den engen Motorraum notwendig war), wobei der in der Reihenfolge letzte Zylinder am schlechtesten dran war. Im Motorrad traf der Kühlluftstrom den quer im Rahmen sitzenden Motor voll breitseits.

Durch die fehlende Schwungmasse drehte der Motor beim Gasgeben urplötzlich hoch, beim Gaswegnehmen bremste er gewaltig. So fuh-

ren wir wie kaum bei einer anderen Maschine mit der Dosierung des Gasgriffs, woran wir uns aber zuerst sehr gewöhnen mußten. Aber infolge der Leistungscharakteristik konnte man nicht von einem unelastischen Motor sprechen, was ja deutlich auch aus dem Verlauf der Drehmomentkurve und dem eingangs geschilderten Fahrverhalten hervorging. Es lag einzig und allein am Fahrer selbst, wenn ihm diese Kraftquelle zu unelastisch vorkam.

Die beiden Vergaser, deren Spritniveau durch eine elektrische Harting-Pumpe in den Schwimmerkammern stets gleich hoch eingehalten wurde, waren von Haus aus richtig einreguliert. Wenn aber jemand trotzdem zur Reinigung an die Düsen mußte, so war das nicht so kompliziert, wie es aussehen mochte. Da bedeutete ein Kerzenwechsel bei den beiden inneren Zylindern schon etwas mehr Arbeit, wozu man tunlichst den sehr leicht abnehmbaren Tank entfernte.

Dieser faßte 17 Liter (Autobahn-Verbrauch bei 150 bis 160 km/h Dauertempo ca. 8,5 Liter auf 100 Kilometer) und hatte einen riesigen Tunnel für die 32 Ah-Batterie (12 Volt). Wer den größeren 30 Liter-Tank vorzog, mußte mit zwei Batterien und insgesamt 18 Ah auskommen (was bei Sommerbetrieb durchaus ausreichend erschien). Die Schwerpunktlage war bei vollem 30 Liter-Tank mit den beiden seitlich angebrachten kleineren Batterien fast gleich wie beim 17 l-Tank mit der darunter befindlichen großen Batterie. Die über Keilriemen angetriebene Drehstromlichtmaschine leistete 430 W.

Der 1. Gang reichte bei der Getriebeübersetzung 2,53 bis ca. 84 km/h bei 6500 U/min, bei der Übersetzung im Getriebe von 2,12 (wie bei der von uns gefahrenen Maschine) reichte er bis ca. 100 km/h. Der 2. Gang ging bis etwa 137 km/h, der 3. Gang bis ca. 189 km/h – jeweils bei 6500 U/min. Die Getrieberäder, Schaltgabeln und die Schaltautomatik wurden bei Hurth in München gefertigt. Die Schaltwege waren kurz, die Gänge rasteten präzise ein. Der Fußschalthebel lag auf der linken Seite.

Der Primärantrieb bestand aus schrägverzahnten Rädern, deren Flankenspiel man durch Verschieben des Getriebes (über einen Exzenter) einstellen konnte. Zwischen die Zähne wurde durch eine spezielle Bohrung laufend Öl gepumpt, diese Bohrung gehörte direkt zum Ölkreislauf. Die Getriebestufung war ziemlich knapp, sie stammte aus dem Rennmaschinenbau von Friedel Münch. Aber das konnte man sich bei dem breiten Leistungsbereich des Motors glatt erlauben.

Die Hinterradkette – keine Duplex –, sondern eine Einfach-Kette – lief über einen automatischen und von außen einstellbaren Spanner durch ein reichlich bemessenes Ölbad in einem völlig geschlossenen Gußkasten, der zur Hinterradschwinge gehörte. Das Antriebsritzel war am Getriebeausgang zweimal gelagert. Der Hinterrad-Zahnkranz war mit dem Elektron-Gußrad verschraubt. Die Kette brauchte nach 200 Landstraßen- und fast 400 Nürburg-ring-Kilometern einschließlich Beschleunigungstest nicht nachgespannt zu werden. Der Gußkasten war vollkommen dicht, das Ölbad so ausreichend, daß die Kette immer von Öl umspült war. Das Spannritzel drückte auf das untere Kettentrum und war von außen, unten einstellbar.

Das völlig aus Elektron gegossene Hinterrad war deswegen notwendig, weil es keine Speichen gab, die ein solches Drehmoment auf die Dauer ausgehalten hätten. Ich glaube, daß Friedel Münch der erste Motorradhersteller war, der ein Gußrad für seine Maschine verwendete. Da es aber in der Motorradtechnik zu oft vorkommt, daß geniale Gedanken schon viele Jahre vorher bereits von irgend jemand verwirklicht wurden, muß ich diese Behauptung mit einem Fragezeichen versehen. Jedenfalls zeigten schon die Prototypen im Jahre 1966, daß Drahtspeichen bei einem solchen Drehmoment keine lange Lebensdauer hatten.

Schon vorher hatte Münch aus Gewichtsgründen erheblich viele Details in Elektron gießen lassen. Er verwendete AZ 81-Guß vergütet wie im Flugzeugbau. Folgende Teile waren aus Elektron gegossen: Lampengehäuse, Gabelholme, Vorderrad-Bremstrommel, Ölwanne, Getriebegehäuse, Primärantriebs-Gehäuse, Kupplungs-Gehäuse, Kotflügel hinten mit Sitzbankauflage und Seitenkästen, Hinterradschwinge mit Kettenkasten, Hinterrad mit Bremstrommel.

Der Benzintank war aus Polyester und wurde aus England bezogen. Im Lampengehäuse befanden sich Blinkgeber, Schaltrelais für Lichthupe, Sicherungen und ein Doppelscheinwerfer, der vom NSU-Wagen stammte. Außerdem Drehzahlmesser (Smith, England) und Tachometer. Weitere Instrumentierung: Öldruckmesser und Ölthermometer. Die Seilzüge von Bremse und Kupplung waren serienmäßig Teflonzüge.

Auf zwei Dinge mußte man sich ganz besonders einstellen: das war die äußerst scharfe, aber leicht zu betätigende Vorderradbremse und das Fahrverhalten jenseits von 160 km/h.

Die Bremse durfte man nur mit dem Zeigefinger anrühren (falls man die scharfen Ferrodo-Rennbeläge benutzte), und man mußte wissen, wann man sie wieder loslassen sollte. Wir waren damit sehr vorsichtig. Bei nur wenig Zug pfiff bereits das Vorderrad und drohte, zum Blockieren zu kommen, wenn man nicht aufpaßte und zu lange und zu hart zog. Die Bremsringe waren bei den Münch-Vorderradbremsen 1969 mit der Nabe verankert und vergossen. Die hintere Öldruck-Doppelnokkenbremse verhielt sich weitaus kultivierter.

Erreichte das Motorrad eine Geschwindigkeit von mehr als 160 km/h, begann es leicht in der Spur zu schaukeln. Setzte man sich weiter nach hinten, wurde es sofort ruhig, und man konnte sie bis über 180 km/h auch auf welligen, langgezogenen Autobahnkurven in der Spur halten. Hatte man übrigens eine Flatterjacke an oder hielt man z.B. bei diesem hohen Tempo ein Knie seitlich raus, begann das Motorrad ebenfalls zu pendeln. Dabei war der Doppelschleifenrahmen mit der Lenkkopfabstützung und der sehr stabilen Gabel und Hinterradschwinge bestimmt nicht zu labil.

Friedel Münch verbesserte das Ganze später durch einen längeren Radstand. Übrigens war es so, daß bei seiner handwerklichen Fertigung, bei den fast immer geäußerten Sonderwünschen seiner Kunden und bei seinen eigenen Verbesserungsideen keine Maschine genau wie die andere produziert wurde.

So zerklüftet der Aufbau wirkte (das Reinigen war eine Arbeit für einen ganzen Tag), so durchdacht war die Konstruktion. Keinesfalls im Sinne einer schnellen und rationellen Produktion, sondern im Sinne der einwandfreien Funktion aller Details. Hier waren andere Aufgaben als bei einem 20 PS-Massen-Motorrad zu lösen, und es kostete den Friedel sehr viel Zeit und Lehrgeld, bis er soweit war.

Etwas müßte man noch erwähnen: man konnte sogar im Stadtverkehr ohne Muskel- und Nervenstrapazen fahren, denn mit zarter Gashand ab 2000 U/min zog der Motor im 2. Gang ganz ruhig, ohne Rucken, lammfromm und mit sehr dezentem Auspuffgeräusch an.

Die Maschine war wendig genug, um auch durch schmale Lücken schlüpfen zu können. Es war klar, daß zu allen Problemen besonders auch die Reifenfrage kam. Vorn war es ein Reifen 3,25-19, hinten einer von 4.00-18. Natürlich mußten es H-Reifen sein. Sie wurden vorn mit 3,0 atü und hinten mit 3,2 atü gefahren. Die Federung war darauf abgestimmt. Dieser hohe Luftdruck war notwendig, wenn einem auf der Autobahn bei hohem Tempo nicht die Blöcke aus der Decke rausfliegen sollten. Die Reifenindustrie war ja auch noch bei Versuchen, eines Tages richtige Gummiwürste für Motorräder produzieren zu können, die dann mit 100 PS durch die Gegend fegen sollten. Nach 2000 Kilometern Laufdauer war so ein Reifen auf dem Hinterrad einer Münch-4 TTS reif zum Umtausch auf neu. Wir fuhren hinten einen englischen Dunlop K 81, den wir aber auf dem Nürburgring gegen einen Metzeler umtauschten. Dieser hatte eine breitere Auflage, ein besseres Seitenprofil und eine nicht so abrupt einsetzende Abrundung der Kanten.

An der Münch-4 war alles gewaltig – äußere Erscheinung (der Motor allein vermittelte durch seine Breite den Eindruck einer Maschinenfabrik auf zwei Rädern), Fahrleistung (die kein Mensch voll ausnutzen konnte, weswegen eine überdurchschnittliche Lebensdauer möglich sein sollte) und Preis, der bei der Art der Herstellung nicht niedrig sein konnte.

Es blieb eine Maschine, die nur vereinzelt auftrat und die so exklusiv wie ihre Fahrer war, welche damit zurecht kamen und die damit über die Straßen brausten. Trotz dieser Exklusivität – oder vielleicht gerade deswegen – zeigte das Motorrad so viele interessante Bauteile, daß man das hier in diesem Buch gar nicht alles verarbeiten kann. Aber trotzdem möchte ich versuchen, meinen Freunden und Lesern einen kleinen Eindruck von dem zu vermitteln, was das größte deutsche Serien-Motorrad 1969 auf der Straße tat. Es wird immer noch gefahren, und bei speziellen Münch-Treffen kann man viele zusammen an einem Platz bewundern. Eine tolle Schau – !

Und die anderen deutschen Marken?

In der 50 cm³-Klasse waren Goebel, Göricke, Hercules mit den kleinen Fichtel & Sachs-Einbaumotoren, Kreidler, Maico, Zündapp und die Zweirad Union mit eigenen Motoren noch 1969 aktiv. Hercules und Zündapp boten auch 100 cm³-Modelle an, bei Maico und bei der Zweirad Union gab es sogar 125 cm³-Maschinen.

Alle diese Kleinkrafträder und kleinen Motorräder (meist mit einem schlitzgesteuerten Einzylinder-Zweitaktmotor) waren in der 50 cm³-Klasse noch lohnende Objekte, die 100er und 125er stellten so eine Art Zugabe im Programm dar unter der Hoffnung, daß sie als wirtschaftliche Kleinfahrzeuge eines Tages noch einmal wieder ein Rolle spielen könnten. Bei den Motorradprogrammen von Maico aber muß man die 175 cm³ Supersport-Straßenmaschine mit ihren 15 PS erwähnen, die schon in den 50er Jahren Furore gemacht hatte. Von 1964 bis 1966 standen im Maico-Programm noch eine 250 cm³- und eine 360 cm³-Maschine (mit 23 bzw. 28 PS) für die Straße im Programm, aber wir konnten davon nie ein Exemplar fahren. 1969 erschien dann die MD 125 mit dem 125 cm³-Zweitakt-Drehschieber-Motor und 15 PS. Aber diesen kleinen Renner erwischten wir erst in den 70er Jahren.

Aus Österreich wurden die altbewährten und schon in den 50er Jahren berühmten Puch-Modelle 175 SV oder SVS (9 bzw. 12 PS, Doppelkolben-Zweitakter) und bis über das Jahr 1970 hinaus die 250 SGS (248 cm³, 14 PS, Doppelkolben-Zweitakter) angeboten.

In diesem Feld erlebten wir keine Maschine, die oberhalb von 50 cm³ vielleicht ein so mitreißendes Gefährt gewesen wäre, daß ihre Besonderheiten und Eigenarten uns beeindruckt hätten, wenn man sie mit den Angeboten aus Italien oder Japan verglich.

Maico kam durch die schwierigen Jahre außer durch die Bundeswehr-Lieferungen mit einem umfangreichen Angebot an Moto Cross- und Geländesport-Modellen, und auch Hercules, Zündapp und die Zweirad Union mischten aktiv im Geländesport mit. Aber das ergab nicht die Straßensterne, nach denen sich Kenner umgedreht hätten, wenn auch die Geländesporterfolge gewaltig waren.

Obwohl bei NSU der Motorradbau schon 1958/59 aufgegeben worden war, wurden noch (wohl aus Restbeständen) bis 1964 eine 50 cm³ Quick und die 175 cm³ Maxi (Einzylinder-Viertakter, 12 PS) angeboten. Sozusagen als Kehraus.

1960 kamen die Söhne aus dem Lande der aufgehenden Sonne:

Japan ante portas!

1959 hatten drei Japaner auf der Insel Man bei der Tourist Trophy in der Klasse bis 125 cm³ den Preis für Fabrikmannschaften auf Honda gewonnen. Die Fahrer waren N. Taniguchi, G. Suzuki und J. Suzuki. Ihre Plazierungen im Ziel waren Taniguchi Sechster, G. Suzuki Siebter und J. Suzuki Elfter. Aber T. Tanaka – nicht im Fabrikteam gemeldet – belegte den achten Platz. Also auf den Plätzen 6, 7, 8 und 11 vier Hondas! Es waren fünf Maschinen gestartet, eine fiel aus. Ihre Renndurchschnitte lagen bei 70 mph = 112 bis 114 km/h. Es wurden zehn Runden auf dem 17,5 km langen »Clypse«-Kurs gefahren. Taniguchi hatte Ärger mit seinem Getriebe – was wäre geschehen, wäre seine Maschine absolut in Ordnung gewesen? Sieger war Provini auf MV Agusta mit 119,2 km/h Durchschnitt vor Taveri (MZ/119,0 km/h) und Hailwood (Ducati/ 116,1 km/h).

So kam es zum ersten japanischen Erfolg bei der ebenfalls ersten Teilnahme eines japanischen Teams am Grand Prix-Sport in Europa und bei der TT.

Die Maschinen waren keineswegs nur für den Grand Prix-Sport speziell entworfene und gebaute Exemplare, es handelte sich um Motorräder, die dem Serientyp CB 92 entnommen waren – !

Spätestens hier hätte die europäische Konkurrenz hellwach werden müssen. Ja, eigentlich wäre es schon auf der Ausstellung in Amsterdam 1959 Zeit gewesen, sich näher damit zu beschäftigen, was da im Lande der aufgehenden Sonne gekocht wurde.

Es lagen Berichte von Japanreisenden vor, daß die in Europa noch völlig unbekannte Motorradfabrik von Honda, ein Werk auf dem Niveau der modernsten Produktionstechnik, in privaten Händen von Soichiro Honda war. Etwa 450 Maschinen allein mit 250 cm³ Hubraum verließen täglich das Band, und im Entwicklungs- und Forschungszentrum waren mehr als 300 hochqualifizierte Mitarbeiter bzw. Ingenieure tätig.

In Amsterdam waren eine 250 cm³-Tourenmaschine C 72 (20 PS bei 8400 U/min, zwei Zylinder, obenliegende Nockenwelle), ein 305-cm³-Modell C 76 (24 PS bei 8000/min, zwei Zylinder, obenliegende Nockenwelle) und zwei 125 cm³-Motorräder (mit 10,5 oder 15 PS bei 9500/min oder 10 500/min) ausgestellt worden, für die dann sogar schon ein holländischer Importeur existierte.

Was passierte daraufhin in Europa? Vor allem in Deutschland?

Etwas ganz Tolles! Nämlich –

– nichts !

Ja, so war's – ja, so war's – ja, so war's die alten Rittersleut'! könnte man sagen und damit die klugen Köpfe meinen, die in Deutschland über die Zukunft ihrer Motorräder nachdachten.

Oder waren die finanziellen Mittel in der Motorradindustrie schon so weit zusammengeschrumpft, daß eine Neuentwicklung in Richtung sportlicher heißer Straßenöfen nicht mehr drin war und man deswegen gut tat, den Überlegenen mit der eisernen Ruhe zu spielen, den nichts erschüttern konnte? So unter dem Motto »die Japaner kochen auch nur mit Wasser – was soll's«.

	bis 50 cm³	51–125 cm³	126–250 cm³	üb. 250 cm³	Total
	Produktionszahlen der japanischen Motorradindustrie von 1951 bis 1970				
1951	–	–	9 409	1 945	11 354
1952	–	–	44 238	4 378	48 616
1953	–	–	99 858	11 858	111 716
1954	–	–	104 863	14 769	119 632
1955	–	106 728	91 251	6 416	204 395
1956	–	153 163	99 565	5 570	258 298
1957	–	189 906	113 229	5 786	308 921
1958	49 008	211 694	122 355	5 059	388 114
1959	324 590	278 835	146 918	5 246	755 589
1960*	904 707	296 865	140 487	7 031	1 349 090
1961	1 134 535	457 083	113 413	8 257	1 713 288
1962	670 832	818 382	99 525	18 533	1 607 272
1963	715 546	1 019 834	106 661	22 948	1 864 989
1964	649 277	1 249 703	121 691	35 656	2 056 236
1965	645 601	1 259 157	168 434	104 023	2 177 215
1966	914 335	1 224 866	175 837	98 350	2 413 388
1967	1 009 243	1 043 096	91 922	65 175	2 209 436
1968	1 049 460	972 581	89 522	132 085	2 243 648
1969	1 092 767	1 148 063	175 361	160 682	2 576 873
1970	895 599	1 407 205	259 145	385 723	2 947 672

* = ab 1960 tauchten japanische Motorräder mehr und mehr auf dem europäischen Markt auf.

1969 wurden von der Gesamtproduktion (2 576 873) insgesamt 1 298 866 Fahrzeuge in alle Welt exportiert, davon war die Marke Honda der größte Produzent und Exporteur. Den größten Exportanteil hatte die Klasse 51–125 cm³ mit 628 506 Fahrzeugen. Die nächstgrößere Zahl gab es mit 138 062 Stück in der Klasse über 250 cm³.

Ja, Leute – sie kochten mit Wasser, aber was sie kochten, das war es ja, was uns Motorradnarren elektrisierte, während alle fest schliefen, bei denen es eher als bei uns hätte zünden sollen!

Sah man die Motorräder deutscher Produktion Ende der 50er Jahre an, so konnte man die Begriffe »brav« oder »bieder« nicht aus dem Gespräch lassen. Selbst dann, wenn aus 175 cm³ schon 15 PS geholt wurden. Oder aber sie sahen so unbeholfen futuristisch wie z. B. die Victoria Swing aus, mit deren Äußerem man ebenfalls keine Herzenszündungen bei uns und bei der Motorradjugend erreichte.

Wenn wir dann so einen italienischen Straßenflitzer dagegen betrachteten, dem das Vollblutrennpferd schon von weitem anzusehen war, dann klingelte es sofort in unseren Seelen. Selbst dann noch, wenn die tolle Motorleistung nur im Prospekt zu finden war. So eine Motobi, eine Berneg, eine Ducati riß uns herum – !

Aber vielleicht hatten sie in Deutschland Angst davor, »Straßenrennmaschinen« in der Öffentlichkeit zu präsentieren?

Und dann kamen Ende 1959 und im Laufe des Jahres die ersten japanischen Maschinen nach Europa und nach Deutschland. Zu einem Zeitpunkt, als es sich unter uns Pastorensöhnen längst herumgesprochen hatte, daß Honda bei der TT den Fabrik-Mannschaftspreis auf Anhieb mit sagenhaft fixen 125ern geholt hatte.

Und wie sahen diese Renner aus?

Da war eine Prise NSU-Rennmax deutlich zu spüren, es gab keine versteckte Technik, ein wenig italienischer Grand-Prix-Flair und Zierlichkeit – so etwa könnte man eine CB 92 Supersport 125 cm³, eine CB 72 250 cm³ oder die gleich aussehende CB 77 305 cm³ von Honda gesehen haben.

Das Modell C 72 »Dream« mit dem Schaufelschutzblech a la Max, der vorderen Schwinghebelfederung, den Schwingenholmen hinten mit den viereckigen Federbeinen, dem gewaltigen Hinterradschutzblech – alles ebenfalls der alten Max überdimensioniert und massig wirkend nachempfunden – fand dagegen nur deswegen ein Echo, weil es das erste japanische Motorrad war, das wir in Deutschland 1959 in deutschem Besitz sehen konnten. Aber in größeren Stückzahlen wurde sie später nicht gekauft. Da schossen dann die »Rennmodelle« den Vogel ab.

Diese C 72 schwebte im Sommer 1959 aus Amsterdam kommend in Nürnberg beim Seitenwagen-Steib in den Hof.

Franz Steib war in den goldenen Motorradjahren der große Seitenwagen-Hersteller gewesen. Aus seiner Fertigung kamen eine Menge heute noch berühmter Wagen wie z. B. die S 500 – »Zigarre«, der »Schalen-Steib« für 250-cm³-Maschinen, der große TR 500 oder ein »Behörden«-Seitenwagen, wie er an der 600 cm³ Zündapp KS 601 und später noch lange an den 600 cm³-BMW-Modellen gefahren wurde.

Franz Steib oder der »Seitenwagen-Steib« gehörte zu den Optimisten und war auch jemand, der trotz aller Widerwärtigkeiten an das Motorrad glaubte. Da seine Seitenwagen-Herstellung allerdings auch fast auf Null zurückgegangen war, baute er inzwischen landwirtschaftliche Spezialmaschinen und -fahrzeuge. Aber trotzdem wurde er der erste uns bekannte Besitzer eines japanischen Motorrades in Deutschland 1959, weil er schon ahnte, daß hier ein neuer, frischer Wind aufkam. Sein Gedanke war es, nun gleich daranzugehon, sich um die Konzipierung eines passenden Seitenwagens zu kümmern, der an japanische Motorräder passen würde – !

So viel Initiative und Weitblick hätten wir uns noch bei ganz anderen Leuten und Firmen 1959 gewünscht. Aber bei denen war Funkstille.

Ein historischer Augenblick: da schwebt die erste importierte Honda, eine 250 cm³ C 72, im Sommer 1959 beim Seitenwagen-Steib in Nürnberg vom Himmel. Volker Rauch machte das denkwürdige Bild.

1948 war die Honda-Motor-Company mit einem Kapital von ca. DM 10 000,– gegründet worden. Soichiro Honda hatte seit 1946 Fahrradhilfsmotoren in Hamamatsu gebaut. Im August war ein 98 cm³-Motorrad-Prototyp mit einer Leistung von 3 PS entstanden, und 1951 gab es ein Motorrad mit einem Stahlblechrahmen, einem Motor von 146 cm³ Hubraum und 5,5 PS Leistung – ein kleiner Viertakter.

Wir hatten den unbedingten Eindruck, daß nicht nur Honda, sondern auch alle anderen japanischen Motorradhersteller gleich nach

Japanische Produk-
tions- und Exportzah-
len für Motorräder,
1963.

Produktion 1963

	0–50 ccm	50–125 ccm	125–250 ccm	250–500 ccm	Total
Honda	490 519	627 128	78 051	21 482	1 217 980
Suzuki	118 895	148 142	3 401	—	270 438
Bridgestone	56 507	32 730	—	—	89 237
Yamaha	22 903	125 065	18 813	589	167 370
Tohatsu	14 331	35 513	—	—	49 844
Kawasaki	7 839	21 115	—	—	34 954
Meguro	—	638	5 668	870	7 176
Lilac	11	14	21	7	53
Total					1 836 252

Export 1963

	0–50 ccm	50–125 ccm	125–250 ccm	250–500 ccm	Total
Honda	194 081	66 213	33 966	18 611	312 871
Tohatsu	5 704	1 633	—	—	7 337
Yamaha	891	26 313	8 142	22	35 368
Bridgestone	6 421	8	—	—	6 429
Suzuki	17 103	10 310	2 081	—	29 494
Miyata	579	1	—	—	580
Pointer	—	963	289	—	1 252
Yamaguchi	1 672	622	4	—	2 298
Iseki	900	—	—	—	900
Kawasaki	7	355	—	—	362
Diverse	8	5	4	49	66
Total					396 957

dem Krieg europäische und meistens deutsche Motorradmodelle kopierten. Bei Lilac gab es ein Modell, das z.B. der BMW R 51/3 täuschend ähnelte, wir erkannten auf Fotos die Victoria Bergmeister, die Horex Regina, die NSU Max, sehr oft die Adler-Modelle, natürlich die am meisten auf der Welt kopierte DKW RT 125 (mit einer solchen Kopie fing z.B. Yamaha 1951 an) und sogar die Hoffmann Gouverneur mit ihrem Zweizylinder-Viertakt-Boxermotor 250 cm³. Diese 146 cm³ Honda zeigte Ähnlichkeiten mit Vorkriegsmodellen von Zündapp.

Vielleicht wäre an dieser Stelle zu erklären, warum es den Anschein hat, daß wir damals Honda-Motorräder als Vertreter der ganzen japanischen Motorradindustrie sahen, obwohl Kawasaki, Suzuki, Yamaha und andere auch bereits aktiv waren.

Honda tauchte nun einmal als erstes japanisches Motorradprodukt in Deutschland auf und konfrontierte uns mit einem Industriezweig aus dem Fernen Osten, an den kaum jemand vor seinem Erscheinen ernsthaft gedacht hatte. Auch die Größe der Motorradhersteller in Japan überraschte die ersten Besucher, die aus Europa kamen. Und wir hatten es nicht für möglich gehalten.

Zurück zur Honda C 72 »Dream«, die im Sommer 1959 Franz Steib erworben hatte und damit für den ersten Kontakt zwischen uns und dem japanischen Motorradbau sorgte. Im Frühjahr 1960 erhielten wir eine solche Maschine vom ersten deutschen Honda-Importeur Karl Heinz Meller aus Hamburg für eine Nürburgring-Testfahrt. Aber es wurde eine handfeste Überraschung, als uns im Sommer 1960 eine 125 cm³ Honda Benly Supersport –

ebenfalls von Meller – zum Testen zur Verfügung stand. Jetzt wurde es ernst.

Der Winzrenner sah aus wie eine Mischung von NSU-Fox (Gabel) und NSU-Zweizylinder-Rennmaschine 250 cm³ von 1953. Es gab an dieser normalen Serienmaschine technische Details, die direkt dem Straßenrennsport entlehnt waren und für uns erfüllte Wunschträume darstellten.

Das hätte höchstens einem italienischen Werk einfallen können, aber da gab's etwas Ähnliches auch nicht in dieser technischen Filigran-Perfektion und in so großen Produktionszahlen. Wir waren regelrecht geplättet, irgendwie waren da Träume verwirklicht.

Ich muß von diesem Motorrad darum auch gleich Näheres berichten, damit man weiß, warum wir – sozusagen nach langer Abstinenz in derartigen Motorradträumen – auf den Flitzer zuflogen wie die Motten aufs Licht.

Honda CB 92 Supersport, 125 cm³, 1960/61

Am Tage nach dem Großen Preis von Deutschland auf der Solitude-Rennstrecke bei Stuttgart machten wir 1960 das erste Mal Bekanntschaft mit der bis dahin für uns nur von tollen Sagen umraunten 125 cm³ Honda Supersport. Honda hatte in der Klasse bis 250 cm³ mit den Fahrern K. Tanaka, K. Takahashi und Y. Sato die Plätze 3, 6 und 7 belegt; Durchschnitte zwischen 139,7 und 144,5 wurden erreicht (der Sieger Gary Hocking fuhr auf MV Agusta 147,7 km/h).

Was wir an geradezu fantastischen Leistungs- und Verbrauchswerten über die Hondas gelesen hatten, ließ uns mehr als skeptisch gegen die angeblichen 15 PS des Zweizylinder-Motors der 125er Serienmaschine mit der obenliegenden Nockenwelle sein. Derartige Zahlen waren wir in dieser Hubraumklasse bei Serienprodukten 1960 noch nicht gewohnt. Es waren nahezu 120 PS pro Liter Hubraum – ! Ließ sich solch eine Leistung überhaupt aus so einem kleinen Uhrmacher-Motor mit seiner Kompliziertheit bei Massenherstellung herausholen? Dazu noch mit sehr zivilem Ansauggeräusch und mit Schalldämpfern?

Die Proberunden um die Solitude-Rennstrecke mit der von einem LKW heruntergeholten Vorführmaschine, auf der vor uns Jan und alle Mann herumgegondelt waren und die nicht mehr optimal eingestellt sein konnte, diese Proberunden hatten uns nach dem großen Renntag sehr erstaunt, die Skepsis aber nicht beseitigt. Doch war uns klar, daß wir das Feuerzeug unbedingt sehr bald einer eingehenden Prüfung auf dem Nürburgring unterziehen mußten. Was dann auch einige Monate später möglich wurde.

Natürlich überlegten wir sofort, ob es wohl verwirklicht werden könnte, dieses etwas zivilisierte Rennmotorrad in der gleichen Ausführung in der Bundesrepublik zu bauen: Zwei Zylinder mit obenliegenden, durch Kette angetriebener Nockenwelle, elektrischer Anlasser, Sitzbank mit echtem Leder, Leichtmetalltank mit überdimensionierter Gummipolsterung, Doppelnockenbremse vorn ($\varnothing$ = 200 mm, Belagbreite 30 mm), die Material-Qualität, die besondere Bearbeitung von Kurbelwelle, Kolben, Pleuelstangen, Nockenwelle, Kipphebel usw., wie das für einen Rennmotor nun einmal nötig ist.

Nein, abgesehen davon, daß wir keinen Techniker und keinen Kaufmann kannten, der in der Bundesrepublik Mut zur Serienfertigung einer solchen sportlichen Maschine mit einem derartigen Leistungsniveau aufgebracht hätte, abgesehen davon wäre das Motorrad für DM 2000,– bei uns niemals realisierbar gewesen! Trotzdem – ja, gerade deswegen – interessierten uns natürlich die wirkliche Leistung, die mögliche Lebensdauer und das Stehvermögen des Motors ganz besonders. Zu leicht war man (und ist man auch heute noch) in unserem Lande geneigt, etwas als »Blech« zu bezeichnen, was den Vorzug hat, weniger Geld als sonst üblich zu kosten.

1960 wußten wir aber schon, daß die Japaner ganz anders kalkulieren konnten, denn Löhne und Gehälter lagen dort noch niedriger als bei uns beispielsweise, diese Kosten glichen sich erst später den eurpäischen an. Das Honda-Werk – so hatten wir erfahren – war absolut nur auf größte Massenproduktion eingestellt. Daß man dabei trotzdem eine aufs höchste Präzision und genaueste Bearbeitung angewiesene Konstruktion herausbrachte, das war ein Phänomen. Es war 1960 für unsere Begriffe unfaßbar. Und gerade deswegen wollten wir dem schnellen Spielzeug auf den Zahn fühlen. Im Herbst 1960 war es soweit.

Verspielt schien manches daran zu sein. Schon der elektrische Anlasser an diesem, in ein zahmeres Gewand gesteckten, Renner erschien uns unnötig kompliziert, obwohl er zuverlässig arbeitete und keinen Grund zu Beanstandungen gab. Er war durch einen federbelasteten Rollenfreilauf mit der Kurbelwelle verbunden.

Rennmaschine mit elektrischem Anlasser? Merkwürdige Bräuche! Da man sich aber damit nicht nur auf Rennbahnen bewegte, da es vielleicht sogar Fahrer gab, die wegen körperlicher Behinderung keinen Kickstarter gebrauchen und die Maschine auch nicht anschieben konnten, mochte der E-Anlasser vielleicht für den Alltagsbetrieb von uns verkannt worden sein. Nun ja, man konnte ihn ja abbauen, wenn man den 11 Ah der 6-Volt-Batterie nicht zu sehr Abbruch tun wollte oder für den Sport Gewicht gespart werden mußte. Obwohl in den Tagen auf dem Nürburgring hauptsächlich Regen, Temperaturen von nur etwa drei Grad Celsius über Null, Nässe und starker Westwind herrschten und es in den Nächten empfindlich kalt geworden war, sprang der Motor nicht zu schwer an, wenn man richtig mit dem Luftschieberhebel an dem japanischen Keihin-Vergaser hantierte.

Um an die Hauptdüse herankommen zu können, mußte man die Schwimmerkammer abbauen, was mit einiger Übung später auch bei der Montage reibungslos vonstatten ging. Der Luftschieberhebel wanderte bei bestimmten Drehzahlen des Motors gern nach oben, schloß damit die Luftzufuhr, und der Motor starb unterwegs an Überfettung, so daß wir

den Hebel nach dem Warmlaufen mit einem Gummiring festlegen mußten.

Natürlich brauchte es seine Zeit, bis der Motor bei den niedrigen Außentemperaturen die richtige Betriebswärme hatte. Erst nach zwei Nürburgringrunden drehte er richtig hoch, nach der ersten wurden die sanften Kerzen gegen die höheren Rennkerzen ausgetauscht, dann aber fing eine Melodie an, die wir noch nie bei einer 125 cm^3-Serienmaschine vernommen und erlebt hatten! Sofern man die richtige Vergasereinstellung gefunden hatte.

Ein bißchen laborierten wir da schon mit herum – schon bei Unterschieden von nur einer Düsengröße drehte er entweder nicht richtig hoch oder aber war das Kerzenbild gleich erheblich zu hell. Ja, beim Witterungs- und Temperaturumschwung mußte man schon wegen etwaiger zu magerer Einstellung auf Kolbenklemmer aufpassen.

Vorsicht war beim Kerzenwechsel geboten. Das Gewinde war direkt in das Leichtmetall des Kopfes geschnitten. Also mußte man die Zündkerze richtig ansetzen und fühlen, ob das Gewinde auch genau anfaßte. Oder man hätte es gleich aufbohren sollen und mit Heli-Coil-Einsatz versehen sollen (das gab es damals bei der Firma Böllhoff und Co., Brackwede). Im Handbuch, das es in gutem Deutsch und verständlich gab (!), war eine genaue Anweisung, wie der kalte Motor zu starten war. Bis man das raus hatte, konnte man natürlich mit dem elektrischen Anlasser arbeiten. Später kam der Motor selbstverständlich mit dem recht groß übersetzten Kickstarter ebenfalls. Natürlich mußte man bei dem Charakter des Motors darauf achten, daß er beim Anlassen nicht ersoff, was leicht vorkommen konnte. Wir durften nicht vergessen, daß es sich bei 15 PS aus 125 cm^3, bei 10 500 U/min und einer Verdichtung von 10,0 im Jahre 1960 um einen echten Rennmotor handelte!

Die Fahrleistung bewegte sich bei normaler Herrichtung für den Alltag in Dimensionen der italienischen 175 cm^3-Sportmaschinen oder etwa der NSU-Supermax 250 cm^3. Für be-

Sommer 1960, die 125 cm^3 Honda CB 92 Supersport (15 PS) auf der Solitude-Rennstrecke.

sondere Zwecke gab es als Sonderausrüstung Auspufftüten zum Fahren mit offenen Rohren. Dann mußte man natürlich auch die Vergasereinstellung entsprechend ändern. Wie, das war sogar im Handbuch angegeben, in dem man außerdem genaue Angaben für die Demontage von Anlasser, Lichtmaschine, Zündschloß und Scheinwerfer sowie Aufstellungen über die besten Einstelldaten als Richtschnur für verschiedene Sportarten finden konnte.

Außerdem war es möglich, die serienmäßig vorgesehene Übersetzung vom Getriebe zum Hinterrad (15 Zähne am Getriebe, 44 Zähne auf dem Kettenkranz) durch Auswechseln des Zahnkranzes oder des Getrieberitzels leicht zu ändern.

Das Hinterrad hatte natürlich eine Steckachse, die Kettenspannung blieb bei einer Radmontage erhalten. Aber was die Supersport von Honda 125 cm^3 mit offenen Rohren und für Rennen gewichtsmäßig leicht gemacht und getrimmt unter einem 50 kg-Fahrer hergab, das haben wir nicht probieren können.

Die Gesamtübersetzung war für meine Größe, für aufrechte Sitzposition in dicker Regenbe-

Die CB 92 wurde bei den Nachwuchsfahrern (Ausweisfahrern) mittels käuflicher Teile in eine Rennmaschine verwandelt. Hier Karl Neddenien, Hamburg.

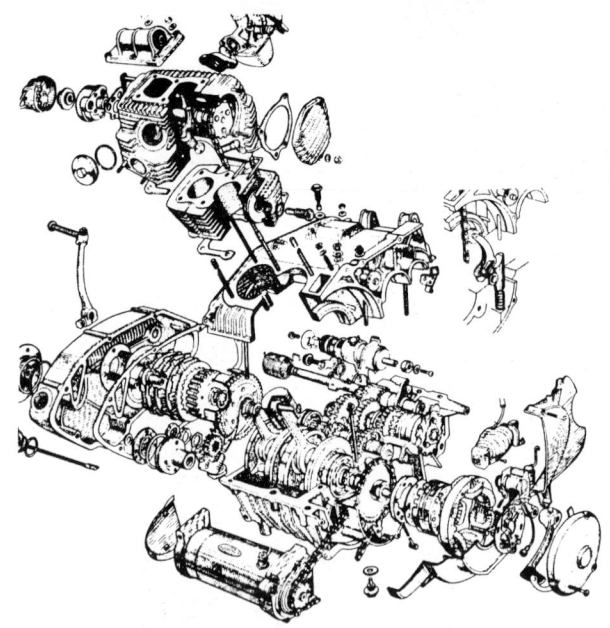

Der Aufbau des kleinen 125 cm³ Zweizylinder-ohc-Viertakters der CB 92 faszinierte uns 1960 noch ganz gewaltig.

kleidung und mit eventuellem Gepäck – sagen wir für 220–230 kg Gesamtgewicht einschließlich Fahrer – reichlich knapp (siehe Gangdiagramm Widerstandslinie A). Sie war so bemessen, daß beim Zusammentreffen aller günstigen Voraussetzungen (also ohne Gepäck, leichter Mann mit höchstens 55 kg Gewicht, liegende Fahrerposition, enganliegendes Lederzeug) bei Erreichen von 130 km/h gerade die Höchstdrehzahl von 10 500 U/min an der Kurbelwelle vorhanden war (Widerstandslinie C im Gangdiagramm). Wir hätten gut und gerne auf dem Nürburgring zwei bis vier Zähne mehr auf dem hinteren Kettenrad gebrauchen können, damit ich mit 188 kg Gesamtgewicht einschließlich Fahrer auch im schwarzen englischen Fahranzug noch über 100 km/h gekommen wäre. So fuhr man natürlich fast den ganzen Nürburgring im dritten Gang ab, der unter dieser Belastung zwar auch bis 100 km/h reichte, an den der vierte Gang jedoch nicht mehr mit fühlbarer Leistungszunahme anschloß. Wieviel die Fahrerstatur, das Gewicht und die Bekleidung ausmachten, zeigte sich auch dann, als bei trockener Bahn und mäßigem Wind langliegend im Lederzeug eine Runde mit ca. 93 km/h erreicht wurde. Sonst lagen die Runden bei 85 km/h Durchschnitt. In strömendem Regen, bei Westwind der Stärke 6, bei glitschigen Kurvenverhältnissen durch nasses Laub lag aber die langsamste Runde immer noch bei 74 km/h. Immer wieder mußten wir uns vor Augen führen, daß wir es mit einer 125 cm³-Serienmaschine zu tun hatten!

Wie sehr Maschinen dieser Sorte und Größenordnung mit der für Straßensportbetrieb vorgesehenen Getriebestufung (2,5/ 1,76/1,24/1) und knappen Gesamtübersetzung am Fahrwiderstand hängen, zeigt recht deutlich das Höhendiagramm des Nürburgringes. Die obere fette Geschwindigkeitslinie gibt eine schnelle Runde mit 60 kg-Fahrer in Lederzeug langliegend bei trockener Bahn an, die untere dünnere Geschwindigkeitslinie die Fahrt bei Regen, 82 kg Lebendgewicht eingepackt im schweren Fahranzug aufrecht sitzend, wobei man natürlich berücksichtigen muß, daß hier noch der Geschwindigkeitsabfall in den durch nasses Laub glatt gewordenen Kurven hinzukommt.

Hatte man den Motor optimal eingestellt, die genau richtige Übersetzung gefunden, dann machte diese Rennmaschine Spaß wie selten ein Motorrad. Der Preßschalenrahmen war von großer Eigenstabilität, Sitzposition genau richtig, Federung natürlich etwas härter als bei einem weichen Tourenpudding (dreifach verstellbar), die Dämpfung sehr gut, die Wirkung der beiden überdimensionierten 200 mm-Bremsen (vorn Duplex) hervorragend. An der Hinterradbremse merkten wir, wie gern die Japaner Splinte verwendeten. Man mußte darauf achten, daß der Splint des hinteren Bremsgestänges sich nicht losvibrierte, denn sonst konnte sich das gelöste Gestänge ganz übel verklemmen.

Wir merkten genau, daß der Motor drehen mußte, unterhalb 8000 U/min war das Temperament vorbei. Einen Drehzahlmesser gab es 1960 bei diesem Motorrad serienmäßig komischerweise noch nicht. So mußte man also fleißig schalten.

Natürlich tönte der Motor bei 100 km/h im dritten Gang in unseren Ohren begeisternd. Wir waren solche Narren, daß wir Tonbandaufnahmen davon immer wieder anhörten. In Ortschaften bei 50 km/h – das waren im zweiten Gang »nur« 7000 U/min – war das Geräusch absolut zivil und für uns nicht unangenehm. Im zweiten Gang konnte man in der Stadt alles fahren, er reichte bis 75 km/h ohne Überdrehen. Eigentlich hätte er noch etwas näher an den dritten Gang herangelegt werden können, so daß er bis 80 gegangen wäre, wo der dritte eben mit 8000 U/min und fühlbarer Motorkraft anschloß. Dann aber wäre der Sprung vom ersten zum zweiten bei der Drehmomentkurve des Motors zu groß gewesen. Für Fahrten auf kurvenreichen Landstraßen lag der dritte zum vierten Gang goldrichtig – wir durften ja nicht vergessen, daß die Voraussetzung für diese Stufung der Straßenrennsport war.

Selbstverständlich vibrierte der Ultrakurzhuber, aber diese Frequenzen waren nur minimal zu spüren. Ungewöhnlich für eine solche Literleistung war auch das geringe mechanische Geräusch. Der Leichtmetalltank ruhte auf großen Gummiklötzen, so daß Tankrisse durch Vibrationen kaum möglich schienen.

Wenn genügend Betriebswärme vorhanden war, dann nahm der Motor auch blitzartig das Gas an. Besonders das Beschleunigen aus den Kurven heraus war ein Mordsspaß. Die Fahrerei aber spielte sich in Bereichen um und über 100 km/h ab – an der langen Hunger-Steigung zur Hohen Acht hinauf blieben es immer noch mit dicker Verpackung bis zu 95 km/h im dritten Gang. Man durfte nur nicht die Drehzahl zu weit absinken lassen, dann war der geplante gute Durchschnitt verpatzt.

Die 15 PS waren also an der Kurbelwelle vorhanden. Ja, tatsächlich – denn nach unseren Messungen – 118 km/h Höchstgeschwindigkeit langliegend mit 70 kg-Fahrer –, nach den berechenbaren Fahrwiderständen war die Fahrleistung in der 15 PS-Abgrenzung. Das wären dann am Hinterrad 12 bis 13 PS gewesen.

Daß der Motor zur Entfaltung aller Kräfte

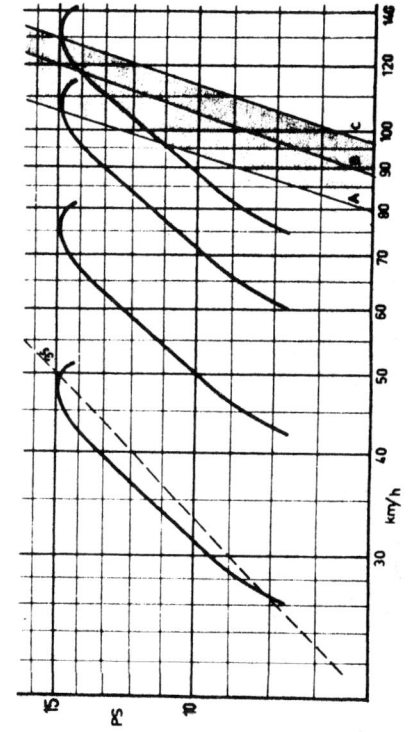

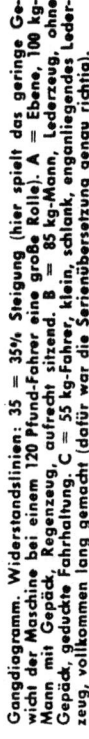

Gangdiagramm. Widerstandslinien: 35 = 35 % Steigung (hier spielt das geringe Gewicht der Maschine bei einem 120 Pfund-Fahrer eine große Rolle). A = Ebene, 100 kg-Mann mit Gepäck, Regenzeug, aufrecht sitzend. B = 85 kg-Mann, Lederzeug, ohne Gepäck, geduckte Fahrhaltung, C = 55 kg-Fahrer, klein, schlank, enganliegendes Lederzeug, vollkommen lang gemacht (dafür war die Serienübersetzung genau richtig).

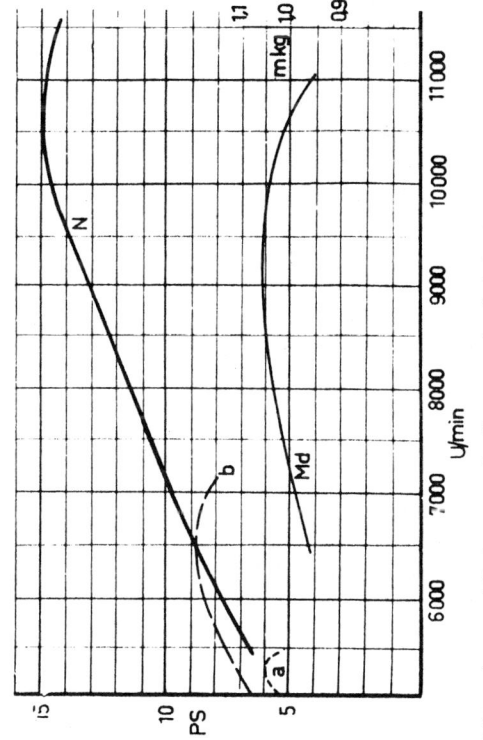

Leistungskurve und Drehmoment des Motors an der Kurbelwelle.

73

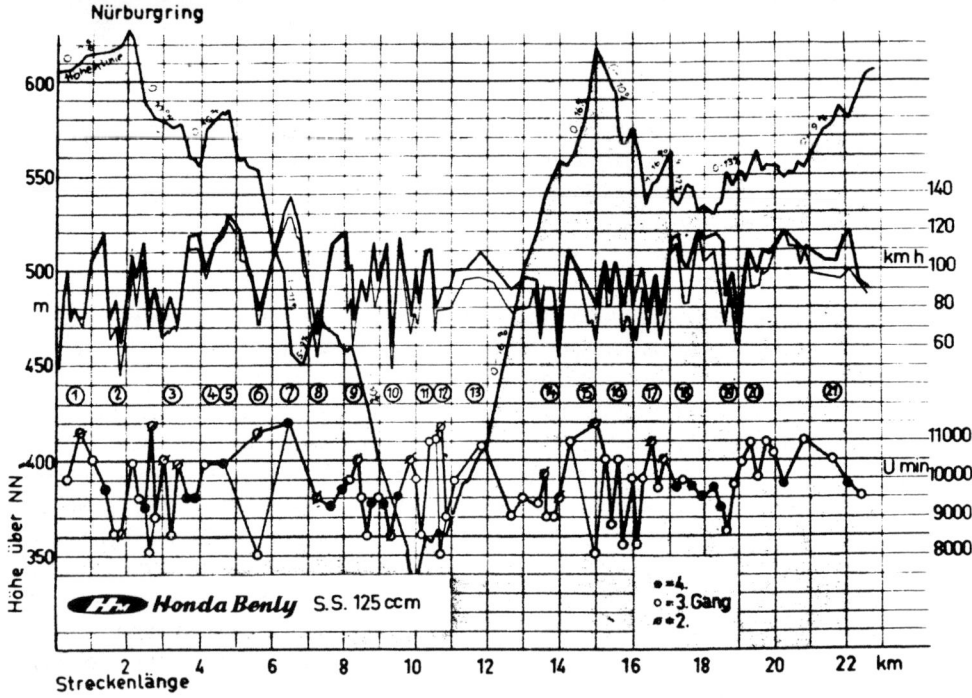

Höhendiagramm des Nürburgringes mit Geschwindigkeits- und Drehzahlverlauf. Die umkreisten Zahlen geben die Streckenstellen des Fahrtschreiberblattes an. Obere fette Linie: Eine schnellere Runde im Lederzeug, leichter Mann, lang liegend, trockene Bahn. (Dazu aufgezeichnet der Drehzahlverlauf.) Untere dünne Linie: Bei Regen, aufrecht sitzend, Regenzeug, glatte Kurven durch nasses Laub. An Steigungen und in den Kurven (Geschwindigkeitsspitzen unten) fällt das Tempo fühlbar ab. Der Drehzahlverlauf gibt auch an, daß die Maschine sehr knapp übersetzt war – der vierte Gang trat kaum in Funktion.

Darstellung der CB 92-Fahrleistung im Höhendiagramm des Nürburgringes.

Wärme nötig hatte, schien unter anderem auch die nach unseren Begriffen geringe Ölmenge von nur 1,2 Liter zusammen für Motor und Getriebe zu zeigen. Anderswo wurde eine möglichst große Ölmenge zur Wärmeabführung mit herangezogen. Aber die Nürburgrunden brachte die Maschine ohne Mucken hinter sich. Ja, wenn der Motor frühzeitig gestorben wäre, hätte man das gar nicht einmal tragisch genommen, denn schließlich waren wir in Gebieten, in denen sich sonst nur Rennfahrzeuge bewegen. Er hatte trotz aller blutvollen Eigenschaften noch ein wenig Touristenblut und auch genug Stehvermögen, daß man sich unbedenklich damit auch einmal auf eine größere Überlandreise hätte begeben können. Aber ich hätte dieses wunderbare Spielzeug nicht für einen kurzen 10 km-Weg zur Arbeitsstelle benutzt –, es würde an Kondenswasser und Unterkühlung gestorben sein. Wenn man dann nicht mindestens einen Rutsch von 50

km vor sich hatte, sollte man diesen Motor nie gestartet haben.

Die Honda 125 cm³-Supersport stellte uns vor neue Gesichtspunkte: 120 PS/l über den Ladentisch! War das etwas für den kleinen Moritz? Auf der anderen Seite aber hatten wir schon immer nach einem so speziellen Sportgerät gesucht, das so gemacht wurde, wie wir Fahrer uns das vorstellten. Aus deutscher Produktion war etwas Ähnliches nicht zu erwarten – das würde aber den Liebhabern letztlich gleichgültig sein, vorausgesetzt, daß sie Ersatzteile in der Bundesrepublik bekommen würden, daß die Werkstatt des Importeurs funktionierte (Werkzeuge hatten metrische Maße!) und daß man unter Umständen selber für den aktiven Sport am Motor noch weiter arbeiten konnte. Natürlich war Japan weit weg – am Importeur hing damals noch alles, auch wenn bei späteren größeren Stückzahlen und entsprechender Sportbeteiligung die individu-

ellen und verschiedenen Fragen an ihn heran-
treten würden. Gerade so ein Motorrad war ja
nicht mit dem Verkauf auf Nimmerwiederse-
hen aus dem Hause verschwunden!

Was man aber tatsächlich für Sportmaschinen
auch in großen Stückzahlen bauen konnte,
das hatten die Japaner einwandfrei bewiesen.
Zu unserer Freude und Genugtuung, selbst
wenn man verspielt baute – ja, sogar deswegen. Denn aus tierischem Ernst, aus Alltags-
nüchternheit heraus, aus Schüchternheit und
Verklemmtheit konnte 1960 so ein Feuerzeug
nie entstehen!

Zwischen-Gedanken

Waren wir nach dieser Erfahrung von einem
Japan-Bazillus befallen?

Nein, möchte ich sagen. Auf den Tankseiten
hätten Marken- und Modellzeichen sein können aus welchem Land auch immer. Daß es
zufällig die Japaner waren, die uns Maschinen
präsentierten, die unseren Vorstellungen unglaublich nahekamen, war eigentlich nur am
Rande wichtig. Unsere eigene Produktion in
Deutschland und die der übrigen Fabriken in
Europa hatten eben derartige Konstruktionen
nicht im Programm, und es war dort nirgendwo
zu erkennen, daß man dieser Baurichtung nun
folgen wollte. Also wandten wir uns der Seite
zu, die anbot, was gefiel.

Natürlich gab es da auch Kritik – sogar massiv.
Die C 72 hatte uns im Frühjahr 1960 auf dem
Nürburgring deswegen nicht richtig begeistert,
weil der Motor im unteren Drehbereich nicht
die von uns gewohnte Kraft zeigte. Diese
250er Dream wirkte auch reichlich schwer und
schwamm als Tourenmaschine buchstäblich
in ihrer Federung. Von Leuten, die bereits
Honda-Motorräder fuhren – z.B. Belgier, Hol-
länder, Engländer und Franzosen, aber auch
von Deutschen hörten wir Klagen über früh
abblätternden Lack und Chrom. Auch gab es
Beanstandungen am Fahrwerk, die Motoren
waren schneller als die nötige – aber nicht vorhandene – Spurtreue. Das stellte sich dann mit
der Zeit als ein Problem heraus, welches den
Japanern noch einige Jahre Kopfzerbrechen
machte. Selbst bei ihren sensationellen
Rennmaschinen.

Die Qualität japanischer Reifen – Bridgestone
oder Lizenz-Erzeugnisse der englischen Dun-
lop-Reifen zum Beispiel – war deswegen nicht
befriedigend, weil eine viel zu harte Gummimi-
schung benutzt wurde und die Gummiwürste
bei Nässe und Glätte sehr gern seitlich weg-
rutschten. Wir fuhren später fast alle japanischen Testmaschinen mit Metzeler-Reifen
aus Deutschland oder mit Pirelli-Reifen aus
Italien. War es eine sehr exotische Größe, die
es bei uns nicht gab, wurden die japanischen
Decken mit unserem Gilsterhobel sehr fein in
Längsrichtung nachprofiliert, damit sie nicht
seitlich wegrutschen konnten.

Zuerst gab es auch überall Schwierigkeiten
mit Ersatzteil-Nachschub und mit Werkstätten. Vielleicht hatten die Japaner sich dieses
Problem in Europa und in Deutschland um
1960 herum etwas leichter vorgestellt.

Hier und da verwechselten die zuerst in unser
Land gekommenen japanischen Manager die
Mentalität und die Lebensart ihrer neuen Kunden in Europa und besonders in Deutschland
mit denen von Amerika, und sie meinten wohl
auch, daß es eine Kleinigkeit sei, den Handel
mit Motorrädern bei uns aus dem Ärmel zu
schütteln. Gerade da, wo alles in Sachen Motorrad zum Schlechten geraten war!

Aber die Söhne der aufgehenden Sonne waren zäh und fleißig, sie verfolgten ihr Ziel unbeirrt. Darin wurden sie auch von ihren europäischen Konkurrenten noch lange unter-
schätzt.

So wie ich mich heute erinnere, war – wie
schon erwähnt – die Firma Karl Heinz Meller in
Hamburg die erste Firma bei uns, die 1960 bis
Ende 1961 als Importeur für Honda tätig war
und das weite Feld für diese neue Marke vor-
bereitete. Honda selbst blieb noch im Hintergrund und wartete ab, wie sich die Situation
gestalten würde. Als es dann aber offenbar
wurde, daß sich Verkaufserfolge in der An-

fangsphase immer mehr abzeichneten, gründete man sehr bald unter der Firmierung European Honda Motor Trading GmbH eine eigene Niederlassung als Generalimporteur in Deutschland. Natürlich in Hamburg.

Womit klar war, daß Honda ganz hart und ohne Sentimentalität intensiv ans Werk ging. Da sollte es nichts Halbes, sondern in jedem Falle ein volles Ganzes geben.

✳

Man schrieb das Jahr 1962.

1961 waren Tom Phillis/ Australien (125 cm^3) und Mike Hailwood/ Großbritannien (250 cm^3) Straßenweltmeister auf Honda geworden, und das Jahr 1962 sollte für diese Marke noch erfolgreicher werden. Die WM-Liste zeigt für dieses Jahr Luigi Taveri/ Schweiz (125 cm^3), Jim Redman/ Rhodesien (250 cm^3 und 350 cm^3) als Titelträger, und in der 125 cm^3-Klasse hinter Taveri noch Jim Redman und Tommy Robb/ Irland auf Platz zwei und drei. Weiter in der 250 cm^3-Klasse hinter Redman Bob McIntyre/ Großbritannien auf Rang zwei in der Punktwertung der WM.

Nur drei Jahre nach dem ersten Erscheinen in Europa hatte Honda bereits fünfmal einen Weltmeistertitel herausgefahren. Und das, liebe Freunde, war bis dahin in der Geschichte des Motorradsportes ein fast einmaliger Gang der Ereignisse.

Übrigens waren die 125 cm^3-Rennmaschinen von 1959, dem ersten Auftreten im Rennsport in Europa, bereits mit zwei obenliegenden Nockenwellen mit Kegelradantrieb ausgerüstet gewesen, lehnten sich aber sehr an das 125 cm^3-Seriensportmodell CB 92 an.

1962 hatte die 285 cm^3 Honda-Vierzylinder-Rennmaschine, mit der das Werk in der Klasse bis 350 cm^3 nicht nur bei der TT fuhr, an die 60 PS. Die höchste Drehzahl wurde mit 14 000 U/min angegeben. Der Motor hatte vier Ventile pro Zylinder, vier Vergaser und zwei obenliegende, durch Zahnräder angetriebene Nockenwellen.

Die 250 cm^3 Vierzylinder-Maschine von

Honda hatte 1961 etwa 45 PS bei 14 000 U/min geleistet, und sie war bis zu 18 000 U/min überdrehbar. Auch dieser Motor hatte vier Ventile pro Zylinder, vier Vergaser und zwei obenliegende Nockenwellen mit Zahnradantrieb, Hubraum 249 cm^3.

Solche technischen Daten konnten wir anfangs kaum glauben. Ein Viertaktmotor 250 cm^3 mit einer höchstzulässigen Drehzahl von 18 000 U/min und vier Ventilen bei nur 62,3 cm^3 Hubraum pro Zylinder – das erschien uns beinahe wie ein feinmechanisches Wunderwerk, wie das in dieser Art im Motorradbau bisher nicht üblich gewesen war. Eventuell bei Modellmotoren von tollen Superbastlern. Es hatte bis dahin bei Motorrädern schon fast alles an technischen Gags gegeben – dies war zumindest ungewöhnlich (mit dem Begriff »neu« waren wir sehr vorsichtig geworden – !) und erstaunte uns maßlos.

Konnte sowas überhaupt halten?

Bei Honda hielt es und trug zu dem Nimbus bei, der schon durch die so schnell errungenen Weltmeisterschaften entstanden war.

Inzwischen wurde in der Serie das schon oben erwähnte Sportmodell ›Supersport 250 cm^3 Dream‹, die CB 72 bzw. 77, angeboten, im MOTORRAD im Herbst 1961 beschrieben, und die Japaner hatten feinfühlig sofort erkannt, daß ihre – wohl mehr für Tourenbetrieb ausgelegten – Modelle (z.B. die C 72 Dream mit dem vorderen Schaufel-Schutzblech) bei uns in jener Zeit nicht besonders gefragt waren.

Im Sommer und Herbst 1962 erhielten wir endlich eine 250 cm^3 CB 72 und eine 305 cm^3 CB 77 zum Testen.

Honda CB 72, 250 cm^3, 1962/63

Es war unbedingt ein Motorrad mit dem Flair der großen Straßenrennen. Wieder – wie die 125er auch – eine Maschine, die wir uns immer gewünscht aber nie erhalten hatten. Es kam uns vor, als wenn BMW das Rennmodell RS in einer zivilen Version auf den Markt gebracht hätte. Die Sache erinnerte an die NSU-Königswellen-Einzylinder, die es nach dem Vorbild der Rennmaschinen in den 30er Jahren in kleiner Serie zu kaufen gab.

Bis heute kann ich nicht verstehen, daß es den damals übrig gebliebenen deutschen Motorradherstellern nie in den Sinn kam, ihre Maschinen den Vorbildern aus dem großen Sport entsprechend zu konzipieren und anzubieten. Eine zivile BMW-»RS« oder eine in ähnlicher Form dem Rennvorbild nachgebaute NSU-Max wären echte Schlager gewesen, selbst mit der dann reduzierten Leistung für normales Fahren und selbst, wenn so eine Maschine ein paar Hunderter mehr als ein Alltagsmotorrad gekostet hätte.

Die Japaner hatten längst erkannt, daß Motorräder keine Arbeitsweg- oder Westerwald-Fahrzeuge mehr sein konnten, sondern nur noch technische Spielzeuge, die durch besondere Details jung gebliebene Herzen mitreißen mußten, eben mit technischen Details aus dem lebensvollen Sport.

Das aber verfolgten sie nun mit einer intensiven Konsequenz. Die Weltmeisterschaften gehörten dazu, womit wieder einmal mehr bewiesen wurde, welche gewaltigen Katalysatoren sportliche Erfolge im Motorradgeschäft sind. Zuletzt hatten es in den 50er Jahren BMW, DKW und NSU in Deutschland bewiesen, aber diese Helden waren zuletzt müde. DKW und NSU waren verschwunden, bei BMW fuhr man das gedämpfte Gleis.

Die Italiener waren noch da. Moto Guzzi, Benelli, Morini, MV Agusta oder Ducati. Und sie fuhren nun mit den Japanern um die Wette und – überlebten bis heute.

Daß es den Trend zum Straßensport-Motorrad in Deutschland mehr und mehr gab, das bewiesen auch die vielen Umbauten, die die damaligen Motorradfahrer anfangs der 60er Jahre aus ihren BMWs, Mäxen, aus ihren Horex-Maschinen und so weiter machten. Oder – als Pendant dazu – die vielen Umbauten in Richtung Geländesport.

Aber da konnte man mit den Industrieleuten reden und reden – man wurde belächelt und

kam sich vor wie ein Rufer in der Wüste.

Dem Hörensagen nach sollte es sogar ein NSU-Motorrad mit einem Viertakt-Zweizylinder-Motor als Prototyp oder Zeichnung gegeben haben. Sozusagen eine 500 cm³ Zweizylinder-Max mit Schubstangensteuerung. Und bei BMW tatsächlich eine Art zivile RS-Version. Aber wir sahen von beiden nichts. Die tollen Weisen in den Fabriken beschlossen einmal, dem Motorradbau Ade zu sagen und im anderen Falle schön still und bescheiden bei Mutters Kaffeetisch zu bleiben.

Wie es auch gewesen sein mag – diese Japaner kamen zum genau richtigen Augenblick mit unerhörtem Elan und mit genau den richtigen Motorradmodellen – !

Es war buchstäblich eine Wende, die 100 % paßte.

Mit dem Modell CB 72 von Honda gerieten die Japaner richtig in das Blickfeld europäischer Motorradfahrer. 1962 war es in unserem Gesichtskreis innerhalb Deutschlands die interessanteste 250 cm³-Maschine überhaupt. Sie traf mit dem, was sie bot, in der Motorrad-Gemeinde 1962/63 auf einen weit größeren Interessentenkreis, als er damals für eine Tourenmaschine dieses Hubraumes vorhanden war.

Es waren nicht allein die 24 bis 25 PS, es war dazu noch das wirklich sportliche Aussehen, die Details einer echten Straßensport-Maschine, die nicht nur wegen einer Menge Chrompofel oder wegen eines montierten »Renn«-Lenkers so getauft worden war.

Die Skepsis gegen eine Hubraumleistung von 100 PS/Liter war aufgrund unserer Erfahrungen der letzten Jahre mit Hochleistungsmotoren dieses Niveaus sicher berechtigt. Sie hatte aber nicht verhindert, daß die Honda 250 cm³ Supersport CB 72 seit 1960 schon gekauft wurde und bei vielen Fahrern Anerkennung fand. Je mehr davon in den Umlauf kamen, desto mehr stieg der Ruf dieses Motorrades. Schon nach wenigen Monaten wanderten die ersten Erzählungen und Sagen über das tolle Pferd herum. Von 160 km/h Endgeschwindigkeit konnte man da hören, später von auf dem

Nürburgring glatt abgehängten 650er Sport-maschinen, die mehr als 45 PS hatten und dazu noch von erstklassigen Leuten gefahren wurden. Diese Kunststücke sollten Hans-Joachim Dittberner, Dieter Görgen, Armand Nerger und Walter Sommer vollbracht haben. Später stiegen sie in den Straßenrennsport ein.

Geglaubt haben wir solche Geschichten aus dem Sagenbuch des Nürburgringes nie ganz — schließlich konnten wir ja rechnen und hatten uns schon lange genug mit den Lehren der Fahrwiderstände herumgeschlagen. Aber wir vergaßen es nicht, bis die Testmaschine zur Verfügung stand.

Wir erhielten sie übrigens nicht mehr von Karl Heinz Meller, sondern von der Honda-Niederlassung in Hamburg. In den Jahren 1960 bis Ende 1961 hatten wir immer wieder versucht, an die CB 72 heranzukommen (kaufen konnte die MOTORRAD-Redaktion in jenen Jahren keine Testmaschinen), aber Meller war über unsere harten Nürburgring-Tests zu schokkiert. Eine 250 cm³ Jawa hatten wir einmal — zusammen mit der 250er Honda C 72 Dream, die wir im Frühjahr 1960 von ihm bekamen — sehr ausführlich auf Zuverlässigkeit getestet. Sie war zwar nicht sehr schnell, hielt aber alles gut aus.

»Blutige Tränen habe ich geweint«, sagte der Hamburger Importeur, als er von unseren Fahrten hörte und las. »Die haben die Maschinen rücksichtslos Runde um Runde überdreht, nur um sie kaputt zu machen. Nie wieder kriegen diese Kerle ein Testmotorrad von mir.«

Also mußten wir bis 1962 warten, bis Honda selbst die Sache in Deutschland in die Hand genommen hatte.

Mit dem Einfahren der neuen Maschine waren wir vorsichtig und ließen es langsam angehen. Denn mit Twins — besonders mit solchen, deren Zylinderblock aus einem Stück mit zwei Bohrungen besteht — hatten wir so unsere besonderen Erfahrungen mit der Einlaufmethode à la »Schrubb & Schnell«. Aber man merkte gut, wie der Vogel langsam immer lebendiger wurde, und nach 2000 Kilometern wagten wir uns auf den Nürburgring. Es war Herbst 1962 geworden.

Nun brannten wir darauf, auf dieser Versuchs-, Meß- und Vergleichsstrecke festzustellen, was von all den Sagen noch übrig bleiben würde, die man allenthalben mit Verzükkung von der 250er Honda erzählte.

Viermal gelagerte Kurbelwelle (außen links ein Kugel-, innen und außen rechts drei Rollenlager); Kolbenhub 54 mm; Zylinderbohrung 54 mm; obenliegende Nockenwelle (viermal gelagert), durch Kette angetrieben.

Die Kurbelzapfen waren um 180° versetzt, um die gefährlichen Vibrationen bei hohen Drehzahlen zu verringern, in deren Bereich der Motor fast ausschließlich arbeitete. Die Leistungskurve und die dazu gehörende Kurve des Drehmomentverlaufes (Höchstdrehzahl 9000 U/min, höchstes Drehmoment von 2,13 mkp zwischen 7200 und 8500 U/min), die Getriebespannweite von 2,78 deuteten nicht auf den Charakter einer reinen Straßenrennmaschine, sondern vor allem auch darauf, daß die Konstrukteure wohl wußten, daß die Herabsetzung der Empfindlichkeit gerade hier besonders wichtig war.

Bei den ersten CB 72-Exemplaren hatte es hin und wieder schadhafte Ölpumpen gegeben, zu deren Ausmerzung und Verbesserung längere Zeit nötig war. Wir waren 1962 noch der Ansicht, daß es im Grunde genommen ein Wagnis war, eine so kompliziert wirkende Konstruktion in Riesenstückzahlen zu produzieren, und wir konnten uns nicht vorstellen, welche europäische Motorradfabrik so etwas fertig bringen würde. Schon gar nicht zu dem Preis von DM 2750,— ab Hamburg.

Im Herbst 1964 machten wir folgenden Leistungs- und Preisvergleich für 250 cm³-Straßenmotorräder, die in Deutschland zu haben waren:

	PS	DM
Ariel Arrow SS (GB)	20	2570,—
BMW R 27 (D)	18	2430,—
BSA Star SS 80 (GB)	20	2650,—
Honda CB 72 (J)	24	2750,—

Maico 250 SS (D)	23	2375,–
Matchless Monitor (GB)	22	3150,–
Norton Jubilee (GB)	18	3180,–
Royal Enfield Continental (GB)	20	3050,–

Die Marken CZ (CSSR), Ducati (I), Moto Guzzi (I), MZ (DDR), Puch (A) und Yamaha (J) boten ebenfalls seit langem oder – wie im Falle Yamaha seit kurzer Zeit – Straßenmotorräder mit 250 cm³ an, aber seit Herbst 1962 war bei diesen Herstellern die Preisliste offen, es gab keine verbindlichen Angaben.

Die Honda CB 72 erschien deswegen so preiswert, weil sie am meisten Leistung bot und in ihrer Konstruktion sehr großer Aufwand steckte. Ein Aufwand, den man höchstens den bislang bekannten und käuflichen Serienrennmaschinen zubilligen würde.

Was würden wir nun auf dem Nürburgring erfahren?

Nun, es war sehr beachtlich. Die schnellste Runde auf der 22,8 km langen Nordschleife wurde bei stehendem Start mit 12 Minuten 40 Sekunden = 108,04 km/h Durchschnitt gemessen und aufgezeichnet. Alle anderen mit dem Fahrtschreiber gut festgehaltenen Meßrunden lagen zwischen 13:10 = 103,94 km/h und 12:55 = 105,95 km/h. Das waren die besten Rundendurchschnitte für eine 250 cm³-Maschine, die wir bis zu diesem Zeitpunkt erreichen konnten. Wohlgemerkt mit einer Serienmaschine. Die NSU-Supermax 250 cm³ hatte bei 95 km/h gelegen.

Noch heute denke ich oft, wie diese Durchschnitte ausgesehen hätten, wären sie von versierten Rennfahrern und Nürburgring-Kennern gefahren worden. 1951 bis 1962 hatte ich erst ca. 60 000 Kilometer auf dem Nürburgring hinter mir, und es gab bestimmt Spezialisten, die – mit einigen Verriegelungen weniger in ihrer Seele – noch ganz anders an die Sache herangegangen wären.

Eine R 69 S (42 PS) schaffte eine schnelle Meßrunde mit 12:25 = 110,2 km/h.

Gefahren wurde leicht gebückt, so weit es der Fahrtschreiber auf dem Tank zuließ. 1,80 m lang; 70 kg schwer, schlank und im englischen

Fahranzug – so sah die Fahrerfigur aus. Die Gesamtübersetzung hatten wir mit einem 34er-Zahnkranz am Hinterrad größer gewählt. Serienmäßig waren 32 Zähne vorgesehen. Damit kaum wir meinem Fahrwiderstand entgegen. So rannte die CB 72 ehrliche 140 km/h mit meiner leicht gebückten und durch den Fahrwind etwas aufgeblähten Figur in der Ebene. Später machten wir Messungen, bei denen als Fahrer Hans-Georg Anscheidt fungierte. 61 kg schwer, 1,65 m groß und im eng anliegenden Lederzeug für Straßenrennen. Langliegend, alle Ecken versteckt und den Kopf kaum über den Lenker gehoben, erreichte er im Mittel von vier Messungen auf einer langen Geraden in der Ebene 162,65 km/h. Entsprechend knapper war auch die Gesamtübersetzung der Maschine, die fahrfertig ein Gewicht von 152 kg auf die Waage brachte.

Bei Höchstdrehzahl betrug die Kolbengeschwindigkeit 16,2 m/s. Das hatte 1952 die 250 cm³-NSU-Zweizylinder-Rennmaschine. Die BMW R 69 S erreichte eine Kolbengeschwindigkeit von 17 m/s bei Höchstdrehzahl, und die gute, alte Horex-Regina hatte 1953 sogar 19,1 m/s.

Diese Zahlen muß man heute nennen, um aufzuzeigen, daß alle Voraussetzungen für ein gutes Stehvermögen des CB 72-Motors vorhanden waren. Während der Testzeit hatten wir keinen Ärger mit dem Motorrad, und wir wußten inzwischen von anderen Fahrern, daß auch nach über 30 000 Kilometern der Motor noch ohne Mängel war.

Das wäre zu der Frage zu sagen, wie lange dieser Motor wohl hätte halten sollen. Uns ging auf, daß Honda gute Motoren bauen konnte, obwohl diese sich weit von dem Prinzip für Motorräder entfernten, welches den Begriff »Einfachheit« zu einer Art Glaubensbekenntnis der Techniker seit Gottlieb Daimlers Zeiten erhoben hatte.

Der Zweizylinder-Motor (zwei Keihin-Schwimmer-Vergaser, 22 mm ⌀) hatte natürlich in den unteren Drehzahlen keinen besonders günstigen Leistungsverlauf. Der richtige Mumm war erst jenseits von 6500 bis 7000

Hansgeorg Anscheidt hatte die richtige Größe für die 250 cm³ Honda CB 72, Herbst 1962.

Die 250 cm³ CB 72 und die gleich aussehende 305 cm³ CB 77 von Honda läuteten den Start der Japaner auf dem europäischen Markt ein.

Leistungskurve der CB 72.

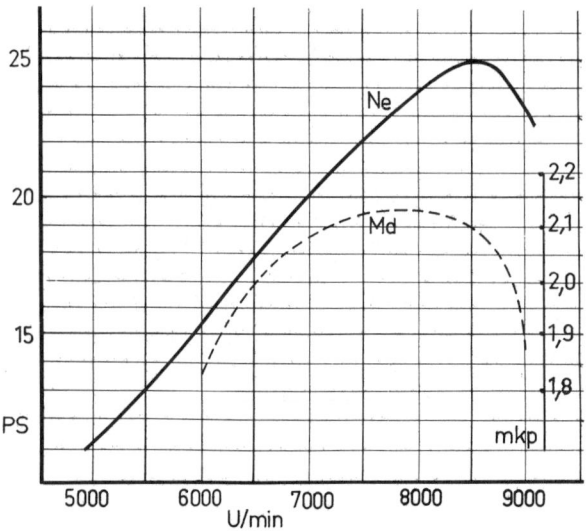

U/min da. Allerdings schloß das nicht aus, daß man im dritten Gang mit 50 km/h bei 3500 U/min in vornehmer Zurückhaltung und mit dezenter Geräuschentwicklung durch ›pfoine‹ Stadtteile und Alleen rauschen konnte.

Die Getriebestufung (2,788/1,661/1,171/1) und Spannweite zusammen mit dieser Charakteristik des Motors machten nicht nur den Drehzahlmesser und dessen Beobachtung beim Fahren nötig, bedingten nicht nur häufiges und genaues Schalten (was so ein richtiger Sportfahrer beim Motorrad nie missen kann!), sondern machte vor allem auch die richtige, individuelle Wahl der Gesamtübersetzung so wichtig. Über 9000 U/min hinaus fiel die Leistungskurve rapide runter.

Man wechselte die Übersetzung durch das Austauschen des Zahnkranzes am Hinterrad. Und dabei fiel uns auf, daß die Bauart einer richtigen Steckachse und die Möglichkeit schnellen, einfachen und sauberen Radausbaues ohne Anfassen der Kette 1962 noch nicht bis Tokio gedrungen war.

Das Diagramm der Nürburgring-Runde und das Gangdiagramm mit eingezeichneten Fahrwiderständen zeigen deutlich, was es mit der richtigen Übersetzungswahl auf sich hatte. Sehr oft kamen wir auf dem Nürburgring nicht über die 9000 U/min hinaus, und man mußte oft und richtig schalten. So war es aber auch auf allen anderen Straßen.

Lange Strecken? Natürlich. Es war keineswegs nur ein Flitzedings für Sonntags-Dorfmatadoren. Bremen–Stuttgart in acht Stunden und zehn Minuten (damals gab es noch keine durchgehenden Autobahnen auf dieser Strecke, etwa die Hälfte fuhr man über schnelle Bundesstraßen oder »über Land«). Die Sitzposition war für eine Person sehr gut, und die Fußrasten konnte man in drei Positionen verstellen.

Aber es waren auch alle Voraussetzungen vorhanden, aus dem Motorrad ein Fahrzeug für reine Straßenrennen zu machen. 1962 zeigte beim Juniorenpokal der OMK der in Deutschland lebende Japaner Koichi Shimada, daß man keineswegs im letzten Drittel ei-

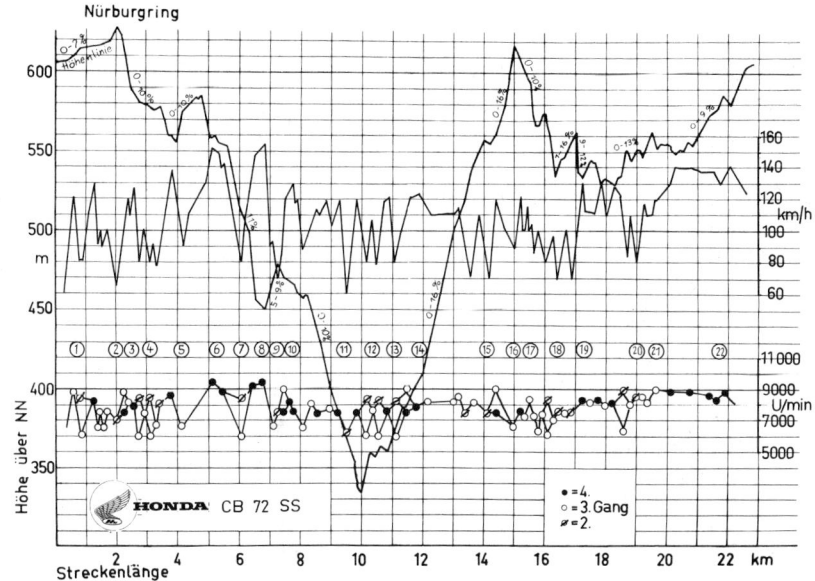

Darstellung der Fahrleistung der CB 72 im Höhendiagramm des Nürburgringes mit Geschwindigkeits- und Drehzahlverlauf sowie mit Schaltpunkten – November 1962.

nes guten Fahrerfeldes mitfahren mußte. Dabei hatte er nicht einmal besondere Änderungen vorgenommen.

Das Rückgrat der CB 72 war ein vorn offener Rohrrahmen mit verschiedenen Versteifungen und Stützen. Da gab es keine gefährlichen Verwindungen. Spurtreue und Kurvenlage waren ausgezeichnet, auf dem Ring sind wir um manche Ecken mit 20 km/h mehr herumgewetzt als mit der BMW R 69 S. Es waren englische Avon-Reifen montiert, die wir mit unserem Gilster-Hobel noch feinstprofiliert hatten, so daß sie fast 100 % gegen seitliches Wegrutschen gefeit waren.

Das schmale Leistungsband des Motors bewog uns aber, auf dem Nürburgring einen fünften Gang zu fordern, und das habe ich auch im Höhendiagramm eingezeichnet.

Damals sagten wir, daß man für den Aufwand eines fünften Ganges den elektrischen Anlasser und dessen Planetengetriebe samt Überholfreilauf weglassen könnte. Wozu wohl ein solcher Renner einen E-Starter haben müsse –?! Mit dem Kickstarter kam der Motor immer leicht und zuverlässig.

Die hinteren Federbeine waren dreifach verstellbar, hatten aber eine sehr kurze und harte Dämpfung. Die Telegabel arbeitete gut, und

die Doppelnocken-Trommelbremse vorn sowie die Hinterradbremse waren hervorragend in ihrer Wirkung.

Das Fahrer- und das Werkstatthandbuch gab es in deutscher Sprache, und man tat gut daran, es genau zu studieren. Denn bei der Verdichtung von 9,5 war schon die Auswahl der Zündkerzen von Bedeutung. Die 12 mm-Kerzen gab es vorerst in Europa nur bei KLG (TW 100) oder bei der Honda-Niederlassung in Hamburg. Für Stadtbummeleien nahm man die japanische NGK-Kerze D 8 H, für normalen Überlandverkehr D 9 H und für ausgesprochene Jagereien D 10 H oder D 12 H.

Sehr wichtig erschien die regelmäßige Kontrolle der Spannung der Nockenwellenantriebskette, des richtigen Ventilspiels und der richtigen Zündeinstellung. Alle diese Handgriffe waren im Handbuch sehr genau beschrieben.

Mit einer Ölmenge von nur 1,5 Litern dachten die Honda-Konstrukteure auszukommen, aber aus diesem Grunde gewöhnten wir uns an, alle 1500 Kilometer Ölwechsel zu machen, obwohl ein Intervall von 3000 Kilometer als genügend betrachtet wurde.

An dem Motorrad fehlte 1962 nichts, was wir uns gewünscht hatten. Im Gegenteil, vielfach waren wir der Meinung, daß man des Guten noch zuviel getan hätte. Der ganze Aufwand schien uns zu gewaltig zu sein. Was sollte der E-Starter? Gab es nur noch Mädchen, die Motorrad fahren wollten?

Ja, und dann waren die beiden Gasschieber hartverchromt, und dann diese wie Insektenfühler wirkenden, sehr stabilen Blinklichthalter – !

Dagegen war das Licht nicht gut. Aufgeblendet gab es einen runden Lichtkreis, abgeblendet nur einen ganz schmalen Strich auf der Fahrbahn. Das Signalhorn war mit seinem dezenten, aber trotzdem durchdringenden und ungewöhnlichen Ton ein begehrtes Objekt vieler Motorradfahrer geworden.

Großartig empfanden wir auch das Kombiinstrument mit Tachometer und Drehzahlmesser, was inzwischen mit getrennten Instrumenten zur Norm bei allen Motorrädern geworden ist.

Die Verarbeitung aller Motorendetails war hervorragend. Wo man aber sparte, das war die Lackierung. Da blätterte es bald, und der Chrom hätte auch einem Winter mit viel Streusalz und einem normalen Herbst bei uns niemals auch nur 5000 Kilometer standgehalten. Und diese miese Lackierung und schlechte Verchromung ging noch ein paar Jahre bei den Japanern so weiter – !

Die sehr scharfen Bedingungen, die für eine Betriebserlaubnis durch das Kraftfahrt-Bundesamt in Flensburg für die Zulassung von Motorrädern zum Verkehr bestanden, machten mit der Zeit vor allem eine Verminderung der Geräuschentwicklung bei der CB 72 notwendig. Nicht für uns, denn der Originalton der Maschine war nicht unangenehm – nein, es wurde notwendig für die Papiere der Behörden.

In Tokio war man schnell bei der Hand und entwickelte verbesserte Schalldämpfer sowie eine Anssauggeräuschdämpfung. Dadurch sank die Motorleistung auf 20,5 PS bei 8000 U/min. Das Äußere des Motorrades blieb in allen wesentlichen Teilen gleich. Die Kurbelzapfen wurden um 180° versetzt, so daß es weniger Vibrationen gab.

Das war 1966, doch 1968 fuhren wir mit einer gänzlich neuen CB 250 Supersport um den Nürburgring mit einem Durchschnitt von 116,34 km/h (Walter Sommer). Die Maschine hatte 30 PS bei 10 500 U/min, das Getriebe besaß fünf Gänge, und es wurden 150 km/h als Endgeschwindigkeit erreicht. Obwohl dieses Motorrad weit leistungsfähiger war, erschien es uns doch nicht als ›Markstein‹, denn den Überraschungseffekt brachte es nicht mehr.

Zehn Jahre nach dem ersten Auftreten der CB 72 war der japanische Parallel-Twin mit obenliegender Nockenwelle und zwei Vergasern zu einer Art Norm geworden. Jede Marke in diesem Land baute so, und langsam bekam man das Gefühl, eine gewisse Gleichförmigkeit zu erleben. Fast schaute man gar nicht mehr richtig hin bei einer Neuerscheinung in dieser Baurichtung.

Anfangs der 60er Jahre aber waren wir noch voll aufnahmebereit dafür, und solche Motorräder rissen uns noch mit, wie das in den 50er Jahren eine Adler, eine AJS 18 CS, eine Goldstar, eine Max, eine Norton International, eine Regina, eine Vincent oder Zündapp KS 601 machten.

Wo waren solche dramatischen Geräte geblieben?

Sie waren verschwunden oder spielten nur noch Nebenrollen bei einzelnen Fahrern.

Ganz logisch eigentlich läßt sich auf diese Weise begreifen, daß die ersten japanischen Motorräder Spotlights auf dem Wege der Motorradgeschichte geworden sind.

Erst die Honda CB 92, 125 cm³, 1960. Danach 1961 die Honda CB 72, 250 cm³. 1965 die Honda CB 450, 444 cm³.

Obwohl Kawasaki, Suzuki und Yamaha ab 1963 auch bereits kräftig auf dem europäischen Kontinent ihre Start- und Gehversuche für den Serienmaschinen-Markt forcierten, hielt Honda immer noch eine Führungsposition durch die Tatsache, in Europa die Vorteile des ersten Auftrittes zu genießen, aber auch durch eine aufsehenerregende Technik.

Honda CB 450, 444 cm^3, 1965

Als in den zwanziger Jahren die erste ohc-Ma-
schine die TT auf der Insel Man gewann, war
das ein Markstein in der Motorradgeschichte.
Es folgten in Jahresabständen weitere Ent-
wicklungsstufen auf allen Gebieten des Motorradbaues – z.B. die Entwicklung der Hinter-
radfederungen, der Telegabeln, der Bremsen,
der Reifen, und hin und wieder entthronte eine
geniale Neukonstruktion alte Anschauungen,
Begriffe und Maßstäbe.
Wir erlebten nach dem Krieg solche Wechsel,
als nach dem Kompressor-Verbot die Saug-
motoren im Straßenrennsport schneller als die
aufgeladenen Motoren wurden oder als die
NSU-Max mit der Schubstangen-Ventilsteue-
rung Hecht im Karpfenteich wurde, als zu Anfang der 60er Jahre die ersten durchentwickel-
ten japanischen Motorräder nach dem alten
Europa kamen.
Mit der 444 cm^3 Honda CB 450 gab es einen
entscheidenden weiteren Schritt nach vorn,
der wiederum Erkenntnisse, Auffassungen,
Maßstäbe und Entwicklungsgedanken durch-
einanderwirbelte.
Daß die Japaner in ihren Forschungszentren
nicht die Hände in den Schoß gelegt hatten,
daß sie Mut zu genialen Wagnissen aufbrachten, das zeigten ja schon ihre Straßenrennmaschinen. Im Herbst 1964 fuhr Jim Redman in
Monza die erste Sechszylinder-250 cm^3-
Rennmaschine von Honda, mit welcher Konstruktion 1966 und 1967 der Engländer Mike
Hailwood die Weltmeisterschaften 250 und
350 cm^3 gewann (und diese Sechszylinder-
Renner wurden das Vorbild für die Sechszy-
linder-Serienmaschine CBX 1000 cm^3 von
1977).
Ausgehend von diesen Tatsachen und ausgehend von der Qualität der – nach unseren
Begriffen mit 100 PS/Liter als Hochleistungsmotoren einzustufenden – 250 und 305 cm^3
Honda Supersport CB 72 und CB 77, waren
wir immer der Meinung gewesen, daß auch
eine 500er oder gar 600er Honda etwas ganz
Besonderes sein würde, wenn die Japaner

**1965 testeten wir die erste 444 cm^3 Honda CB
450 auf dem Nürburgring.**

erst einmal dahintergekommen wären, daß
man mit größerem Hubraum nicht nur mehr
Leistung, sondern auch mehr Komfort, mehr
Sicherheit, mehr Lebensdauer einhandeln
kann.
Einmal – so dachten wir – würde bestimmt der
Tag kommen, an dem eine große Honda in die
Höhle des englischen und deutschen Löwen
eindringen würde. Und auch diese Maschine
würde man nicht mit einer Handbewegung abtun können.
Es klingt heute schon etwas merkwürdig, daß
man seitens der englischen (aber auch der
deutschen) Hersteller großer Motorräder 1963
oder 1964 eine solche Ansicht nicht hören
wollte oder sie als Spinnerei abtat. Nun ja, es
mußte eben jeder so liegen, wie er sich betten
wollte. Der Tag X kam aber dann wie vorpro-
grammiert doch: die erste 444 cm^3 Honda-
Twin heulte im Sommer 1965 in den Wäldern
der Eifel um den Nürburgring herum und gab
damit ihr europäisches Debut.
Bei zwanzig Rundon um dic Nordschleife des
Nürburgrings (= 456 Kilometer) konnten wir
Vergleiche ziehen und Eindrücke gewinnen,
aus denen sich Schlüsse über Fahrleistung,
Qualität und den voraussichtlichen Weg ziehen ließen, den ein neues japanisches Motorrad bei uns gehen würde.

Honda CB 450, 1965: die Maschine war zweifellos ein Markstein der Motorradgeschichte in den 60er Jahren.

CB 450, 1965: zwei obenliegende Nockenwellen, zwei Unterdruck-Vergaser, Torsionsstäbe als Ventilfedern, E-Starter 12 Volt. 43 PS gab der Zweizylinder-Viertakter aus 444 cm³ her.

Bei der von uns gefahrenen Maschine handelte es sich um ein Exemplar, das in der Ausrüstung kam, wie sie damals für Amerika gebaut wurde. Es fehlten die Blinker, die für den deutschen Markt bestimmten Schalldämpfer und Kleinigkeiten, die für die Lieferung nach Deutschland wichtig sein sollten. Ansonsten aber war alles vorhanden, was zu einem richtigen Motorrad gehörte. Die Maschine war für Messungen an der TH Braunschweig bestimmt.

Uns fiel schon gleich die Handlichkeit auf, als sie aus dem Transporter ausgeladen wurde. Das Gewicht betrug ca. 175 – 180 kg leer. Man meinte zuerst, eine klassische englische Maschine (etwa eine BSA) vor sich zu haben, bis man entdeckte, daß der nur 42,1 cm lange Motor-Getriebeblock alles andere als englisch war (Höhe 53,7 cm; Breite nur 40,6 cm). Wir begannen, gleich weiter mit dem Zollstock zu messen und fanden folgende Zahlen: Radstand 135 cm; Gesamtlänge 204 cm; Bodenfreiheit zum Ständerende 13,6 cm; Sitzbankhöhe unbelastet 80,5 cm; Lenkerbreite 56 cm. Hier muß ich einwerfen, was vielleicht einige Leser wundert: ein Motorrad mit einem 444 cm³-Motor war für uns eine »große« Maschi-

Leistungskurve der CB 450 im Vergleich mit zeitgenössischen anderen Maschinen, 1965.

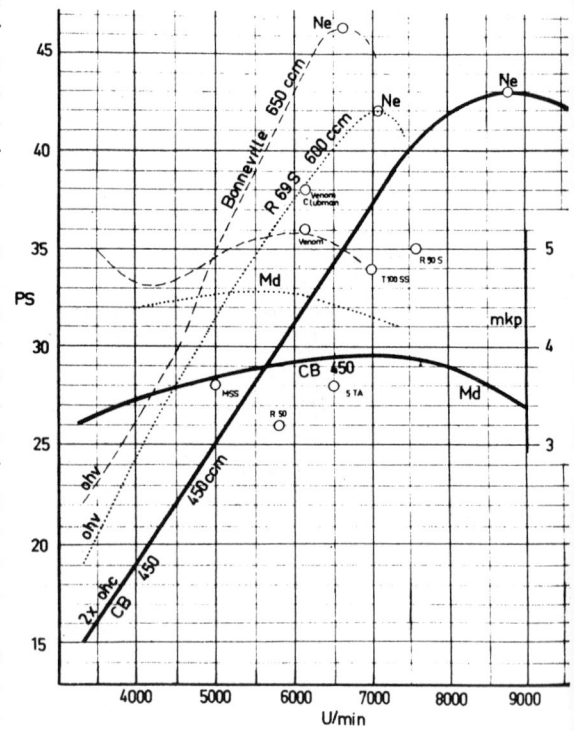

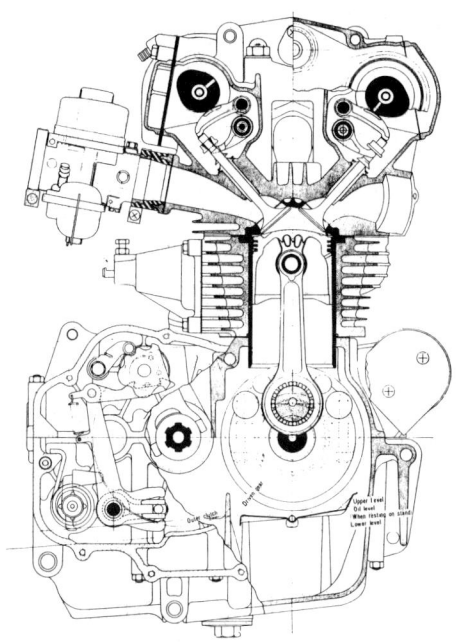

Aufbau des CB 450-Motors, 1965.

ne? Das wäre heute doch nur ein Mittelklasse-Renner – !

1965 war das Höchste der Gefühle bei einem Motorrad etwa 750 cm³ Hubraum. Zur Mittelklasse zählten wir Motoren ab 200 bis höchstens 350 cm³ Hubraum. Auch 650er, 600er oder 500er gab es im Angebot nicht sehr viele. Die Wertmaßstäbe für Leistung, Preis und Versicherungsprämien lagen im Niveau niedriger als z. B. zu Beginn der 80er Jahre. Die 444 cm³ Honda-Zweizylinder war außerdem das erste japanische Motorrad, das uns mit mehr als 305 cm³ Hubraum begegnete. An einen großvolumigen Vierzylinder dachte niemand. Heute wäre es schwer, die Motorradszene mit einem besonderen Motorrad noch einmal wieder so positiv zu beeindrucken, wie das die Honda-Modelle 1960, 1961, dann 1965 die CB 450 und schießlich 1969 die 750 cm³-Vierzylinder CB 750 konnten.

Darstellung der CB 450-Fahrleistung 1965 im Höhendiagramm des Nürburgringes.

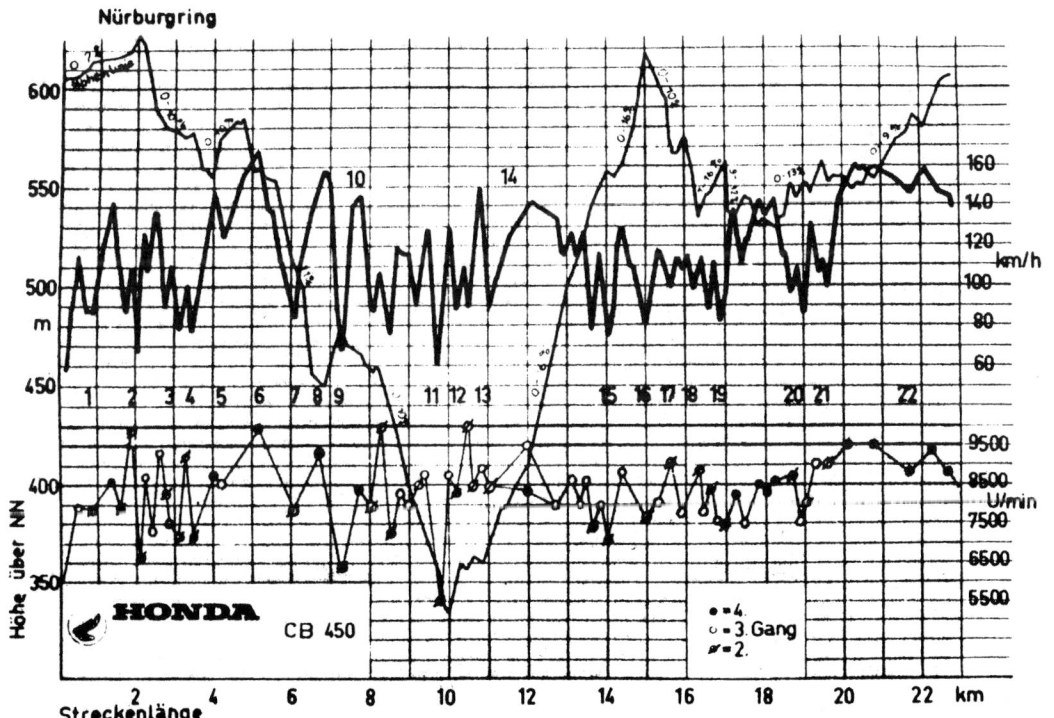

Zurück zur CB 450. Beim Betätigen des Anlasserdruckknopfes am Drehgriffgehäuse (E-Starter, 12 Volt – 1965!) sprang der kalte Motor ohne Lufthebelunterstützung sofort an. Wie gewöhnlich fuhr ich wie mit jeder größeren Maschine an, ohne einen spektakulären Angeberstart zu riskieren. Aber der Schreck fuhr mir gewaltig in die Glieder: schon bei nur geringer Gasdosierung hob das Vorderrad beim Loslassen der Kupplung vom Boden ab!

Hoppla, auf sowas war man überhaupt nicht gefaßt, und fortan wurden wir sehr vorsichtig. Mit dem Fahrtschreiber in nicht völlig gebückter Haltung gab es zuerst Runden um 13 Minuten herum, aber schon die vierte Runde war dann bereits mit einer Zeit von 12:02 = 113,73 km/h Durchschnitt möglich.

Hier lohnt es sich, festzuhalten, was in den Jahren vor 1965 bei Fahrtschreiber-Messungen mit etwa gleich starken Maschinen unter immer dem gleichen Fahrer an Zeiten und Durchschnitten erreicht wurde.

12:02 = 113,73 km/h Honda CB 450,	444 cm³,	43 PS

12:02 = 113,73 km/h Norton 650 SS,	650 cm³,	49 PS
12:30 = 109,49 km/h BSA A 65 Rocket,	650 cm³,	43 PS
(12:35 = 108,76 km/h Honda CB 77,	305 cm³,	28 PS)
12:38 = 108,33 km/h BSA A 65 Star,	650 cm³,	40 PS
12:45 = 107,34 km/h BMW R 69 S,	600 cm³,	42 PS
12:50 = 106,64 km/h BMW R 50 S,	500 cm³,	35 PS
(12:55 = 105,95 km/h Honda CB 72,	250 cm³,	25 PS)
12:56 = 105,76 km/h BMW R 50,	500 cm³,	26 PS
13:05 = 104,60 km/h Norton 99,	600 cm³,	31 PS
13:10 = 103,94 km/h AJS 31 CSR,	600 cm³,	39 PS

Testrunden mit Fahrtschreiber, stehend am Start, stehend im Ziel. Eine Runde Nürburgring-Nordschleife in den 50er und 60er Jahren = 22,81 km.

Nun sind diese Zeiten natürlich auf keinen Fall für jeden Maschinentyp und jeden Fahrer geltend, aber dadurch, daß sie alle von ein und demselben Mann absolviert wurden, wobei immer die beste von vielen Testrunden genommen wurde, eignen sie sich doch zu einer einigermaßen akzeptablen Einstufung.

Betrachtet man dazu den nebenstehenden Vergleich von Leistungskurven und im Diagramm angegebenen Höchstleistungspunkten, dann sprachen diese Messungen und

Diagramme 1965 schon Bände – ! Von den damals in Europa hergestellten 500 cm³-Maschinen für Straßenbetrieb erreichten nicht einmal die Sportversionen die Leistung des 444 cm³-Honda-Motors.

Die Velocette Venom Clubman (daraus war 1964 das Modell Thruxton entstanden), die normale Velocette Venom, die zu der Zeit schon nicht mehr gebaute BMW R 50 S, die Triumph T 100 SS und die Triumph 5 TA, die Velocette MSS und die BMW R 50 sind als Beispiele europäischer 500er mit ihren Höchstleistungspunkten in dem Vergleichsdiagramm eingezeichnet. Nun sieht man, daß der Honda-Motor 1965 mit seinen 43 PS unter die großen 600, 650 und 750 cm³-Maschinen aus Europa einzuordnen war.

Ganz interessant wurden dann die Messungen des Leistungsverlaufs während der Fahrt, wobei wir mit Maschinen, die für ein besonders hohes und günstig liegendes Drehmoment ihres Motors bekannt waren, nur im größten Gang um die Nürburgring-Nordschleife fuhren und nur dann zurückschalteten, wenn die Kraftquelle beim Beschleunigen nicht mehr richtig ziehen wollte. Selbstverständlich wurden diese Runden ebenfalls mit dem Fahrtschreiber aufgezeichnet.

Da war dann gleich zu vermerken, daß der Honda-Motor sogar im Wehrseifen, am Adenauer Forst, in der Linkskurve nach dem Brünnchen, im Schwalbenschwanz und in anderen scharfen Ecken während der ganzen 22,8 Kilometer nicht ein mal den nächstniedrigeren, also den dritten, Gang nötig hatte, und daß man tatsächlich den gesamten Nürburgring bis zu 60 km/h hinunter im größten Gang, also im vierten, fahren konnte. Die Zeit dafür lag im besten Falle bei 12:32 = 109,19 km/h. Dazu wieder eine Vergleichsaufstellung:

12:32 = 109,19 km/h; Honda CB 450,	444 cm³,	43 PS

13:00 = 105,28 km/h; BSA A 65 Star,	650 cm³,	40 PS
13:30 = 101,38 km/h; BSA A 65 Rocket,		
	650 cm³,	43 PS
13:40 = 100,14 km/h; Norton 99,	600 cm³,	31 PS

Wir waren daraufhin der Meinung, daß die CB 450 ruhig mit einem leichten Seitenwagen gefahren werden könnte. Jedoch war man daran seitens Honda nicht interessiert, denn Seitenwagen-Fahren war in Japan fast unbekannt, in Amerika sowieso kein Geschäft und hätte in Deutschland für die Allgemeine Betriebserlaubnis (ABE) durch das Kraftfahrt-Bundesamt in Flensburg noch viel zu viele Schwierigkeiten gebracht. »Und für die wenigen Gespannfahrer lohnt sich sowas nicht«, sagten die Hondaleute in Hamburg.

Das Motorrad wurde auf Durchhalten bei Höchstleistung entwickelt. Anfang Mai 1966 gingen wir nach weiteren 4000 Testkilometern noch einmal mit der CB 450 auf den Nürburgring und fuhren ca. 40 scharfe Fahrtschreiber-Meßrunden. Danach war mit so viel gemessenen Fakten und Erfahrungen eine endgültige Stellungnahme möglich.

Der Motor zeigte für seine Hubraumleistung von ca. 97 PS/Liter ein in dieser Dimension ungewöhnliches Stehvermögen. Die Kolbengeschwindigkeit betrug bei Nenndrehzahl 8500 U/min und den dort gemessenen 43 PS (höchster Punkt der Leistungskurve) ca. 15,4 m/s, bei 9500 U/min (Beginn des roten Bereiches auf dem Drehzahlmesser) ca. 18,4 m/s und bei erreichter Höchstdrehzahl von 10 000 U/min knapp 19,3 m/s. In der Klasse bis 500 cm^3 gab es zu diesem Zeitpunkt – siehe Leistungskurve – keine vergleichbare Maschine, was Leistung und Qualität des Motors betraf. Die Japaner hatten es gewagt, einen zahmen Rennmotor für eine riesige Serienproduktion zu entwickeln – genau wie bei der kleinen 125 cm^3 CB 92 und bei der 250 cm^3 CB 72 –, die im normalen Verkehr auf normalen Straßen gefahren werden konnte. Dazu boten sie mit dem elektrischen Anlasser einen 1965 noch gar nicht allgemein üblichen Komfort, der ebenso zuverlässig funktionierte wie das ganze Motorrad.

Natürlich probierten wir immer wieder, wo die Grenze des Motors war. Aber ich glaube, daß man sich schon sehr doof anstellen mußte, um dieses Aggregat kaputt zu fahren. Während der ganzen Zeit hatte ich zum Beispiel die japanische NGK-Kerze mit dem Wärmewert B 9 E gefahren, die etwa unserem Wärmewert 260 bis 280 entsprach. Bei großer Hitze (um 25°C im Schatten) wurde sie bei schneller Fahrt fast schneeweiß, aber es geschah nichts. Im Stadtverkehr und bei Bummelei wurde dieselbe Kerze dunkel (für Bummelbetrieb hätte man eigentlich den Wärmewert B 7 E nehmen sollen), aber der Motor sprang immer zuverlässig an. Erst auf dem Nürburgring fuhr ich die Kerze B 10 E, die etwa unserem Wärmewert von 310 entsprach.

Das Ventilspiel hatte ich zwar alle 2000 Kilometer kontrolliert, brauchte es aber nie nachzustellen. Und selbst als wir nach 2000 Kilometern mit dem Stroboskop festgestellt hatten, daß die Zündeinstellung nicht mehr stimmte und die Maschine ungefähr 400 Kilometer mit zuviel Spätzündung gelaufen war, konnten wir nicht sagen, daß der Motor das übel genommen hätte.

Das waren alles Sachen, die normalerweise ein 100 PS/Liter-Renner dieser Kategorie mit Schäden quittiert hätte. Wir haben dann glattweg behauptet, daß die CB 450 einen narrensicheren Allround-Höchstleistungsmotor hatte, wie er bis dahin in unserem Sichtbereich unbekannt gewesen war.

Natürlich konnte man für ausgesprochen schlimme Autobahnhetze keine B 7 E verwenden, natürlich sollte man bei geplanter Quälerei nicht zu kleine Hauptdüsen fahren, natürlich war alle 2000 Kilometer mindestens eine Kontrolle der Nockenwellen-Kettenspannung und der Zündeinstellung mittels eines Stroboskops und ein Ölwechsel im Motor fällig, um Löcher in den Kolben, andere Überhitzungserscheinungen und ungenügende Schmierung zu vermeiden. Aber dem durfte ich dann entgegenhalten, daß ich trotz der fabelhaften Leistung des Motors diesem fast keine Pflege angedeihen lassen konnte und daß er darauf nicht sauer reagierte.

Hier einige Zahlen aus dem Frühjahr 1965: Backnang (an der B 14 zwischen Stuttgart und Schwäbisch Hall) – Nürburgring mit zwei Personen und Elefantenboy-Tasche auf dem Tank, einmal Nachtanken in vier Minuten, über die Route Heilbronn–Speyer–Worms–Bingen–Koblenz ohne Autobahn (ca. 380 km) in vier Stunden und zehn Minuten = ca. 91 km/h Durchschnitt. Gefahrene Fahrtschreiber-Runden auf dem Ring zwischen 12:32 und 12:02 (109,19 km/h bis 113,73 km/h Rundendurchschnitte). Langsamste Runde mit zwei Personen (zusammen 164 kg) und dazu nur im vierten Gang (!) in 13:19 = 102,77 km/h. Gefahren wurde die Maschine mit einer Gesamtübersetzung von 18,0/10,48/7,74/6,76 (15 Zähne am Getrieberitzel, 34 Zähne am Hinterradzahnkranz). Das bedeutete, daß bei dem höchsten Punkt der Leistungskurve (43 PS bei 8500 U/min) ein Tempo von 143,2 km/h vorhanden war. Auf dem Drehzahlmesser des Kombi-Instrumentes war der rote Strich jedoch erst bei 9500 U/min, was bei dieser Übersetzung 160 km/h bedeutete. Der Motor ließ sich aber anstandslos im Gefälle bis auf 10 000 U/min weiterdrehen (noch immer an diesem Punkt 41,9 PS), was 168,7 km/h waren.

Ein kleiner, leichter Mann, der mit der knappen Übersetzung 16 Zähne: 33 Zähne gefahren wäre, hätte bei 8500 U/min 158 km/h, bei 9500 U/min 176,5 km/h und bei 10 000 U/min 185,6 km/h erreicht.

Zwei erstaunliche Dinge bemerkten wir dabei: das fast nicht glaubhafte Durchzugsvermögen im unteren Drehbereich (siehe die Zeit mit zwei ausgewachsenen Mitteleuropäern nur im vierten Gang um die ganze Nordschleife des Nürburgrings herum, mit Steigungen bis zu 16 % !) und die ebenso erstaunliche Möglichkeit zum Hochdrehen (von Überdrehen konnte man da gar nicht sprechen) des Motors bis über 9500 U/min hinaus.

Für das erstere waren zweifelsohne die beiden Keihin-Gleichdruckvergaser (32 mm ⌀) verantwortlich. Viele glaubten, daß diese Vergaser mit den Unterdruckkammern Neuentwicklungen seien, was aber nicht stimmte. Zuletzt hatten wir 1955 bei der englischen Triumph Thunderbird 650 cm³ den SU-Unterdruckvergaser erlebt, und außerdem gab es das System schon lange bei Wagenvergasern.

Für das ungehinderte Hochdrehen waren die Torsionsventilfedern da.

Die Vergaser sorgten für die Ausnutzung der besten Gemischbildung je nach Drehzahl und Belastung besonders in den Übergängen. Bei ihnen waren Drosselklappen- und Schiebersteuerung vereinigt.

Die Getriebestufung von 2,66/2,32/1,72/1 war knapp wie für eine Straßenrennmaschine. Aber aufgrund des Durchzugsvermögens des Motors hatte ich bei unseren Fahrten einen fünften Gang überhaupt nicht vermißt, obwohl der erste Gang ziemlich weit vom zweiten, dritten und vierten Gang entfernt lag.

Das hätte bestimmt auf den ersten Blick jemanden erstaunt, der beim Anhören der hohen Drehzahlen auf ein sehr schmales Leistungsband des Motors geschlossen hatte. Gerade daß der dritte Gang so knapp unter dem vierten Gang lag, war bei Erreichen der hohen Durchschnitte mit ausschlaggebend.

Überholvorgänge waren immer wieder kleine befriedigende und anfeuernde Erlebnisse. Das Getriebe ließ sich sehr gut schalten, die Wege des Fußschalthebels waren zurest ungewohnt kurz, sie erinnerten an die kurzen und sehr genauen Schaltwege des 175 cm³-Zweitaktmotors von Fichtel & Sachs in den 50er Jahren.

Beschleunigung: unser Diagramm sagt ja wohl alles. In sechs Sekunden aus dem Stand bis 100 km/h – das war für 444 cm³ ein Wort. Weiter: in 19 Sekunden auf 150 km/h, von 80 km/h auf 130 km/h (um einen LKW möglichst schnell zu überholen) in sechs Sekunden, von 100 km/h auf 140 km/h in ebenfalls sechs Sekunden. Welche Überlegenheit und Sicherheit (!) lag in diesen Zahlen!

An 7 % Steigung beschleunigte das Motorrad mit zwei Personen im vierten Gang noch von 100 km/h auf 140 km/h in 14 Sekunden. Der Streckenverbrauch zeigte durchschnittlich 6,5 Liter Superbenzin auf 100 Kilometer. Ein Ölverbrauch war von Ölwechsel zu Ölwechsel

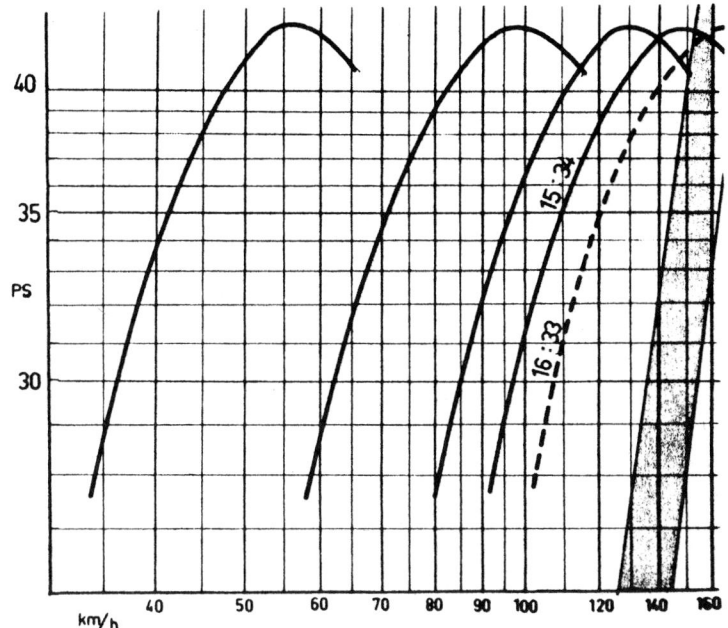

CB 450-Gangdiagramm mit der Lage des vierten Ganges zu den Fahrwiderständen.

(alle 2000 Kilometer) nicht feststellbar.
Mit dem Metzeler-Reifen Block C, 3.50-18, auf dem Hinterrad und dem Metzeler-Reifen Rille 5 auf dem Vorderrad ließen sich ganz enorme Schräglagen fahren. Mit den japanischen Gummis geriet die Maschine in Schräglage und auf Nässe in leichtes Schwimmen. Die Fußrastenstreben wurden in den Bögen abgefeilt – nicht an den Rasten, die bei den ab 1966 ausgelieferten CB 450-Maschinen hochklappbar gemacht wurden.
Damit sind wir bei dem Thema Handlichkeit, Spurtreue und Kurvenlage. Die Zeiten auf dem Ring besagten, daß es da nichts wesentlich Nachteiliges über die Testmaschine zu erwähnen gab. Auch die hohen Reisedurchschnitte bei Fahrten über schlechte Landstraßen mit welligen Kurven, Schlag- und Frostaufbruchlöchern bewiesen, daß die Testmaschine in jeder Weise in Ordnung war.
Wenn wir später von unseren Freunden auf mieses Fahrverhalten einer CB 450 aufmerksam gemacht wurden, dann gab es da nur eines: systematische Nachsuche.

Bei Federbein-Versuchsfahrten auf dem Ring (um diesen Klagen auf den Grund zu gehen) zeigte sich eine Verbesserung bei schlechter liegenden Maschinen, wenn man Federbeine mit anderer Ölfüllung und die englischen Girlings probierte. Bei starkem Seitenwind war bei hohem Tempo eine größere Unruhe in der Spurhaltung tatsächlich auch bei der Testmaschine zu bemerken. Außerdem mußten wir darauf achten, daß eine einwandfreie Beweglichkeit der Hinterradschwinge in ihrer Lagerung vorhanden war.
Das alles brachte uns auf den Gedanken, ob der Nachlauf des Vorderrades für extreme Fahrsituationen richtig sei, denn auf der anderen Seite war das Motorrad so wunderbar handlich und kurvenfreudig.
In Amerika hatten schon tüchtige Tuner einen leichten Doppelrohr-Rahmen entwickelt. Der Rahmen unserer Testmaschine unterschied sich von den Rahmen später ausgelieferter Maschinen durch einen engeren und nicht versteiften Bogen für die hinteren Fußrasten. Auch war bei uns der Lenker der inzwischen

neu herausgekommenen Honda CB 250 montiert.

Wir machten noch andere Versuche. Die Japaner schrieben nämlich vor, daß die Telegabel je Holm 230 cm³ »Idemitsu Condor Nr. 3 Öl« enthalten sollte. Ich konnte nicht glauben, daß dieses Öl eine Viskosität von SAE 30 hatte, wie im deutschen Fahrerhandbuch übersetzt war. Füllte man 230 cm³ Öl SAE 30 je Holm ein, wurde die Gabel bockelhart, und mit nur der Hälfte 115 cm³ Öl SAE 30 dämpfte sie fast überhaupt nicht mehr.

Als wir aber 230 cm³ Motorenöl SAE 10 einfüllten, funktionierte die Sache.

Das englischsprachige Werkstatthandbuch war in seinem Umfang, seiner Ausführlichkeit und seinem Bildmaterial unwahrscheinlich gut. So etwas gab es auf dem ganzen Motorradmarkt nicht noch einmal. Nur fehlte 1965 noch eine erstklassige deutsche Übersetzung und die Möglichkeit, daß sich jeder CB 450-Fahrer ein solches Buch anschaffen konnte. Erst 1967 kam die deutsche Übersetzung.

Auf der anderen Seite war es aber so, daß ein guter Mechaniker auch mit diesen Problemen bei der CB 450 fertig wurde. Und hier ist vielleicht eine kleine Bemerkung nicht ganz uninteressant: Motorradfahrer waren auch 1965 und später immer noch Pioniere der Kraftfahrt wie Anno 1900!

Glauben Sie nicht, daß es irgendwo eine andere große Maschine gab, die man in Deutschland hätte kaufen und fahren können, die auch nur annähernd so wenig Probleme wie die CB 450 stellte. Wir machten uns schon Gedanken darüber, daß auch Kundenbetreuung, Ersatzteilbeschaffung, Werkstätten ein schlechtes Motorrad aufwerten oder das beste Motorrad der Welt vollkommen abwerten konnten – je nachdem, ob diese Punkte funktionierten oder nicht. Wir empfahlen den Honda-Leuten, das alles sehr zu beherzigen, wenn sie das CB 450-Geschäft weiter forcieren wollten.

Sehr wichtig war es, regelmäßig den Schneckentrieb der Kupplungsdruckstange durch den vorhandenen Schmiernippel zu schmieren, da sonst das Ausrücken der Kupplung erschwert wurde. Das war ebenso wichtig wie der Ölwechsel und die Kontrolle der Ölzentrifuge.

Es kam sehr bald so, daß kein Fahrer einer CB 450 zu Vergleichen irgendeine andere 500er mehr heranzog. Ich traf sogar welche, die enttäuscht waren, wenn sie einmal irgendwo eine starke 750er nicht einholen konnten.

»Ja«, sagte ich einem solchen Sportsmann, »wo stellen Sie sich denn eigentlich das mögliche Ende der Leistung Ihrer Honda vor?«

In der Tat wurde die Maschine nicht selten zunächst unter- und später überschätzt. Da sie so handlich im Verkehr war, da sie enge Kurven so gut bewältigte und sich fahren ließ wie ein leichtes Fahrrad, drehten CB 450-Neulinge meist den Hahn ganz schön auf. Dabei kamen sie in Geschwindigkeitsbereiche, die sie u.U. bis dahin nicht gekannt hatten, die sie der 190-kg-Maschine gar nicht zutrauten. Hinzu kam, daß sie tatsächlich zuerst überhaupt nicht merkten, w i e schnell sie eigentlich fuhren.

Das ist mir auch so gegangen. Bis man dann plötzlich bremsen mußte, bis man plötzlich mit zu hohem Tempo auf welligen Untergrund geriet! Aussage: »Mensch, bei 170 km/h nach Tacho fing das Ding an dieser Stelle an, Männchen zu machen.«

Besah man sich danach die Strecke, stellte man fest, daß man als eingefuchster 450-Mann oder mit einem anderen Motorrad niemals dort bewußt so schnell gefahren wäre. Diese Beobachtungen waren so typisch gerade für die unwahrscheinlich schnelle 444-cm³-Maschine, daß man das auch heute erwähnen muß. Schon deswegen, weil die gefährlichen Überraschungsmomente seit dem Aufkommen immer schnellerer und stärkerer Motorräder zum Ende der 60er, in den 70er Jahren und heute mehr und mehr unerfahrene und unbedarfte Fahrer zu schweren Fehlern verleitet haben und es weiter tun werden. Auch das gehört zu der ersten überdurchschnittlich leistungsfähigen Maschine aus Japan, die in Europa aufkreuzte und einen neuen

Akt auf der Motorradbühne einläutete.

Man mußte von diesem Zeitpunkt an fahrtechnisch umlernen, weil z.B. die geringen Schwungmassen dafür verantwortlich waren, daß der Motor beim Gasaufreißen wie ein Blitz hochdrehte oder beim Gaswegnehmen ebenso rasch von der Drehzahl herunter kam. Das sparte einem zwar bei diesem Viertakter Bremsbeläge, hatte aber ein ruckartiges Fahren zur Folge. Fast wie bei einer Rennmaschine.

Daher mußte man auf nassem Untergrund, Straßenbahnschienen, Bausand und dergleichen, beim Hantieren mit dem Drehgriff sehr aufpassen – die Maschine hing förmlich daran. Ein Verschlucken beim Gasaufreißen gab es nämlich in keinem Falle. Daß außerdem der Einsatz und die Dosierung der Kupplung mehr als bei anderen Maschinen wichtig waren, bedarf wohl keiner besonderen Erwähnung.

Noch einige Schlaglichter: 1) Vierfach in überaus groß bemessenen Lagern gelagerte Kurbelwelle, horizontal geteiltes Motor-Getriebegehäuse (sehr leichte De- und Montage!), durch Exzenter betätigte Ölpumpe und Ölzentrifuge. Exzenter spielten auch sonst noch eine Rolle, z.B. waren die Kipphebelwellen zur Einstellung des Ventilspieles exzentrisch gelagert. 2) Stabile und wasserdichte Steckverbindungen der Kabel. 3) Einigermaßen gutes Bordwerkzeug.

An weniger guten Dingen haben wir im Laufe der Zeit noch folgendes entdeckt: Die Dichtungen der Auspuffanlage an den Schalldämpfern wurden sehr schnell undicht. Die japanischen Reifen entsprachen auf gar keinen Fall unseren Anforderungen. Bei vielen Maschinen wurden die Birnen in den für unsere StVZO bestimmten Scheinwerfer- und Rücklicht-Einsätzen durch Vibrationen sehr schnell zerstört. Die Kontrolle des Ventilspiels erforderte mehr Zeit als bei anderen Motorrädern, obwohl es einfach war. Schutz der Hinterradkette ungenügend. Kraftstoffmenge im Tank zu gering (nur 16 Liter). Nichtverstellbare Fahrerfußrasten. Die Testmaschine zeigte gegen Ende der letzten Nürburgring-Runden

Ölaustritt zwischen dem Anlasser und dem linken Motorgehäusedeckel. Im Jahr 1966 waren Ersatzteilebelieferung, Werkstattschulung für Mechaniker und Kundeninformationen noch generell unbefriedigend.

Schließlich kamen wir zu einem Schlußkommentar, der sich ganz interessant anhört, wobei man feststellt, wie es denn später bei den japanischen Motorrad-Importeuren in Europa zugehen mochte.

Bei unseren Testfahrten vor 1965 auf dem Nürburgring war nur eine serienmäßig hergestellte Maschine über 600 cm^3 der CB 450 von 1965 fahrleistungsmäßig ebenbürtig geblieben: die 650 cm^3 Norton 650 SS (Zweizylinder-Paralleltwin, Ventile über Stoßstangen betätigt). Aber man bedenke, daß deren Motor 202 cm^3 mehr Hubraum hatte. Größere Maschinen konnten wir bis 1965 vergleichsweise nicht auf die Fahrleistung hin testen, und die 500er erreichten alle nicht diese Durchschnitte auf dem Nürburgring.

Es lagen nur noch Zeiten mit der ehemaligen 1000 cm^3 Vincent Black Shadow (55 PS) aus England bei uns vor, die jedoch nur unwesentlich besser waren, weil die Rakete leider ein schwieriges Fahrwerk hatte. Dieses 1000er Motorrad mit dem V-Zweizylinder-ohv-Viertaktmotor wurde 1965 nicht mehr hergestellt. Das waren doch alles interessante Maßstäbe.

Das gute Finish der ›großen‹ Honda – wobei jedoch einzuschränken war, daß manche von uns beobachtete CB 450 offensichtlich das Überlaufen von Sprit beim Tanken mit Lackschäden quittierte – die Zuverlässigkeit, die Handlichkeit (Seitenstütze war serienmäßig, was noch längst nicht bei jedem Motorrad angeboten wurde) kamen dazu, und ich will es kurz machen: wir überlegten noch 1966, ob die CB 450 nicht die Maschine des Jahrzehnts sein könnte.

Ob die Japaner in Tokio wohl wußten, was sie da konstruiert und auf den Markt gebracht hatten? Ob sie begriffen hatten, was sie mit der Weiterentwicklung und Verbesserung dieses Typs und mit der Kundenbetreuung würden erreichen können?

Tokio war weit, und die Gedankengänge unserer japanischen Freunde waren uns damals (und sind uns auch heute noch) oft sehr unklar. Doch eines mußten wir ihnen nach dem Erscheinen der CB 450 allen Ernstes sagen: Mit dieser Konstruktion waren sie in der Lage, den Motorradbau in der Welt zu erneuern und anzuspornen.

Man mag sich nun fragen, ob sie das wirklich gewollt haben. Es hat den Anschein, daß sie es wollten und schafften.

✳

Wir müssen aber noch weiter bei der Marke Honda bleiben, obwohl Suzuki schon seit 1961 und Yamaha seit 1963 beim Grand-Prix-Sport um die Weltmeisterschaftstitel mitmischten und 1965 und 1966 auch auf dem europäischen Markt aufgetaucht waren. Dazu eine kleine Aufstellung:

Fahrer-Weltmeisterschaften 1960 bis 1970 nach Marken

50	125	250	350	500SW	500	Summe	Marke
–	1	1	5	11	–	18	MV Agusta (I)
1	4	5	6	–	–	16	Honda (J)
–	–	–	–	–	10	10	BMW (D)
6	3	–	–	–	–	9	Suzuki (J)
–	2	4	–	–	–	6	Yamaha (J)
2	–	–	–	–	–	2	Derbi (E)
–	–	1	–	–	–	1	Benelli (I)
–	1	–	–	–	–	1	Kawasaki (J)
–	–	–	–	–	1	1	URS (D)

Klassen (cm³)

Honda hatte 1961 die beiden ersten Titel gewonnen, Suzuki holte sich 1962 zum ersten Mal die große Ehre mit Ernst Degner in der 50er Klasse, Yamaha erschien mit einem Weltmeister-Titel zuerst 1964 in der Liste – Phil Read 250 cm³. Kawasaki kam erst 1969 durch Dave Simmonds zum ersten Male zu einer Weltmeisterschaft, und zwar in der 125-cm³-Klasse.

Doch Honda war 1966 in der Bundesrepublik Deutschland voll im Geschäft und plante schon die nächste sensationelle Serienmaschine: die 750 cm³-Vierzylinder mit obenliegender Nockenwelle und vier Vergasern. Es sollte der dritte mächtige Schub nach vorn im Publikumsinteresse für Honda werden. Aber es wurde noch mehr – !

Die Vierzylinder-Sensation: Honda CB 750, 750 cm³, 1969

Es dauerte zwar bis zum Februar 1969, also bis zum letzten der 60er Jahre, von denen in diesem Buch die Rede ist, daß wir die große Vierzylinder von Honda zum erstenmal sehen und fahren konnten, aber schon 1967 hörten wir Gerüchte von einem Honda-Reihenvierzylinder für die Serie. Hier und da tauchten heimlich aufgenommene Fotos von Versuchsfahrten auf, und das alles ließ darauf schließen, daß die Vierzylinder-Rennmotoren Pate gestanden hatten.

Man tat so geheimnisvoll, daß wir sozusagen im Februar 1969 in einer Nacht-und-Nebel-Aktion unter strengster Verschwiegenheit die erste CB 750 fahren konnten, die frisch aus der Kiste kam und noch keinen Ton auf europäischem Boden abgegeben hatte.

Es war nachts. Keiner der anderen Verkehrsteilnehmer achtete auf das komische Motorrad, mit dem ich die Frankfurt – Würzburger Autobahn entlang fegte wie im Sturm. Trotz Regen und Schlackerschnee. Diese Maschine mußte Rennsport-Vorbilder haben!

So war es. Dieser luftgekühlte Vierzylinder-Motor hatte eine durch Kette angetriebene obenliegende Nockenwelle und vier einzelne Keihin-Vergaser. Er war quer im Rahmen eingebaut und so schmal geglückt, daß er überraschenderweise nicht als Metallklotz zwischen zwei Rädern wirkte.

Es hatte lange gedauert, bis die japanischen Techniker die endgültige Bauart festlegten. In der Entwicklung gab es Motoren mit zwei Zylinder-Paaren parallel, mit Zahnriemen-Primärantrieb, mit Zahnrad-Primärantrieb, mit zwei Vergasern, mit vier Unterdruckvergasern usw. Den endgültigen Motor gab es nun mit einem Zylinderblock aus Leichtmetall mit vier

Die 750 cm³ Honda CB 750 von 1969 wirkte trotz des quer eingebauten Vierzylinder-Motors auch von vorn nicht sehr massig.

und 350 cm³-Sechszylinder-Motoren!

Der Primärantrieb der CB 750 bestand aus zwei parallel nebeneinander laufenden Ketten (keine Duplex-Kette!). Die vier Vergaser, deren Schieber ursprünglich über ein Betätigungs-Gestänge zum Gleichlauf gebracht werden sollten, hatten jetzt Seilzug-Schiebersteuerung über einen vierfachen Verteiler. Das Kurbelgehäuse des Motors war horizontal teilbar, die Kurbelwelle fünffach gelagert. Nockenwellen- und Primärantrieb lagen zwischen den beiden mittleren Zylindern, Motor und Getriebe bildeten einen Gehäuseblock.

Das Schmiersystem schloß Motor und Getriebe in einen Kreislauf ein, die Eaton-Pumpe förderte das Öl aus dem Öltank zum Getriebe und über ein Spezialfilter zum Motor, d. h. zur Kurbelwelle, zur Nockenwelle, zu den Zylinderlaufflächen usw. und zurück in den Tank. Vom Getriebe aus wurde durch die hohlgebohrte Ritzel-Antriebswelle die offene Hinterradkette geschmiert.

Von den anfänglich 70 angegebenen PS waren schließlich nach Fabrikangabe 67 DIN-PS bei 8000 U/min übrig geblieben. Das höchste Drehmoment von 6,1 mkg war bei 7000 U/min vorhanden, aber bei 3000 U/min waren es 5,2 mkg und 24 PS. Die Verdichtung betrug 9,0. Kolbengeschwindigkeit bei 8000 U/min = ca. 16,8 m/s. Kolbenhub 63 mm, Zylinderbohrung 61 mm. Gewicht der Maschine mit vollem Tank (etwa 19 Liter) ca. 218 kg.

Bohrungen, auch der Zylinderkopf war ein Leichtmetall-Gußstück. Es war die zivile Abwandlung der Hochleistungs-Experimente, die mit den Vierzylinder-Rennmotoren stattgefunden hatten. Inzwichen baute man in der Honda-Rennabteilung schon seit 1965 (!) 250

Mit der CB 750 begann 1969 eine neue Vierzylinder-Symphonie im Motorradbau.

Der Umgang mit großen Maschinen hatte uns schon immer gezeigt, daß auf kurvenreichen und bergigen Strecken unter Umständen eine gute Vorderradbremse, geglücktes Gewichtsverhältnis, eine sichere Spurhaltung, eine großartige Handlichkeit, weiches und sauberes Einsetzen des Motors, Vibrationsfreiheit, leichtgängige Kupplung und andere Dinge für eine gute Fahrleistung mehr ausschlaggebend sein können, als hohe PS-Zahlen.

Jenseits von 50 oder 55 PS werden solche Eigenschaften immer noch wichtiger, als man glaubt, und wir haben uns oft gefragt, was die 67 PS mit der Honda wohl machen würden, oder umgekehrt, was die Honda aus den 67 PS zu machen im Stande wäre.

Wir wußten inzwischen, daß das Thema »Leistung mehr oder weniger« in dieser Klasse sehr aktuell geworden war. Und nach Meßfahrten mit der Norton-Commando, mit den Dreizylinder-Maschinen von BSA und Triumph, mit der Guzzi V 7, mit der Münch-4 und mit der 750er Honda kamen wir zu dem Schluß, daß es wirklich möglich sei, mehr als 55 PS zu verkraften, wenn alles an der Maschine sonst dazu stimmt und der Fahrer physisch und vom Intellekt her mit einer solchen Kraft umzugehen versteht.

Auf dem Nürburgring waren bei trockener Bahn, aber sehr, sehr starkem Westwind, der am Schwedenkreuz mit großer Stärke seitlich wirkte und auf der Gegengeraden genau entgegen der Fahrtrichtung blies, trotz Baustellen mit dem Fahrtschreiber Zeiten zwischen 12 Minuten und 11:30 (111,5 km/h bis 116,3 km/h) möglich. Ohne Fahrtschreiber nach entsprechendem Training bei völlig freier Strecke und rennmäßig mit allen Risiken kamen als schnellste Zeit 10:51,6 für die 22,3 km lange Meßstrecke heraus. Dazu ist zu sagen, daß an diesem Tag runde 500 Meter der langen Geraden vor Start und Ziel durch eine Baustelle für die Messungen verloren gingen. Aber diese Zeit bedeutete immerhin einen Durchscnitt von 123,2 km/h.

Waren also zu viele PS vorhanden?

Für einen ungeübten und unerfahrenen Mann bestimmt, für einen ausgefuchsten Könner aber nicht.*

Es handelte sich um eine sehr, sehr schnelle Maschine und um ein Motorrad, das man sehr gut in der Hand hatte, das einem zum Teil die hohe Geschwindigkeit gar nicht merken ließ, und damit war es wie mit allen Modellen dieser Kategorie keine Rakete für unerfahrene und frischgebackene Führerschein-Inhaber.

Mehr und mehr war uns in den letzten Jahren bewußt geworden, daß mit der ständigen Leistungssteigerung der Motoren keineswegs in gleichem Maße auch eine Steigerung der Fahrkunst, der Erfahrungen und eines instinktiven Gefühles für Sicherheit in der seit 1960 auch ständig wieder größer gewordenen Gemeinde der Motorradfahrer mit vielen unbedarften Neuzugängen verbunden war.

Auch war die Verkehrsdichte in dieser Zeit immer größer und der allgemeine Verkehrsfluß überall immer schneller geworden, so daß auch diese Fakten mitsprachen, wenn wir über Motorenleistungen von schnellen Motorrädern diskutierten.

Dieses Problem beschäftigte uns von da an immer stärker und stärker. Wer mit einem Wildpferd anbändeln will, der sollte erst langsam Erfahrungen sammeln. Bei der CB 750 deswegen, weil alles so wunderbar handlich und leicht wirkte, und weil die Maschine so rasant geradeaus auf der Autobahn davonzischte, daß man fast immer schneller fuhr als man dachte.

Dazu noch ein paar beeindruckende Zahlen: auf der langen Ring-Geraden drehte der Motor bis an 8500 U/min – 8000 U/min waren es beinahe ständig. 190 bis 200 km/h hieß das. An der langen Steigung von Breidscheid hinauf zur Hohen Acht im Kesselchen (Kilometer 12) kam man bei 7 % Steigung bis auf 160 km/h im vierten Gang. Kurz vor Kilometer 13 war auf unebener Bahn eine leichte Linksbiegung über einen Buckel. Dort machte man einen gewaltigen Satz, weswegen das Tempo bis auf 100 km/h herunterging. Von 80 bis 180

*Fahrtschreiber-Blatt und Fahrdiagramm siehe Seite 21

94

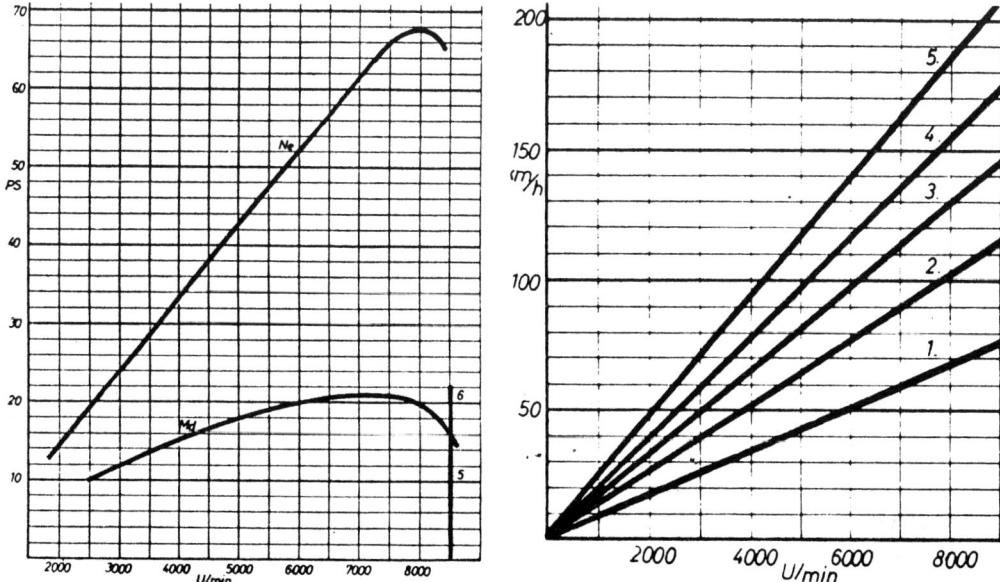

Leistungskurve der CB 750.

Gangdiagramm der CB 750.

km/h in 18 Sekunden, und mit zwei Personen in der Ebene erreichte man im fünften Gang ca. 175 km/h. Drehte der Motor nicht über 8000 U/min, dann ging der zweite Gang bis 100 km/h, der dritte bis 130, der vierte bis 155. Erfreulich war es, daß der fünfte Gang schon ab 75 km/h sauber durchzog.

Im zweiten und dritten Gang war der Stadtverkehr sehr gut zu bewältigen, ohne daß der Motor durch Unregelmäßigkeiten Zauberein verlangte. Die vier 28 mm-Kolbenschieber-Vergaser waren auch im Übergangsbereich gut zu beherrschen. Nur mußten alle vier Schieber dazu absolut gleich laufen. Angenehm war auch der fast völlig vibrationsfreie Lauf des Motors. Außerdem sprang er mit dem E-Anlasser wie mit dem Kickstarter zuverlässig an.

Bei einer mittleren Reisegeschwindigkeit auf der Autobahn zwischen 140 und 160 km/h, also zwischen 6000 und 7000 U/min, bei der man noch immer für eventuelle Fälle eine Menge Kraftreserven zur Verfügung hatte, lief der Motor im fünften Gang so sanft, daß man überhaupt keine Vibrationen spürte. Drehte

man dann den Drehgriff voll auf, schaffte sich die Maschine innerhalb von 10 Sekunden bis 180 km/h hinauf.

Es war nicht einmal so sehr die Beschleunigung aus dem Stand, die nur schwer allgemeingültig festzulegen ist, weil die Messungen in solcher Kategorie, ca. 3,25 kg/PS doch zu sehr vom Können und von der Traute des Fahrers abhängen – es war dieses Beschleunigungsvermögen bei notwendigen Überholmanövern aus niedrigem Tempo heraus, daß einfach nicht von anderen Fahrzeugarten erreichbar war. Wobei hinzukam, daß das Motorrad den geringen Platzbedarf im Verkehr als Vorteil hatte.

Runde 12 000 Kilometer konnten wir die CB 750 fahren, und das war zu der damaligen Zeit noch etwas ungewöhnlich und bei Testmaschinen nur selten üblich. Ein Herbst, ein Salz-Winter, ein Regenfrühling und ein Sommer – da kamen wohl genug Erfahrungen auf den Straßen zusammen, um eine genaue Stellungnahme zu einem der tollsten Motorräder zu formulieren, die die Geschichte des Motorradbaus bis dahin aufzuweisen hatte.

95

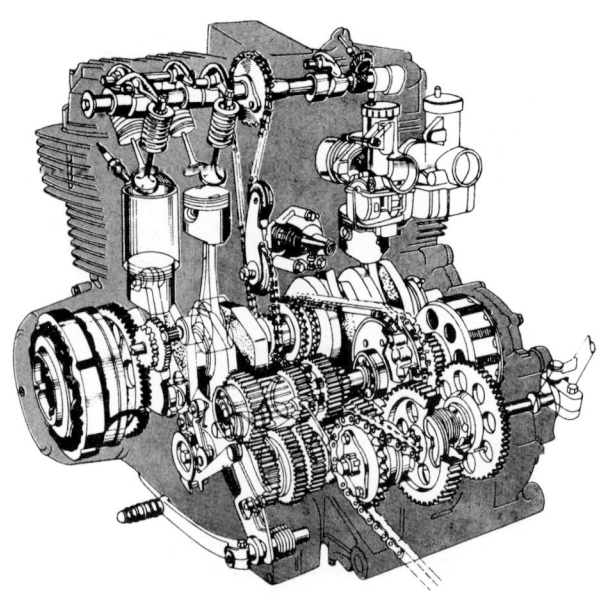

Der Aufbau des großen Honda-Motors CB 750 im Jahre 1969. Er trägt schon wichtige technische Kennzeichen, die von da an auch in anderen japanischen (und später auch italienischen!) Vierzylinder-Motorradmotoren zu finden waren und heute noch sind.

Die Motorleistung, die technischen Besonderheiten und die kultivierte Laufcharakteristik dieses Vierzylinder-Aggregates, die hydraulische Scheibenbremse im Vorderrad, das gut abgestimmte Fünfganggetriebe und einige weitere Details brachten der 750 cm³-Honda einen Riesenvorsprung vor aller Konkurrenz.

Die ungeschützt offen laufende Hinterradkette und das diffizile Fahrwerk bedeuteten dagegen regelrechte Eigentore: Bei Motorrädern mit Motoren über 5 mkg Drehmoment waren derart ungeschützte Ketten (von Unterdimensionierung noch gar nicht gesprochen) Details aus der Pionierzeit (die genial ausgeführten automatische Kettenschmierung der CB 750 machte es nicht besser!), weil es stabilere und wartungsfreiere Antriebsarten schon lange gab. Es stand fest, daß der Mehraufwand für eine solche Antriebsart – z. B. Kardan – Honda in der Welt noch ein paar hunderttausend Abnehmer mehr gebracht und der Kon-

kurrenz den Wind aus den Segeln genommen hätte, zumal man im Hause Honda bei der Konzipierung und Herstellung von Maschinenteilen ausgesprochene Spitzenklasse war. Damit das Motorgehäuse bei etwaigem Kettenbruch (wie wir ihn erlebten) durch das peitschende Kettenende nicht zerschlagen wurde, war später ein Abweisblech am Ritzel vorgesehen.

Ein anderes Problem war das Fahrwerk. Woran es eigentlich lag, daß Honda zuerst nie so richtig glücklich mit den Fahrwerken seiner Motorradmodelle wurde – bei Rennmaschinen und bei den Serientypen –, konnten wir nur vermuten. Die Versuche wurden offensichtlich nur auf einer glasebenen Versuchspiste unternommen, und eine harte Erprobung auf unebenen Strecken oder sogar im Gelände waren den dortigen Konstrukteuren in den 60er Jahren noch böhmische Dörfer.

So kam es, daß auf schlechten Straßen ein harter Eiertanz begann, wenn das Tempo in die höheren Regionen geriet, daß man Gas wegnehmen und schwächere Maschinen mit besserer Spurhaltung vorbeilassen mußte, wollte man nicht Kopf und Kragen riskieren. Auf einigermaßen guten Strecken holte man dann mit dem Feuer in dem Vierzylinder-Motor allerdings sehr schnell wieder auf, und auf guten Bundesstraßen und Autobahnen war uns niemand weggefahren.

Fazit: Rahmen etwas labil (auf schlechten Straßen in Kurven seitliche Ruderbewegungen), Federung zu hart und ungenügende Dämpfung (auf schlechten Straßen sprang das Motorrad ab 120 km/h, was das Tempo wesentlich drückte). Der Zustand der Nürburgring-Nordschleife brachte Spur-Unruhe am Schwedenkreuz, Fuchsröhre, im Kesselchen, am Wippermann und im Pflanzgarten (dies waren die Anhaltspunkte für unsere Beurteilung), auf der schwierigen TT-Strecke – der Isle of Man – zeichnete sich das Niveau des Fahrwerks im Vergleich mit der Konkurrenz beim Serienmaschinen-Rennen 1970 noch deutlicher ab.

Das beste Mittel dagegen war: Gas wegnehmen – denn man fegte im nächsten, besseren Streckenabschnitt allen anderen wieder auf und davon, und 120 km/h waren bei manchen Straßen sowieso schon ein recht hoher Wert. Man mußte ja nun nicht unbedingt stets und immer im Grenzbereich der Maschine fahren. Der Leser mag wissen, daß uns diese notwendige Kritik nicht leicht fiel, man mußte jedoch bei aller Begeisterung objektiv bleiben, wenn ein Test etwas aussagen sollte. Diese Vierzylinder-Rakete verleitete aber jeden Motorradenthusiasten sehr leicht zu großer Begeisterung, und wer die CB 750 damals gefahren hat, der wird es noch heute bestätigen.

In der Testzeit gab es keinerlei ernste Schwierigkeiten, die das Motorrad länger oder kürzer außer Gefecht gesetzt hätten – vielleicht weil wir uns trotz (oder gerade wegen) des damals etwas dünneren Kundendienstnetzes für dieses Honda-Topmodell immer selbst bei Pflege, Einstellung und Änderungen helfen konnten. Reifen- und Kettenwechsel, Batteriepflege und Ölwechsel, Speichen nachziehen und Wartung des vorderen hydraulischen Bremssystems, Zündeinstellung und Kerzenpflege, Auswechseln von Glühbirnen und Instrumenten und Ähnliches bedurften nicht der Honda-Spezial-750-Werkstatt.

Nur bei der Einregulierung des Gleichlaufs der vier Gasschieber mittels des Unterdruckmesser-Satzes fing das Wartungsproblem an. Das kriegte man nämlich ohne dieses Instrument nicht so einfach sauber hin – und damit wurden wir wieder mit der Art des Honda-Kundendienstnetzes 1960 gerade für diese Maschine konfrontiert.

Ein Segen war das in (ziemlich guter) deutscher Sprache existierende Werkstatthandbuch, nach dem eigentlich jeder seine 750er warten konnte, wenn er dazu noch das notwendige Instrumentarium besaß.

Aus den Aufzeichnungen geht hervor, daß rund alle 3000 Kilometer ein neuer Hinterradreifen Metzeler C6 »H« 4.00-18 fällig war, daß

der Metzeler-Vorderradreifen Rille 12 3.25-19 nach 5000 Kilometern gewechselt werden mußte. Nach 6000 Kilometern mußten wir verschiedene lockere Speichen im Hinterrad wieder anziehen, außerdem war der Drehzahlmesser defekt, weil er Berührung mit dem Bremsflüssigkeitsbehälter am rechten Lenkerende bekommen und die feinen Vibrationen nicht vertragen hatte.

Mindestens alle 2000 Kilometer haben wir Ölwechsel gemacht, viermal wurde dabei das Ölfilter (vorn vor dem Kurbelgehäuse) gewechselt, einmal das Ölpumpensieb gereinigt. Das Ölfilter war nicht immer bei Honda-Werkstätten vorrätig – aber in der Niederlassung in Offenbach bekamen wir es. Einen besonderen Verschleiß gab es einmal, als wir 1971 auf der Rückreise von der TT auf der Isle of Man über Ostende, Aachen und Köln nach Stuttgart fuhren. Es war sehr gutes Wetter, es eilte uns gewaltig. Mit zwei Personen und viel Gepäck fuhren wir am 13. Juni 1971 die 750 Autobahnkilometer inklusive aller Tankpausen fast nur mit Vollgas in 5 Stunden und 45 Minuten, was einen Durchschnitt von ca. 130 km/h ergab. Zog man dreißig Minuten für Tanken und Pausen ab, dann hatten wir einen Schnitt von knapp 143 km/h gefahren.

Nach dieser Gewalttour war der Hinterradreifen fast völlig glatt. Die Speichen im Hinterrad waren alle lose. Die Hinterradkette konnten wir wegwerfen. Der Motor aber lief absolut sauber und ruhig im Leerlauf, als wir nach dieser Gewalttour von der Autobahn kommend an der ersten Verkehrsampel warten mußten. Um vier Uhr morgens bis in die späten Vormittagsstunden war es 1971 auf den Autobahnen noch nicht so voll wie heute. In jenen Jahren machten wir noch immer Vollgastests mit unseren Motorrädern auf der Autobahn zwischen Hamburg und Wien, was heutzutage einfach undenkbar wäre.

Nur zweimal kontrollierten wir die Zündeinstellung mit dem Stroboskop. Die japanischen 12 mm NGK-Zündkerzen mit dem Wärmewert D 9 ES wurden nie gewechselt, sie reichten für

Brötchenwege, Reise und schnelle Autobahn-jagd.

Dreimal mußte die Glühbirne im Scheinwerfer wegen durchgebrannter Abblendfäden erneuert werden, die Batterie brauchte keine Hilfen. Es war eine Drehstrom-Lichtmaschine 12 Volt (Leistung 210 Watt) mit Gleichrichter und mechanischem Regler eingebaut. Die Batterie hatte 14 Ah. Der hervorragende E-Starter versagte niemals (Zahnradantrieb über Planetengetriebe und Freilauf zur Kurbelwelle), und der Motor machte selbst im Winter keinerlei Startschwierigkeiten.

Nach der Hälfte der Testzeit wurden die Gummistoßdämpfer des Antriebs im Hinterrad gegen inzwischen in der Form verbesserte ausgetauscht, und diese Stoßdämpfung war – auch die im Primärkettenrad – durchaus notwendig. Der Motor hatte ja keine besonderen Schwungmassen und hing sozusagen am Drehgriff – beim Gasgeben war er wie der Blitz auf Touren, beim Gaswegnehmen bremste er ungewöhnlich stark. Stimmte die Kettenspannung nicht ganz, so wurde der beim plötzlichen Gasgeben unweigerlich auftretende Antriebsruck gut aufgefangen. Da der Motor bis hinunter auf 2000 U/min durchaus auch im vierten und fünften Gang fahrbar war, in diesem Bereich mit dem Drehgriff besonders umgegangen werden mußte, wenn man ein kultiviertes und ruhiges Fahren bevorzugte, so wirkte sich diese doppelte Stoßdämpfung im Antrieb außerordentlich günstig aus.

In der Tat – ab 60 km/h im fünften Gang (= ca. 2500 U/min) oder im vierten Gang (= ca. 3000 U/min) hörte man nur das Windrauschen an den Sturzhelmrändern, und die Maschine »glitt« sozusagen wie ein Edelmann durch die Allee. Man konnte dabei sogar Vollgas geben – wie eine Turbine zog der Motor stetig und sicher durch. Auf diese Art war – entsprechend auch in den unteren Gängen – ein Fahren auch im dichten und engen Stadtverkehr keine fahrerische Tortur.

Die Kupplung ging immer sehr leicht, aber wenn der Motor lange mit hoher Leistung beansprucht worden war, dann neigte sie zum plötzlichen Packen beim Einkuppeln. Man mußte das wissen und stellte sich schließlich darauf ein.

Die Inge, meine Lebenssozia, gab folgendes Urteil ab: Gute Sitzposition auch bei zwei Personen, Sitzbank lang und breit genug, gut gefedert. Zu kritisieren waren aber die Fußrasten außerhalb der Schalldämpfer (man saß mit weit nach außen ragenden Unterschenkeln auf dem Soziusplatz). Aber wo sollte man sie sonst hinbauen?

Außerdem waren die Federbeine hinten auf schlechten Straßen viel zu hart. 200 Kilometer an einem Stück waren aber durchaus noch auszuhalten (wobei zu sagen wäre, daß wir noch harte Sozias hatten, die selbst auf einer Starrahmen-Maschine mit Martersitz und nicht passender Fußrastenlage 200 Kilometer an einem Stück mitfuhren, ohne sich dabei etwas zu denken. Wir sagten »Apachen-Töchter« zu ihnen).

200 bis 250 Kilometer an einem Stück waren so ungefähr der Aktionsradius mit dem Tankinhalt von 18 Litern (einschließlich Reserve). Dieser Tank hatte einen Benzinhahn besonders stabiler und durchdachter Konstruktion, man konnte den Spritbottich für notwendige Wartungsarbeiten sehr leicht entfernen (Zündkerzen, Vergaser, Ventile), er hing gut geschützt gegen Vibrationen und Schläge in Gummi. Die leicht demontierbare Aufhängung war unbedingt erforderlich, weil man bei den erwähnten Wartungsarbeiten ohne Tankdemontage kaum richtig arbeiten konnte.

An sich gab es bei solchen Pflegearbeiten, die sich im Rahmen hielten, keine Probleme, aber bei der Gleichlaufregulierung der vier Vergaser, bei der Kerzenschrauberei, bei Raddemontage u.a. mußte man ein wenig Köpfchen einsetzen. Z. B. sollte das Hinterrad ohne Kettenöffnen entfernt werden können – wir machten lieber die Kette auf und fädelten später nicht das Rad mit Würgen und Theater über die Gummistoßdämpfer wieder an den Zahnkranz.

Ein Problem war die Reinigung. Wenn wir die CB 750 von Erasmus oder die von Dr. Heuer ansahen, erblaßten wir vor Neid. Entweder fuhren die beiden nur bei schönem Wetter oder sie mußten mit Frau Saubermann und Meister Propper Parties feiern, denn deren Hondas waren vorn an den Zylindern und am Kurbelgehäuse nie so verkrustet wie unsere Testmaschine, die außerdem einen Salzwinter durchstehen mußte.

Einigermaßen bekamen wir das Ding ja sauber, aber appellfähig schafften wir es nie. Vielleicht, weil wir keinen ganzen Nachmittag Zeit für sowas hatten (unsere Maschinen waren keine Putz- sondern Fahrobjekte). Also kurz gesagt – es gab Motorräder, die einfacher zu reinigen waren.

Die Scheibenbremse brauchte zweimal neue Beläge. Erstmals nach 4000 Kilometern, das zweite Mal nach 8000. Ihre Wirkung war unerhört, sie trennte jedoch nie völlig – d. h. daß die Beläge immer ein wenig an der Scheibe anlagen. Bei der Radmontage mußte man sehr genau peilen, um die Scheibe zwischen die Beläge zu fahren, ohne scharf anzuecken.

Daß natürlich bei sehr scharfem Bremsen vorn der linke Gabelholm besonders unter Druck stand und daß man dies sogar ein wenig im Lenker spürte, das war klar. Die Spurtreue litt nicht, aber vielleicht war das ein Grund dafür, daß die CB 750, die für Serienmaschinen-Rennen eingesetzt wurden, im Vorderrad zwei Scheibenbremsen hatten.

Die Reise- und Fahrleistungen dieses Motorrades stellten vieles in den Schatten, was wir bis dahin in der 750er Klasse gefahren hatten, wenn man sich auf normalen Straßen und nicht auf Strecken »sechster Ordnung« befand.

Aber gerade lange Reisen mußten die Honda-Leute kräftig in ihr Kalkül einbeziehen, nachdem wir ganz allgemein neue Anforderungen an derartige Motorräder stellten. Der Gedanke an ein »Büffel«-Motorrad (siehe Seite 128) und dessen Verwirklichung durch die Guzzi V 7 und andere forderte Honda auch hier heraus. Und das wurde nicht übersehen, bis in den 70er Jahren die große Honda-Goldwing herauskam.

Wenn man bedenkt, daß wir von großen Schäden verschont blieben, dann gebührte der Vierzylinder-Honda bestimmt abschließend ein gutes Urteil. Sie war sehr sportlich, sehr schnell, zuverlässig, auf langen Strecken wunderbar zu fahren und technisch eine Delikatesse. Sie war deswegen so ein markantes Motorrad gegen Ende der 60er Jahre, weil die Bauart des Motors zum Vorbild vieler nachfolgender Motorräder aus Japan wurde.

Die Honda Modelle CB 92, CB 72, CB 450 und schließlich die CB 750 waren nicht nur die bedeutenden ersten japanischen Motorräder ihrer Klassen im alten Europa, sondern auch bei Honda selbst. Natürlich gab es noch andere ab 50 cm^3, außerdem wurde die CB 72 bald von der CB 250 abgelöst, dazu kamen 350 cm^3-Maschinen, und die CB 450 durchlief mehrere Verbesserungsphasen im Lauf der Jahre bis über 1970 hinaus.

Aber es waren die Ursprünge und Katalysatoren schon sehr frühzeitig noch im Zeitabschnitt großer Depressionen (1960 und 1961 z. B.) für eine ganz neue Motorradgeneration und -zeit, welch beides sich damit mehr als deutlich abzeichnete. Von vielen nicht erkannt, die es eigentlich hätten sehen müssen, von anderen zunächst mit Skepsis und Staunen, dann aber mit voller Aufnahmebereitschaft begrüßt. Es waren die Starts zu neuen Ufern.

Zunächst Problem-Rakten:
Die Kawasaki-Renner 1968 und 1969
Zuerst 250 cm^3 A 1

Es dauerte etwas länger, bis die ersten Kawasaki-Motorräder nach Deutschland kamen. Honda, Suzuki und Yamaha waren schon mitten im Rennen um die Zulassungszahlen, als Ende 1967/Anfang 1968 bekannt wurde, daß nun auch die Kawasaki Aircraft Co. ihre Motorräder nach Europa und nach Deutschland bringen würde.

Einmal waren wir inzwischen mit Testmaschinen besser versorgt als zu Anfang des Jahrzehnts, hatten damit sehr viel um die Ohren und zunächst viel zu viel mit ihnen zu tun; und zum anderen vollzog sich der Kawasaki-Einmarsch in die Arena etwas im Hintergrund. So kam es, daß wir erst gegen den Sommer 1968 hin zu einer 250 cm^3 A 1 kamen. Von einer geplanten 500 cm^3 Dreizylinder, die 60 PS Leistung bringen sollte, gab es Gerüchte, aber bei uns fanden sie noch keinen Glauben.

Diese 250er war deswegen interessant geworden, weil sie einen Zweizylinder-Zweitaktmotor mit zwei Drehschiebern besaß, der 31 PS Leistung haben sollte.

Das interessierte vor allem ganz besonders den Chefredakteur von »Das MOTORRAD«, Siegfried Rauch, der ein großer Zweitaktkenner und Drehschieber-Spezialist war (von der alten Auto-Union vor dem Kriege in Zschopau her, wo er u. a. auch aktiv an den damaligen berühmten Ladepumpen-DKWs mitgewirkt hatte), und der sich gerade von dieser Entwicklung aus Japan vielleicht einiges Neue erhoffte.

Diese Drehschieber aber hatten unsere Motorradbegeisterten schon wieder ganz wild gemacht, und es wehten gleich die tollsten Sagen durch die Lande, so daß in den Gesprächsrunden plötzlich die schlitzgesteuerten Zweitakter von Suzuki und Yamaha unter ›ferner liefen‹ eingestuft waren.

Mensch, z w e i Drehschieber! Für jeden Zylinder einen – ! Das klang nach verkappter Rennmaschine.

Es war wieder ein technischer Gag der Japaner, mit dem sie auf dem Motorradmarkt Fuß fassen wollten, und sie scheuten sich nicht, auch leistungsmäßig wieder einen gewaltigen Wirbel zu machen. TÜV hin – TÜV her, das kriegten sie dann später mit ein paar PS-Zahlen weniger schon in den Griff – zunächst einmal wurde auf den Leistungsputz gehauen, daß es tüchtig Wind gab.

Die 31 PS bei 8000 U/min konnte man bei dem Modell A 1 von Kawasaki nicht als DIN-PS ansehen. Es existierte zuerst keine für Deutschland gültige Leistungskurve, und wir waren auf das angewiesen, was wir auf der Straße messen konnten. Die erste A 1, die wir untersuchten, lief 154,2 km/h. Bei einem Leergewicht von 145 kg mußten das zwischen 27 und 29 DIN-PS sein (DIN-PS: mit Ansauggeräuschdämpfung, Luftfilterung, Schalldämpfung, mit allen Nebenaggregaten gemessen). Also so schrecklich übertrieben waren diese 31 PS in den Prospekten gar nicht.

Aha, das war also kein Schaumschläger.

Unterhalb von 6000 U/min spielte sich aber nicht viel ab, und so erhielten die fünf Gänge mehr Bedeutung. Im Laufe von ca. 10 000 gefahrenen Kilometern kam man immer mehr zu der Überzeugung, daß das Getriebe eigentlich sechs Gänge haben müßte, damit die volle Leistungsausnutzung ermöglicht würde.

Während dieser 10 000 Kilometer kam es aber nicht zu einer Nürburgring-Probe, denn wir er-

Kawasaki 250 cm^3 A 1 im Sommer 1968. Zweizylinder-Zweitakter mit zwei Drehschiebern.

lebten immer wieder Löcher im Kolben des linken Zylinders. Zum erstenmal trat diese Panne bei einer über 600 Kilometer gehenden Autobahnfahrt auf, andere Zündkerzen brachten keine Besserung (KLG F 220, Beru HGF 240-310, Pal 14-17 und andere). Beim angesetzten Nürburgringtest gab es schon in der ersten Runde eine Sparbüchse, und so ging das in Abständen lustig weiter.

Wir experimentierten damit herum und versuchten, auf alle uns bekannten Arten die Ursache zu ergründen. Zuletzt bekam der linke Vergaser eine brutal aufgebohrte Hauptdüse, womit dann das Übel erst mal beseitigt zu sein schien. Danach machten wir uns an die Untersuchung japanischer Vergaser auch an anderen Maschinen. Wir stellten schließlich fest, daß in vielen Fällen die Typen-Nummern und $\varnothing$-Angaben auf den Düsen nicht mit der Wirklichkeit übereinstimmten, und daß es immer wieder $\varnothing$-Unterschiede trotz gleicher Bezeichnungen gab.

Das war aber nicht nur bei der Kawasaki, sondern auch bei anderen Marken so.

Nun hatten wir das A 1-Problem, und es dürfte dem Importeur einiges Kopfzerbrechen gemacht haben. Dabei war diese 250er ein sehr schnelles Motorrad mit einem sehr guten Fahrwerk auf ebenen Pisten.

Die Telegabel schlug auch auf Schlaglochserien nicht durch, aber die Federn wirkten hier und da etwas hart. Es war eine Highway-Gabel, und man mußte auf schlechteren Straßen in Kurven aufpassen, daß sie nicht in der Spur hin und her sprang. Auf guter Bahn waren erstaunliche Schräglagen möglich, und wir waren über die hochklappbaren Fußrasten erfreut (!).

Langhaxete Burschen konnten aber deshalb nicht besonders gut sitzen, weil sie die Knie hochziehen mußten. So saßen wir fast immer weiter hinten auf der Sitzbank.

Aber das waren - im Vergleich mit den Vorkommnissen während der 10 000 Kilometer — keine größeren Probleme. An dieser A 1 gab es immer wieder Ärger mit abvibrierten Schalldämpfern und losen Schalldämpferein-

sätzen, mit defekten Instrumenten, dauernd durchbrennenden Lampen und vielen anderen Kleinigkeiten.

Immer wieder wurde die Zündeinstellung kontrolliert, wurden die Vergaser untersucht – es war dauernd etwas los.

Bei den Arbeiten mußten wir uns oft ärgern, denn zum Beispiel verstellte sich bei Einstellung der Zündung des linken Zylinders der Zündzeitpunkt des vorher justierten rechten Zylinders wieder, und man mußte eine ganze Weile herumsuchen. Umgekehrt war es nicht anders, wenn man mit dem rechten Zylinder anfing.

Wollte man den Gaszug vom Drehgriff zum Gaszugverteiler ausbauen, so mußte man auch beide Seilzüge vom Verteiler zu den Vergasern aushängen. Das aber war deswegen wiederum umständlich, weil die beiden seitlich sitzenden Vergaser hinter den Gehäusedeckeln versteckt waren. Die Bolzen mit den Kreuzschlitzköpfen waren nach wenigen Drehungen ausgefranzt, sie vertrugen nicht viel, also drehten wir deutsche Luftnorm-Bolzen mit Innensechskantköpfen ein.

Ließ man zum Einjustieren des Vergaser-Gleichlaufs die Gehäusedeckel weg und den Motor laufen, dann spritzte rechts aus dem Gehäuse hinter der Kupplung und dem Primärtrieb Getriebeöl raus. Da wären zwei getrennte Deckel vor den Vergasern und vor der Kupplung besser gewesen.

Die 12 Volt-Lichtmaschine lag über dem Getriebe hinter den Zylindern, weil die beiden Vergaser rechts bzw. links neben dem Kurbelgehäuse vor den Plattendrehschiebern saßen. So war die A 1 ein recht verbautes Ding, und es war nicht einfach, sie in allen ihren Ecken und Winkeln zu reinigen.

Wenn wir für den Motor eine Leistung von 27 DIN-PS annahmen, so hatten wir eine Hubraumleistung von 109 PS/Liter. Die Zylinderbohrung betrug 53 mm, der Kolbenhub 56 mm. Wir haben uns dann nicht mehr lange mit der Problem-Kawa 250 cm^3 beschäftigt, lernten dabei aber, daß den Kawasaki-Ingenieuren noch manche Gedanken fremd für den Bau von Motorrädern waren, wie wir sie in Europa brauchten. Jedenfalls muß man hier dieses Beispiel aufzeigen, um zu erklären, warum nicht alle Motorräder der 60er Jahre ›Spotlights‹ für eine neue imponierende Zeit sein konnten.

Kawasaki »Mach III«, 500 cm³

Ende Februar 1969 startete die Kawasaki Aircraft Co. LTD., Tokio, dann einen richtigen Überraschungsangriff auf den europäischen Markt und brachte damit ein Motorrad auf die Straßen, das noch einmal am Ende dieses Jahrzehnts unglaublichen Wirbel veranstaltete.

Während europäische Hersteller noch immer zögernd agierten und wohl auch dachten, daß man mit mehr als 50 PS in einen Bereich kam, der – nicht nur aus Sicherheitsgründen – markttechnisch kaum stabil sein konnte, setzten sich hier wieder die Japaner über derartige Skrupel hinweg. »Leistung, Tempo, Temperament, rasantes Aussehen ist gefragt. Wir bauen es.«

Die Meldung von der neuen Kawa knallte auch in die Redaktion von »Das MOTORRAD« wie eine Silvester-Rakete hinein.

500 cm³, drei Zylinder, schlitzgesteuerter Zweitakter und –

– 60 (in Worten: sechzig) PS – !

120,5 PS/Liter Hubraumleistung bei einer 500er Serien-Maschine!

Gerade hatten die ersten Fahrten mit der Honda CB 750 und deren 70 oder 65 PS (es gab noch keine ABE mit genauer DIN-PS-Angabe) stattgefunden, gerade hatten wir uns mit den neuen englischen Viertakt-ohv-Dreizylindern von BSA und Triumph und mit deren 60 PS vertraut gemacht –

– und jetzt servierte man uns eine 500er mit 60 PS.

Wir waren nicht bereit, lange auf ein Exemplar zu warten, setzten alle Hebel in Bewegung und waren am 16. April 1969 mit dieser »Mach

III« von Kawasaki auf dem Nürburgring. Es war übrigens 1969 und 1970 noch die stärkste Serien-500er, die der Markt zu bieten hatte.

Die genannte Motorleistung war fast eine Norm für Privatfahrer-Serien-Rennmaschinen der 500er Klasse. Sie wurde bei 7500 U/min erreicht, und bei einem Kolbenhub von 58,8 mm (Zylinderbohrung 60 mm) betrug die Kolbengeschwindigkeit bei dieser Drehzahl 14,7 m/s. Bei 8500 U/min waren es 16,6 m/s, und bei 9000 U/min stieg die Zahl auf 17,6 m/s – so eben noch unter dem Grenzwert, über den hinaus die Materialbelastung der hin und her gehenden Massen zu groß werden kann.

Wir meinten, daß sich vielleicht ein großer Teil der Interessenten aus dem Nachwuchs im Straßensport zusammensetzen würde, weil hier von Hause eine Leistung angeboten wurde, mit der man keineswegs in den hinteren Rängen sein würde. Der Verkaufspreis von DM 4300,– war auf alle Fälle billiger, als alle vergleichbaren 500er Serien-Rennmaschinen damals kosteten. Ansonsten kosteten 60 PS-Serienmaschinen allgemein auch mehr – Norton Commando, 750 cm³ = DM 5295,–; BSA Rocket 3, 750 cm³ = DM 6300,–; Triumph Trident, 750 cm³ = DM 6300,– (die Harleys konnte man auf keinen Fall mit der Mach III vergleichen!).

Aber bei den Straßenrennen faßte die Kawasaki Mach III als Sportinstrument keinen festen Fuß, denn sie war vom Fahrwerk her ein Problem. Und das merkten wir bald auf dem Ring.

Zugegeben, es war bei unseren Meßfahrten kein gutes Wetter. Es regnete, die Strecke war meist naß und rutschig. Aber aus arbeitstechnischen und Termin-Gründen konnten wir nicht auf Sonne warten. Wir mußten es so nehmen, wie es kam. Sogar nasser Schnee kam zeitweilig noch vom Himmel runter. Wir knöpften die Kragen zu.

Die besten Rundenzeiten lagen bei 11:50 für die 22,3 gemessenen Kilometer trotz zweier Baustellen, die das Tempo dann auch noch reduzierten. Das waren Rundenschnitte um

Eine andere japanische Motorrad-Überraschung war im Frühjahr 1969 die Kawasaki 500 cm³ Mach III.

113,0 km/h herum, was bei der Glätte und Nässe noch beachtlich war.

Für die 60 PS des Motors sprachen aber die erreichten Geschwindigkeiten zwischen Kilometer 11 und 13,5 im Anstieg von Breidscheid zum Karussell. Dort drehte der Motor im Kesselchen im vierten Gang bis an 9000 U/min heran = 160 km/h, und im fünften Gang kam er bis auf 7500 U/min = 155 km/h an 7 % - 10 % Steigung. Auf der langen Geraden von der Döttinger Höhe bis zur Antoniusbuche drehte der fünfte Gang stellenweise noch bis 9000 U/min = 185 km/h. Aufrecht sitzend im dicken Regenanzug bei hartem Gegenwind waren es noch immer 160 km/h, so daß man sich am Lenker festhielt, um nicht weggeweht zu werden.

Die Gesamtübersetzung mit den 15 Zähnen

Der 500er Dreizylinder-Zweitaktmotor der Kawasaki Mach III leistete 60 PS, 1969.

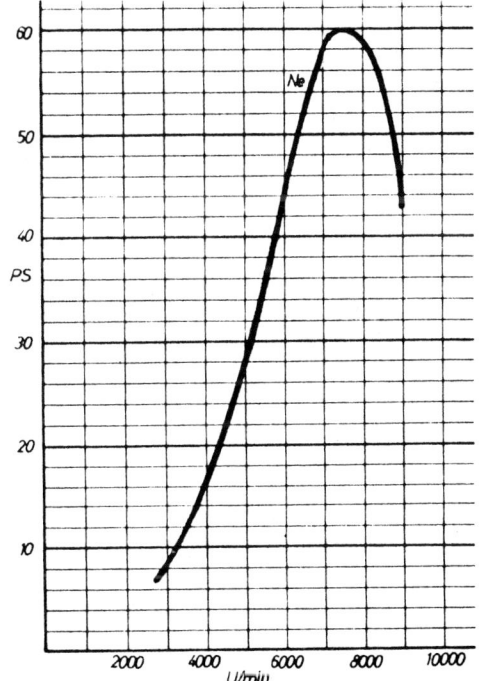

Die spitze Leistungskurve der Mach III.

am Getriebeausgang war zu groß, man hätte 16 Zähne probieren sollen. Beim Gas aufmachen war das Vorderrad immer vom Boden weg, selbst noch beim Heraufschalten vom

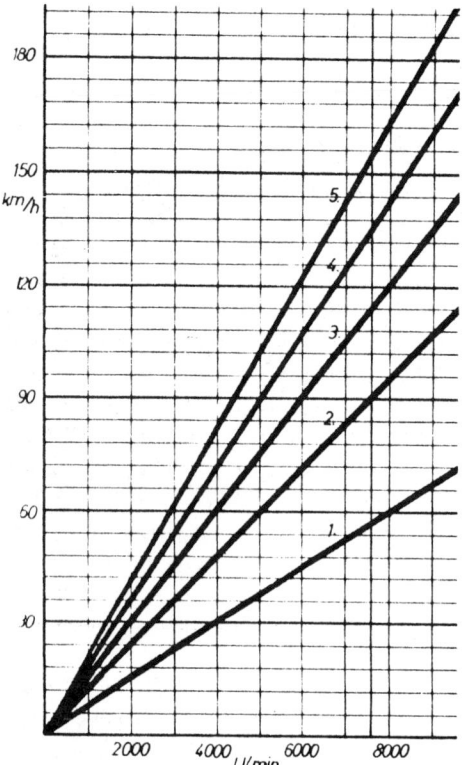

vierten in den fünften Gang oberhalb von 7000 U/min. Hinter jeder Kurve mußte man aufpassen, daß einem nicht noch in Schräglage beim Gasgeben das Vorderrad hochging. Das passierte fast nach jeder Ecke, und damit ging die saubere Spur ziemlich verloren. Das Dings hatte zu viel Kraft zum sauberen Laufen! Die Kawa-Leute versuchten das durch eine serienmäßig verwendete italienische (!) Ce-

Technische Daten:

Dreizylinder - Zweitakt - Motor, schlitzgesteuert. Leistung 60 PS (b.h.p.) bei 7500 U/min. Verdichtung 6,8. Bohrung/Hub 60/58,8 mm. Kurbelwelle sechsfach gelagert. Drei Vergaser Mikuni, 28 mm Ø. Zündanlage für Europa: drei Unterbrecher, drei Zündspulen, 12 Volt. Zündkerzen-Wärmewert 280 bis 310. Getriebe: Fußschaltung, fünf Gänge. Gesamtübersetzung: 15,95 / 10,15 / 7,90 / 6,66 / 5,84 mit 15 Zähnen am Getriebeausgang (16 Zähne-Ritzel gibt es). Bereifung vorn 3.25—19, hinten 4.00—18. Fahrwerk: Doppelrohr - Rahmen, Ceriani - Teleskopgabel. Gewicht leer ca. 175 kg. Fahrfertig ca. 185 kg. Radstand 140 cm. Die Testmaschine stammte von der Firma Detlev Louis, Hamburg 13, Rentzelstraße 7. Preis ab Hamburg DM 4300.—.

Gangdiagramm der Mach III.

Die Darstellung der Mach III-Fahrleistung auf dem Nürburgring bedeutete 1969 eine Sensation für eine 500 cm³-Maschine.

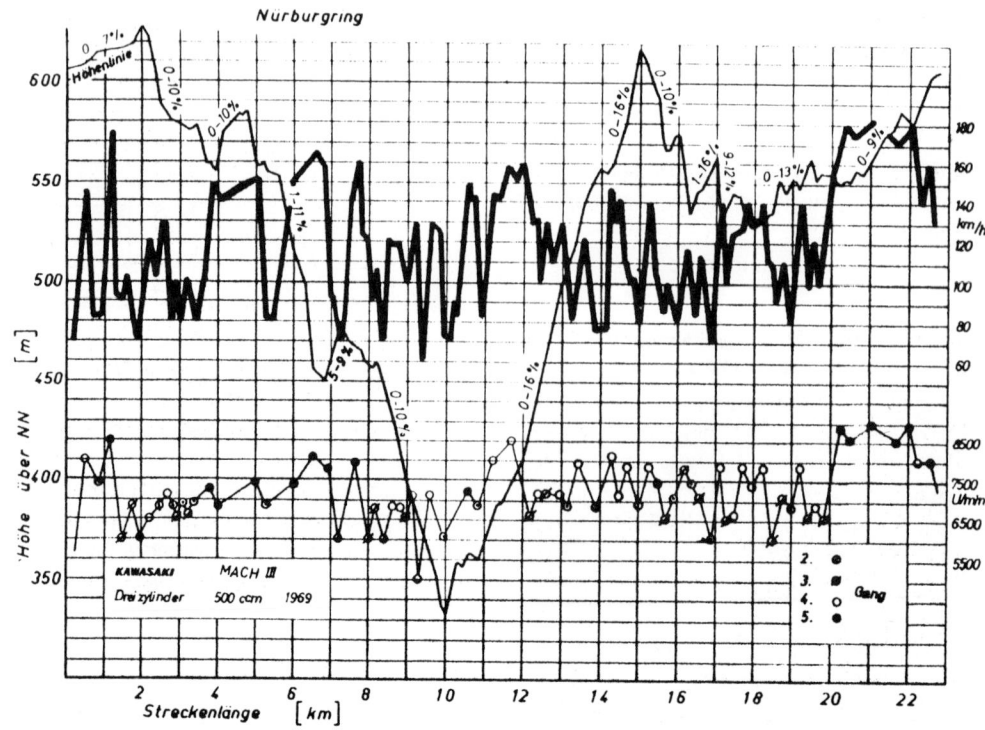

riani-Telegabel auszugleichen, die extrem langhubig und prima gedämpft war. Es nützte nicht viel, jeder mußte mit dem tanzenden Vorderrad kämpfen.

Besonders mußte man an Steigungen, Kuppen und Brücken aufpassen. Da schoß das Rad hoch und man fuhr 50 m nur auf dem Hinterrad. Im Augenblick, in dem das Vorderrad wieder Bodenberührung hatte (und das sehr oft in Schräglage!), gab es je nach Härte des Aufsetzens einen mehr oder weniger groben Schlenker. Wir hatten so etwas von geballter Ladung bei einem Serienmotorrad dieses Leistungsgewichts von nur 3 kg/PS noch nie erlebt.

Deswegen hätten wir gern die knappere Gesamtübersetzung mit 16 Zähnen am Getriebe probiert, damit dieser Moto Cross-Eindruck auf der Straße nicht zur Wirkung kommen konnte.

Der Abstand zwischen Vorderradachse und Kurbelwelle betrug bei der Mach III in aufgebocktem Zustand 70 cm, bei der 350er Kawasaki A 7 mit einem hervorragenden Fahrwerk betrug er nur 64 cm. Auch diese Gewichtsverteilung dürfte eine Rolle mitgespielt haben. Dabei war der Doppelrohr-Rahmen der früheren Federbett-Rahmen von Norton vor allem in der Lenkkopfpartie ähnlich und ziemlich verwindungsfest.

Noch ein Wort zu dem geringen Leistungsgewicht von 3 kg/PS. Normale 200 kg-Motorräder hatten bei 40 PS 5,0 kg/PS. Mit der Kawa Mach III kam man aus dem Stand bis 100 km/h in einer Zeit unter fünf Sekunden – ! Was aber natürlich einen gewitzten Fahrer notwendig machte, der mit dem aufsteigenden Vorderrad fertig werden konnte.

Die Wirkung der Bremsen (vorn 206 mm ⌀, 35 mm Belagbreite; hinten 180 mm ⌀, 35 mm Belagbreite) war sehr abhängig von der exakten Einstellung der beiden Hebel an der Vorderradbremse. Wenn hier nur e i n e Backe richtig anlag (was wir erlebten), reichte die Wirkung bei dem Dampf, mit dem man auf die Ecken losging, nicht aus – !

Bei extremer Schräglage kratzte die Seiten-

stützte in Linkskurven, rechtsrum ging es weiter runter.

Der schlitzgesteuerte Dreizylinder-Zweitaktmotor hatte drei 28er Mikuni-Kolbenschieber-Vergaser, deren Gleichlauf durch kurze Züge und einen großen Zugverteiler gewährleistet war. Der Seilzug zur Fördersteuerung der Ölpumpe war ebenfalls im Verteiler eingehängt. Vom Drehgriff aus ging ein Fingerhebelzug zu den Starterklappen der Vergaser über einen eigenen Verteiler (ganz schöner Seilzug-Salat war das).

Die Kurbelwelle war sechsfach gelagert, da war man nicht sparsam – auch nicht mit dem Raum. Die Pleuelfüße und Kolbenbolzen liefen in Nadellagern, Vibrationen gab es überhaupt nicht. Unterhalb von 7000 U/min war nicht viel Mumm in diesem Motor, der übrigens gar nicht pingelig mit dem Verbrauch umging. Wir kamen auf 9,7 Liter Benzin pro 100 Kilometer.

Das entsprach nun ganz und gar nicht den Prospektangaben, die einen Verbrauch von höchstens 4,5 Liter auf 100 Kilometer bei einer Geschwindigkeit von 80 km/h nannten.

Naja, schön – bei 80 mochte das stimmen. Aber wer fuhr mit diesem Geschoß ständig nur 80 km/h? Und irgendwo wird man die hohe Leistung immer merken, besonders auf dem Nürburgring, wo man besonders scharf fuhr.

Für alle Länder in Europa war dies das erste Serienmotorrad mit einer kontaktlosen Hochspannungs-Kondensatorzündung. Nur bei uns in der Bundesrepublik mußte der alte Bart eingebaut werden: drei Zündspulen und drei Unterbrecher. Grund: es gab Störungen in Fernsehgeräten.

Auch bei diesem Motor war das Gehäuse horizontal geteilt, und damit konnte man spielend leicht auch umfangreiche Reparaturen an Motor- und Getriebeteilen vornehmen.

Dazu wäre noch etwas zu sagen. Seit Motorrad-Urvaters Zeiten hatte die Mehrzahl der Motorradmotoren Gehäuse, die vertikal geteilt waren. Bei Reparaturen war es immer schwierig, die Teile wieder einzupassen. Hier nun konnte man ohne komplizierte Unternehmungen alles Lebenswichtige in die Gehäusehälften einlegen, und das Aufsetzen und Zusammenschrauben der zweiten Hälfte war kein Problem mehr.

Bei allen japanischen Motorrädern war das so (und ist es auch heute noch so), und wir empfanden das als Fortschrifft, denn es erleichtert alle Montagearbeiten ungeheuer.

Den Dreizylinder-Zweitaktmotor übernahm Kawasaki – wie auch Suzuki – in den nächsten Jahren für viele Modelle auch über 500 cm³.

Die Mach III war ein bemerkswerter Vorläufer, und wenn dieses Motorrad nicht das ständig bei jedem sportlichen Gasgeben hochsteigende Vorderrad und damit verbundene fahrtechnische und Fahrwerks-Probleme gezeigt hätte, wäre das unter Umständen ein mindestens ebenso großer Marktrenner geworden wie die zur gleichen Zeit erschienene 750er Vierzylinder-Honda CB 750.

Sie kann aber für sich in Anspruch nehmen, daß sie eine neue Motorradzeit mit eingeläutet hat.

1969 gab es noch mehr Gesprächsstoff um Kawasaki, denn der Engländer Dave Simmonds wurde auf einer kleinen 125 cm³-Zweizylinder Weltmeister. Wir hatten ihn schon 1967 bei der TT mit einer 125er Kawa erlebt, als er hinter Phil Read (Yamaha), Stuart Graham (Suzuki) und Motahashi (Yamaha) das Rennen als Vierter beendete.

Die 125er Rennmaschine hatte zwei Zylinder, Wasserkühlung, zwei Plattendrehschieber.

Danach gab es erst im Jahre 1978 wieder Weltmeister-Ehren für diese Marke durch den Südafrikaner Ballington in der 250er und in der 350er Klasse.

1966 war es noch die schnellste 250er Serienmaschine auf dem Nürburgring: Suzuki T 20 Sechsgang

Es war die erste Suzuki aus Japan, die wir auf dem Nürburgring im Herbst 1966 fuhren (gehört hatten wir schon im Sommer 1965 davon). Aber sie kam aus Belgien von der europäischen Suzuki-Niederlassung in Brüssel und war von einer holländischen Firma zugelassen. Fritz Röth in Hammelbach/Odenwald begann erst, einen Suzuki-Import zu installieren, hatte die T 20 jedoch noch nicht zur Verfügung.

Über die Leistungsangabe von 29 SAE-PS (für Amerika) machten wir große und mißtrausche Augen. Ein schlitzgesteuerter 250 cm³-Zweizylinder-Zweitakter sollte sowas bieten? 29 PS bei 7500 U/min?

Das konnte doch nur mit einem ganz schmalen Leistungsband möglich sein, und unterhalb von 5500 U/min konnte da doch nichts mehr los sein. Klar, deswegen hatten die auch ein Getriebe mit sechs Gängen vorgesehen, damit man durch fleißiges Schalten immer zwischen 5500 und 7500 U/min in jeder Fahrsituation genügend PS zur Verfügung hatte.

Das serienmäßige Sechsgang-Getriebe schien Fahrer in der Schweiz, in Holland und anderen Ländern die Ruhe zu rauben. Wir hörten wieder mal allerhand tolle Geschichten und waren nun mehr als neugierig.

Schließlich stellten wir fest, daß die 29 PS als amerikanische SAE-PS mit Luftfilterung, Ansauggeräuschdämpfung und Schalldämpfer an der Kurbelwelle abgenommen wurden. Das müßten dann nach unserer Norm ca. 26 PS am Getriebeausgang ergeben – auch nicht schlecht – !

Mit einem Leergewicht von 135 kg würden wir bei 26 angenommenen PS ein Leistungsgewicht von ca. 5,2 kg/PS haben, und so rechneten wir anhand der Fahrwiderstände bei einem 70 kg-Fahrer im Lederzeug mit knappen 150 km/h im größten Gang über eine ebene Strecke hinweg. Dann aber kamen nach den ersten Meßrunden die Zeiten zwischen 12:30 und 12:15 für die 22,810 Kilometer lange Nordschleife zusammen. 109,49 bis 111,72 km/h – !

109,49 km/h hatte auch die BSA A 65 Rocket 650 cm³/43 PS 1966 erreicht. Die Honda CB 450 war im Sommer 1966 auf 12:02 = 113,73 km/h gekommen, Leistung auch 43 PS. (Die schnelle neue 250 cm³-Honda CB 250 Super-

sport war mit ihren 30 DIN-PS und einer Rundenzeit von 11:30 für 22,3 Kilometer Meßstrecke = 116,35 km/h 1966 noch nicht in Sicht. Sie war erst später – am Ende des Jahrzehnts – die schnellste 250er für uns.)

Die Suzuki T 20 machte uns sehr unruhig. Obwohl es noch keine Maschine von einem deutschen Motorradhändler geben konnte, obwohl noch keine Allgemeine Betriebserlaubnis seitens des Kraftfahrt-Bundesamtes oder auch nur erst ein Mustergutachten des TÜV vorlag und das auch noch völlig offen war, sahen wir einen Hecht im Karpfenteich

der 250 cm³-Klasse auf uns zuschwimmen. Eines Tages würde so eine T 20 auch bei uns in Deutschland zu haben sein.

Die gefahrenen Rundenzeiten, die selbst bei regennasser Strecke mit den ungeeigneten japanischen Reifen noch bei 15:30 = 88,3 km/h lagen, die erreichte Höchstgeschwindigkeit zwischen 148,77 und 150,03 km/h, die Zahl der ohne Anstände und Defekte zurückgelegten Vollgas-Kilometer (es waren bei 35 Runden gute 800) – das alles mußte die Marken über mögliche Fahrleistungen in dieser

Äußerlich sah man der 250 cm³ Sechsgang-Suzuki (»Sechser-Suzi«) nicht an, welches Feuer in ihr steckte.

Hubraum- und PS-Klasse für uns neu setzen. Wer nun glaubte, wir hätten da ein paar Zahlen gut aufgerundet, der möge sich noch unsere notierten Verbrauchswerte anschauen. Es waren 7,8 Liter Benzin auf 100 Kilometer (nach vier Runden genau 7,2 Liter nachgetankt – vier Runden sind 91,24 Kilometer). Da das Öl für die Schmierung getrennt getankt und durch eine Ölpumpe an die Zylinderlaufbahnen, Lager usw. gefördert wurde, konnten wir diesen Verbrauch auch nachmessen. Für 10 Runden = 228,10 Kilometer wurden anderthalb Liter Öl verbraucht.

Die Luft am Nürburgring ist stets sehr sauerstoffhaltig, und alte Zweitakthasen konnten schon immer bei zu magerer Einstellung viele Schauergeschichten erzählen. Ganz besonders bei solchen Hochleistungs- oder bei Renn-Motoren, deren Hubraumleistung über 100 PS/Liter hinaus reichte.

So fanden wir das Kerzenbild der serienmäßigen NGK-Kerze mit ihrem Wärmewert, der unserer Skala zwischen 225 und 240 entsprach, nach der ersten scharfen Runde gefährlich hell.

Die 110er Hauptdüsen wurden gegen 120er getauscht, weil das Maß 115 nicht greifbar war. Aber damit waren die Kerzen wieder zu dunkel, es gab blauen Rauch aus den Rohren – die Einstellung wurde zu fett. Er drehte auch etwas träger.

Also wieder zurück zu 110. Und die Kerzen wurden gegen 290er gewechselt. Nun schien es zu stimmen.

Einen Kolbenklemmer gab es nicht, der Motor blieb ohne mechanische Nebengeräusche, und es fiel auf, daß das Kurbelgehäuse bei einer Außentemperatur von + 14°C nur handwarm wurde.

Bei Nenndrehzahl betrug die Kolbengeschwindigkeit nur 13,5 m/s, bei 9000 U/min nur 16,2 m/s. Zylinderbohrung 54 mm, Kolbenhub 54 mm. Unterhalb von 6000 U/min war leistungsmäßig nichts los, da quälte sich der Motor mühsam, mühsam. Und um die richtige Beschleunigung zu erreichen, mußte man unbeirrt – Ohren zu – bis über 8000 U/min

drehen. Also waren tatsächlich nur 2000 U/min gut auszunutzen.

Klar, für solche knappen Leistungsbänder à la Rennmotor hatte man unbedingt sechs Gänge nötig, um das Feuer und die hohe Fahrleistung am Brennen zu halten. Die serienmäßige Gesamtübersetzung war 20,18/13,21/9,98/8, 16/6,98/6,17. Die Spannweite des Getriebes lautete 3,27 und die Stufung war 3,27/2,14/1,62/1,32/1,13/1. Wie bei einem sportlichen Straßengetriebe wurden die Abstände von unten bis zum größten Gang immer enger.

Primärantrieb durch schrägverzahnte Räder, Übersetzung 2,68. Der Sekundärantrieb zum Hinterrad hatte 14 Zähne am Getriebe und 41 am Hinterrad, Übersetzung 2,93. Bei 145 km/h drehte der Motor damit im sechsten Gang 8000 U/min.

Vom Start weg war der linke Fuß ununterbrochen mit Schalten beschäftigt, und das wäre noch exakter gegangen, wenn der kleine Drehzahlanzeiger im Kombiinstrument genau angezeigt und nicht nur hin und her gependelt hätte. So richtete man sich nach Gespür und Gehör – !

Es wunderte uns das erste Mal, daß die Japaner ihre – schon bekannten und überall beziehbaren – Elektronikspielereien hier nicht für

Aufgeschnittener T 20-Motor.

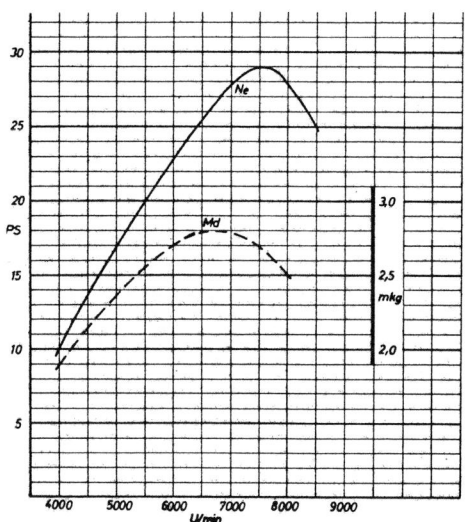

T 20-Leistungskurve.

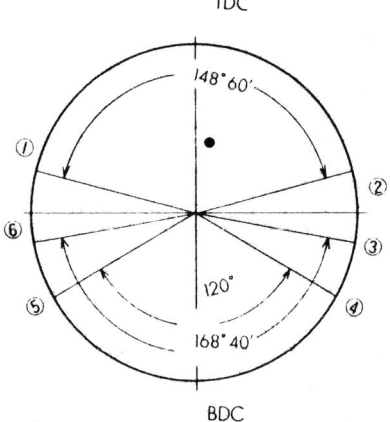

Steuerdiagramm des interessanten Motors.
1 = Einlaß öffnet, 2 = Einlaß schließt, 3 = Auslaß
öffnet, 4 = Überström öffnet, 5 = Überström schließt,
6 = Auslaß schließt.

Sehr interessant war das Steuerdiagramm des
T 20-Motors.

eine ernste Sache anwandten. Wir fuhren doch schon mit den sehr genau anzeigenden elektrischen Drehzahlmessern von Kröber aus Winningen/Mosel herum. Da wäre für einen Rennexperten noch etwas an km/h pro Runde zu holen gewesen.

Es war schon ulkig, wie man sich mit Nachdenken und Kritik bereits engagierte, nachdem man gerade eben erst aus dem Staunen

Lage der sechs Gänge zu den Drehzahlen des Motors bei der T 20.

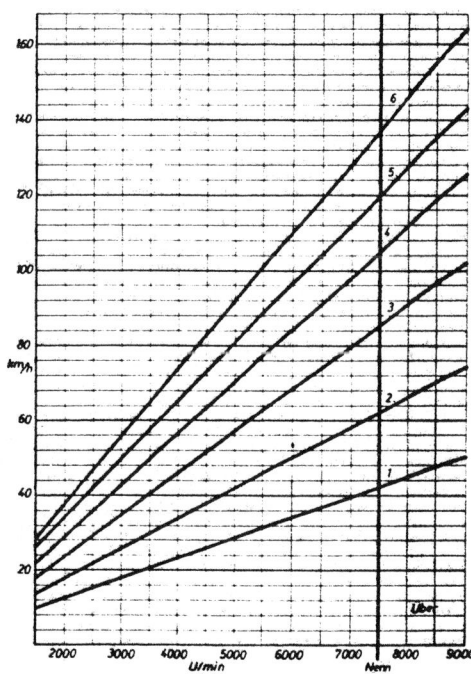

über so ein neues Feuerzeug herausgekommen war. Aber so war das, und so wird das wohl auch immer unter Motorradnarren bleiben. Kaum ist der begeisterte Kreislauf auf Hochtouren, da geht es schon mit dem Finden von besser zu machenden Details los – ! So als würde es in der Herstellerfirma eines solchen Motorrades Dukaten vom Himmel regnen und keine »rationalisierenden« Kaufleute geben – !

Aber es machte auch Spaß, so ein bißchen mitzukonstruieren, und je mehr uns ein Motorrad gefiel, um so mehr beschäftigten wir uns damit.

Aus dem Geschilderten geht hervor, daß diese T 20 kein ›Touren‹-Motorrad sein konnte, und im Stadtverkehr kam man aus dem zweiten und dritten Gang wohl kaum hinaus.

Nach sechs Runden mußten die Schellen nachgezogen werden, die die Schalldämpfer am Auspuffrohr anklemmten und die auch dort sitzenden Dichtungen zusammenpreßten. Beim Auswechseln der Hauptdüsen mußten beide Vergaser komplett abmontiert werden, weil man die Schwimmerkammern wegen zu knappen Raums nicht nach unten abziehen konnte (in den 70er Jahren habe ich einmal bei einer Dreizylinder-Suzuki 350 cm³ alle drei Vergaser entfernen müssen, um an die Düse des mittleren herankommen zu können – und

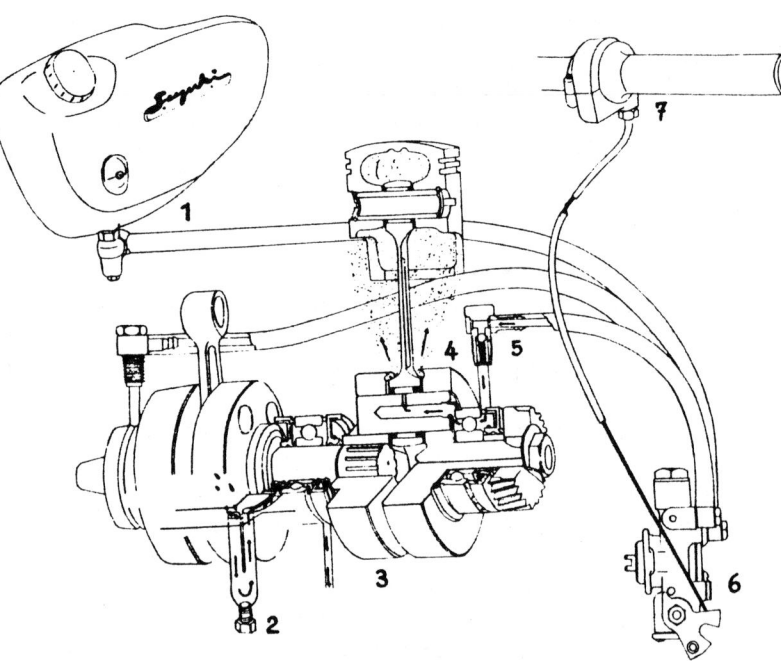

Schmiersystem der T 20. 1 = Öltank mit Schauglas, 2 = Ablaßschraube, 3 = Ölförderung zum Primärtrieb, 4 = Pleuellager, 5 = Rückschlagventil, 6 = Ölpumpe, 7 = Drehgriff. In ähnlicher Form funktionierten alle Pumpenschmiersysteme bei japanischen Zweitaktern jener Jahre.

um die drei Vergaser auszubauen, mußte man den Tank, die Sitzbank, die Seitendeckel – – – usw. entfernen. Eine Wochenend-Schrauberei wegen einer Kleinigkeit – !). Sollte das Suzuki-Schrauberei-Norm sein? Das sah doch gar nicht so aus, denn das Motor-Getriebegehäuse war horizontal geteilt (wie bei fast allen japanischen Maschinen), wodurch viele Arbeiten einfach waren.

Bei dieser Gelegenheit warfen wir natürlich schnell einen Blick in die Einlaßkanäle. Und die –
– waren spiegelblank sauber poliert, wie wir das von Rennmaschinen kannten.

Liebe Freunde, Sie hätten einmal die höflich lächelnden Gesichter der beiden japanischen Mechaniker sehen sollen, die plötzlich gar nicht mehr unser Englisch verstanden, als wir fragten, ob diese Polierarbeiten im Werk bei der Herstellung dieses Renners serienmäßig vorgenommen würden. Sozusagen am Band. Daraufhin haben wir in »Das MOTORRAD« festgehalten, daß wir unheimliche Achtung vor dem produktionstechnischen Aufwand hätten – ! Dort vor Ort aber bestellten wir sofort eine

serienmäßige T 20, die uns auch zugesagt wurde. Sie kam dann – vier Jahre später, Ende 1970. Vom Schweizer Importeur. Hatte 32 Papier-PS (SAE für Amerika) und keine polierten Einlaßkanäle.

Zurück zum Ring, 1966.

Mancher dachte noch, daß ein Motorrad mit sechs Gängen statt mit fünf oder gar nur vier ein besonders schneller Apparat sein müßte. Wir bösen Buben waren da ganz anderer Meinung, denn wir sagten, daß sechs Gänge ein Armutszeugnis dafür wären, daß die Motorleistung sich nur auf einem ganz schmalen Drehzahlband zeigte.

Wenn die Test-T 20 so schnell wie geschildert war, dann eben nur, weil man mit ihren sechs Gängen innerhalb der leistungsfähigen 2000 U/min zwischen 6000 und 8000 fuhr. Und auch weil das Fahrwerk schließlich das Tempo mitmachte.

Das, was wir früher bei der 250 cm³-Puch SG oder SGS mit enorm viel Kraft schon ab 2000 U/min erlebt hatten und schätzten – also diese wunderbare Lage der Drehmomentlinie mit dem Begriff »Unten-was-drin« bei einem Doppelkolben-Zweitakter – das würden wir wohl in Zukunft bei japanischen Motorrädern vergessen können. Keine andere »Eßstäbchen«-Maschine war dafür ein so prägnantes Beispiel wie die T 20.

Auch schon deshalb ist mir dieses Motorrad als typisches Kind der 60er Jahre in Erinnerung.

Die Getrenntschmierung mit der Bezeichnung ›Posi-Force‹ hielten die Japaner für einen ganz tollen Gag. Aber sie waren gezwungen, ihre Zweitakter ohne Mischungs-Schmierung zu fahren, weil diese in den USA, ihrem Hauptkunden-Land, nicht gebräuchlich war. Also mußte eine Ölpumpe für die Frischölschmierung her. Und zwar bei allen Zweitaktern aus Japan – bei Kawasaki, Suzuki und Yamaha.

Im Prinzip war es immer dasselbe, aber in manchen Konstruktionsdetails gab es Unterschiede. Vielleicht im Antrieb der Pumpe, in ihrem Förderungsprinzip, in der Art der Schmiermittel-Verteilung usw.

Bei der Suzuki wurde die Fördermenge mittels eines Seilzugs vom Drehgriff aus gesteuert. Das Öl wurde dann direkt in die drei Kurbelwellenlager und in die Kurbelwelle gedrückt. Aus den Pleuellagern stäubte es nach oben an die Grauguß-Zylinderwände. Der Druck entstand in der Pumpe durch ein Kolbensystem, wobei ein Kolben, in dem sich Verteilerbohrungen für die beiden Zylinder befanden, so rotierte, daß jeweils zum richtigen Zeitpunkt an den richtigen Zylinder Öl gefördert wurde. Der Antrieb der Pumpe erfolgte über ein Schneckengetriebe, und mit dem Seilzug wurde über einen Nocken der Kolbenhub für die zu fördernde Menge gesteuert.

Das klingt vielleicht sehr kompliziert, aber das war es gar nicht. Und es funktionierte absolut narrensicher und zuverlässig.

Wer übrigens Angst hatte, daß die Pumpe einmal versagen könnte, der konnte auch mit Mischungsschmierung fahren – !

Vielleicht sind die Geschwindigkeiten am Nürburgring für manchen Leser noch interessant, gerade bei diesem Zweitakter, über den so

viele fantastische Geschichten im Umlauf waren: Schwedenkreuz (Kilometer 5) 155 km/h; Fuchsröhre (Kilometer 6,5) 160 km/h; Kesselchen (Kilometer 12) 120 km/h; Döttinger Höhe bis Antoniusbuche (Kilometer 20 bis 22) 150 bis 155 km/h.

Suzuki war eine alte Fabrik für Webstühle und fing 1939 an, sich mit Kraftfahrzeugen zu beschäftigen. Man baute zuerst zwischen 1937 und 1939 einen englischen Austin nach. Aber das erste Motorrad war 1953 eine 90 cm³-Maschine mit einem Viertaktmotor, Typ COK, völlig verkleidet. 1955 kam eine 125 cm³-Zweitaktmaschine auf den Markt, die Colleda 125 T 1 – sie ähnelte (wie hätte es anders sein können) der DKW RT 125, zeigte aber im Rahmenbau ›Erinnerungen‹ an NSU.

NSU war wohl auch Vorbild bei einigen Moped-Typen, und 1959 zeigte man eine 50 cm³-Maschine mit Drehschieber-Einlaß, für die 6 PS bei 9000 U/min und 95 km/h Höchstgeschwindigkeit genannt wurden.

Die Motorradtypen 250 cm³ T 20 und die 500 cm³ T 500 (beides schlitzgesteuerte Zweizylinder-Zweitakter) erschienen 1965 (T 20) und 1962 (T 500 mit 47 PS).

1960 waren die Suzuki-Leute mit einer 125 cm³-Zweizylinder-Rennmaschine bei der Tourist Trophy auf der Isle of Man erschienen. Sie hatten dort die Rennstrecke und alle Voraussetzungen des europäischen Grand Prix-Sportes studiert.

Ab 1961 mischten sie kräftig in der 125 cm³- und in der 250 cm³-Klasse mit. 1962 wurde der deutsche Fahrer Ernst Degner Weltmeister der 50er Klasse auf Suzuki, 1963 gab es die Titel in der 50 cm³- und in der 125 cm³-Klasse für den Neuseeländer Hugh Anderson.

Damit war das Eis im Sport gebrochen, und bis 1970 gab es folgende Weltmeister auf der Marke Suzuki:

1964: Hugh Anderson (NZ),	50 cm³
1965: Hugh Anderson (NZ),	125 cm³

1966: H.G. Anscheidt (D),	50 cm³
1967: H.G. Anscheidt (D),	50 cm³
1968: H.G. Anscheidt (D),	50 cm³
1970: Dieter Braun (D),	125 cm³

Danach trat eine Erfolgspause bei den WM-Titeln ein. Erst wieder 1976 wurde der Engländer Barry Sheene Weltmeister in der 500 cm³-Klasse auf einer Suzuki, 1977 nochmals. Die große Zeit der kleinen Suzuki-Zweitakter war damit vorüber, fortan regierte auch dort der Viertaktmotor.

In den 70er Jahren war auch ein Versuch mit einem Wankelmotorrad gemacht worden, das aber im Handel nicht erfolgreich war.

Mit der T 20 aber fing es 1966 an – als wir den Namen Suzuki das erste Mal ernst nahmen.

Die 250er Yamaha
und ihre Schwestern

Die Geschichte von Yamaha begann mit dem Bau einer kleinen Orgel durch den Mechaniker Torakusu Yamaha (*1851) im Jahre 1887. Er glaubte, daß sie ihm so gut gelungen sei, daß er sie mit einem Gehilfen zusammen von Hamamatsu zu dem 300 Kilometer entfernten Tokio trug, um sie von dem großen Musikmeister Shuji Izawa am Institut für Musik untersuchen zu lassen.

Das Instrument war handwerklich ganz hervorragend gemacht, aber sein Ton war schrecklich gestimmt. So blieb Torakusu Yamaha einige Monate als Schüler dort und erlernte die Grundlagen der Musik. Als er danach nach Hause zurückgekehrt war, baute er seine zweite Orgel, und diese war »genau so gut wie die importierten Instrumente«, lautete das Urteil von Sjuji Izawa.

Scheinbar waren die Erzeugnisse aus den überseeischen Industrieländern schon damals Vorbilder für das fleißige Inselvolk, und Torakusu Yamaha begann 1897 mit der Fabrikation von Orgeln. Schließlich gehörten Klaviere, Harmonikas, Xylophone und andere Instrumente ebenfalls zum Produktionsprogramm.

1916 starb Torakusu Yamaha. Das Markenzeichen seiner Erzeugnisse waren drei gekreuzte Stimmgabeln, die wir später als Symbol auf allen Yamaha-Motorrädern sehen konnten.

Zunächst aber nannte sich die Firma Nippon Gakki, und das Element des Maschinenbaues kam im Zweiten Weltkrieg mit der Herstellung von Flugzeugpropellern.

Der Präsident Genichi Kawakami wollte für Nippon Gakki nach dem Krieg noch einen weiteren Produktionszweig erschließen und zweigte die von ihm gegründete Yamaha Motor Company Ltd. von dem großen Konzern ab. Für Motorräder war der Markt nach 1950 in vielen Ländern der Welt besonders aufnahmebereit.

1955 wurde in der ersten Yamaha-Fabrik in Hamamatsu, in der Hamakita-Fabrik, mit dem Nachbau der deutschen 125 cm³-DKW RT 125 begonnen. Es war das Modell YA 1, von dem in drei Jahren 11 088 Stück hergestellt wurden.

Die YA 1 (DKW RT 125) hatte einen 123 cm³-Einzylinder-Zweitaktmotor mit 5,6 PS, ein Viergang-Getriebe und wog nur 95 kg.

Das war der Anfang einer der später größten Motorradfabriken der Welt.

Bald darauf gab es ein Modell mit 127 cm³ Hubraum, die YB 1. Es folgten Maschinen mit 175 cm³ – YC 1, die aber noch immer deutlich als Vorbild eine DKW hatten, diesmal die RT 175.

Endlich – im April 1957 – entstand das Yamaha-Motorrad YD 1, mit dem die DKW-Nachbau-Ära wohl vorbei war. Inzwischen hatte man so viel auch an anderen Motorrädern der etablierten Weltfirmen gesehen, daß man nicht mehr auf reine Nachbauten angewiesen war, sondern daß man mehr und mehr schon eigene Ideen in diese Vorbilder einfließen lassen konnte.

Die YD 1 war vom Motor her noch sehr deutlich eine Adler MB 250, das Schalenbau-Fahrwerk ähnelte der Puch SG oder der NSU Lux. Erst mit dem Zweizylinder-Modell YDS 1 erreichte man im Juli 1959 eine vollkommen eigene Linienführung, die dem sportlichen Motorrad-

Die Yamaha YC-1 von 1956 ähnelte noch sehr der DKW RT 175. Der schlitzgesteuerte Zweitakt-Motor hatte 175 cm³ Hubraum und leistete 9 PS.

ideal nicht nur in Europa absolut entsprach. Damit war der Zeitpunkt gekommen, sich um die europäischen Märkte zu kümmern.

Nicht nur bei Honda hatten die Yamaha-Leute gesehen, daß zu einem Markterfolg zuerst einmal spektakuläre Sportergebnisse führen. 1961 sahen wir bei der Tourist Trophy (TT) auf der Insel Man in der 250 cm³-Klasse den Japaner Fumio Itoh mit einer sehr schnellen Zweizylinder-Yamaha auf dem sechsten Platz, und 1963 erreichte derselbe Fahrer in der Weltmeisterschaft der 250 cm³-Klasse den dritten Rang.

Von 1964 an war Yamaha sehr erfolgreich in der Weltmeisterschaft:

1964 Phil Read (GB)	250 cm³
1965 Phil Read (GB)	250 cm³
1967 Bill Ivy (GB)	125 cm³
1968 Phil Read (GB)	125 cm³
und	250 cm³
1970 Rodney Gould (GB)	250 cm³

Ab 1969 tauchte der Markenname Yamaha auch in der 350 cm³-Klasse auf, aber zu einem Titel kam es da erst 1974. Einen WM-Titel in der 500 cm³-Klasse gab es erstmals 1975 durch Agostini.

Parallel zu dem sehr intensiven Sporteinsatz baute man über die japanische Exportfirma Mitsui, die ihren Sitz in Düsseldorf hatte, den Markt in der Bundesrepublik Deutschland auf. Aber es wurde Herbst 1964, bis Yamaha mit

acht Modellen zwischen 50 und 250 cm³ in den Markentabellen erschien, und die erste Yamaha, die wir testen konnten, kam nach der IFMA im Herbst 1964 in unsere Hände.

Längst waren im Straßenrennsport 1965 zwei 250er Yamaha-Serienrennmaschinen in Betrieb. Ca. 35 PS bei 9900 U/min, Fünfgang-Getriebe, 96 kg Gewicht, 175 km/h, Typ TD-1B (wobei ich glaube, daß die Leistungsangabe untertrieben war). Sie waren der Serienmaschine YDS-3 sehr ähnlich und wurden von Dieter Braun und dem Fahrer Schwarz in den Rennen um den Juniorenpokal gefahren.

Das Vorbild für diese Rennmaschine, die YDS-3/ 250 cm³, wurde unsere erste Yamaha-Testmaschine, von der ich noch meine Nürburgringrunden im Gedächtnis habe.

Mein Freund und Kollege bei »Das MOTORRAD«, Hans-Joachim ›Hansi‹ Mai, hatte die Maschine vom ersten Yamaha-Händler in der Bundesrepublik bekommen. Das war Bruno Lippke in Kempten, ein alter erfolgreicher Wettbewerbsfahrer, der mit einem Adler-Gespann viele Medaillen geholt hatte. Leider verstarb er später während einer Geländefahrt an einem Herzinfarkt, was uns sehr naheging. Hansi fuhr die YDS-3 den ganzen Winter hindurch, und wir wunderten uns u.a. darüber, wie gut bei dieser Japanerin Lack und Chrom waren, denn das neuerdings mehr und mehr gestreute Salz hatte nicht so häßliche Auswirkungen wie bei anderen Maschinen. Das klingt

heute vielleicht nebensächlich, das war es 1965 aber ganz und gar nicht. Weswegen ich es vor der allgemeinen Beschreibung des Motorrades erwähne.

Die YDS-3 war eine Zweitakt-Zweizylinder, die uns einiges Staunen abrang (die Suzuki T 20 kam erst anderthalb Jahre später). Wenn man beim Betrachten auch glaubte, daß noch sehr viele Adler-Ideen drin steckten oder weiterentwickelt worden waren, so war dem nicht so. Bestimmt wird die Adler MB 250, die die Yamaha-Leute zum Studieren in ihr Land geholt hatten, noch Pate für einige Details gestanden haben, aber die YDS-3 war praktisch die Weiterentwicklung, zu der man in Frankfurt nach 1958 nicht mehr gekommen war. Ähnlich wie es bei anderen japanischen Motorrädern zu beobachten war, die eigentlich eine ziemlich logische Fortentwicklung ehemaliger deutscher Vorbilder waren – Vorbilder, die längst nicht mehr existierten, weil die Fabriken früh das Handtuch werfen mußten (oder wollten?) Mitte oder Ende der 50er Jahre – !

Die beiden Zylinder waren getrennt mit langen Stehbolzen auf dem Kurbelgehäuse befestigt. Die Bohrung betrug 56 mm, der Kolbenhub 50 mm, der Gesamthubraum 246 cm^3. Jeder Zylinder hatte einen Mikuni-Kolbenschieber-Vergaser mit 24 mm $\varnothing$. Die Kurbelwelle war vierfach gelagert, die Schmierung des Motors erfolgte durch eine Pumpe mit Frischöl.

Es wurden 24 PS bei 7500 U/min genannt, das Getriebe hatte fünf Gänge, Primärantrieb über Stirnräder, Kupplung auf der Kurbelwelle. Gleichstromlichtmaschine 6 Volt/ 65 Watt. Batterie 7 Ah. Tankinhalt 14 Liter; Öltankinhalt 1,6 Liter; Getriebeöl 1,4 Liter. Leergewicht (fahrfertig) 156 kg.

Ja, alles ganz gut und in Details auch besser und überlegter gemacht, als wir das von altehrwürdigen deutschen Motoren dieser Art bislang kannten. Und –

– dann ging auf dem Prüfstand der Motor fest, weil ein Arretierstift in der Ölpumpe abbrach und diese in der Stellung für kleinste Förderung stehen geblieben war.

Der Pumpenkolben wurde durch höhere Drehzahl zu mehr Bewegungen gebracht, und durch Öffnen des Drehgriffs, mit dem die Pumpe durch Seilzug verbunden war, vergrößerte sich der Hub. Also wurde auch noch bei Bergabfahrten mit geschlossenem Drehgriff und höheren Drehzahlen weiter mehr Öl gefördert, beim Gasgeben dann natürlich zusätzlich auch mehr.

Aber so etwas passierte nicht nur uns, sondern auch anderen YDS-3-Fahrern. Bei der Serien-Rennmaschine TD-1B war es auch schon vorgekommen, und später trafen wir immer wieder Fahrer dieses Motorrades, die lieber Benzin/Öl-Mischung im Tank fuhren, als daß sie sich auf ihre Ölpumpe verließen.

Auf dem Nürburgring passierte uns das nicht, auch bei den späteren Yamaha-Zweizylinder-Zweitaktern erlebten wir keinen Schaden an der Ölpumpe wieder.

Im Juni 1965 wurden die Meßrunden auf der 22,810 Kilometer langen Nürburgring-Nordschleife gefahren. Wer 1965 Vergleiche mit 250 cm³-Maschinen aus der Bundesrepublik suchte, der konnte nur in Erinnerungen kramen, soweit es sich um Straßenmaschinen drehte. Es wurde 1965 noch die 250 cm³ BMW R 27 gebaut, die wir zuletzt im Spätsommer 1962 um den Nürburgring gescheucht hatten, wobei die über 160 kg schwere Vollschwingen-250er mit ihrem Einzylinder-ohv-Viertakter und 18 PS bei 7500 U/min eine Fahrtschreiber-Runde mit 98,93 km/h Durchschnitt schaffte. Sie verschwand erst 1968 aus dem BMW-Programm und war die letzte deutsche 250er mit einem Viertaktmotor. Gegen die YDS-3 konnte sie leistungsmäßig nicht antreten.

Immerhin aber waren bereits andere ernsthafte Konkurrenten auf den deutschen Straßen, allen voran seit 1961 die Honda CB 72 mit ebenfalls 24 PS, die den interessanten Zweizylinder-ohc-Viertaktmotor besaß. Dazu kam die italienische 250er Ducati Mach 1 mit dem Einzylinder-Viertakter, dessen obenliegende Nockenwelle über Königswelle angetrieben wurde, ebenfalls eine Maschine, die viele Fahrer faszinierte. Es wäre auch noch die Maico 250 Supersport für Straßengebrauch zu nennen, die einen schlitzgesteuerten Einzylinder-Zweitaktmotor besaß. Alle diese Maschinen glänzten mit runden 24 PS. 1966 sollte dann die Suzuki T 20 als bestimmt schärfste Konkurrenz erscheinen, und außerdem stand in den Listen die Bultaco Metralla aus Spanien, die aber mit ihrem Einzylinder-Zweitakter in der Bundesrepublik kaum zu sehen war.

So gesehen hatte es Yamaha nicht leicht, denn mit besonderen technischen Gags schien sie nicht gegenüber z. B. der Honda CB 72 glänzen zu können. Außerdem war Honda bereits vier Jahre im Geschäft – !

Nun, es lohnte bestimmt kein Lokalpatriotismus mehr. Ein gutes und schnelles Motorrad konnte inzwischen für uns herkommen, woher es wollte. Wenn es Derartiges wie die Hondas, Ducatis oder wie die Yamaha YDS-3 zu bieten hatte, dann fragte ein Motorrad-Narr nicht mehr nach dem Ursprungsland.

Auf dem Nürburgring waren Rundenzeiten möglich, die bei der neuen 250er Yamaha zwischen 13:00 (105,28 km/h) und 12:40 (108,05 km/h), stehend am Start und stehend im Ziel lagen, wobei eine große Baustelle bei Start und Ziel und mehrere kleinere auf der Strecke die Fahrten behinderten. 1962 hatte die Honda CB 72 12:55 = 105,95 km/h erreicht. Also war leistungsmäßig kaum ein Unterschied.

Sehr gut.

Es gab vielleicht 1965 einige 250 cm³-Motorräder, die in der Endgeschwindigkeit ein paar km/h mehr zu bieten hatten, aber wenn es darum ging, in Kurven und Ecken, auf unebener Strecke und bei Nässe Land zu gewinnen, dann war diese Yamaha-Zweitakt-Twin ein beeindruckendes Gefährt.

An dem berüchtigten Buckel am Schwedenkreuz auf dem Ring (bei Kilometer 5,2) blieben die 140 km/h in dem langen, leicht gebogenen und etwas welligen Gefälle stehen, wo man sonst bei vielen Maschinen unwillkürlich das Gas zurücknahm. Auch vorher am Flugplatz (bei Kilometer 4,0), wo eine kleine Kuppe ist, die das Fahrwerk mit 130 km/h abheben ließ, was wegen der unmittelbar darauf einsetzenden Rechtskurve sehr unangenehm sein konnte: auch da blieb das Gas stehen!

Schnelles Hin- und Herlegen der YDS-3 wie in dem Zickzackstück am Adenauer Forst (bei Kilometer 7,0) zeigte deutlich, wie leicht der Renner auf der Straße zu beherrschen war. Er hatte in der Tat einen wundervoll stabilen Rahmen, der auch nicht zu schwer wirkte.

Die Reifen zeigten sehr genau Abrieb- und Radierspuren bis auf die ganz seitlich heruntergezogenen Profilstücke und gaben damit an, welche Schräglagen wir gefahren hatten. Irgendwie begannen wir aufmerksam zu werden und uns zu erinnern, daß man von der

Werksrennmaschine, die Phil Read in der Weltmeisterschaft fuhr, auch sagte, eine wie gute Straßenlage sie hätte.

Sollte Yamaha etwa eine bessere Hand im Fahrwerkbau haben, als es andere japanische Fabriken demonstriert hatten?

Das schmale Leistungsband des Motors bedingte ein Fünfgang-Getriebe, denn den richtigen Mumm hatte das Aggregat nur zwischen 6500 und 8000 U/min. Dabei aber mußte man kritisieren, daß der fünfte Gang nicht dicht genug am vierten lag, daß dazwischen also eine Lücke klaffte. So war mit 39 Zähnen auf dem Hinterrad-Zahnkranz die schnellste Runde möglich – aber nur, weil der vierte als Hauptfahrgang gerade noch eben hoch genug reichte und der fünfte Gang bei dem bei 6000 U/min höchsten Drehmoment noch gerade eben und eben an sanften, langen Steigungen durchzog oder in Gefällen bis 150 km/h langte. Der Wechsel auf einen Zahnkranz mit 43 Zähnen brachte deswegen keine Verbesserung, weil der vierte Gang nun nicht hoch genug hinauf ging, der fünfte Gang beim Anschluß nicht kräftig genug durchzog und schneller am äußersten Drehzahlpunkt angekommen war.

Der Motor hatte die Eigenschaft, zwar sehr schnell bis auf 8000 U/min hinauf zu drehen, dann aber hinter 8500 U/min absolut nichts mehr herzugeben. Man hatte das Gefühl, daß ein Drehzahlregler die weitere Entwicklung stoppte. Da hätten ein höher liegender dritter und vierter Gang innerhalb der Stufung Wunder gewirkt.

Vibrationen? Natürlich. Aber sehr dezent und nicht störend. Der Kupplungshebel verlangte sehr viel Kraft, da merkte man gegen Ende der Meßfahrten jede Runde im Handgelenk mehr und mehr. Auch die Betätigung der Vorderradbremse war keine Sache für den kleinen Finger, doch zog sie gleichmäßig und so gut, daß man sich an die Arembergkurve (bei Kilometer 5,6) vor der Fuchsröhre dichter herantrauen konnte als sonst.

Für sportliches Fahren war die Sitzposition sehr gut, aber für lange Touren hätte man die Fußrasten gern etwas tiefer gehabt. Die Gabel sprach gut an, das Vorderrad führte sauber, und die breit gelagerte Schwinge mit den schräg nach vorn angestellten Federbeinen ließ nur ganz grobe Schläge durchkommen, die aber bei sportlicher Sitzhaltung infolge des nach vorn geneigten Oberkörpers unwirksam blieben.

Die originalen japanischen Reifen waren zu hart und auf Nässe kriminell, mit den Metzeler Reifen Block C war das Problem aus dem Haus.

Diese erste Yamaha YDS-3 im Test offenbarte wieder etwas Neues und schob die Marke für mögliche Fahrleistungen in der 250er Klasse wieder ein Stück weiter, in der die Yamahas fortan ab 1965 ein bedeutendes Wort innerhalb der neuen Stufe der Motorradtechnik mitredeten. Vor allem als Zweitakter, die sich Schritt für Schritt ein Stück nach dem anderen vom großen Kuchen des Marktes holten.

Die nächste war das Modell YDS-5/ 1967 und dann weiter das Modell YDS-5E und das Modell YDS-5E/1968.

Die YDS-5 war die für die deutschen Zulassungsbestimmungen hergerichtete 250 cm^3-

Die Yamaha YDS-5 im Jahre 1967 hatte im 250er Zweizylinder-Zweitaktmotor so viel Drehmoment, daß das Vorderrad beim Beschleunigen leicht abhob.

Yamaha, deren Motorleistung 24,5 DIN-PS bei 7750 U/min betrug. Sie folgte damit den ersten Zulassungsbemühungen mit einem Mustergutachten der YDS-3, für die 24 PS bei 7500 U/min genannt worden waren.

Es war unter den Bestimmungen für Geräuschdämpfung in der Bundesrepublik Deutschland 1966 und 1967 gar nicht einfach, noch mehr Leistung aus einem 250 cm³-Motorradmotor herauszuholen. Die 24 PS der YDS-5 wurden im Institut für Kraftfahrwesen und Kolbenmaschinen an der TH Aachen mit Luftfilterung, Ansauggeräuschdämpfung und Schalldämpfer sowie E-Werk gemessen. Sie waren echt und nicht hingemogelt. Das Motorrad lief bei Leistungsmessungen auf der Straße 135 km/h.

Yamaha hatte es da nicht nötig, wegen Einhaltung der Phonwerte der Form halber im KFZ-Brief die Höchstgeschwindigkeit zu reduzieren, denn die Schalldämpfer wurden nicht irgendwie hingefriemelt, sondern ernsthaft und schnell in Japan speziell für die deutschen Bestimmungen entwickelt.

Das war 1967 bei Motorrad-Importen in die Bundesrepublik noch lange nicht die Norm. Vor allem nicht bei Importeuren, die nur kleinere Stückzahlen einer Maschine einführten. Schon das Mustergutachten, welches für be-

schränkte Einfuhr noch zulässig war und nicht so viele Änderungen bedingte, wenn die Maschine – z.B. aus Italien mit Cuna-PS ausgegeben – hinsichtlich der Geräuschentwicklung und Ausrüstung überhaupt nicht unseren Vorschriften entsprach.

Aber schon so ein Mustergutachten kostete Geld, Zeit, viel Schreibkram und Rennereien. Also wurden vielfach die technischen Daten ›offiziell‹ so bemessen (oder hingemogelt), daß man ohne große Kosten durchkam.

Schwieriger wurde es, wenn größere Stückzahlen importiert werden sollten und man dafür eine Allgemeine Betriebserlaubnis (ABE) brauchte. Praktisch mußte in den meisten Fällen das Importobjekt hinsichtlich der Motorleistung, der Geräuschdämpfung, der Lichtanlage, Blinker usw., usf. und hinsichtlich der Leistungsangaben in DIN-PS restlos überarbeitet werden, bis es alle Bestimmungen der StVZO erfüllte und die ABE erhalten konnte.

Das kostete viel Geld, viel Zeit, noch viel mehr Schreibereien und endlose Änderungsaktionen, was natürlich zwischen Japan und Deutschland nicht gerade einfach war, wobei sich alle Importeure in jenen Jahren des Neuaufbruches unheimlich schwer taten.

Hier hatte es nun bei der YDS-5 geklappt, und das war für uns viel wert, denn damit konnte

1968 kam das 250er Yamaha-Modell YDS-5E mit E-Starter nach Deutschland.

Bei der YDS-5E gab es eine Dynastartanalage mit 12 Volt.

man die fixe Sportmaschine ohne Bedenken vor schrägen Abnahmetouren und dem § 29 der StVZO kaufen.

Deswegen wäre diese Yamaha zu erwähnen, die dann im Laufe des Jahres 1968 durch den Typ YDS-5E abgelöst wurde.

»E« stand für Elektro-Starter, und das war eine Dynastart-Anlage (eine solche hatten vor dem Krieg schon die 200er und die 500er DKW gehabt!) mit 12 Volt. Man kam also immer wieder ein Stückchen weiter.

Außerdem gab es im Sommer 1968 für dieses Modell Zylinderänderungen. Bis dahin hatten die Zylinder die üblichen Kanäle – einen Einlaßkanal, zwei Überströmkanäle und einen Auslaßkanal. Jetzt aber wurden noch zwei

weitere Überströmkanäle vorgesehen, um die Füllung zu verbessern.

Die Leistung änderte sich dadurch in der Spitze kaum, doch wurde der Leistungsverlauf etwas günstiger. 25 DIN-PS wurden bei 7500 U/min gemessen, und man erreichte, daß die Kraftabgabe nicht sofort bei 7500 U/min aufhörte, sondern daß sie bis ca. 8000 U/min erhalten blieb und daß bei 9000 U/min immer noch 21 PS vorhanden waren.

Dieser Gewinn zeigte sich auch auf der Straße, denn wenn der schnellste Mann mit dem 1967er Modell eine Zeit von 13:00 = 102,92 km/h für die 22,3 gemessenen Kilometer auf der Nordschleife des Nürburgringes (mit Fahrtschreiber) gefahren war, dann kam derselbe Mann mit dem 1968er Typ auf 12:32 = 106,75 km/h, und der Straßenrennfahrer Wolfgang Camphausen schaffte 11:50 = 113,07 km/h. So war eine Verbesserung sehr gut sichtbar, und die neue Form der Zylinder hatte etwas gebracht.

In der Endgeschwindigkeit gab es einen Zuwachs von 132 auf 138 km/h, und auch das Beschleunigungsvermögen verbesserte sich spürbar.

Vor allem wurde an vielen Streckenstellen des Nürburgrings deutlich, daß der Motor zum Bei-

Leistungskurve der YDS-5 (1967, gestrichelt) und der YDS-5E (1968).

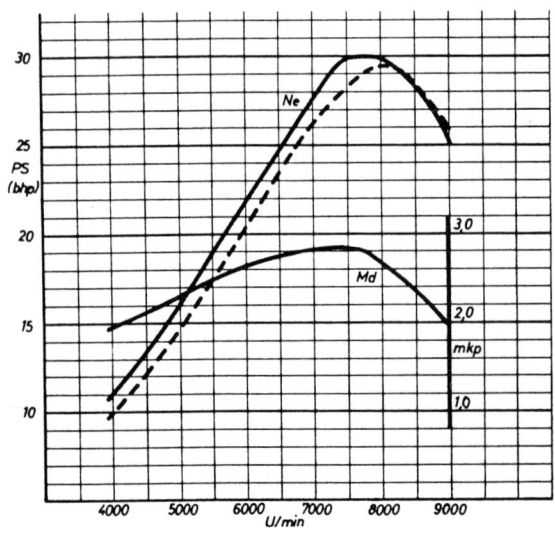

Gangdiagramm der YDS-5E, 1968.

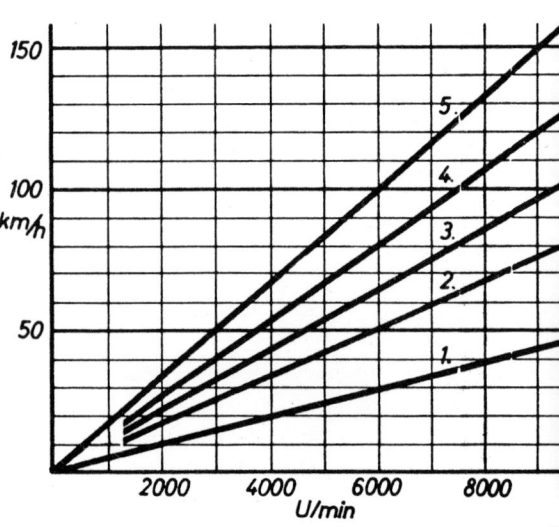

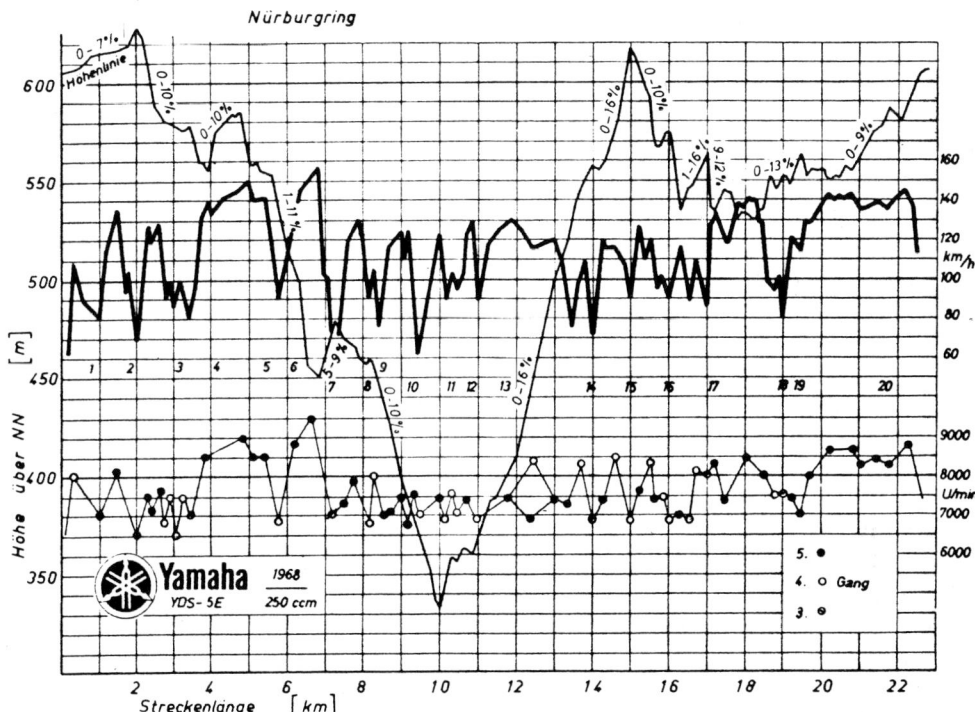

Nürburgring

Yamaha 1968
YDS-5E 250 ccm

5. ●
4. ○ Gang
3. ◉

Höhendiagramm des Nürburgringes mit Geschwindig-
keits- und Drehzahlangaben für Streckenkilometer und
-höhe. Die Zahlen unter der Geschwindigkeitslinie geben
folgende Streckenstellen an: 1 Südkehre, 2 Einlauf Hatzenbach, 3 Hatzenbach, 4 Flugplatz, 5 Aremberg-Kurve, 6
Fuchsröhre, 7 Adenauer Forst, 8 Metzgesfeld, 9 Kallenhard, 10 Wehrseifen, 11 Breidscheid, 12 Bergwerk, 13
Kesselchen, 14 Karussell, 15 Hohe Acht, 16 Wippermann,
17 Brünnchen, 18 Schwalbenschwanz, 19 Galgenkopf, 20
Antoniusbuche. Über 8500 U/min kommt man nicht oft,
aber wie weit der vierte Gang in der Praxis vom fünften Gang entfernt ist, das zeigt der Streckenabschnitt
zwischen Kilometer 11 und Kilometer 16 sehr deutlich.

**Die Fahrleistung – hier im Höhendiagramm des Nürburgringes eingezeichnet – konnte sich bei der
YDS-5E sehen lassen.**

spiel an Steigungen gegenüber der Maschine
von 1967 zulegte – zum Teil bis zu 20 km/h.
Das Fahrwerk hatte sich gegenüber der Vor-
gängerin nicht geändert, auch sonst waren die
Details weitestgehend gleich geblieben. Die
YDS-5E-1968 war wirklich ein sicheres und
schnelles Sportmotorrad, von dem wir aber
nun auch wissen wollten, welche Reiselei-
stung bei einem erbarmungslosen Autobahntest zu erwarten war und welches Stehvermögen der Zweizylinder-Zweitaktmotor besaß.
Daß die Zuverlässigkeit von Motorrädern hinter der Zuverlässigkeit von Autos im Rück-
stand blieb, war kein Geheimnis. Die Ausfall-
zeiten bei Motorrädern waren aber meist auch
mit mangelnder Ersatzteil-Versorgung und ei-

nem zu dünnen und nicht einwandfrei funktio-
nierenden Werkstattnetz verbunden, und
selbst die größten Experten und am lautesten
tönenden Tonmeister (»2000 Vertragswerk-
stätten stehen unseren Motorradkunden zur
Verfügung . . .«) wurden mit diesem Problem
nicht fertig – zum mindesten hatten sie uner-
hörte und nie geahnte Schwierigkeiten. Das
Versandhaus Neckermann hatte seit 1967
Jawa-Motorräder im Katalog, und gerade dort
wurde ein Service-Himmel versprochen, der
sich in der Praxis höchstens als Service-Hölle
bezeichnen ließ.
Man hatte vielleicht geglaubt, Motorräder wie
Kühlschränke an den Mann bringen zu können. Nun stellte sich heraus, daß der Motor-

radhandel etwas ganz anderes war. So wirkten solche Werbesprüche von ungeahnt gutem Service auf uns höchst lächerlich, wenn nicht sogar unlauter, denn Motorrad-Service war nun wirklich nicht wie ein Kühlschrank-Service aus dem Ärmel zu schütteln.

Wir mußten alles auf die Hörner nehmen, was dem Ganzen Abbruch tat. Und das waren nun einmal die Themen Zuverlässigkeit, Werkstatt-Qualität usw., ohne die die ganze Motorradfahrerei sterben mußte. Mit den Autobahntests wollten wir unsere berechtigten Forderungen nach mehr Zuverlässigkeit und Stehvermögen unterstreichen. Mit größerer Qualität und Lebensdauer ohne Einbuße an erstrebenswerter hoher Leistung (was durchaus möglich war, wie wir dann auch gesehen haben) hatte man nämlich diese Kundendienst- und Werkstatt-Misere schon halb gelöst, weil es nichts mehr zum Schlossern gab.

Kein anderes Fahrzeug hätte es so nötig gehabt wie das Motorrad jener Zeit. Und so waren wir immer auf der Suche nach Maschinen, die unseren Vorstellungen am nächsten kamen.

Man konnte ja nun sehr viel anstellen, und zu unseren Test- und Vergleichsrunden auf dem Nürburgring, die ein möglichst objektives Leistungs-Schaubild ergeben sollten, kamen auch Langstreckentests, die wir seit einiger Zeit unternahmen.

Zu Beginn der 60er Jahre hatten wir große Schwierigkeiten, überhaupt Testmaschinen von den noch verbliebenen Herstellern in Deutschland und von den Importeuren zu bekommen. Etwa ab der Mitte dieses Jahrzehnts änderte sich die Situation zum Besseren. Zur Zeit der Yamaha YDS-5 liefen ein Gespann Moto Guzzi V 7, eine Honda CB 450 K1, eine Yamaha YR-1 (350 cm^3), eine Hercules 50, ein Kreidler Florett RS (50 cm^3) im Test.

Diese Prüfungen waren inzwischen auch ausgedehnter geworden, wir fuhren die Maschinen über längere Strecken, machten Reisen und unterzogen sie sehr oft einer harten Autobahnerprobung. Das letztere war wohl als Vollgastest die gewaltigste Beanspruchung über eine lange Strecke, in unserem Falle von Hamburg bis nach Wien.

Wo sonst konnte man einen Motor mit unseren Mitteln noch mehr fordern? Dabei ging es primär darum, daß das Fahrzeug durchhielt – bei Nacht, weil da der Verkehr so gering war und weil dabei die gesamte elektrische Anlage gleich mitgetestet wurde. Ein mieser Scheinwerfer, eine miese Lichtmaschine hätten das Unternehmen schon zunichte gemacht.

Es gab natürlich nicht oft jemanden, der sich bereit fand, einem solchen Test zuzustimmen. Wir sahen dabei auch nicht gerne Mühlen aus Versuchsabteilungen, sondern wir wollten dazu vollkommen serienmäßige Fahrzeuge, möglichst die gerade gefahrene Testmaschine, benutzen. Und die war auch nicht gerade erst neu vom Band gelaufen.

Das Ganze war ein ziemliches Risiko, auch konnte man dazu nicht jeden Fahrer gebrauchen, denn da waren harte Burschen gefragt. Es hatten schon mehrere Experten diesen Autobahnversuch unternommen (im Herbst 1967 Erwin Müller mit einer Moto Guzzi V 7, 700 cm^3 z. B.), es waren auch schon Versuche abgebrochen worden, weil die Maschinen nicht durchhielten (zum Beispiel einmal eine Triumph Trident). So etwas sprach sich immer schnell herum und erzeugte Ablehnung wie aber auch Neugier und Herausforderung.

Die Yamaha-Leute wollten unbedingt beweisen, daß die These wahr war, die besagte, daß Yamaha-Motorräder nicht nur schnell, sondern auch zuverlässig seien. Als Fahrer fanden sie Armin Collet, der als Nachwuchs-Rennfahrer während der Rennen um den Juniorenpokal auf einer fast serienmäßigen 350 cm^3-Yamaha gerade im Sommer 1968 glänzte. Er war 24 Jahre alt, angehender Kfz-Meister. Seine Begeisterung hatte mit Adler-Motorrädern begonnen, die er besaß – und von dort war es ja wohl so eine Art logischer Weg bis zur Yamaha.

Die Maschine war unsere 250 cm^3 YDS-5E/1968-Testmaschine vom Nürburgring und einigen Reisen, also auch nicht mehr ganz neu, jedoch völlig serienmäßig einschließlich

15-Liter-Tank. Letzteres ist bei einem Volllast-Verbrauch von 9,5 Liter Benzin auf 100 Kilometer ein besonderes Problem, denn voraussichtlich mußte ca. alle 150 Kilometer der Tank wieder gefüllt werden. Auf der Strecke von Hamburg-Stillhorn nach Wien über die damals neue Rhön-Autobahn und weiter Würzburg-Ingolstadt-München-Salzburg-Linz-Wien war aber keineswegs während der Nacht alle 150 Kilometer eine Tankstelle geöffnet.

So mußten wir uns notgedrungen zu einem Begleitwagen entschließen, aus dem man bei Bedarf nachtanken konnte.

Diesen Umstand haben wir festgehalten als Beweis dafür, daß die Tanks von Motorrädern für Reiseunternehmungen zu klein waren.

Genau um Mitternacht ging es an einem Sonnabend im Oktober '68 los. Es war klarer Himmel, keine Kälte, wenig Wind – alles ideal. Das Motorrad war dem Gewicht und der Figur von Armin Collet entsprechend knapper übersetzt worden. Man rechnete mit einer Dauergeschwindigkeit von vielleicht 140 km/h, und mit den notwendigen Tankpausen tippten wir auf einen Gesamtdurchschnitt von mindestens 100 km/h.

Dementsprechend wurden die Zeitpläne für die Mitarbeiter gemacht, die die ganze Strecke entlang abschnittsweise Armins Fahrt im Auge behalten sollten. Aber schon nach nur einer Fahrstunde waren 142 Kilometer zurückgelegt, nach zwei Stunden 273 Kilometer, nach drei Stunden waren es 400 Kilometer.

Da begannen die Telefone in der Nacht wie verrückt zu klingeln, um die schlafenden Helfer aus den Federn zu jagen und zu alarmieren: »Der Junge kommt zwei Stunden eher als geplant! Los, los, los – auf! Zur Autobahn – ! Und daß ihn ja keiner verpaßt – !«

Armin wußte davon nichts, er jagte die Yamaha durch die Dunkelheit. Ständig 140 km/h, und an Gefällen hütete er sich, den Motor zu sehr zu überdrehen. Diese stetig genau eingehaltene Geschwindigkeit brachte ihn unerhört schnell vorwärts. Auf dem hinteren Teil der Sitzbank hatte er einen Fünf-Liter-Kanister als Sitzbegrenzung und für den Notfall.

Hinter Hannover gab es etwas leichten Sprühregen, später hatte er gewaltig mit dem Nebel zu kämpfen, was den Durchschnitt herunterdrückte. Da fuhr er genau auf dem Mittelstrich der Bahn weiter. Nun ja – ein hoher Durchschnitt war bei einer solchen Gesichte doch mehr oder weniger Glückssache, denn das Wetter, Baustellen, Verkehrslage und so weiter spielten eine gewaltige Rolle. Die Aufgabe, das Motorrad immer an der Grenze des Möglichen zu fahren, wurde aber trotz aller Hindernisse und Aufenthalte erfüllt.

Vor einer Baustelle nach 325 gefahrenen Kilometern konnte er gerade noch rechtzeitig eine bummelige Bundeswehr-LKW-Kolonne überholen und wurde nicht behindert. Auf dem Abschnitt Ingolstadt–München fuhr er Moto Cross-Stil stehend in den Rasten, so schlecht war die Autobahn dort bei hohem Tempo (und so hart die Yamahafederung!).

Inzwischen wurde es langsam hell, die Morgenkühle machte sich bemerkbar. Aber Armin hatte keine Konditionsschwäche, und der Motor lief derart sauber, daß er sich immer bis an die 7500, 8000 und 8500 U/min herantraute und entsprechend der knappen Gesamtübersetzung auch seine Geschwindigkeit war.

Die Dynastart-Anlage hatte man ausgebaut und durch eine einfache YDS-3-Lichtmaschine ersetzt, um die Drehfreudigkeit zu erhöhen und um zu testen, was damit wohl passieren würde. Der Motor sprang auch mit dem Kickstarter gut an. Es passierte nichts – im Gegenteil, die Maschine war viel lebendiger, eine Erkenntnis, die der Betreuer der Testmaschine, Manfred Weihe aus Löhne, recht aufmerksam notierte.

Um 04.00 Uhr morgens waren gute 500 Kilometer zurückgelegt. Zeitweilig waren die Beobachter und Helfer nicht in der Lage, Armins genauen Standpunkt zu errechnen, und wenn ein Telefongespräch durchkam, dann war Collet meist schon zwanzig Kilometer weiter.

Trotzdem gelang es, die ganze Sache im Griff zu behalten, und vielleicht ist es ganz lustig zu wissen, daß die »Telefonzentrale« für das ganze Unternehmen und die Meldungsübermittlung nach überall hin in den Händen unserer Motorrad-Oma lag, die die ganze Nacht am Klingelkasten zu Hause saß, Meldungen empfing und weitergab, während wir an der Autobahn draußen versuchten, mit unseren Spritkanistern die Yamaha auf keinen Fall zu verpassen. Es war schon eine abenteuerliche und erlebnisvolle Angelegenheit – !

Alles klappte auch deswegen, weil gegen Ende des Unternehmens, welches mit großer Zeitverschiebung nach vorn abrollte, auch unsere Freunde in Österreich vom ARBÖ (Rolf Arnold in Linz und schließlich am Ziel, dem Autobahnende bei Wien, der Sportsekretär des ARBÖ, Herr Reiter) so unwahrscheinlich schnell kapierten und genau reagierten.

Um 05.30 Uhr raste Collet bei Ingolstadt-Süd vorbei, 771 Kilometer gefahren. Die Maschine surrte ohne Zaudern weiter. Um 06.30 Uhr war München erreicht – 847 Kilometer. Die Durch-

Armin Collet, Oktober 1968, nach seinem Gewalttritt Hamburg–Wien auf der 250 cm³ Yamaha YDS-5E.

fahrt durch die Stadt zur Salzburger Autobahn brachte Zeitverlust mit sich, es wurde getankt und mit dem Kettenfett-Pinsel schnell über die Kette gewischt. Weiter – weiter – weiter —

Um 08.28 Uhr flitzte die erstaunlich leise Maschine an der Autobahnabfahrt Linz vorbei. Von dort raste Rolf Arnold zur nächsten Telefonzelle und alarmierte die Zielkontrolle in Wien.

Collet dachte: »Um 10.00 Uhr muß ich Wien erreicht haben.« Und diese letzten Kilometer überdrehte er den Motor. Das Motorrad lief immer noch ohne jegliche Anstände wie eine Nähmaschine, und Collet wollte durch diesen Endspurt die auf ihn zukommende lähmende und gefährliche Müdigkeit überwinden.

Endlich tauchte das Ende seiner Leiden auf: 09.50 Uhr – er war in Wien!

1235 Kilometer an einem Stück mit einem Durchschnitt von 125,593 km/h gefahren. Die Maschine hatte den Test glänzend überstanden, aber wir pochten ganz energisch darauf, daß die Tanks endlich größer gemacht werden müßten.

Ein Blumenstrauß begrüßte Armin Collet, der eine tolle Leistung vollbracht hatte. Es gab 1968 übrigens keine Schnellzug-Verbindung zwischen diesen beiden Städten in Europa, die so schnell war.

Bleibt noch zu erwähnen, daß das Motorrad nach Hamburg zum Start auch auf der Straße gefahren wurde und ebenso über Stuttgart, wo wir sie begutachteten, wieder über die Straße nach Löhne in Westfalen zurück, wo das Technikzentrum von Yamaha war.

Fazit: es gab Maschinen, die die Qualität und die Eigenschaften hatten, diesen Test zu bestehen. Und wer in Deutschland einen solchen Qualitätsbeweis brachte, dessen Angebot konnte man sofort akzeptieren.

Inzwischen war der Konkurrenzkampf härter geworden. Honda hatte im Frühjahr 1968 eine starke 250 cm³-Maschine eingeführt, deren Zweizylinder-Viertaktmotor mit obenliegender Nockenwelle und zwei Unterdruckvergasern schöne 30 DIN-PS bei 10 500 U/min fabrizierte. Walter Sommer fuhr damit um die Nord-

schleife des Nürburgringes über die 22,3 gemessenen Kilometer in 11:30 = 116,35 km/h mit Fahrtschreiber. Das war die schnellste 250 cm^3-Serienmaschine, die die Suzuki T 20 entthronte und an der in Zukunft jede Konkurrenz gemessen wurde.

11:30 wurde zur magischen Zahl. An Yamaha war es eine Herausforderung.

Ja, der Wettbewerb war hart geworden, und im Zuge dieser Entwicklung hatten Honda und Yamaha seit ihrem ersten Auftreten 1960 bzw. 1964 von 50 cm^3 an bis 750 cm^3 (Honda) ein neues Modell nach dem anderen herausgebracht, und besonders ihre 250 cm^3-Maschinen hatten fast in jedem Jahr – manchmal innerhalb eines Jahres sogar zweimal – bedeutende Änderungen durchgemacht.

Es begann ein Kommen und Gehen von Motorradtypen, welches geradezu hektisch war. Ich meine, daß es schon verrückt und ungesund wurde. Diese Modellunruhe setzten die Japaner bis heute in dem Bestreben fort, für jeden Fahrer, jeden Geschmack, jeden Zweck

Schock für alle Konkurrenten! Walter Sommer umrundete die Nürburgring-Nordschleife am 28. 5. 1968 mit der 250 cm^3 Honda CB 250 in 11:30 = 116,34 km/h.

Das Fahrtschreiber-Blatt mit Walter Sommers 11:30-Runde.

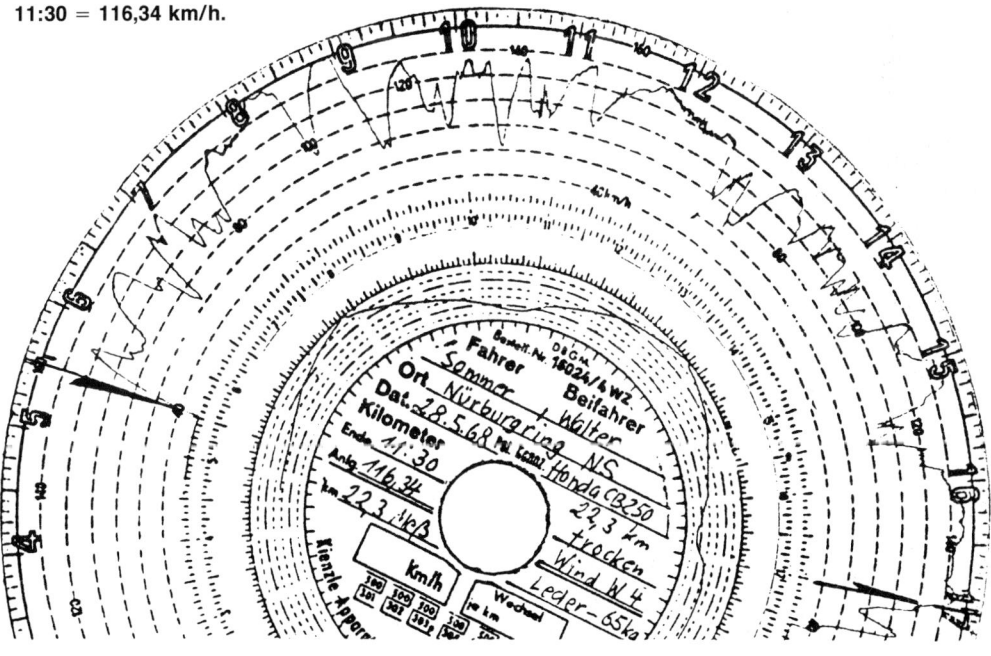

immer und zum richtigen Zeitpunkt ein passendes Motorrad präsentieren zu können. Jede – auch die allerkleinste – Marktlücke sollte gestopft werden.

Gleichlaufend damit war das Rennen um die beste Motorleistung eine ganz irrsinnige Sache. Nun gab es bereits 250 cm³-Motorräder mit 30 DIN-PS, von 35 und 40 PS wurde schon gemunkelt, und die einmal in Gang gesetzte Schaukel schwang immer höher und höher. Man redete nur noch in Superlativen.

Was dem einen recht war, das war dem anderen billig. Im Frühjahr 1969 gab es schon wieder eine neue 250 cm³ bei Yamaha: eine Antwort auf die Honda CB 250 Supersport – die DS-6 mit 30 PS für Amerika und mit 27,5 DIN-PS für die Bundesrepublik Deutschland. Und Günter Bretthauer von Yamaha schwärmte: »Nun fahren wir auch in 11:30 um den Nürburgring.«

Motorräder haben es an sich, daß der Interessent nach der Leistung fragt. Außerdem hat er die Vorbilder aus dem großen Sport vor Augen. Und so war (und ist) der Begriff Leistung und Schnelligkeit Verkaufsargument, ob man will oder nicht. In diesen Teufelskreis mußte jeder geraten, der sich anschickte, die Sterne zu erobern, und so tanzen sie alle immer wieder um diesen Trend herum.

1969 war Yamaha im Motorradbewußtsein integriert, hatte seine Marktanteile und strickte fleißig weiter am noch größeren Erfolg. Mit der Zeit hatte sich herausgestellt, daß auch ein hohes Qualitätsniveau vorhanden war, welches nicht immer die Norm bei Motorrädern zu sein schien. Schließlich auch ein Händlernetz und ein Ersatzteildienst, die sich um einige Grade über dem erhoben, was man sonst bei importierten Motorrädern und insbesondere bei japanischen Maschinen erfuhr.

Nun hatte man auch für seine Zweitakt-Fans leistungsmäßig nachgezogen. Die neue 250 cm³ DS-6 hatte nicht nur im oberen Teil der Leistungskurve zugelegt, hatte nicht nur ein deutlich besseres Drehmoment als die vorhergehenden Typen, sie war auch mit der deutschen Schalldämpferausführung, die für die scharfen Phon-Bestimmungen unseres Landes in Japan entwickelt worden war, noch erstaunlich kräftig.

Mit knapp 28 DIN-PS und einem fahrfertigen Gewicht von knapp 150 kg waren Geschwindigkeiten um 150 km/h herum durchaus zu fahren. Das aber auch mit Dauervollgas auf der Autobahn. Ohne Anhebung der Drehzahlen – die vorhergehende YDS-5 hatte 24,5 DIN-PS bei 7750 U/min – war die Steigerung erreicht worden. Das Diagramm zeigte die Nennleistung bei 7250 U/min.

Damit blieb auch die Kolbengeschwindigkeit in sehr zivilen Grenzen, sie betrug bei dieser Drehzahl 12,1 m/s. Die Verdichtung betrug 7,3, was nicht sehr hoch war, trotzdem waren Kerzen der Wärmewerte 280 und 310 notwendig. Wir rieten allen, keine Experimente außerhalb der japanischen NGK-Kerzen mit anderen Marken zu machen, da wir in dieser Hinsicht schlechte Erfahrungen einstecken mußten.

Wir schlugen vor, lieber mit den Hauptdüsen in den Vergasern zu laborieren.

Oftmals wurden japanische Maschinen mit viel zu kleinen Düsen bestückt, und vielleicht dachten unsere Freunde, daß wir nur sanft mit Testmaschinen fuhren und somit sagenhaft geringe Verbräuche registrierten – ?!

Der Elektro-Starter war bei der DS-6 weggelassen worden, und wir vermißten ihn eigentlich gar nicht. Der Motor sprang so leicht an, und den Kickstarter konnte man sogar mit der Hand betätigen. Man hatte also der Leistung ein wenig Komfort geopfert (wie auch bei unserer Autobahn YDS-5 im Sommer 1968).

Die Kühlfläche auf den Zylinderdeckeln wurde vergrößert, die Kanalführung und -form in den Zylindern (fünf Kanäle) wurde geändert, die Verdichtung blieb. Andere Kunstgriffe bezogen sich auf die Auspuffanlage, mit der geschickte Zweitaktingenieure bei Yamaha inzwischen Wunder vollbringen konnten.

Nur die – schon bei der ersten 250er, 1965 – vorhandene Lücke zwischen dem vierten und dem fünften Gang schleppte die DS-6 wieder mit. Sie war zwar durch den verbesserten Lei-

Yamaha DS-6, 1969.

Zweizylinder-Zweitaktmotor der Yamaha DS-6, 1969. Schlitzgesteuert, 250 cm³, 28 DIN-PS, kein E-Starter, fünf Gänge.

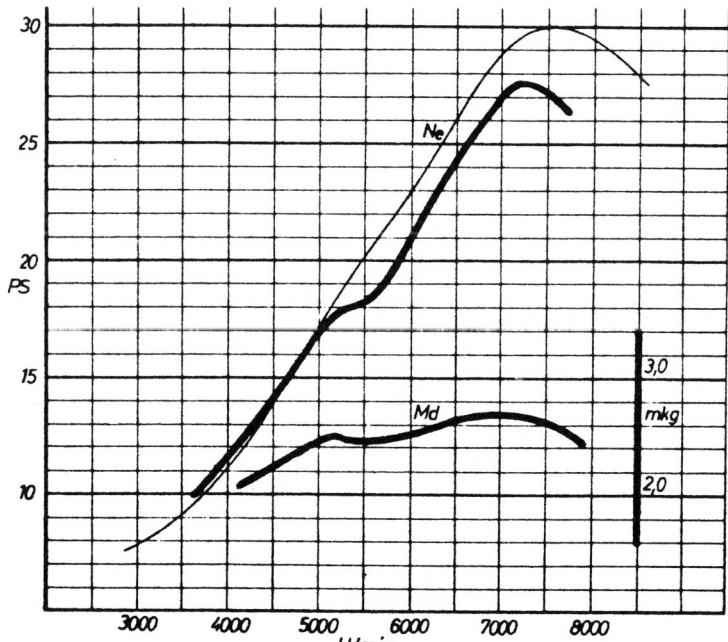

Leistungskurve der DS-6. Dünne Linie: mit Schalldämpfern für die USA.

125

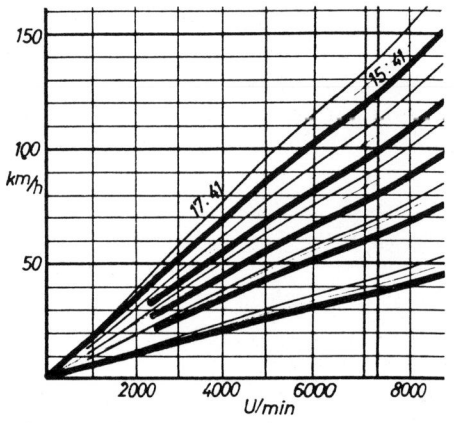

Gangdiagramm der DS-6 mit verschiedenen Hinterrad-Übersetzungen.

stungsverlauf überspielbar geworden, bedeutete aber bei sportlichem Fahren doch ein Handicap. Bei normaler Fahrweise auf langen Strecken war sie nicht von Bedeutung.

Der vierte Gang langte nicht so hoch wie er sollte, und der fünfte Gang mußte beim Heraufschalten zu tief im Keller anfangen, wenn man es übertrieben ausdrückte. Wir konnten die Gedankengänge, die zu dieser Getriebestufung (3,29/1,98/1,51/1,23/1) geführt hatten, nicht verstehen. Doch vermuteten wir, daß

Beschleunigung der DS-6.

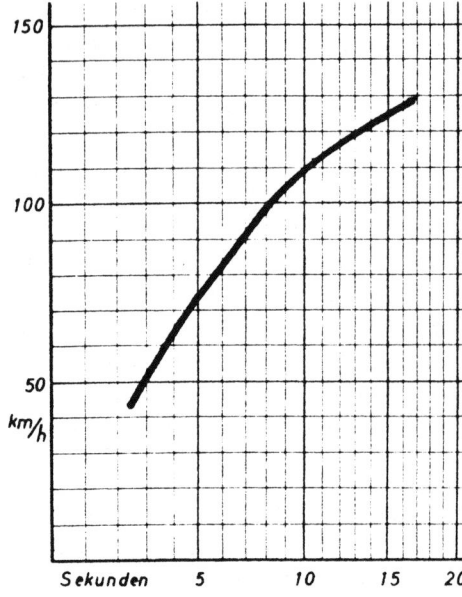

der große Kunde USA dahinter stand und daß diese Stufung so eine Art Overdrive ergeben sollte. Das war vielleicht für die 70 Meilen pro Stunde auf den Trödel-Highways interessant, aber nicht für unser Landstraßen-Paradies mit mindestens fünfundzwanzig Kurven innerhalb von 10 Kilometern durch Berg und Tal.

Nein, die Söhne der Aufgehenden Sonne und des Stimmgabel-Zeichens blieben hartnäckig dabei (». . . wegen der paar Maschinen nach Old Germany können wir nicht die großen Kosten einer Extra-Getriebestufung investieren . . .«). Mit derselben Hartnäckigkeit blieben sie bei einem Tankinhalt von nur 11 (in Worten: elf) Litern, für den man wenigstens 18 hätte vorsehen sollen. Die YDS-5 hatte 15 Liter. Aber mit 11 Litern im Bottich hätten wir einen Autobahntest Hamburg – Wien überhaupt nicht erst angefangen. Da hätte man ja alle 120 Kilometer auffüllen müssen.

Solche Ignoranz berechtigter Kritik empfanden wir zumindest verwunderlich. Sowas wäre heute der Ruin für ein Motorradmodell. Aber damals waren wir noch nicht wieder so zahlreich nach der schlimmen Restriktion und Depression, und ». . . z'wegen der paar Hanseln da im fernen Deutschland machen wir doch keine Sonderausführungen hundertstückchenweise . . .«. Und den speziellen Schalldämpfer hätten sie auch nicht gemacht, wenn sie den nicht auch noch in der Schweiz, Österreich und in anderen Ländern gebraucht hätten.

Die magischen 11:30 = 116,35 km/h Durchschnitt für 22,3 Kilometer auf der Nürburgring-Nordschleife kamen nicht zustande. Mit der DS-6 fuhr Walter Sommer 11:44 = 114,03 km/h, dann 11:40 = 114,68 km/h mit der Einrechnung von Baustellen und mit Fahrtschreiber an Bord.

Dabei ging das Motorrad interessanterweise voll aufgedreht auf der langen Geraden ziemlich gleichmäßig bis 150 km/h trotz Senken und Kuppen über einen Kilometer hinweg. Ohne Fahrtschreiber und ganz klein gemacht, ging die DS-6 mit Walter Sommer an derselben Stelle 155 km/h. Ein aufrecht sitzender

Fahrer kam auf 135 bis 140 km/h.

Das waren die erzielten und immer erreichbaren Fahrwerte, die gegenüber den vorhergehenden 250er Maschinen von Yamaha eine Verbesserung bedeuteten, vor allem auch bei Überholmanövern und beim Beschleunigen aus mittleren Drehbereichen heraus. Dazu wäre noch zu sagen, daß der Motor zu allem anderen auch noch etwas drehfreudiger war, man konnte in den Gängen leicht bis 8500 U/min kommen.

Hier aber nun war eine Fahrwerkgrenze bei den Yamahas erreicht. Bei Kilometer 12,8 im Anstieg hinter dem Kesselchen zur Hohen Acht war eine Kuppe genau im Scheitelpunkt einer schnellen Linkskrümmung. In Schräglage sprang das Motorrad über diese Kuppe und setzte hart wieder auf dem Boden auf. Die DS-6 quittierte den Sprung mit einem ekelhaften Lenkungs-Schlenker. Es kam uns vor, als sei der Radstand zu kurz, aber da hatte sich nichts geändert. Aber die Federbeine waren außerordentlich hart. Als wir die Hinterradachse so weit in den Gabelenden zurückzogen, daß sie gerade noch sicher wieder festgeschraubt werden konnte, und dann die längere Hinterradkette der 350er Yamaha aufzogen, wurde die Sache ruhiger.

Wir haben dann noch Metzeler-Reifen Block C 5 montiert, die Dämpfung der Gabel kontrolliert und das Lagerspiel der Hinterschwingenachse untersucht, um noch irgendwelche Fehler zu finden.

Aber offensichtlich war es so, daß die höhere Leistung und der damit verbundene Geschwindigkeitszuwachs dem Fahrwerk jetzt extreme Aufgaben stellte, was Versuche mit einem anderen Lenkungswinkel, mit anderen Federkennungen, anderer Dämpfungscharakteristik u.a. notwendig gemacht hätte.

Mit dem Fahrtschreiber konnten wir das unseren japanischen Freunden aufzeichnen, und die Blätter sowie unser Test in »Das MOTORRAD« wurden in zig Exemplaren vervielfältigt und nach Tokio geschickt.

Für den Mechaniker war interessant: die Kurbelwelle war nur schwer teilbar. Sie war vierfach gelagert, und das Kurbel- und Getriebegehäuse war vertikal geteilt. Zum Reinigen und zum Wechseln der Düsen baute man die Vergaser am besten gleich ganz ab, denn man kam anders nicht an die Schwimmerkammern und so weiter heran. Aber das Hinterrad ließ sich ausbauen, ohne daß man sich die Finger an der schmierigen Kette dreckig machte.

Gegenüber der YDS-5 hatten die Pleuelfüße sechs Schmiernuten (YDS-5 = zwei Bohrungen), und im Kupplungskorb befanden sich acht Gummi-Stoßdämpfer.

Mit dieser letzten Version einer 250 cm^3-Zweitaktmaschine in den 60er Jahren war Yamaha – wie Honda und andere – schon mit den ersten Schritten auf dem Wege zu einer etwas einheitlichen japanischen Technik.

Es gab bald nicht mehr eine typische Maschine, von der wir sagen konnten, daß es die Yamaha sei, sondern nun begann die Zeit von vielen Yamahas, von vielen Hondas, Kawasakis oder Suzukis. Eine Art Vermassung entwickelte sich, in der das einzelne Motorrad irgendwie untertauchte und mitschwamm.

Jeden Monat ein neues japanisches Motorrad! sollte es eines Tages in den 70er Jahren heißen, und wer sich da noch auskennen wollte, der brauchte ein Super-Registrier-Gehirn. Noch war es nicht so weit, aber die Weichen waren bereits gestellt. Die DS-6 von Yamaha war eines der letzten japanischen Motorräder, die noch das Flair von etwas Individuellem an sich hatten.

Und die Zweitaktfanatiker jubelten: man hatte hier den Beweis, daß der Zweitaktmotor – sogar der ›einfache‹ schlitzgesteuerte – doch noch weiterzubringen war und noch lange nicht aus dem letzten Loch zweitaktete – !

Der Lack blätterte nicht ab, der Chrom war gut, das Motorrad anspruchslos und immer zuverlässig. Und leistungsmäßig näherten wir uns der Grenze, an der man eines Tages stehenbleiben würde, weil dann ein »Mehr« ein »Aus« bedeuten würde.

Und deswegen haben wir die 250er Zweitakter der gekreuzten Stimmgabeln aus den 60er Jahren nicht vergessen.

Der Traum vom »Büffel«

Die »Büffel«Story

Es ist eine sehr, sehr lange Geschichte, dieser Gedanke an einen »Büffel«.
»Büffel« – ??
Hatte das etwas mit dem World Wildlife Fund zu tun? Mit irgendeiner aussterbenden Tierart?
Mit einer ausgestorbenen Motorrad-Rasse vielleicht – nein, ganz bestimmt – was hätte es auch sonst wohl sein können zu Anfang der 60er Jahre.
Es hatte die Zündapp KS 601 gegeben, das Motorrad, welches von Carl Hertweck »Der Grüne Elefant« getauft worden war, und dieses Motorrad wurde seit 1958 nicht mehr gebaut. Es fuhren in den 60er Jahren noch Exemplare mit dem Steib-TR-500-Seitenwagen oder mit dem Steib-S-500-Wagen überall herum, wurden alle liebevoll gepflegt und gehätschelt, beeindruckten immer noch die Fahrensleute und Windgesichter, waren aber eine aussterbende Rasse.
Dann gab es andere Gespannmaschinen. Die von BMW. R 67, R 68, R 69, R 60, R 69 S – alles 600er. Die R 60 und die R 69 S wurden zum Glück weiter gebaut, mit 30 und mit 42 PS.
Etwas Neues war da aber auch nicht in Sicht, und so langsam gegen Ende des Jahrzehnts mußten auch bei ihnen die 30 oder 42 PS ganz schön ackern, wenn sie mit Seitenwagen auf den schnellen Straßen und Autobahnen weiter mitmischen wollten. Der Verkehr wurde stetig und unaufhaltsam überall dichter und schneller.
Drosch man aber diese Gespanne, um in dem Verkehrswirbel überlegen zu bleiben, dann kamen mit der Zeit – wir hatten da so die magi-

sche Zuverlässigkeitsmarke auf 40 000 km Lebensdauer gesetzt – dann kamen also langsam mehr und mehr Reparaturen, Pannen, mechanische Zusammenbrüche auf uns zu, wenn man nicht als cleverer und findiger Selfmademan in der Lage war, sein Motorrad durch Eigeninitiative zu verbessern und zuverlässiger zu machen.
Es war der Zeitpunkt gekommen, daß wir ein starkes und unbedingt zuverlässiges Motorrad brauchten, mit dem man auf der Autobahn immer 130 bis 140 km/h als Gespann fahren konnte. Und das stundenlang, ohne daß man den Motor überforderte. Klarer Fall, daß eine solche Maschine auch klaglos ihre 80 000 bis 100 000 Kilometer ohne Schäden leben mußte.
Beim Elefantentreffen 1964 auf dem Nürburgring am 4. Januar sprachen wir unsere Wünsche in die gespitzten Ohren europäischer Motorradhersteller. Das Manuskript für meine Worte habe ich noch aufbewahrt. Hier ist's:

». . . Ja, wir brauchen neue Motorräder. Nämlich Maschinen, die nicht schon nach 20 000 Kilometern ihr Leben mit gebrochenen Wellen, zerstörten Zylindern und solchen Witzen aushauchen.
Holen Sie die für uns notwendigen PS nicht aus so engbrüstigen, hochgetrimmten, nervösen und mit künstlichen Zusatz-Atemgeräten heraus, sondern bemessen Sie den Hubraum so, daß die Hubraumleistung gering, die verfügbare Leistung zum Fahren hoch genug und die Lebensdauer sehr viel größer werden kann, als das bis heute die Norm ist. Und wir bitten dringend darum, in diesem Sinne die

Gespannmaschine nicht zu vergessen. Zirkuspferde, Tanzmäuse oder kurzlebige Super-Rennpferde sind nichts für uns! Maschinen, die nur für Wochenend-Vergnügungen taugen, weil ihre Lebenserwartung für mehr nicht ausreichend ist, die wollen wir nicht. Die schaden uns allen nur und bringen dem Fahrzeug Motorrad und uns ein absehbares Ende. Und auch der Sonnen- und Wochenend-Fahrer verlangt eine längere Lebensdauer für seine Maschine. Wir wollen nicht glauben, daß unsere moderne technische Wissenschaft, daß alles das, was unsere Industrie an Leistung aufbringen kann, zum Erreichen dieses geschilderten Wunschzieles beim käuflichen Serienmotorrad – insbesondere auch beim Motorrad mit größerem Hubraum – nicht ausreicht.

Sollte uns Japan schon so weit überflügelt haben, daß man dort die Hubraumleistung um 100 PS/Liter zu beherrschen beginnt? Daß bei diesem Leistungsniveau eine Zuverlässigkeit vorhanden ist, die unserem Durchschnittsniveau auf diesem Gebiet schon vorweg läuft?

Sind wir nicht mehr in der Lage, über einen größeren Hubraum so etwas zu erreichen? . . .«

Wir hatten bei diesem Treffen mit einer Umfrage an etwa 1400 der Teilnehmer zur Situation auf dem Motorradgebiet einige Fragen gestellt, und gute 90 % antworteten auf die Frage »Was möchten Sie lieber: mehr PS oder mehr Zuverlässigkeit?« spontan: Wir möchten mehr Hubraum, dann können wir beides haben.

Das war also das Motorrad, das als Steigerung unserer Wertschätzung den Begriff »Büffel« erhielt. Es sollte eine Maschine für Solo- und Gespannbetrieb sein, deren Hubraumleistung nicht größer als 50 PS/Liter, dessen Drehmoment um 5 oder 6 mkg bei 3000 u/min liegen, dessen höchste Drehzahl nicht mehr als 5000 U/min und dessen Leistung bei 800 cm³ oder 1000 cm³ nicht über 50 PS hinausgehen sollte.

1964 – wohlgemerkt – !

Wir waren der Meinung, daß es kein Verlustgeschäft sein würde, könnte jemand eine solche Maschine mit einer Lebenserwartung von mindestens 50 000 reparaturlosen Kilometern (– du liebe Zeit, waren wir noch brav bescheiden – !!) mit sportlichem Äußeren anbieten. Von der Zuverlässigkeit bei voller Belastung müßte er uns wirklich überzeugen – also keine unterdimensionierten Ketten, keine Wärmenester, ausreichende Kurbelwellen-Lagerung und so weiter, und so fort.

Die vorhandenen PS-Reservoirs mit 500, 600, 650 oder mehr cm³, 40 bis 50 PS aus diesem Hubraum, die waren uns viel zu unzuverlässig. Wollen wir einmal aufzählen, was allein nur bei der Fahrt zum Elefantentreffen '64 und nur in unserem engeren Freundeskreis alles in die Binsen gegangen war? Eine Harley FLH 74, gerade erst 15 000 Kilometer alt, schmiß ein Pleuel weg, weil es infolge falscher Produktionsmontage an einer Kurbelwange streifte; einer BMW R 69 S flog der rechte Zylinder in den Seitenwagen, und an einer anderen brach ein Kipphebel; eine BMW R 60 hatte drei Kolbenklemmer; eine R 69 hatte einen Defekt im Hinterradgetriebe; eine fast neue Norton 650 SS hatte einen Primärkettenbruch; eine ältere Horex-Imperator soff das Öl plötzlich literweise – !

Daß wir unsere R 69 S und unsere 1963er R 60 ohne Schaden dorthin brachten, mutete danach wie ein Wunder an. Und man hätte nur sehen sollen, welche Bauerei und Schlosserei allenthalben unter den knapp 3000 Maschinen im Gange war, wobei das bestimmt nicht alles verschlampte Gurken, Ölsardinen oder falsch behandelte Motorräder waren.

Wir waren für so einen »Büffel«, weil man aus einem größeren Hubraum sehr leicht ein viel besseres Drehmoment herausholen konnte, und weil man für die verlangte höhere Leistung keineswegs hohe Drehzahlen brauchte.

Man würde auch weniger Probleme mit einer besseren Schalldämpfung gehabt haben, und dann waren da auch noch die Ideen, für ein solches Motorrad ganze Aggregate oder Teile zu verwenden, die auch beim Bau von Automobilmotoren gebraucht werden. Ganz radikale Büffel-Freunde träumten sogar von 1000er Automotoren, die man für Motorräder gebrauchen könnte.

Wir rechneten uns aus, welche Vorteile mit dem allem verbunden waren und diskutierten über Jahre hinweg das Büffelthema.

Irgendetwas war auch dran. Und die Unruhe um die Motorradzukunft im eigenen Lande trieb uns zu immer neuen Vorstößen bei Herstellern in Europa. Wir waren nicht mehr wie 1960 oder 1961 der Meinung, daß unser Motorradheil in den kommenden Jahren und Jahrzehnten hauptsächlich aus Japan kommen mußte. Wir wollten alle aufmöbeln, die noch nicht die Entwicklung begriffen hatten und nicht sahen, wußten oder nicht erkennen wollten, daß wir in Europa ebenso neue Initiativen allerdringendst nötig hatten, um die Motorradtechnik zum Positiven umzustoßen, wie es die Japaner bereits seit geraumer Zeit vormachten.

Und war wurde aus alledem?

Eines Tages gab es aus England mit den neuen Motorrädern von BSA und Triumph, die einen 750 cm^3 Dreizylinder-ohv-Motor hatten, etwas Aufwind in die Büffelrichtung. Bei den Italienern spielte sich auch einiges ab, bei BMW fing man auch an, Neues zu konzipieren (nur nicht in die Büffelrichtung – !), und dann hatten die Japaner plötzlich auch begriffen, was mir meinten. Sie begannen in die großen Hubraumklassen einzusteigen. Und eine Honda-Goldwing 1000 cm^3 in der Mitte der 70er Jahre dürfte vielleicht schon ihre Anregung im Büffelgedanken gefunden haben.

In Deutschland selbst versuchte es nur einer. Und das ganz extrem in der zweiten Hälfte der 60er Jahre: Friedel Münch mit seinem Motorrad, welches den NSU-Automotor bekam und das wir ›Mammut‹ nannten. Von solchen Maschinen ist hier im Buch noch mehrfach die Rede, aber die Büffelerklärung gehört nun zwischen das Kapital über die Japaner und Italiener, denn die erste ganz große Japanerin, die Honda CB 750, paßt in dieses Thema, und auch die Bombe aus Mandello, der italienische Büffel von Moto Guzzi, die V 7 des Jahres 1966.

1) Die Ariel Square Four hatte einen 997 cm^3 Vierzylinder-Motor, dessen Zylinder im Quadrat standen. In den 50er Jahren hatte dieser - leicht wärmekranke – Motor 40 PS bei 5600 U/min, einen SU-Unterdruckvergaser, zwei durch Zahnräder verbundene Kurbelwellen, hängende Ventile und ein Viergang-Getriebe.
Dieses Motorrad hatte viel von dem an sich, was für uns Attribute eines ›Büffels‹ waren. Es verschwand zwar vor einer ernsthaften Überarbeitung in Richtung ›Büffel‹ von der Bühne, hinterließ jedoch eine Erinnerung, die mit den Gedanken verbunden war, welche sich um die Büffel-Idee drehten.

1

2) Es gab in den 60er Jahren Motorrad-Begeisterte, die in Eigeninitiative vormachten, daß die Überlegungen nicht falsch sein konnten, die von großen Hubräumen, niedrigen Hubraumleistungen, geringeren Drehzahlen und mindestens 50 PS sprachen. Vielfach verwendeten sie Automobilmotoren und lagen damit nicht so weit von den Grundgedanken entfernt.
Dies ist ein Renault-Motor in einem älteren BMW-Fahrwerk, ein Umbau von Petermann aus Darmstadt. Der eingebaute Vierzylinder-Motor hatte 40 PS bei 5000 U/min, 845 cm³ und Flüssigkeitskühlung. Es war 1963 die fünfte Version, die er gebaut hatte.

3) Natürlich fehlte es manchen Eigenbauten in Richtung Büffel an einer gefälligen äußeren Form und oft auch am letzten Schliff. Aber diese Edelbastler dachten zuerst an die Funktionsfähigkeit. Sie hatten es einfach satt, sich mit dem »alten« Leistungsniveau, mit der »alten« Leistungscharakteristik bisheriger großer Motorräder abzufinden, und in ihrer Freude am eigenen Entwurf bauten sie lustig drauf los.
Wie auch immer – sie waren in gewisser Weise den später zum Ende der 60er Jahre aufkommenden ersten Industrie-Erzeugnissen voraus, die sich der Büffel-Voraussetzungen schließlich doch annahmen und so die großen – und bestimmt nicht langsamen (!!!) – Tourer bauten. Zum Beispiel eine Moto Guzzi V 7, 700 cm³, die jene Grundkonzeption im Jahre 1966 brachte, auf deren Basis bis heute die großen V-Motoren von Guzzi existieren.
Hier hat einer einen Dreizylinder-DKW-Wagenmotor in eine frühere Zündapp-KS-601 eingebaut. Da das Drehmoment dieses Motors sehr günstig lag und beachtlich hoch war, da der Krafteinsatz beim Gasgeben sehr plötzlich erfolgte (aus dem 896 cm³-Dreizylinder-Zweitakter mit Wasserkühlung waren bis zu 55 PS herauszuholen), deswegen hatte dieser Fahrer keine Speichen- sondern Scheibenräder mit Automobilbereifung (Michelin) 16 Zoll. Es war klar, daß Autoreifen – damals vor allem jene von Michelin – eine weitaus größere Lebensdauer als die »alten« 18-Zöller-Motorrad-Gespannreifen besaßen. Auch das mußte man beim Büffel-Gedanken berücksichtigen.
Im übrigen fuhren die Erbauer solcher Maschinen damit in der ganzen Welt umher. Dieser hier durchquerte Afrika. Das Bild stammt vom Elefantentreffen 1964.

Zu den Fotos sei noch bemerkt, daß sie nur die winzige Spitze eines riesigen Eisberges von Selbstbauten darstellen, die in den 60er Jahren nach unserer Büffel-Idee entstanden sind. Das wäre ein Buch für sich – ! Ich habe noch ein ganzes Album voll.

Jaaa – die Italiener – !

Italien gab nicht auf

Vom ersten Augenblick an, als das Motorrad auf der Erdkugel erschien, faßte es bei den temperamentvollen Italienern Fuß. Um die Faszination der Geschwindigkeit zu erleben, fielen den Konstrukteuren schon sehr früh technische Details ein, die in ihrer Vielfalt und Eigenart immer etwas Besonderes waren. Der Straßensport vor allem blühte wie in keinem anderen Land und prägte die Entwicklung der Maschinen. Obenliegende Nockenwellen bei Viertaktern, mehrzylindrige Motoren – vor allem auch Vierzylinder bis hinunter auf 250 cm^3 – gab es schon sehr frühzeitig bei den Rennmaschinen, und die Serienmotorräder sahen fast alle wie direkte Ableger des Straßensports aus.

Marken wie Benelli, Bianchi, Ducati, Garelli, Gilera, MV Agusta, Mondial, Morini, Moto Guzzi waren schon vor 1939 weltberühmt. Moto Guzzi mit seinen Motoren, die liegende Zylinder hatten, wo es aber auch Zweizylinder-V-Aggregate, Dreizylinder und (bereits 1930 für den Rennsport) Vierzylinder gab. Gilera mit der Vierzylinder-Rennmaschine »Rondine« von 1935, Bianchi mit einem Vierzylinder 1939, MV Agusta mit Vierzylinder-Rennmotoren von 1950, sie alle waren im »Renngeschäft« seit langen Zeiten.

Jetzt, zu Beginn der 60er Jahre, stand besonders MV Agusta ganz groß da. 1958, 1959 und 1960 waren jeweils alle vier Soloklassen der Weltmeisterschaft von MV gewonnen worden, und kein Mensch war in Italien wegen der auf der Sportbühne erschienenen Japaner beunruhigt.

1963 wurde Provini mit der irrsinnig schnellen Einzylinder-Morini Zweiter in der WM 250 cm^3 hinter Redman (Honda-4) – nur zwei Punkte Distanz!

Gilera und Moto Guzzi hatten zuletzt 1957 je einen WM-Titel geholt, Mondial ebenfalls 1957 deren zwei.

1960 waren als ernsthafte Gegner höchstens die ostdeutsche Marke MZ oder die englische Norton einzuschätzen gewesen.

Viele kleinere Hersteller in Italien, deren Besonderheit in geringen Gemeinkosten und großer Flexibilität lag, existierten unbeirrt und bauten in kleinen Stückzahlen sehr oft traumhaft schöne 125 oder 175 cm^3-Maschinchen, die den Flair des Grand Sport verbreiteten. Dazu gehörten vor allem ISO (brachte 1961 eine Maschine mit 500 cm^3 Viertaktboxermotor und Kardanantrieb), Rumi (hatte seit Jahren einen dramatischen liegenden Zweitakt-Twin mit 125 und 175 cm^3), Motobi (baute sehr schnelle 125, 175, 200 und 250 cm^3-Sportmaschinen mit liegendem Einzylinder-ohv-Viertakter, das »Kraftei«), Moto Parilla (beschäftigte sich mit einem Einzylinder-Viertakter, der eine hochgelegte Nockenwelle besaß, und hatte außerdem das interessante 100 cm^3 Modell Slughi mit liegendem Viertakter), Capriolo (brachte einen Viertaktmotor mit einer Nockenscheibe für den Ventilantrieb), Motom (hatte einen kleinen ohv-Viertakter mit Wellerantrieb), Aermacchi (baute ohv-Viertakter mit liegendem Zylinder), Peripoli (mit einem Viertakt-ohv-Einzylinder von Ceccato) und – und – und – !

Die Genannten sind höchstens ein Bruchteil der Masse von zig kleinen Firmen, in denen mit unwahrscheinlicher Begeisterung und mit großem Elan alles gebaut und praktiziert wurde, was auch nur irgendwie technische, aus dem Rennsport für den Alltag verwertbare Gags bieten konnte.

Aber auch bei den »Großen« gab es wunderbare kleine zivile Sportmaschinen. Zum Beispiel die herrlichen Ducatis mit dem Einzylinder-Königswellen-Viertakter, später auch mit desmodromischer Ventilsteuerung. Oder die kleine Bianchi mit stehendem ohc-Einzylinder. Nicht zuletzt die ohc-Lodola von Moto Guzzi. Und das war noch lange nicht alles auf der italienischen Palette.

Die Mailänder Motorradausstellung war immer ein fantastisches Schaufenter für Motorrad-Begeisterte. Ich meine, daß es kaum anderswo so viel technische Farbe gab.

Was aber vor allem der Vorzug des italienischen Motorradbaues war, das zeigte sich in dem wunderbaren sportlichen Styling der Maschinen: Leichte Flitzer, für den Spaß am schnellen Fahren gebaut. Man sah kaum stur biedere Westerwald-Motorräder, und wenn jemand sich an etwas Futuristisches wagte – wie z. B. die Parilla Slughi – dann war auch hier eine Linie gefunden worden, die trotz aller neuen Gedanken nicht in formverschreckende Extravaganzen ausglitt.

Selbst die äußeren Formen der Motoren (siehe Parilla, Ducati, Motobi usw.) waren elegant und rasant gehalten.

Darin – und in ihrer unbeirrten Aktivität im Rennsport – waren die Italiener den englischen und deutschen Fabriken überlegen. Ich glaube sogar, daß dieser stets erhalten gebliebene jugendliche und »schnelle« Stil in diesem Lande dafür sorgte, daß es keine Katastrophen in der Industrie gab, wie wir sie in Deutschland in den 50er Jahren erlebten und die zum fast völligen Zusammenbruch der meisten deutschen Motorradhersteller führten.

Sicher, auch in Italien gab es durch den geringer gewordenen Absatz von Motorrädern auf dem Weltmarkt große Schwierigkeiten für manche Fabriken. Aber immer und immer waren es Stehaufmännchen.

Als die Japaner nicht nur im Grand Prix-Sport mehr und mehr Land gewinnen konnten, sondern sich auch langsam aber sicher auf dem europäischen Markt breitmachten, verlor niemand in Italien den Kopf. Das ganze Jahrzehnt hindurch blieb MV Agusta in der Liste der Weltmeisterschaften und setzte diese Aktivitäten auch danach eisern fort.

Von dem Rezept, wie die Italiener in den 60er Jahren mit ihren Motorrädern weiterleben konnten, kommt viel bei der Betrachtung ihrer interessantesten Maschinen im folgenden Kapitel zum Vorschein.

Aermacchi Ala Verde 250 cm³, 1965 – die hatte einen Gang zuviel

Es gab schon immer einige Motorrad-Hersteller, die besonders Motoren mit einem oder mehreren liegenden Zylindern pflegten, Zylinder-Längsachse horizontal in Fahrtrichtung. Im Augenblick fallen mir da Namen wie Honda S 90, Kreidler, Motobi, Moto Guzzi, Parilla Slughi, Rumi aus dem Kreis der Serienfabrikate ein. Vielleicht auch die 200 cm³-Wanderer von 1922 oder der Horex Rebell-Roller aus den 50er Jahren. Aber es sind mehr. Unter Rennmaschinen – ja, da ist die Zahl noch weitaus größer.

Tiefe Schwerpunktlage, sehr gute Kühlungsbedingungen, günstige Lage für einfache Montagemöglichkeiten und vieles mehr hat die Konstrukteure immer gereizt. Siehe auch das Wunsch-Motorrad Modell X von J. F. Drkosch, das ich noch bei der Motobi-Geschichte erwähnen muß. Immer aber lag in einer solchen Anordnung eine besondere sportliche Linie verborgen. In den 60er Jahren suchten wir so etwas verstärkt, und deswegen lag das Haus Aermacchi-Harley Davidson in Varese/Italien mit dem Motorradtyp Ala Verde genau richtig.

Die Ala Verde sollte ein echtes italienisches Sportmotorrad sein, was auf den ersten Blick schon an der äußeren Linie erkennbar war. Der Einzylinder-Viertakter mit Stoßstangen-

250 cm³ Aermacchi Ala Verde, 1965.

Ventilsteuerung leistete etwa 19 PS an der Kurbelwelle und 16 PS am Getriebeausgang bei 6500 U/min.

Es war ein Langhuber mit 66 mm Zylinderbohrung und 72 mm Kolbenhub (247 cm³), fast so ein wenig englische Leistungs-Schule mit dem besten Drehmoment von 1,95 mkg bei 4200 U/min. Auffallend war der flache Verlauf der Kurve und das breite Leistungsband über 1,7 mkg zwischen 3000 und 6750 U/min.

Für uns war es etwas verwirrend, wieviele unterschiedliche Leistungsangaben es damals für die Ala Verde von seiten des Werkes, von Händlern und von Fahrern gab. Da sprach man von 18, von 22 und sogar von 24 PS. Natürlich reizte uns dieses Gerede zur Feststellung, was denn nun wirklich an Kraft zur Ausnutzung zur Verfügung stand.

Der Rollenprüfstand der Akademischen Motorsportgruppe an der Technischen Hochschule Stuttgart gab uns die Antwort: knapp 16 PS mit Schalldämpfung am Hinterrad. Später – nach 10 000 gefahrenen Kilometern – kamen bei Messungen an der Technischen Hochschule Karlsruhe am Getriebeausgang des Motors 16 PS und eine offizielle Leistungskurve zustande. Man konnte annehmen, daß das 19 PS an der Kurbelwelle waren.

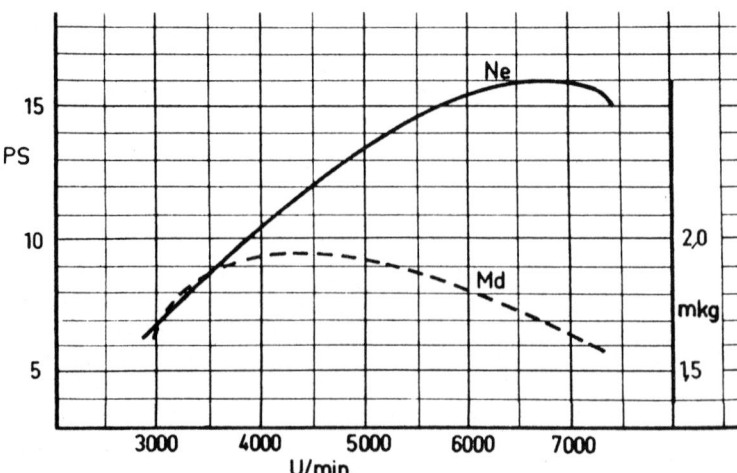

Leistungskurve des Aermacchi-Motors.

Dazu noch eine Erklärung: in Italien machte man die Leistungsmessungen mit »Cuna«-PS an der Kurbelwelle (ohne Ansauggeräusch- und Schalldämpfung und ohne Nebenaggregate). In Amerika gab es die »SAE«-PS. Bei uns waren »DIN«-PS an der Kurbelwelle offiziell gültig (gemessen mit Ansaug- und Geräuschdämpfung sowie mit allen für den Betrieb des Motors notwendigen Nebenaggregaten).

Obwohl uns die äußere Linie der Ala Verde begeisterte – für brave »Krafträder« hatten wir Buben sowieso nichts übrig – waren wir von diesen für eine 250er Sportmaschine wenigen PS zuerst enttäuscht. Die sahen überhaupt nicht nach dem Begriff Hochleistungs-Sportmotor aus.

Es zeigte sich anders.

Durch den flachen Leistungsverlauf, das geringe Gewicht von nur 119 kg (die NSU-Max hatte zuletzt 152 kg!) mit halbleerem Tank aber vollständiger Ölfüllung und durch den geringen Luftwiderstand des relativ niedrigen und schmalen Fahrzeugs kamen ganz reelle Fahrleistungen zusammen.

Außerdem konnte man den Motor glatt bis 7500 U/min drehen lassen, wobei er trotz einer dabei sehr kritisch hohen Kolbengeschwindigkeit von 18 m/s ein überraschendes Durchhaltevermögen zeigte. Das alles ergab auf der Nürburgring-Nordschleife Zeiten zwischen 13:20 und 12:43 = 102,64 und 107,6 km/h Durchschnitt pro Runde. Die 12 Minuten und 43 Sekunden wurden von Walter Sommer gefahren, dem Sieger des Eifelrennens 1965 auf dem Nürburgring.

Wir bekamen damit einmal Vergleichszeiten für unsere Ringtests von einem versierten Streckenkenner und guten Straßenrennfahrer. Seine Runde (stehend am Start und die Ziellinie durch Bremsen auf dem Fahrtschreiber markiert) war beachtlich für 16 PS und ca. 7,4 kg Leistungsgewicht der Maschine, deren Hubraumleistung 64 PS/Liter betrug.

Der robuste Kurbeltrieb hatte einen Hubzapfen von 32 mm ∅. Die 25 mm ∅ der Kurbelwellenenden und die sehr breite Lagerung, das breite Nadellager des Pleuelfußes und der Kolbenbolzen-∅ von 18 mm hielten die wahnsinnige Belastung klaglos aus. Der Kolben hatte ein Gewicht von ca. 305 g, eine Stoßstange wog 28 g. Zylinderverschleiß der Testmaschine nach 10 000 km genau $^1/_{100}$ mm.

Erinnern wir uns, welche Robustheit die Aermacchi-Rennmaschinen immer gezeigt haben, dann wundert es mich nun nicht mehr, daß unsere Testmaschine so zäh war. Von Hause aus wurde sie mit 18 Zähnen am Getrieberitzel und mit 38 Zähnen auf dem Hinterradzahnkranz geliefert.

Das war für uns zu knapp, damit kam man nur bergab einmal in den fünften Gang. Vielleicht sollte das so sein, um eine Art Overdrive-Wirkung zu erzielen und Überdrehen möglichst zu verhindern. Aber es paßte für den Ring sehr schlecht. Nur eine ganz dünne und leichte Nudel hätte damit etwas anfangen können.

Aber es gab 24 verschiedene Übersetzungsmöglichkeiten. Wir laborierten so lange herum, bis Walter Sommer in der Ebene im fünften Gang ohne Mühen und ohne Überdrehen auf 120 km/h kommen konnte.

Das Fünfgang-Getriebe? Wenn man mich fragt: den fünften Gang hätten die Aermacchi-Leute sich bei der flachen Leistungskurve und bei der Drehmomentlage sparen können! Das war doch nur ein »Renn«-Verkaufsgag, mit dem wir da wohl leben mußten.

Für einen größeren Mann wurde die Sitzposition auf die Dauer quälend, denn die Fußrasten ließen sich nicht verstellen. So mußte man durch Rutschen auf der spartanisch harten und schmalen Bank so lange hin und her fühlen, bis man eine einigermaßen akzeptable Position gefunden hatte.

Der Aufbau der Maschine war sehr einfach, der Rahmen bestand nur aus einem sehr starken Mittelrohr, an dem praktisch alles aufgehängt war. Aber das Fahrwerk war sehr empfindlich auf die kleinsten Unregelmäßigkeiten bei Reifen, Rädern, Telegabel, Schwingenlagerung oder Federbeinen. Dann gab es in welligen Kurven bei hohem Tempo in Schräglage plötzlich Schaukelschwingungen.

Den Vergaser mit dem offenen Lufttrichter durfte man nicht zu viel fluten, denn so sprang der Motor nicht an. Auf der anderen Seite aber durfte man dem Motor nicht zu mageres Gemisch beim Antreten anbieten, weil er sonst todsicher zurückschlug. Der Kolben kam dann nicht über den oberen Totpunkt hinaus, weil vom Werk aus eine enorme Frühzündung eingestellt wurde (48° bei geöffneten Fliehgewichten der automatischen Zündverstellung) und dafür der Explosionsdruck beim Zünden infolge des zu mageren Gemisches nicht groß genug war.

Patsch – ! Es gab einen Schlag vom Kickstarter ins Fußgelenk, daß man die Engel im Himmel singen hörte.

Deswegen stellten wir den Motor auf 40° Frühzündung ein, wobei diese Erscheinung fast aufhörte und nichts an Leistung verloren ging. Die schwer gehende Kupplung verschaffte uns dicke Handgelenke, was besonders bei längeren Fahrten zu störenden Pausen zwang. Der Kupplungshebel war sehr ungünstig übersetzt, die Zentralfeder sehr hart, und es waren zehn Lamellen zu bewegen.

Trotz unserer als richtig herausgefundenen Gesamtübersetzung war der erste Gang infolge der so enorm knappen Getriebespannweite von 2,2 (für Straßenrennen) noch viel zu lang. Das bedeutete beim Anfahren ein längeres Schleifenlassen der schwergängigen Kupplung . Uff – !

Aber einmal in Fahrt, war es eine fast immer von anderen unterschätzte Rakete. Der einfache Motorenaufbau war natürlich für Selbsthilfe fantastisch. Und Selbsthilfe war 1966 noch immer bei solchen »Exoten« vonnöten, für die es nicht in jedem Kuhnest eine Werkstatt gab. Das paßte in die Zeit und zu uns »Pionieren«.

Hier einige Vergleichsmessungen auf dem Nürburgring mit anderen 250ern:

Honda CB 72, 1962: 12:55 = 105,95 km/h
Aermacchi Ala Verde, 1965:
13:05 = 104,61 km/h

Yamaha YDS-3, 1965:
13:15 = 103,29 km/h
BMW R 27, 1962: 13:50 = 98,93 km/h

Als Telegabel wurde eine Ceriani gefahren, und der Vergaser hatte einen Durchlaß von 24 mm. Die Räder hatten 1965 17 Zoll, womit man bei der Reifenauswahl ganz auf die italienischen Pirelli- oder Ceat-Reifen angewiesen war. 1966 gab es 18 Zöller.

Das Motorrad wurde für DM 2500,– verkauft und war damit nicht aus dem üblichen Preisniveau heraus.

Vergleicht man spaßes halber so eine Sportmaschine der damaligen Mittelklasse in der Mitte der 60er Jahre mit der Mittelklasse der 80er Jahre, dann wird man für die letztere feststellen, daß diese viel mehr PS haben (z. B. 400 cm^3– 27 PS, 38 PS oder mehr). Ob sie aber um den Nürburgring genau im gleichen Verhältnis auch schneller sein können, ob sie so fantastisch einfach im Aufbau, in der Wartung und in der Möglichkeit sind, ohne Spezialwerkstatt und Elektronik auskommen zu können? Ob diese – 20 Jahre später existierenden – Maschinen wohl wirklich technischen Fortschritt zeigen? Ob sie wohl auch noch so viel intensive Dramatik an sich haben, wie das 1965 so eine Ala Verde für uns hatte?

Oft, sehr oft, überlege ich sowas, wenn ich einmal auf einer Aermacchi von damals und gleich darauf auf einer XS 400 fahren konnte, wie neulich.

Mensch, was war das doch für ein Renn-Hammer, die Ala Verde mit Langhub-Viertakt-Single, mit offenem Vergaser, offener Kette – kann das jemand begreifen ?!

Im Spätherbst 1965 kam ein Motorradfahrer angehumpelt, als wir an den Boxen unseren Fahrtschreiber montierten. Auffällig war das geschwollene Handgelenk des linken Armes. Er setzte auch so verdächtig vorsichtig beim Laufen den rechten Fuß auf und bewegte ihn im leichten Rennstiefel so aus der Sohle heraus – Leipzig – schluff – Einundleipzig – schluff – Leipzig – schluff – Einundleipzig – und so weiter.

Wir schauten uns alle an und grinsten schadenfroh. Fritz sagte: »Hallo! Haben Dir die 48° Vorzündung Deiner Ala Verde Grüße bestellt?«

Er machte ganz große Augen. »Jaa – ich hab' so'n Biest – ! Woher weißt Du – ? Aber jetzt schieb' ich sie nur noch an. Mußt aber aufpassen, daß dabei das Hinterrad nicht plötzlich beim Loslassen der Kupplung blockiert. Dann fliegste über weg – !« Und er lachte.

Es war natürlich bloßes Raten von Fritz, und doch hatte er eine Ahnung gehabt. Der Kickstarter der Ala Verde knallte beim Zurückschlagen immer genau ganz kurz und hart im ersten Drittel der Abwärtsbewegung gegen den Fuß, und das traf durch den Rist exakt ins Gelenk. Danach konnte man nur im Rhythmus Leipzig – schluff – Einundleipzig – schluff – Leipzig und so weiter laufen. Nach 14 Tagen wurde das erst besser.

Bei den anderen Big Singles der 50er und 60er Jahre kamen die Schläge meist erst aus dem unteren Drittel der Startbewegung. Das ging oft durch Abrutschen des Fußes ans Schienbein oder bis ins Kniegelenk, wonach man den Rhythmus einhalten mußte Schleich – den Scheich, Schleich – den Scheich, und so weiter. Die Fußspitze stand beim Laufen leicht nach außen.

Man nehme mir diese Abschweifung bitte nicht übel, lieber Leser. Aber ich konnte sie mir einfach bei den Erinnerungen an die Ala Verde nicht verkneifen, über deren Eigenheiten wir so unsere Witze machten.

Heutigen Fahrern wird es wohl grausen, wenn sie das hören, und sie werden den elektrischen Anlasser umso lieber haben. Wir lachten darüber, stellten auf 40° Vorzündung ein und vermißten keinen Elektrostarter. Je einfacher ein Motorrad technisch zum Selber-Schrauben konzipiert war, um so besser. E-Starter empfanden wir nur gut, wenn sie keine Zusatzfehlerquellen waren und wenn es außerdem noch den guten alten Kickstarter dazu gab.

So ändern sich die Zeiten.

Ein Motorradspielzeug, das mich fast umgeworfen hätte:
Die Zweizylinder-Berneg ohc, 175 cm³

Berneg?

Was sollte das denn gewesen sein?

Ein Rennfahrer? Ein Konstrukteur? Eine Stadt? Oder etwa eine Motorradmarke?

Jedenfalls hatte ich diesen Namen vorher auch noch nie gehört, als dieses Motorrad zum Beginn des Jahres 1960 in meinem Blickfeld aufgetaucht war.

Woher auch? Denn selbst im schönen Motorradland Italien, in dem ihre Wiege stand, war die Maschine nur wenigen Insidern bekannt. Der Grund lag vor allem darin, daß es sich dabei um eine ganz kleine Firma handelte, in der gelegentlich der Chef aus Spaß an Motorrädern seinen eigenen Traum in einer kleinen Werkstatt in Einzelstücken zusammenschraubte. Ansonsten machte man dort Rahmen und Tanks in kleineren Mengen für andere Motorradhersteller.

Man hatte mir erzählt, daß man in der Via Porrettana 20 der Stadt Bologna zu einer Firma kommt, die sich »Berneg, Costruzeoni meccaniche« nennt und in der Rahmen und Tanks für Motorräder hergestellt wurden, und zwar für sehr viele in Italien laufende Typen kleinerer Fabriken.

Aber in einem 25 m² großen Nebenraum, an zwei Werkbänken, sollte der Chef des Hauses, Ingenieur Paride Bernardi, sein Hobby betreiben: Die Herstellung einer 175 cm³-Twin ohc, der »Berneg 175 Sport«.

Nicht erst in den sechziger Jahren und heute werden romantische Geschichten zu Sensationen oder zu rührseligen Schnulzen dem Wunsch und dem Niveau der Masse entsprechend ausgebügelt, und so hatte ich von dieser Erzählung 50 % als Übertreibung angesehen. Es klang ja auch zu merkwürdig: Da montierte einer einen solchen Motor aus lauter Fremdteilen und die ganze Maschine mit nur zwei Leuten auf nur 25 m² Fläche – also fünf mal fünf Meter!

Das Lager sollte dazu nochmals 25 m² betra-

Eine ganz seltene Vertreterin italienischen Motorradbaues der 60er Jahre: Berneg, 175 cm^3, 1960.

gen, und dann sollte da noch ein Büro für die Herstellung der Maschine und den Verkauf existieren.

Schon die Grundidee, eine 175 cm^3-Twin mit obenliegender Nockenwelle zu bauen, wies einwandfrei auf die Freude am besonderen Motorrad hin. Also genau das, was wir – d. h. die besonderen Enthusiasten – suchten und in Deutschland nie finden konnten.

Und so war die erste Begegnung: Es war eine Zeit, in der man schon ganz brav und bieder geworden war, weil man Monate hindurch seinen zuverlässigen Frachtdampfer jeden Morgen aus der Garage holte, ein Tritt – der Motor lief. Wenn man ihn dann jeden Abend wieder in seine Hütte schob: Benzinhahn zu, fertig. Keine besonderen Vorkommnisse. Ölwechsel

Der kleine 175 cm^3 Berneg-Viertakter hatte zwei parallel nebeneinander stehende Zylinder, eine durch Kette angetriebene obenliegende Nokkenwelle. Es wurden 14 PS an der Kurbelwelle angegeben.

erst wieder nach 1000 km fällig, tanken morgen Abend. Sonst nichts. Gute Nacht, altes Roß!

Dann aber kam einem eines Tages etwas vor die Räder, daß man aus dem so gleichmäßig freundlichen Trott herausgescheucht wurde und die Ruhe verlor. Irgendwo sauste einer an einem vorbei – klein, schnell, elegant, rotgolden, und ein Toon – ! Wendig, spritzig – der Kerl war kaum im Verkehr zu halten, auf drei oder vier Rädern schon gar nicht, flitzte überall durch, weg war er! Auf der Landstraße mußte die große BMW mit Seitenwagen die Beine strecken – Himmel, wetzte dieser kleine Kobold vor einem um die Ecken herum, kaum zu glauben – machte auf der Geraden mehr als echte 100 km/h und hatte im Dritten eine Beschleunigung – oho!

Erst bei 90 km/h schaltete der, ganz kurz wie bei den großen Engländerinnen, und aus den Rohren klang es heraus – nicht kreischend oder unangenehm, aber singend und sägend wie Surtees' MV – der da vorn sägte die Straße in zwei Hälften. Und dann war er doch weg – es hatte wie eine Zweizylinder-AJS oder -Matchless geklungen!

Man selbst schaute die nächsten Tage auf der gleichen Straße wie ein Jäger nach dem Fuchs aus, um ihn nicht zu verpassen, wenn er wieder auftauchen sollte. Man dachte immer an diese rotgoldene kleine Maschine – !

Man rätselte herum – 125 cm^3, 175 cm^3, 250 cm^3– nein, es müßte nach der Fahrleistung wohl doch eine 250 cm^3 Twin sein. Das Wort vom Arbeitsweg-Vehikel, Westerwald-Motorrad – man mochte es nicht mehr hören.

So und nicht anders sind wir hinter diesem komischen Motorrad hergejagt und waren ständig auf der Suche, bis wir eines Tages doch so einen rotgoldenen Fuchs in der Garage hatten.

Ein Leser unserer Zeitschrift »Das MOTORRAD« und Helfer eines Ausweis-Straßenrennfahrers hatte bei uns angefragt, ob wir einmal eine Berneg sehen wollten, er hätte gerade eine davon auseinander. Er sagte das, als gäbe es die Bernegs so ähnlich wie die NSU-Mäxe oder die DKWs an jeder Straßenecke. Bei meinem Besuch in seiner Werkstatt stellte sich dann heraus, daß es just der Fahrer gewesen war, der einige Zeit vorher vor meiner BMW hergefahren war.

175 cm³, zwei Zylinder und obenliegende Nockenwelle! Was war da noch ein Einzylinder, wenn man diesen kleinen Twin erlebt hatte? Und noch etwas ging in unseren Köpfen herum. Nämlich die Tatsache, daß ein solches Motorrad nur noch den Nutzeffekt haben konnte, daß man es eigentlich nur fuhr und besaß, um Spaß zu haben. Aus Freude am Besonderen, am Lebendigen. So ähnlich wie die 175 cm³ Motobi Catria, Ende der 50er Jahre. Vielleicht ahnten wir schon, daß diese Art von Maschinen um 1960 herum die ersten Vorboten einer kommenden späteren Gesamtentwicklung waren.

Ja, und alles, was wir vorher davon gehört hatten, das stimmte tatsächlich. Sie wurden von klaren Enthusiasten in der Via Porrettana 20/2 in Bologna in einem Raum gebaut, der vielleicht nur dreimal so groß wie Mutters Waschküche war. Keine Riesenstückzahlen, fast Einzelanfertigung – nicht um des Geldes willen, aber um der Freude willen.

Den Motor und den Rahmen machte man selbst, ebenfalls den Tank, die Kotflügel und das andere bißchen Blech. Die Telegabel, Bremsen, Räder, das E-Werk u.a. bezog man von außen dazu. Zwei Mann machten in zwei Tagen anderthalb Stück, und wenn ihnen dabei einfiel, daß man vielleicht doch besser mit einer einfachen Rollenkette über Spannfeder zum Antrieb der Nockenwelle als mit einer ungespannten Duplexkette fuhr, daß man die Tankform vielleicht noch »schneller« treiben konnte, daß vielleicht die Kotflügel dem Aussehen großer Rennmaschinen entsprechend besser gestaltet werden konnten, dann wurde das gemacht.

Da gab's kein Formular, keinen Dienstweg, keine Instanzenstreitigkeiten, das machte man eben so.

Weil man so arbeitete – ich sah diese Leute dazu ein Liedchen pfeifen – wunderte man sich auch sehr, als aus dem kalten Norden so ein merkwürdiger Mensch eine Leistungskurve des Motors haben wollte.

Sollte doch der mit seiner Berneg fahren – was brauchte der so ein Stück Papier! Sicher, sie hatten mal den Motor gebremst, aber das war schon lange her. Wo lag nur die Kurve?

Aber der so tierisch ernste Mann aus der Redaktion vom MOTORRAD bekam schließlich nach vielem Hin und Her doch eine Kurve. Schön mit der Bemerkung gemalt, so, nun laß uns auch zufrieden.

Diese Kurve betrachtete ich sehr lange, und dann malte ich sie ab. 13,8 PS bei 7000 bis 7500 U/min. Wenn eine Maschine von 110 kg Gewicht mit 75 kg Fahrer, der sich ganz klein machte, die lange Gerade zur Antoniusbuche auf dem Nürburgring echte 115 bis 118 km/h dicht an der Hecke unter Ausschluß des Gegenwindes machte, mußten zwischen 13 und 14 PS mindestens an der Kurbelwelle sein. Aber diese gemalte Kurve schien zu glatt, zu schön, zu harmlos zu sein und sagte nicht, wo man sie gemessen hatte. Vielleicht an der Kurbelwelle? Vielleicht am Getriebe oder am Hinterrad?

Wir nahmen nach 4000 km schön scharfer Jagereien auf Straßen und Nürburgring das Motorrad und stellten es auf den Prüfstand der Akademischen Motorsportgruppe an der Technischen Hochschule in Stuttgart. Da saßen wie immer Tüftler und Kritiker aus der Zunft.

Obwohl die Vergasereinstellung zu fett war

(mit 40er Leerlaufdüse, Nadelposition 3, Luft-schraube eine Umdrehung offen und 85er Hauptdüse), hätte es stimmen müssen. Aber um ein Loch beim Gasgeben zu überbrücken, hatten wir eine 90er Hauptdüse drin, die aber wohl in Wirklichkeit 95 Durchlaß besaß. So genau nahm man das wohl in Italien nicht.

Also trotz dieser fetten Einstellung bremsten wir bei 8000 Touren 10,8 bis 11 PS am Hinter-rad.

Oho – das wären nach unseren Erfahrungen 12 PS am Getriebeausgang und somit be-stimmt 13,5 PS an der Kurbelwelle gewesen. Und das alles nach der Hetzerei, ohne vorher noch einmal das Ventilspiel, Zündeinstellung, Kompression gesehen zu haben. Ein echter

Wert. Nach unseren Fahrwiderstandswerten mußte das ja auch stimmen. Das Bastlerauge taxierte daraufhin inzwischen schon den Um-bau auf zwei Vergaser – !

Die Kurve verlief ganz flach, und im Drehbe-reich zwischen 6500 und 9000 U/min stieg bzw. fiel sie nur um knappe 2 PS. In dem Ofen war also doch etwas drin. Bei 5000 U/min wa-ren 6 PS am Hinterrad, das war so ungefähr der Punkt, von wo ab die Musik Leben in die Räder brachte. Richtig zum Drehenlassen war der Motor gedacht!

Jenseits von 70 km/h = 7000 U/min im Dritten hörte das Sektgekribbel der Vibrationen auf. Zuerst mußte der Neuling noch bis zur Ge-wöhnung die Ohren verschließen und sein

Darstellung der Berneg-Fahrleistung im Höhendiagramm des Nürburgringes vom Frühjahr 1960.

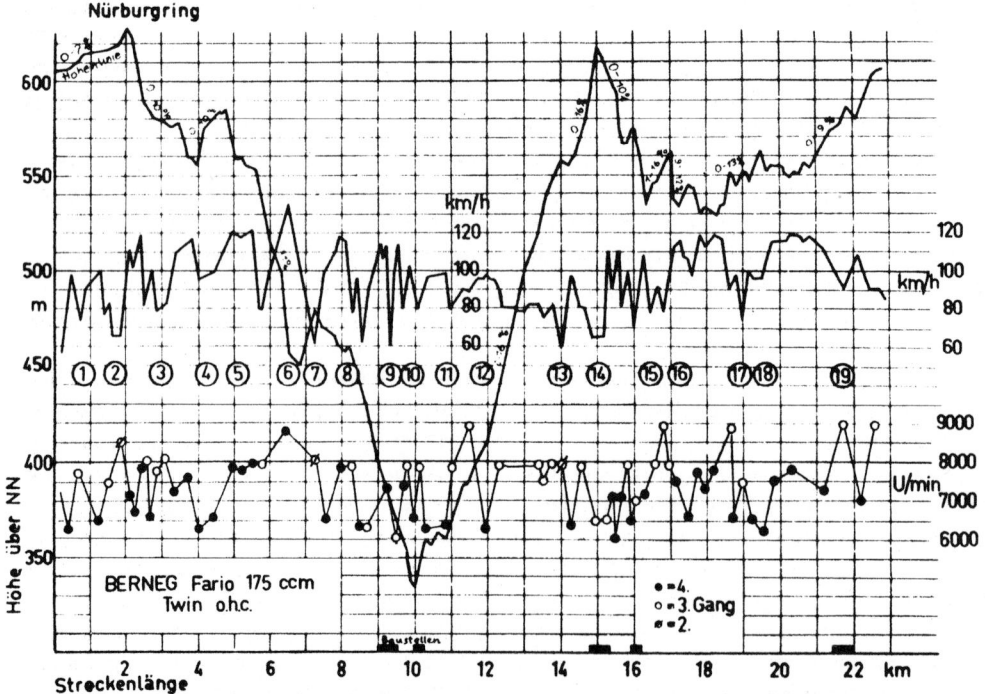

Höhendiagramm des Nürburgringes mit ausgemitteltem Geschwindigkeits- und Drehzahlverlauf. Die Zahlen bedeu-ten (identisch mit denen auf dem Fahrtschreiberblatt): 1 = Südkehre, 2 = Nordkurve, 3 = Hatzenbach, 4 = Flug-platz, 5 = Schwedenkreuz, 6 = Fuchsröhre, 7 = Adenauer Forst, 8 = Metzgesfeld, 9 = Wehrseifen, 10 = Exmühle, 11 = Bergwerk, 12 = Kesselchen, 13 = Karussell, 14 = Hohe Acht, 15 = Brünnchen, 16 = Pflanzgarten, 1 = Schwal-benschwanz, 18 = Galgenkopf, 19 = Antoniusbuche. Das Fahrwerk läßt hohe Geschwindigkeiten beim Wippermann (vor 15), am Metzgesfeld, am Brünnchen, im Pflanzgarten, im Hatzenbach zu. Dazu relativ hohe Kurvengeschwin-digkeiten! Daher der hohe Durchschnitt.

Herz beruhigen. Nein, sie flog bestimmt nicht auseinander!

Daß der Motor scheinbar so heiß wurde, war auch normal. Bis 90 hatten wir harten Seelen den Kobold im Dritten springen lassen, das waren 9000 U/min, und er sang dazu, daß er noch weiter drehen würde.

Aber das war nicht die Norm, das passierte nur auf dem Nürburgring oder draußen, wenn Not am Mann war und der dicke Kapitän des Mercedes 220 ärgerlich diese Stechmücke links neben sich nicht vorbei lassen wollte, Gas gab, Gegenverkehr kam – na ja, man kannte das ja.

Es gab meines Wissens 1960 keinen anderen Motorrad-Motor, zu dessen obenliegender Nockenwelle die Ventile genau unter der Nockenwellenachse parallel angeordnet waren. Das brachte für Ansaug- und Auspuffweg allerdings Winkel mit. Auf der anderen Seite aber sparte man Kipphebel, Kipphebellager und hatte weniger bewegte Massen im Ventiltrieb.

Die Nocken wirkten direkt auf Stößeltassen. An diesen Tassen wurde mit zwei im (leider sehr mangelhaften) Bordwerkzeug befindlichen Spezialschlüsseln (hatte ich aus besserem Material nachträglich selbst hergestellt) das Ventilspiel eingestellt, wozu man am besten auch die Nockenwelle entfernte, was geradezu ein Kinderspiel war. Am Lagerbock war die Einstellmarke eingeschlagen, und am Kurbelgehäuse neben der Kurbelachse befanden sich zwei Marken für den oberen Kolbentotpunkt und die Vorzündung.

Die Nockenwelle wurde durch eine einfache Rollenkette, über eine Feder gespannt, angetrieben. Die mechanischen Geräusche waren geringer als man hätte annehmen können – es gab ohc-Motoren mit weit, weit mehr Gerassel.

Die ersten 2000 km waren wir besonders vorsichtig mit dem Ultrakurzhuber umgegangen (50 mm Bohrung/44 m Kolbenhub pro Zylinder, zerlegbare Kurbelwelle, Schwungscheibe in der Mitte).

Die beiden Zylinder waren zu einem Gußstück zusammengefaßt, und wir waren uns nicht klar, welche Verformungen bei Wärme auftraten und wie die ziemlich eng eingepaßten Kolben und Kolbenbolzen auf hartes Einfahren reagieren würden.

Bei den großen englischen Twins, die beide Zylinderbohrungen in einem Gußstück hatten, hatten wir beim Einfahren und nach scharfer Einfahrmethode üble Erfahrungen mit Klemmereien noch nach mehreren tausend Kilometern gemacht.

Also mit der Berneg zuerst nicht über ehrliche 80 km/h (das waren auf dem Tachometer fast 90 – der war sowieso sehr freundlich) und das Tempo keine Minute lang gehalten, sondern immer wieder mal auf 65 oder 70 herunter. Die ersten tausend Kilometer fuhren wir sogar mit Obenoel im Supersprit.

Siehe da – der kleine Renner wurde ohne Mucken lebendig. Bis 2500 Kilometer hatten wir es langsam mal bis 90 oder 95 angehen lassen, den dritten Gang schon mal bis 70 hochgezogen, dann wurden wir frecher. Ab 3000 war der Motor einwandfrei vollgasfest unter voller Leistungsabgabe.

Von dem Zeitpunkt an fuhren wir ganz scharf bis einschließlich Nürburgring 4000 harte Kilometer abgespult worden waren.

Nach 3000 Kilometern wurde er mechanisch etwas lauter. Das Ventilspiel mußte nach den ersten 500 Kilometern nachgestellt werden, denn die Ventile hatten sich ganz schön in die Sitze gehämmert. Bis 3000 Kilometer hielt das Spiel und veränderte sich kaum. Die italienischen Zündkerzen mit dem Wärmewert 225 tauschten wir gegen Beru-Kerzen mit dem Wärmewert 240 aus (14 mm, Langgewinde). Dabei sahen wir, daß im Kopf kein besonderer Kerzensitz eingeschrumpft war. Also mußte man mit dem Einschrauben der Kerzen vorsichtig sein. Bei warmem Motor nicht zu fest anknallen. Die Beru-Kerzen waren genau richtig in ihrem Wärmewert.

Im italienischen Handbuch waren die Höchstgeschwindigkeiten für die einzelnen Gänge angegeben. Es mußte sich um ältere Rechnungen und Abstufungen gehandelt haben,

Gangdiagramm der Berneg mit verschiedenen Fahrwiderständen.

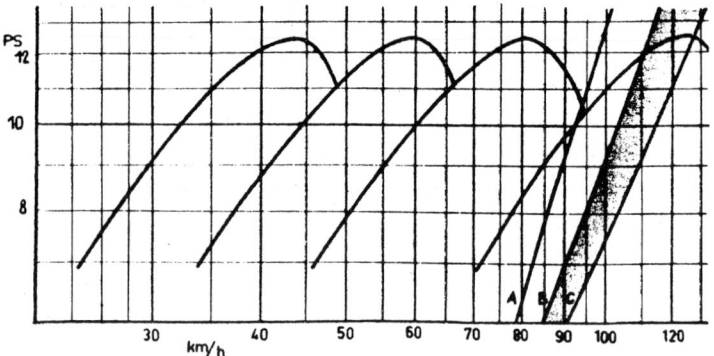

denn seit 1954 war viel Wasser den Reno hinunter ins Adriatische Meer geflossen und am Motor selbst allerhand geändert worden.

Inzwischen hatte man etwas anders abgestuft, wobei mir nicht klar war, welche Überlegungen dem zugrunde gelegen hatten.

Der 1., 2. und 3. Gang lagen in gleichmäßigem Abstand. Zum 4. Gang klaffte eine deutliche Lücke, die man beim Fahren daran merkte, daß das Zurückschalten vom 4. in den 3. Gang oberhalb von 80 km/h einen starken Drehzahlsprung nach oben ergab.

Auf dem Nürburgring zeigte sich, besonders bei Kilometer 12 im Kesselchen, daß es Situationen gab, in denen der 3. Gang am Ende war, der 4. aber noch nicht ausreichend durchzog, daß man diesen Umstand jedoch durch Übersetzungswechsel am Zahnkranz oder am Getrieberitzel zwar für den 4. Gang günstiger gestalten konnte, daß aber natürlich damit der 3. Gang wieder tiefer rutschte. Das aber war nicht schön, denn es war ja gerade gut, daß der 3. Gang bis 90 bei etwas mehr als 10 % Überdrehen hinaufreichte. In der Ebene merkte man das schon nicht mehr so, denn bei 80 schloß der 4. Gang an den 3. mit 5000 Touren und 6 PS am Hinterrad an. Das reichte aus. Aber wir kamen doch recht nahe an die Grenze des Fahrwiderstands heran.

Im Gangdiagramm mit den PS-Linien für den Getriebeausgang konnte man das sehen: A = Widerstand für einen großen Fahrer aufrecht sitzend oder für zwei Mittelgewichte mit Ge-

päck, B = Widerstand für einen großen, schweren Fahrer langliegend ohne Gepäck oder einen kleinen, leichten Mann mit Gepäck auf dem Tank, C = Widerstand für einen kleinen, leichten Fahrer (55 kg) mit knappem Lederzeug langliegend.

Unser rotgoldener Kobold war wie alle italienischen Sportmaschinen leicht und zierlich gebaut. Er hatte die rassigen äußeren Merkmale einer Straßenrennmaschine, schmale Reifendimensionen (2.50-19 vorn und 2.75-19 hinten), aber soliden Rahmenbau, enorme Fingerspitzen-Bremsen, harte Federung (ausgezeichnete Marzocchi-Telegabel mit hervorragender Dämpfung), aber eine enorme Spurhaltung, und das Kurvenfahren war ein Spaß für sich!

Nachdem wir Metzeler-C-Profil auf die Räder montiert hatten, war das freche Fahren auch auf nassem Blaubasalt möglich. Die Schwingenholme der Hinterradfederung hatten an ihrem Ende am Drehpunkt ein sauber eingeschweißtes Versteifungsblech, da gab es keine Verwindungen. Die harte Sitzbank ertrug man, wenn man Tagesetappen unter 250 Kilometer einhielt und dafür später auf die Härte eintrainiert war und schließlich, weil man auf dem Renner ja doch nie »zivil« saß, sondern die schnelle Haltung ganz automatisch einnahm (die an den Gabelholmen angeschellten Lenkerenden lagen so gerade richtig) und die Stöße nicht direkt in den Rücken bekam, sondern praktisch mit dem

Achtersteven nur auf- und abwippte. Diese Haltung – sie war wunderbarerweise für einen darauf eingestellten Fahrer zum konzentrierten Fahren gut. Aber schmal war diese Bank, schmaal – ! Es war ja keine Geländemaschine, sondern eine echte Straßensäge – ! Auf dem Nürburgring lagen die Rundenschnitte mit unserem ohc-Spielzeug trotz mehrerer Baustellen zwischen 87 und 90 km/h für die Nordschleife. Auf Landstraßen bei Langreise war es immer möglich, ein R 69-Gespann zu halten. Man konnte schon 80er Schnitte herausfahren, ohne sich zu überfordern. Der Testverbruch war im Mittel 3 bis 4 Liter auf 100 Kilometer, auf dem Nürburgring 4,3 l. Ölverbrauch nicht nennenswert. Als Viskosität waren SAE 50 für den Motor und für das Getriebe noch dickere Sorten vorgeschrieben. Deswegen dauerte es etwa zwei Kilometer, bis sich das Getriebe leicht schalten ließ.

Mit dem 50er Öl gab es kaum Ölnebel an den Gehäusenähten, von Ölsauerei ganz zu schweigen.

Das Getriebeöl sollte alle 6000 km gewechselt werden, dazu mußte die Ölwanne unter dem Kurbelgehäuse entfernt werden. Dabei konnte man auch an das zu reinigende Ölfilter herankommen. Das Getriebe lag in einer besonderen Kammer über der Ölwanne.

Die Hinterradkette hatte keinen Schutz zum Reifen hin und war nur oben leicht abgedeckt.

Das Hinterrad hatte keine Steckachse, der Ausbau lag aber noch im Bereich des Vertretbaren, wenn ein Motorrad aus dem Jahre 1960 damals auch schon eine Steckachse am Hinterrad hätte besitzen sollen.

Wer eine Zweizylinder-Viertakt-Maschine wollte und 500, 600, 650, 750 oder 1000 cm³ aus Old England nicht verkraften konnte, mußte die Ohren spitzen! Nach der Bekanntschaft mit der Berneg fragte eigentlich niemand mehr von uns nach dem Sinn und Zweck dieser verspielten Konstruktion. Wir empfanden es gerade recht so. 175 cm³, Twin, obenliegende Nockenwelle, 11 PS am Hinterrad, 110 kg – **war unsere brave Industrie jemals**

auf so ein hübsches und besonderes Motorrad verfallen?

Vielleicht konnte man sich nicht vorstellen, dafür Kundschaft zu bekommen. Wir waren da aber ganz anderer Meinung. Schon wenig später zeigten dann die Japaner, daß genau diese »Verspieltheit« der neue Trend in der Motorradtechnik sein mußte, um eine Motorradwirtschaft wieder in Schwung zu bringen. Zu Anfang des Jahres 1960 aber lachten unsere deutschen Konstrukteure über diese Gedanken und hielten uns für verrückte Propheten.

Ducati Desmo 250 cm³ – mit und ohne Megaphon, 1969.

Die kleine 175 cm³ Ducati mit dem zierlichen Einzylinder-Viertaktmotor und dessen Königswellen-Antrieb für die obenliegende Nokkenwelle war in den 60er Jahren für viele Enthusiasten das italienische Motorrad.

Die Firma in Bologna/Italien war bei Sportmaschinen-Rennen in Italien, im Straßenrennsport und bei der Straßen-Weltmeisterschaft sehr aktiv. Es gab interessante Maschinen. Aber in der Weltmeisterschaft gelang es nie, bedeutende Plazierungen zu erreichen, obwohl z.B. Mike Hailwood 1960 mit einer 250 cm³-Zweizylinder antrat, die schon die desmodromische Ventilsteuerung besaß.

Trotzdem gab es gute Erfolge mit den gelieferten Serienrennmaschinen, und immer waren es bildschöne Renner.

1964 hatte man im Werk für den amerikanischen Importeur Berliner eine Vierzylinder-Maschine entworfen, deren Motor 1260 cm³ Hubraum hatte. Die Zylinder standen je zwei zu zwei in V-Form im Winkel von 90° zueinander, die Kurbelwelle war quer zur Fahrtrichtung angeordnet. Vier 32er Vergaser, Lichtmaschine mit 12 Volt und 200 Watt und so weiter.

100 PS bei 7000 U/min lautete die Leistungsangabe. E- und Kickstarter. Gewicht leer ca.

240 kg. Radstand 1,55 m. Fünfganggetriebe. Aber aus einer Produktion wurde nichts. Und als Pendant zu diesem futuristischen Superbomber sei noch die Ducati 125 Vierzylinder-Rennmaschine von 1965 genannt, die 24 PS bei 16 000 U/min leistete, kleine Spezialzündkerzen 8 mm besaß, und bei der der Konstrukteur Fabio Taglioni Zylinderköpfe mit zwei und mit vier (!) Ventilchen pro Zylinder hatte. Sie sollte in Spanien eingesetzt werden, aber wir hörten nichts mehr davon. Es gab nur ein paar Bilder von einem fertig gebauten Exemplar zu sehen.

Ja, bei Ducati war alles drin, und es war bei dieser – überwiegend in Staatshänden befindlichen Fabrik, an der auch der Vatikan beteiligt sein sollte – also bei diesem Ergebnis von Ideen und Versuchen klar, daß man dort Motorräder mit spielerischer Freude und Begeisterung entwarf und baute. In den 70er Jahren war man mit den V-Zweizylindern sehr erfolgreich.

1969 fuhren wir auf dem Nürburgring eine Ducati, die auch so eine Art Spotlight unter den

Die Zwangsventilsteuerung der 250 cm³ Ducati Desmo, 1969.

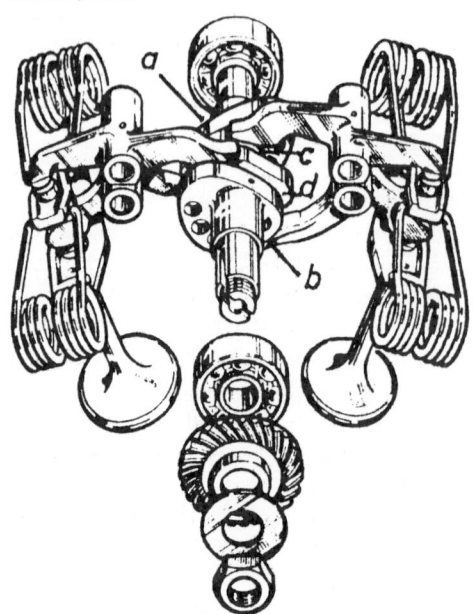

Motorrädern der 60er Jahre war: die 250 cm³-Ducati Mark 3 Desmo.

Die desmodromische Ventilsteuerung war uns noch von den Mercedes-Rennwagen der 50er Jahre in Erinnerung, es gab dann ein paar Motorradbastler, die sowas in ihre Rennmaschinen einbauten während der 50er Jahre, z.B. in eine Max. Ducati war nun mit der Anwendung der desmodromischen Ventilsteuerung bei Serienmotorrädern einen neuen Schritt vorwärts gegangen.

Es paßte genau zu dieser Firma, die ja schon viele Jahre den Königswellenantrieb pflegte. Eines Tages – so meinten wir – wären die so oder so an die Desmodromic gekommen.

»Desmodromische« Ventilsteuerung? Was ist das?

Es ist eine Zwangsventilsteuerung. Dabei wird das Schließen der Ventile nicht durch Federdruck, wie sonst üblich, sondern durch einen Schließnocken der durch Königswelle angetriebenen Nockenwelle über den dazugehörenden Kipphebel bewerkstelligt. In der Zeichnung zu diesem System bedeuten a und b = Schließnocken mit den dazugehörenden Kipphebeln; c und d = Öffnungsnocken. Die zusätzlich vorgesehenen Haarnadelfedern sollen die Ventile beim Schließen trotz des notwendigen Spieles im mechanischen Antrieb auf den Sitz drücken, damit das Ventil auch dann einwandfrei schließt, wenn der Verbrennungsdruck dazu noch nicht ausreicht.

Sportmotoren mit dieser Ventilsteuerung haben bei hohen Drehzahlen keine Änderung der Steuerzeiten zu befürchten. Außerdem bleibt durch den Wegfall des sonst sehr harten Ventilaufschlages bei der Desmo-Steuerung das mechanische Geräusch geringer, was man zuerst kaum glauben wollte. Aber es ist so.

Bei der 250 cm³ Desmo gewann der Einzylinder-Viertakter der äußerlich so schönen Baureihe durch seinen neuen Ventiltrieb nicht nur an Leistung, sondern brachte für den sportlich interessierten Fahrer noch einige interessante Finessen mehr. Das Motorrad war ein wunderbares technisches Spielzeug neben dem rasanten Fahrgenuß, welches es zu bieten hatte.

Schon vom Äußeren – wie bei fast allen italienischen Motorrädern – riß es uns herum, wenn sie in unwahrscheinlicher Schräglage um eine Kurve sauste. Und erst auf Bergstraßen mit vielen Kurven – !

Die »einfachen« Königswellen-Ducatis mit 250 cm³, die 250er Monza und die 250er Mark 3, wurden bis dahin mit 18 bzw. 24 PS propagiert. Nun aber sollte die 250 cm³-Desmo Mark 3 ihre 29 (in Worten: neunundzwanzig) PS haben. 1969 – !

Das waren ganz bestimmt Angaben, die von Messungen ohne Luftfilter, ohne Nebenaggregate und ohne Schalldämpfung für den amerikanischen Markt hervorgezaubert worden waren. Wirklich echte DIN-PS-Angaben hatte man in Bologna bei den Königswellen-Zauberkünstlern noch nie für Veröffentlichungen, Werbung und dergleichen gemessen und publiziert. Es gab 1969 noch gar keine offiziellen Leistungskurven, und die für den TÜV notwendigen Daten mußten erst einmal auf einem Rollenprüfstand am Hinterrad ermittelt werden.

Ach, eigentlich wär's uns schnuppe gewesen, hätten wir solche Zahlen nicht für unsere Tests und Messungen benötigt. Der deutsche TÜV hatte seine Hinterrad-Zahlen mit Luftfilterung, Schalldämpfung und so weiter (20 Hinterrad-DIN-PS bei 8000 U/min). Wir aber wurden dann doch gezwungen, beim Test zu ermitteln, was unsere schnelle Italienerin nun wirklich auf der Straße zu bieten hatte. Dabei mußten wir bald sagen, daß diese 20 Hinterrad-Pferdchen vom Rollenstand eine echte Bescheidenheit gewesen wären, hätte man unsere Straßenmessungen daneben gestellt.

Beim heiligen Schließnocken, es war wirklich wahr – !

140 kg wog das Spielzeug fahrfertig mit vollem 15 Liter-Tank, und mit einem ausgewachsenen, etwas lang gemachten Mitteleuropäer von 75 kg Gewicht und im Lederzeug fegte es mit echten 140 km/h über die lange Schlußge-

rade der Nürburgring-Nordschleife zwischen Kilometer 19,5 und Kilometer 21,5 an der Antoniusbuche.

Mit 20 PS an der Kurbelwelle hätte das ein Winz-Europäer im hautengen Lederzeug und in bäuchlicher Lage auf dem Tank, mit angezogenen Ellenbogen und angelegten Ohren nach unseren seit Jahren gemachten Fahrwiderstands-Berechnungen vielleicht geschafft. Aber mehr als 50 kg hätte der Zwerg auch nicht wiegen dürfen.

Für jeden anderen – für einen Normal-Europäer in leicht gebückter Haltung aber ganz bestimmt – müßte der Motor bei 140 km/h Endtempo unbedingt eine ganze Anzahl Pe-eSse mehr aufbringen. Und diese Mehrleistung mußte unser Testmotor haben, denn Heinzelmännchen zum Schieben oder – wie es ein Benzin-Werbespruch 1969 ausdrückte – einen Tiger hatten wir nicht im Tank.

Wir machten auf unserem Widerstandsdiagramm bei 140 km/h an der Linie für einen gebückt fahrenden Normalbürger einen Punkt. Er lag bei 24 DIN-PS. Danach schauten wir unsere Fahrtschreiber-Blätter an.

Von Start und Ziel bis zum Anbremsen der Endschikane bei Kilometer 22,3 schafften wir eine gute Runde in 12:38 = 105,91 km/h. Das war wie die Honda CB 72 im Jahre 1962. Die hatte auch 24 bis 25 PS gehabt. Rolf Minhoff schaffte schließlich eine Zeit von 12:20 = 108,5 km/h.

Dabei fiel uns auf, daß der Motor nur in den Gefällen (bis zu 11 %) am Schwedenkreuz und in der Fuchsröhre im fünften Gang über 8000 U/min drehte. In der Ebene und bei den Beschleunigungsmessungen, kam er nicht über die Marke hinaus. Am Getriebeausgang hatten wir ein 17 Zähne-Ritzel, am Hinterrad einen 45er Zahnkranz.

Die Zylinderbohrung betrug 74 mm, der Kolbenhub 57,8 mm, Kolbengeschwindigkeit bei 8000 U/min nur 15,4 m/s. Erst bei 10 000 U/min wurde der Grenzwert für eine ungefährliche Kolbengeschwindigkeit überschritten: 19,3 m/s.

Äußerlich konnte man den Desmo-Motor

kaum von dem bisherigen Motor ohne diesen Ventiltrieb unterscheiden, denn die desmodromische Ventilsteuerung war so bemessen, daß der Zylinderkopf in seiner äußeren Form und in seinen äußeren Abmessungen kaum geändert werden mußte.

Das Baukastensystem in der Produktion war überhaupt Trumpf bei Ducati. In das Fahrwerk paßte der normale 250 cm³-Motor, der Mark 3-Motor, der Desmo-Motor, der normale 350 cm³ und Desmo-Motor, und schließlich auch noch der normale 450 cm³ und Desmo-Motor. Gabel, Lichtanlage, Tank, Federbeine, Sitzbank, Räder und Rahmen waren immer gleich. Nur Instrumentierung, Lenker und Seitenkasten-Beschriftungen waren jeweils anders. Und wir kombinierten, was man damit so alles machen könnte – !

Die Gesamtübersetzung 16,36/11,46/8,94/ 7,29/6,43 (17 Zähne am Getriebe, 45 Zähne am Hinterrad) war für den Betrieb mit Schalldämpfer etwas knapp und paßte nur für den schmalen und leichten Rolf Minhoff. Wir anderen fuhren mit 16 Zähnen am Getriebe und ließen den Motor damit etwas höher drehen. Die Getriebespannweite von 2,5 war für Straßensport gedacht.

Da der Motor ab 4000 U/min sehr kräftig zog, gab es keine großen Drehzahlsprünge mit dieser Abstufung. Der dritte, vierte und fünfte Gang lagen eben sehr dicht beisammen, und der Drehzahlmesser, von der Nockenwelle mechanisch angetrieben, war eine feine Hilfe für rechtzeitiges und richtiges Schalten (siehe Höhendiagramm des Nürburgringes).

Die hohen Durchschnitte wurden aber nicht so sehr durch die Motorleistung und -charakteristik erreicht, sondern im großen Maße durch die Handlichkeit, Kurvenfreudigkeit und Spurtreue des Rahmens, der unten offen war. Der Motor war die verschraubte Verbindung zwischen vorderem und hinterem Rahmenteil. Trotzdem war die nötige Stabilität vorhanden. Ja, man wagte es sogar, den gleichen Rahmen für den 450er Motor mit 30 PS zu verwenden.

Wichtig war die sehr breite Lagerung der Hinterradschwinge und die einwandfreie Funktion der Telegabel, und obwohl wir 1969 keine Freunde offener Rahmen bei derartig leistungsfähigen Motoren waren, mußten wir zugeben, daß die Maschine keine Unarten zeigte.

Bei der Verdichtung von 10,0 und den hohen Drehzahlen blieben Vibrationen nicht aus. Der Kolbenbolzen steckte in einer Bronzebuchse im Pleuelauge, das Pleuel lief auf einem breiten Nadellager. Der Dell'Orto-Vergaser hatte einen Durchlaß von 29 mm und besaß eine Verbindung durch eine Gummimanschette zur Luftfilterung und zur Ansauggeräuschdämpfung unter der Sitzbank.

Das Ventilspiel veränderte sich während unserer Testfahrten nicht, und das war gut so, denn uns war nicht so ganz klar, ob die Kontrollen und Einstellarbeiten bei dem desmodromischen Ventiltrieb noch so einfach »mal eben« mit dem Bordwerkzeug am Straßenrand gemacht werden könnten.

Trotzdem begannen wir nach einigen sehr schnellen Runden zu bauen. Aber nicht, weil irgendwas zerdreht war, sondern weil uns die Neugier überkam, die Desmo einmal mit ein wenig Renntrimm zu probieren.

Wir tauschten den Schalldämpfer gegen ein offenes Megaphon aus, dessen Öffnung eine vom Werk erprobte Stau-Verengung aufwies. Die Verbindung zwischen der Luftfilterung und dem Vergaser wurde entfernt, der Vergaser bekam statt der normalen 112er Hauptdüse eine 130er, und die knappere Gesamtübersetzung 17:45 wurde wieder montiert.

Und dann ging es los.

Mensch, da hatte jemand den Korken rausgezogen – !

Auf Anhieb eine halbe Minute weniger pro Runde, und in der Endgeschwindigkeit 10 bis 20 km/h mehr. Vom Stand weg auf 100 km/h etwa drei Sekunden Gewinn. Eine der Zeiten: 12:03 = 111,04 km/h über die 22,3 Kilometer von Start und Ziel bis zum Einlauf in die Endschikane. Rolf Minhoff trainierte ein wenig und kam dann – ohne Fahrtschreiber, aber mit Zeitstoppung unter den gleichen Bedingungen

bei gleicher Streckenlänge – auf 11:37 = 115,18 km/h als schnellste Runde.

Uns war klar, daß man mit ein wenig Laborieren in Übersetzungen, Erleichterungen, Vergaser- und Zündeinstellung, mit leicht laufenden Rädern und den richtigen Reifen bei einem Nachwuchsfahrer-Bergrennen mithalten könnte, wenn die Desmo dann auch mechanisch optimal in Schuß war. Vielleicht sogar bei einem Rundstreckenrennen auf kurvenreichem Kurs.

Der Fahreindruck war fantastisch. Schon auf der Gegengeraden waren an deren Ende vor der Nordkurve gute 15 km/h mehr als mit der normalen Schalldämpfer-Ausführung möglich.

»Jetzt machen wir ihr 'mal Luft«, sagte Fritz Alexander und schraubte der Desmo-Ducati auf dem Nürburgring das offene Megaphon an –!

lich. Bereits im Hatzenbach war man bis zu 20 km/h schneller. In der Fuchsröhre kletterte der Drehzahl-Zeiger weit über die rote Marke weg – in den Aufzeichnungen registrierten wir glatte 10 000 U/min = ca. 170 km/h – !

Im Augenblick der sausenden Abfahrt wurde die Fuchsröhre plötzlich zu einer winkeligen Passage – man staunte, wie das Fahrwerk noch mitging. Im Kesselchen bei Kilometer 12 am Aufstieg zur Hohen Acht: 10 km/h mehr als bisher im fünften Gang.

Die Kurvenhandlichkeit konnte man jetzt erst richtig auskosten. Die »weichen« Pirelli-Reifen (vorn 2.75-18, hinten 3.00-18) hafteten mit ihren Profilen in sehr großer Schräglage enorm gut. Schließlich waren auf der Endgeraden wieder bis zu 15 km/h mehr drin. Da drehte der Motor über 9000 U/min.

Ja, was da wohl der Motor an echten PS wirklich hergegeben hat? 27 bis 29 PS müssen es schon gewesen sein.

Normal hatten wir eine 260er Kerze gefahren, ohne Schalldämpfung verwendeten wir eine Rennkerze 310.

Was das nicht ein herrliches Motorrad fürs Wochenende und für aktiven Sport? Wir wurden an die Rennfahrer erinnert, die vor Jahren noch mit ihrer Rennmaschine über die Straßen zur Rennstrecke tourten, Werkzeug, Verpflegung, Umbauteile für den Motor inklusive Auspuffendstück im Rucksack. An der Rennstrecke wurde in kurzer Zeit aus dem Tourer ein blitzheißer Ofen. Dann wurde damit ge-

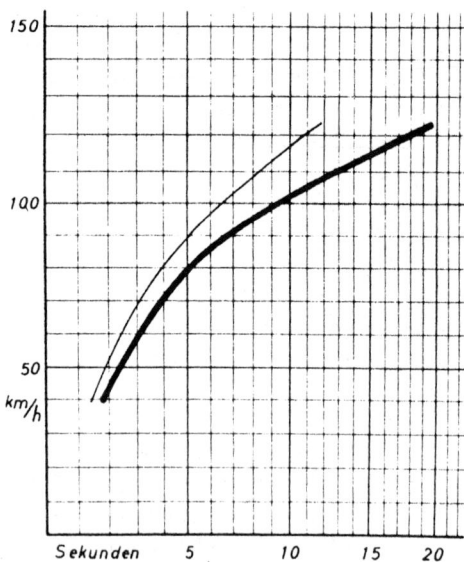

Beschleunigung der Ducati Desmo mit offenem Rohr (dünne Linie) und mit Schalldämpfer.

rannt. Abends wurde wieder auf normal umgebaut und – hoffentlich mit dickem Ehrenpreis – nach Hause gefahren.
Zeiten waren das – !
Vielleicht hätte man das auch 1969 noch mit der Desmo-Ducati 250 machen können, aber da waren schon beim Nachwuchs die Transportautos usw. verbreitet. Doch eine ganze Menge Fahrer fuhren auf Ducatis, ich denke da nur an die berühmte 350er Desmo-Ducati von Oswald Steinbach und Peter Strauß, »Cati« die Schnelle und ihre »Dallen«-PS – !
Aber das war eine andere Geschichte, die steht im Geschichtenbuch verewigt.
Übrigens waren die Bremsen gewöhnlicher Standard, Vollnaben (vorn 180 mm ∅ und hinten 160 mm ∅). Sie reichten aus, wie man in

Darstellung der Fahrleistungen mit offenem Rohr und mit Schalldämpfung der Ducati Desmo im Höhendiagramm des Nürburgringes.

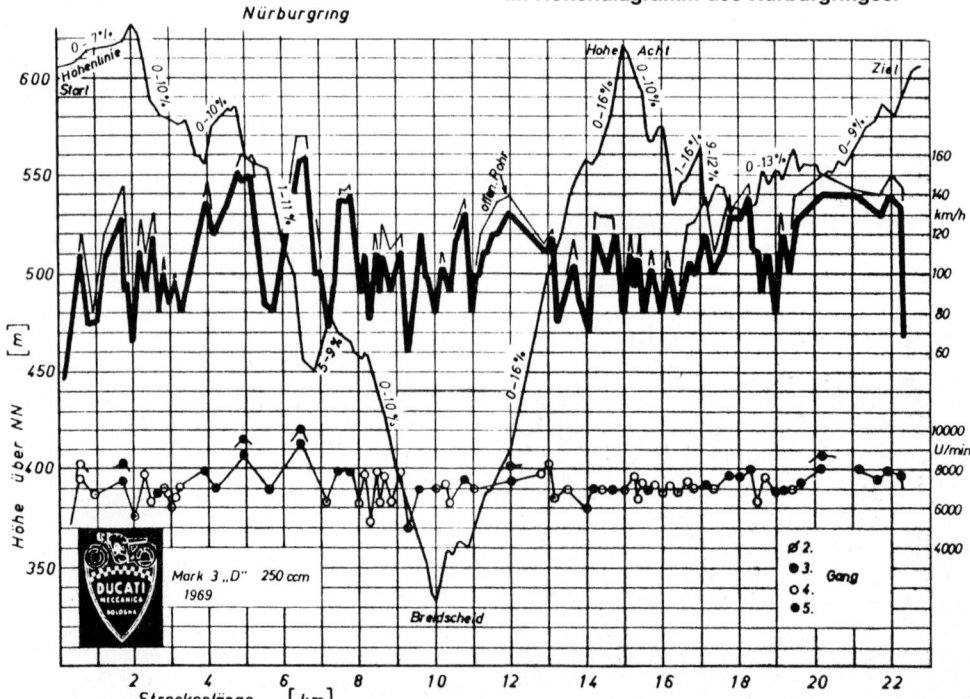

Nürburgring-Höhendiagramm (Mitte rechts): Die dünne Linie über der fetten Geschwindigkeitslinie zeigt den Tempo-Verlauf mit offenem Rohr. Darunter die Gang- und Drehzahlangaben. Zu erwähnen ist unbedingt, daß das offene Megaphon n u r f ü r d e n E i n s a t z der Maschine b e i Straßen- und Berg - R e n n e n gedacht

ist und im Verkehr auf öffentlichen Straßen keinesfalls benutzt werden darf. Wie ausgeglichen das Getriebe ist, zeigt der Drehzahlverlauf besonders zwischen Kilometer 14 und 18. Das Durchzugsvermögen des sportlichen Motors ersieht man im Abschnitt zwischen Kilometer 20 und 22.

148

den Aufzeichnungen sehen kann, doch für sehr scharfen Rennbetrieb hätten wir uns wenigstens um eine Doppelnocken-Bremse mit guter Belüftung gekümmert.

Die Sitzbank war hart. Wir meinten, daß man damit zwar Stadt- und Vorort-Transporte der Herzensdame vornehmen könnte, aber eine Tour zu zweien über 200 Kilometer wäre bestimmt problematisch gewesen. Vielleicht war das ein echtes Manko für einen Menschen mit Anhang, aber die Desmo war doch nun wirklich kein Motorrad für Touren von Flensburg nach Garmisch mit zwei Personen und Gepäck. Das war ein Flitzedings und ein technisches Spielzeug für Einzelgänger.

Sie ist mir immer in Erinnerung geblieben, und sie gehört in den Reigen der beachtlichen Motorräder der 60er Jahre wie eine Salzprise zur Suppe.

Motobi 125 cm³ Supersport – mit Stoßstangen-Steuerung so schnell wie »ohc« – !

Einige Leser werden sich erinnern: es war das tolle 175 cm³-»Kraftei« (»Die tollen Motorräder der 50er Jahre«, Motorbuch Verlag), das in den 50er Jahren auftauchte und uns begeisterte. Im März 1961 erschien der Schweizer Importeur Werner Maltry mit einer 125 cm³-Supersport-Ausgabe bei uns auf dem Nürburgring, und wir haben den Winzrenner sehr ausgiebig bewegt.

Das Motorrad gehörte zu jenen Maschinen aus Italien, die in zwei Jahrzehnten besondere Eindrücke hinterlassen haben. Die kleine Fabrik in Pesaro südlich von Rimini gehörte zur Familie der Benellis, und Luigi sowie Marco Benelli bauten hier Motorräder aus Leidenschaft.

1957 erschien die 175 cm³ Catria zuerst bei uns, und wir waren begeistert. Man merkte sofort, daß in Pesaro nicht schwerfälliger Bürokratismus »Krafträder« zusammenschraubte, sondern daß Fanatiker kleine Sportmaschinen »züchteten«, wobei der Straßenrennsport Pate war.

Das Besondere an den Motobis war ihre geniale, künstlerische Einfachheit. Es waren keine unzugänglichen, verwinkelten und verbauten Blechbananen oder »formgestaltete« Pseudo-Raketen aus dem Kopf irgendeines exzentrischen »Designers« moderner Kunstrichtung – ! Auch keine unhandlichen, schweren und knorrigen teutonischen Eichen-

Die schnelle 125 cm³ Motobi, das »Kraftei«, 1961.

knüppel – ! Wir fanden in ihnen sehr viel von unseren Vorstellungen wieder und von dem berühmten Wunschmodell X, das von J. F. Drkosch 1960 gezeichnet worden war.

Diese kleine 125 cm³ »Imperiale« hatte in ihrer Supersport-Version bei 8750 U/min eine Leistung von 10 PS am Hinterrad. Wir schätzten daher an der Kurbelwelle vielleicht 12 oder 12,5 PS. Das war 1961 noch eine Menge Zeug für eine Serien-125er und hätte einer Hubraumleistung von 96 PS/Liter entsprochen.

Aber selbst wenn wir zwischen Kurbelwelle und Hinterrad keinen so großen Leistungsverlust einkalkuliert und der Kurbelwelle »nur« 11 PS zugestanden hätten, wären es noch 88 PS/Liter und ein Hochleistungsmotor nach unseren Begriffen gewesen. Kategorie: Rennsport.

Natürlich, die Motobis hatten in den letzten Jahren viel bei italienischen Sportmaschinen-Rennen von sich reden gemacht, und wir sahen, wie sich dieser Stoßstangenmotor anschickte, mit berühmten ohc-Motoren Schritt zu halten.

Die von uns gemessene Endgeschwindigkeit für meine Figur, langliegend, Lederzeug, 75 kg, einen Meter achtzig groß, von 110,6 km/h paßte in den Fahrwiderstandsraum, der für derartige Renner gültig ist.

Dazu einmal etwas Grundsätzliches, was uns Ende der 50er Jahre schon aufgegangen war: Mit den schmalen und niedrigen Italienerinnen mit einem Gewicht um 90 kg herum gerieten wir in eine für uns neue Fahrwiderstandsgruppe. Bis dahin hatten wir uns mit den in Deutschland hergestellten gewichtsmäßig schwereren und in den Abmessungen voluminöseren Maschinen mit einem leichten, dünnen Fahrer langliegend etwa auf der in meinem Diagramm gezeigten fetten Linie A bewegt, was den Leistungsbedarf für Höchstgeschwindigkeit in der Ebene betraf. Eine 50er (Nr. 1) machte mit 4,2 PS und 80 km/h Endgeschwindigkeit bei ca. 75 kg Fahrergewicht den Anfang. Eine 6,2 PS starke Maschine mit 90 km/h Spitze und 90 kg (Nr. 2) setzte die Reihe fort.

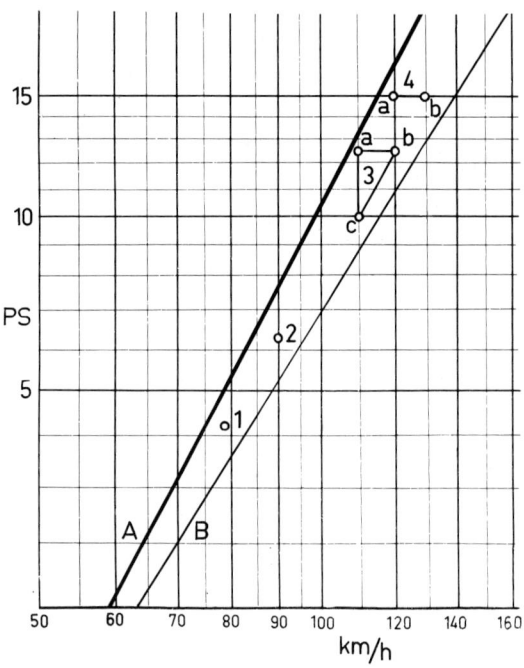

Diagramm für verschiedene Fahrwiderstände und Leistungsbedarf (siehe nebenstehenden Text).

Ganz oben sehen wir die Gruppe der 14 und 15 PS-Maschinen der gleichen geringen Gewichtsklasse bei 120, 130 und 140 km/h (Nr. 4a und 4b) mit unterschiedlich schweren und großen Fahrern. Verbindet man diese Punkte und umzeichnet man nun den Raum, in dem sie liegen, so finden wir genau bei 3a, 3b und 3c die Punkte der Motobi Imperiale 125 SS. Bei 110 km/h liegt die Kurbelwellen-Leistung von 12,5 PS als oberste Grenze (3a), ein 50-kg-Mann unter 1,70 m Größe würde glatt 120 km/h erreichen können (3b). Die Hinterradleistung von 10 PS als unterste Grenze liegt auch noch in diesem Raum zwischen den Linien A und B.

Wenn auch der normale Mitteleuropäer die kleinen, schlanken und leichten italienischen Fahrer nicht übertrumpfen konnte, deren Fahrwiderstände alle auf der Linie B zu suchen wären, so erreichten wir trotzdem noch erstaunliche Geschwindigkeiten.

Alles aber, was rechts von der Linie B liegt,

gehört in die Kategorie der reinen Rennmaschinen und benötigte zu den in Prospekten übertrieben angegebenen Geschwindigkeiten bestimmt mehr PS, als sie aus einem Alltags-Sportmotor herausgequetscht werden konnten. Zu 130 km/h gehörten ohne Rennverkleidung bei niedriger und schmaler Maschine mit 90 kg Gewicht, 50 kg-Fahrer, in der Ebene unumgänglich mindestens ehrliche 13 PS!

Es war wirklich ein leichtes Motorrad mit 90 kg fahrfertig; Höhe 1,27 (bis zur Oberkante Lenkungsdämpfer); größte Breite 0,55 m; Länge über alles 1,90 m. Leistungsgewicht 9 kg/PS. Die Leistungskurve des Motors (Hub/Bohrung: 54/54 mm) verlief ungewöhnlich flach, wobei sich zeigte, daß man jenseits der höchsten Drehzahl z.B. im dritten Gang bis über 100 km/h in der Ebene oder im vierten Gang an einem Gefälle bis zu 130 km/h kommen konnte, ehe die Ventile zu flattern anfingen

(ein deutliches und unangenehmes Schnarren). Bei 9500 U/min kamen 17,1 m/s Kolbengeschwindigkeit heraus – !

Bei 5000 U/min waren bereits 5 PS am Hinterrad vorhanden, und wir konnten nicht über zu wenig Leistung im mittleren Drehbereich klagen. Über mehr als 50 Runden jagten wir das Motorrad um die Nordschleife des Nürburgringes (= mehr als 1100 Kilometer), ohne daß der Motor an Leistung einbüßte.

Das war 1961 für uns ein fantastisches 125 cm^3 Viertakt-Aggregat!

Leider war es noch nicht üblich, serienmäßig bei derartigen Rennern zur Geschwindigkeitsanzeige auch noch einen Drehzahlmesser zu montieren. So ein Instrument wäre wichtig gewesen. Die Japaner machten es aber schon bei ihren Maschinen vor. Sicherlich drehte der Motor an Gefällabschnitten bis zu 10 000 U/min – ! Der Vergaser zeigte bei der hohen Ansauggeschwindigkeit am An-

Darstellung der Motobi-Fahrleistung im Höhendiagramm des Nürburgringes mit Geschwindigkeits-, Drehzahlverlauf und mit Schaltpunkten. Die umrundeten kleinen Zahlen zwischen den Linien geben bestimmte Streckenstellen an z. B. 6 = Fuchsröhre.

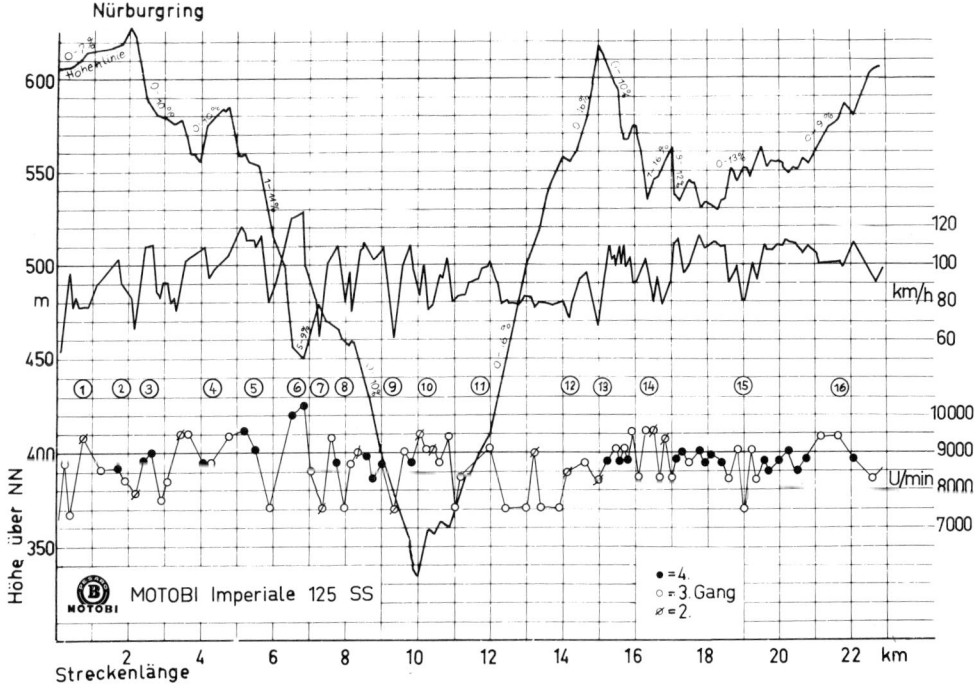

saugtrichter Kondenstropfen (es war auch der noch nicht sehr warme Monat März).

Ohne weiteres langte der dritte Gang an langen Steigungen bis zu 100 km/h = 9500 U/min, und da mußten wir bedenken, daß es bei einem Stoßstangenmotor ein wenig mehr hin und her gehende Massen gibt. Die Stoßstangen waren aber sehr leicht, nur 49 Gramm mit Stößeltassen. Trotzdem – ein Drehzahlmesser hätte jeden Fahrer so weit informieren können, daß man nun nicht immer und stetig jenseits von 9000 Touren herumjubelte, schließlich sollten ja auch die Kipphebel nicht so bald wegen Materialermüdung brechen und die Ventile nicht abreißen.

Das Fahrverhalten des kleinen, roten Feuerzeuges verschaffte uns viel Spaß, besonders in den Kurven, wo extreme Schräglagen nichts ausmachten. Im Stadtverkehr war man wie ein Wiesel flink aus allen Verdichtungen heraus, und über Land in kurvenreichen Berggegenden blieb man ein König über alles, was da sonst noch fuhr. An die fantastischen Nürburgringkurven durften wir gar nicht mehr denken, als wir die Meßfahrten beendet hatten und mit der Imperiale in heimischen Gefilden herumzwitscherten, denn – wir wären sonst gleich wieder hingefahren.

Aber – und das war der springende Punkt (wie er das bei allen solchen rasanten Straßenflöhen mit zwei Rädern und einem heißen »Renn«motor ist) – die Gesamtübersetzung mußte genau stimmen. Das aber bedingte, daß man die Maschine für jedes Fahrergewicht und für jeden Fahrer-Umfang gesondert einstellen mußte.

Es gab für die Motobi 125 SS Hinterradzahnkränze von 41 bis 62 Zähnen (auf Wunsch konnte man sogar bis zu 64 Zähnen bekommen, was allerdings wohl nur für den Umbau auf Geländesport gedacht war). Für den Getriebeausgang waren Ritzel von 14 bis 18 Zähnen lieferbar. Für meine 75 kg und 1,80 m Länge waren 15 Zähne am Getriebe und 43 Zähne am Hinterrad richtig. Ein sehr, sehr kleiner, schlanker und leichter Fahrer (50 kg, 1,69 m, enges Lederzeug) wäre mit 18 zu 41

gut gefahren. Damit hätte er bei 9000 Touren ca. 140 km/h gepackt. Normal war die Maschine 17 zu 42 übersetzt. Ein schwerer und größerer Mann, vielleicht noch im voluminösen englischen Fahranzug, würde mit der Übersetzung 14 zu 42 gut gefahren sein und hätte aufrecht sitzend noch 105 km/h bei 9000 U/min erreicht.

Entsprechend dem Straßeneinsatz und der Anlehnung an den Straßenrennsport war das Getriebe mit 2,4/1,5/1,15/1 eng gestuft (für Geländebetrieb gehen die Stufungen bei Motorradgetrieben bis über 3,5 hinaus). Die Fußschaltwippe konnte man für jede schnelle Sitzposition und Fußhaltung einrichten.

Die Kühlverrippung reichte bis zur Ölwanne, es waren außerdem in dem kleinen Motor zwei Liter Öl enthalten, die mit einer Pumpengeschwindigkeit von 60 Liter pro Stunde im Umlauf waren. Das brachte sehr gute Kühlungsverhältnisse und war mit ein Grund für das Durchhalten des Motors.

Neu und irgendwie toll war die Tatsache, daß es fünf verschiedene Nockenformen gab, bis hin zur Renn-Nockenwelle. Man konnte höhere Kolben, senkrechte Ansaugstutzen und Vergaser bis zu 25 mm ∅, stärkere Ventilfedern und anderes bekommen. Das lag an der in Italien gegebenen Einsatzmöglichkeit für Sportmaschinen-Rennen, und Maltry mit Campanelli zeigten uns, wie man in 35 Minuten aus dem Straßenmotorrad einen wilden Renner machen konnte. Es war alles beispielhaft einfach, wie wir das weder vorher noch nachher bei einem ähnlichen Motorrad erlebten.

Ja, die Italiener – !

Die hydraulisch gedämpfte Telegabel war sehr gut und flatterte beim Bremsen nicht, wenn die Trommel sauber rund war (!). Die hintere Schwinge hatte oval geformte, durch einen Rohrbogen verbundene Holme und war absolut verdrehfest. Die dreifach verstellbaren offenen Federbeine entsprachen den Anforderungen, die man an diese Maschine stellte. Das alles ergab eine fabelhafte Spursicherheit. Das Einlaufgefälle mit der welligen

Rechtskurve zum Hatzenbach hinunter hinter Kilometer 2 auf dem Nürburgring durchfegte man frech und in irrer Schräglage mit ca. 110 km/h.

Wir mußten unempfindliche Sitzflächen haben, denn die harte Bank war schmal und kantig. Wenn es uns aber doch nicht das Kreuz abschlug, dann einfach nur deswegen, weil man in der stets etwas nach vorn gebückten Haltung keine stauchenden Stöße ins Rückgrat erhielt, sondern diese flach abdämpfte. Immerhin konnte man es bis zu 200 Kilometer an einem Stück aushalten, und mit Sozia fuhr keiner von uns auf dem Ding.

Der Schweinwerfer mit 140 mm $\varnothing$ war natürlich eine ungenügende Funzel. Aber bei Motobi kam wohl niemand auf die Idee, daß auch nur einer der Flitze-Kunden mit der Imperiale irgendwann bei Dunkelheit lange Überlandreisen machen könnte. Dabei wären lange Touren gar nicht so unübel gewesen, denn im Tank waren 18 Liter, was bei einem Testverbrauch von nur 3,8 Litern auf 100 Kilometer glatt für 450 km gereicht hätte.

Ein Thema war uns noch interessant: Vibrationen! Von Einzylindermotoren und von Paralleltwins kennen wir – so lange es Motorräder schon gibt – diese wohl nie ganz zu umgehende Beigabe zur Freude. Es gab Schüttelböcke – gibt es sie heute wohl auch noch ?! – die alle 500 Kilometer gerissene Kotflügel wegwarfen, und es gab weltberühmte Motorenbauwerke, bei denen man nach 200 Kilometern mit dicken Handgelenken aus dem Sattel kroch. Aber hier, bei diesem wahnwitzigen Stoßstangen-Viertakter im Miniformat, gab es bei einer Verdichtung von 8,5 keine spürbaren – keine, ich schwöre es noch heute – keine Vibrationen in den Lenkerenden oder in den Fußrasten, und auch nicht an der Tankkante. Vielleicht lag das an dem liegenden Zylinder mit den darin längs hin und her gehenden Massen.

Ach, liebe Freunde und Leser, das war ein Motor und ein Motorrad – ! Ihr hättet es sehen und erleben müssen, wie der kleine Apparat um den Ring geblitzt ist! Ihr hättet uns sehen

müssen und dazu den Wahnsinnsfahrer Paolo – !

Arrivederci – !

Die Büffel-Bombe aus Mandello del Lario: Moto Guzzi V 7, 700 cm³, 1966

Als wir zuerst von diesem Motorrad hörten – im Winter 1964/65 –, haben wir zwar aufgehorcht, aber ernst genommen haben wir die Sache erst, als im Februar 1965 Carlo Perelli die ersten Bilder schickte und berichtete, daß die Maschine mit der Typenbezeichnung V 7, 704 cm³ Hubraum, kurz vor Produktionsbeginn in Mandello stehe.

Der gewaltige V-Zweizylindermotor war uns nicht so ganz neu – es schien so, als sei er dasselbe Aggregat wie in einem italienischen kleinen Gelände-Militärfahrzeug, und nähere Recherchen ergaben dann, daß das stimmte. Nun also wurde er für ein neues Moto Guzzi-Motorrad verwendet.

Auf der IFMA in Köln, im September 1966, stand die »Bombe aus Mandello« auf dem Stand von Moto Guzzi und verwirrte und entzündete die Seelen der Motorradfahrer, die damit das erste Serienexemplar eines »Büffels« in Augenschein nehmen konnten (»Büffel«: siehe Seite 128).

Zuerst hatte ich angenommen, daß es nur ein Ausstellungsstück ohne Innereien im Motor war. Aber als ich meine Zweifel bei den Guzzi-Leuten ausdrückte, lachten diese. Sie holten in einem kleinen Kanister etwas Benzin, füllten Öl ein, schlossen die große Batterie an und drehten den Zündschlüssel –

– schrumm! sprang der große Zweizylinder an und entzückte alle Beobachter.

Am letzten Tag der Ausstellung fuhr ich vom Stand weg nach Stuttgart. Guzzi hatte die Ausstellungsmaschine als Testfahrzeug für uns hergegeben.

Es war ein Exemplar aus der Null-Serie. Motor und Getriebeghäuse waren, wie bei einem Prototyp, noch Sandguß. Aber alles entsprach

153

Moto Guzzi V 7, 700 cm³, 50 SAE-PS, 1966. Hier wurde sie von uns für lange Reisen vorbereitet. Kunststoffkoffer, Elefantenboy-Tanktasche, Magura-Geländelenker und Magura H 48-Hebel, Scheinwerfer eines Mercedes 170 V (!), Metzeler Reifen. Dieses Exemplar entstand als Prototyp noch nicht in einer Serienproduktion. Wir untersuchten ihre Möglichkeiten unter allen vorkommenden Anforderungen.

der inzwischen startbereiten Serienproduktion.

Bis zur richtigen Zulassung einige Wochen später fuhren wir das Motorrad noch mit einer roten Nummer, und auf den ersten 2000 Kilometern ereignete sich nichts Besonderes. Ich war zuerst enttäuscht, da der Motor für die angegebenen 50 SAE-PS doch reichlich lahm wirkte. Bei 148,3 km/h solo mit einer Person aufrecht sitzend war während der ersten 1000 Kilometer die Endgeschwindigkeit erreicht.

Aber dann – endlich – nach 2000 Kilometern – wurde die V 7 lebendig, und von da an war es ein mitreißendes Biest – !

Biest – jawohl. Weil sie trotz ihres großen Gewichts, weil sie trotz des Eindrucks eines wahnsinnigen Metallhaufens überraschend handlich und elegant zu fahren war, so daß man sich immer wieder dabei erwischte, schneller zu fahren, als man das vom Gefühl her dachte.

V-Motoren quer im Rahmen hatte es schon oft gegeben, z. B. bei Brough Superior/GB, bei der Victoria-Bergmeister/D und auch schon zu Motorrad-Methusalems Zeiten z. B. Austria-Alpha/A oder Ardie/D, manche Fabriken wurden damit mehr oder weniger glücklich. Moto Guzzi aber begann hiermit eine Baureihe, die sich nun schon fast 20 Jahre hält, und die dann auch Vorbild für die CX-Modelle von Honda in den 80er Jahren wurde.

Wir waren hier auf Querschütteleien und Vibrationen gefaßt, auf Wackelei beim Gaswegnehmen und beim Gasgeben, auf unruhiges Spurverhalten beim Bremsen und Fahrwerk-Labilitäten. Es konnte gar nicht anders sein. Die Querschüttelei war auch da, und zwar in dem Augenblick, in dem man vom Leerlauf weg das Gas aufriß. Sowie die Schwungmassen jedoch in richtiger Bewegung waren, lief der Motor ruhig. Vibrationen waren spürbar, aber der Rückspiegel, der an der linken Scheinwerferkonsole befestigt war und mit einem langen Arm nach links außen stand, der blieb ruhig stehen, so daß man bis zu 140 km/h die Welt hinter sich gut betrachten konnte. Der Fahrtschreiber zeigte auf den Nürburgring-Meßfahrten keine Vibrationen mit – !

Erst ab 140 km/h fing der Spiegel an, im Fahrtwind zu flattern, und bei länger anhaltenden Überdrehzahlen im dritten Gang bemerkte man Vibrationsfrequenzen nur daran, daß die lose aufgeschobenen Lenkergriffe nach außen wanderten. Untergewickeltes Lenkerband und Uhu-Plus beendeten das.

Schon nach den ersten Kilometern ahnte ich es, nach 3000 Kilometern wußte ich es: dies war ganz genau die Verwirklichung dessen, was wir unter dem Begriff »Büffel« seit einigen Jahren gefordert hatten. Ein besseres Beispiel gab es dafür überhaupt nicht.

Der Zweizylinder-V-Motor, Viertakt ohv, hatte 703,7 cm^3 Hubraum. Die beiden Zylinder standen im Winkel von 90° zueinander quer im Rahmen der Maschine. Bohrung 80 mm, Kolbenhub 70 mm. Nenndrehzahl 6000 U/min, Verdichtungsverhältnis 9,0. Leistung 50 SAE-PS. Schon bald wurde die für Deutschland benötigte DIN-Leistungskurve herausgegeben, die bei 6250 U/min 41,8 PS auswies.

In dieser Kurve war aber das Drehmoment mit über 6,0 mkg von 3000 bis 5500 U/min zur Verfügung, und das hatten wir schon beim Fahren und Beschleunigen gemerkt.

So ergaben diese Zahlen 59,4 PS/Liter Hubraumleistung; nur 14,6 m/s Kolbengeschwindigkeit bei 6250 U/min und ein Leistungsgewicht von 5,86 kg/PS (Gesamtgewicht fahrfertig 245 kg). Alles Daten, die in unsere Vorstellungen eines solchen Motorrades hineinpaßten.

Die Leistungslinie verlief im oberen Bereich sehr flach, und man konnte den Motor ohne weiteres bis über 7000 U/min drehen lassen, ehe kein Geschwindigkeitszuwachs mehr da war. Im vierten Gang von 50 km/h (= etwas über 2000 U/min) bis zur Endgeschwindigkeit von etwa 160 km/h (= ca. 6800 U/min) gab es beim Beschleunigen kein Loch.

Verfolgte man die Drehmomentkurve in diesem Bereich, dann konnte man sehen, daß das Drehmoment immer über 5,5 mkg blieb. »Fast wie bei einer Dampflok«, sagten wir.

Zuerst war mir das Riesentier ein wenig unheimlich, denn der Radstand betrug 145 cm, 10 cm mehr als normalerweise im Durchschnitt Motorräder hatten. Es sah auch so aus, als wäre der Schwerpunkt sehr weit oben, denn die beiden seitlich nach oben ragenden Zylinder vermittelten diesen Eindruck. Aber das Gegenteil war der Fall: der Schwerpunkt lag tiefer als bei anderen Maschinen. Und deswegen blieb diese überraschende Handlichkeit erhalten.

Der Motor war ein Mordstrum. Die Kurbelwelle drehte sich in Gleitlagern mit ungewöhnlich stark dimensionierten Kurbelwellen-Enden (vorderes Ende an der Kurbelwange 38 mm ⌀, Ende zur Kupplung 54 mm ⌀) und einem 44 mm starken Hubzapfen. Die Pleuelfüße waren für die Auswechselmöglichkeit der Alu-Zinn-Lagerschalen teilbar.

Die Kipphebel waren in einem großen Lagerbock in den Zylinderköpfen gelagert, sie wurden von der Nockenwelle über Stößel und Stoßstangen bewegt. Zum Einstellen des Ventilspiels waren keine Fingerverrenkungen notwendig, alles lag wie auf einem Tisch vor uns. Von der Nockenwelle wurde auch der Marelli-Zündverteiler angetrieben, der übrigens der gleiche wie beim Fiat 500-Wagen war. Die Zahnradölpumpe wurde von der Kurbelwelle aus angetrieben und war direkt mit dem Ansaugsieb verbunden, das in die Kurbelwanne hineintauchte.

Die Kupplung war eine Zweischeiben-Trockenkupplung im Schwungrad, ihre Endplatte war als Zahnkranz ausgebildet und auf dem Schwungrad aufgeschraubt. Dort griff der elektrische Anlasser an.

Das Viergang-Getriebe war am Kurbelgehäuse angeflanscht, und die Wellen und Räder waren entsprechend dem hohen Drehmoment des Motors stark dimensioniert. Bei allen diesen Details war es wichtig zu wissen, daß sich Motor und Getriebe kinderleicht zerlegen ließen, womit ein weiterer Wunsch von uns erfüllt war.

Der Kardan-Hinterradantrieb hatte ein kleineres und ein größeres Kugellager am Zahnkranz, zwei Kegelrollenlager am Kegelrad und ein langes und starkes Schiebestück zwischen den beiden Wellenhälften, die im rechten Schwingenholm der Hinterrad-Schwinggabel liefen. Am Kardangelenk war ein weiteres Kugellager zur Unterstützung vorgesehen. Das Gelenk war durch einen Gummibalg vor dem Eindringen von Schmutz und Wasser geschützt.

Vor dem Stirndeckel des Motors lag der Antrieb (Keilriemen) der Marelli-Lichtmaschine, 12 Volt/ 300 Watt. Da konnte man schon allerhand Verbraucher anhängen, was uns sehr befriedigte.

Die Ventilzeiten: Einlaß öffnete 24° vor OT, schloß 58° nach UT. Auslaß öffnete 58° vor UT, schloß 22° nach OT.

Die Gesamtübersetzung betrug 11,33/7,82/ 5,98/4,56. Es war kein zu knappes Renngetriebe, und das Drehmoment des Motors sorgte dafür, daß es nirgendwo Anschlußlükken gab.

Nachdem wir uns mit dem Brocken gut angefreundet hatten, machten wir im Oktober 1966 unsere Nürburgring-Meßfahrten.

Dort hatte ich zuerst das Gefühl, mit einem vierstrahligen Riesen-Jet Kunstflug zu machen. Nein, schnelle Zeiten – das würde es nicht geben – !

Dann bauten wir den Fahrtschreiber an. Schnellste Zeit stehend am Start und stehend am Ziel nach 22,810 Kilometer Nordschleife: 13:00 = 105,28 km/h. War das so schlecht? Bei nasser Bahn und Südwestwind Stärke 6, nicht in Rennfahrerposition und mit englischem Fahranzug? Na, also – !

Dann probierten wir es noch einmal mit einer Runde auf Krawall ohne Fahrtschreiber. Ergebnis: 12:50 = 106,64 km/h.

Um die Kurven ging es unheimlich frech herum, und die Schräglagen mit den Pirelli-Reifen

Inge Rogge im Herbst 1966 in der Rhön bei den ersten Kilometern mit dem V 7-Prototyp.

vorn und hinten 4.00-18 waren schon reichlich kriminell. Die 30 Runden brachten keine Defekte, aber nach Kilometerstand 4000 war ein neuer Hinterradreifen fällig, den vorderen ließen wir noch bis km-Stand 6000 drauf.

Nein, wenn der Büffel einmal rollte, dann bewegte man ihn erstaunlich leicht, frech, elegant und schnell. Das war wirklich kein unhandlicher und schwerfälliger Eisenhaufen, sondern ein temperamentvolles und sehr zuverlässiges Motorrad. Natürlich waren Kurvengeschwindigkeiten nicht so blitzartig wie vielleicht mit einer Suzuki T 20, aber es reichte doch aus für unheimlich viel Spaß.

Die Inge (Rogge), meine mir angetraute Lebenssozia (Handgelenk-⌀ 60 mm; Größe 1,78; Gewicht 68 kg; schlank) fuhr mit der V 7 zum Einkaufen in die nächste Kreisstadt, 16 Kilometer weit die Bergstraßen runter und wieder rauf – das machte sie ohne Kraftanstrengungen oder Wuchtereien (E-Starter und Seitenstütze!). Da schauten 1966 die braven Schwaben vielleicht noch – ! (Heute sind die Damen mit Motorrädern glücklicherweise keine Seltenheiten mehr.)

Auch auf den Fahrten für ihre Motorrad-Reiseberichte nahm Inge mit Begeisterung die V 7, weil sie auf diesem Dampfer auch solo alles mitschleppen konnte, was sie brauchte. Und sie hatte Spaß an der Maschine, obwohl sie eine eingefleischte Gespannfahrerin seit unserer KS 601 ist.

Es war also auch für ein Mädchen kein Problem, mit der V 7 umzugehen. Beim Starten gab es keine Schweißtropfen, man setzte sich auf die Sitzbank, öffnete den linken Benzinhahn (der rechte blieb für die zweite Tankhälfte und Reserve), flutete bei kaltem Motor ganz kurz die Schwimmerkammern bei beiden Dell'Orto-Schiebervergasern (29 mm $\varnothing$), schaltete mit dem Zündschlüssel zuerst die Zündung ein (rotes Licht, und gelbes Licht für Öldruck-Kontrolle, dazu Leerlauf-Kontrolllicht), drehte den Schlüssel dann weiter, bis der E-Starter über die Schwungscheibe den Motor durchdrehte. Uns war klar, daß solche großen Maschinen bald ohne zuverlässige Anlasser unverkäuflich sein würden.

Der Motor sprang immer an. Die ganzen 20 000 Kilometer, die wir insgesamt mit der Maschine gefahren sind.

Gaszugverteiler sorgten durch kürzere Seilabschnitte für das wichtige Konstantbleiben der Gaszugeinstellung.

War der Motor sehr kalt und das Getriebeöl dick, dann mußte man zuerst ganz schön auf die Schaltwippe trampeln, damit der erste Gang einrastete. Das Getriebe schien aber LKW-Dimensionen zu haben, es nahm grobe Behandlung nie übel und funktionierte immer sauber. Die Schaltwege waren ziemlich lang, rennmäßiges Schalten war damit kaum möglich, und – tja, so war das – das wollte man gar nicht, denn man kam damit nicht schneller vorwärts.

Der erste Gang reichte bis 65 km/h, der zweite von 30 km/h bis über 90 km/h, der dritte langte gut von 50 km/h bis über 130 km/h (mit ihm konnte man in der Stadt dezent durch die Avenuen bummeln). Wenn man dann ab 50 km/h plötzlich voll beschleunigte, dann wurde die V 7 so eine Art Kanonenkugel, auf der man

wie der alte Münchhausen ritt. Sogar mit zwei Personen, Wochenend-Gepäck (Tankrucksack, etwas Zeug in den Seitentaschen) und vollem Tank (20 Liter) schaffte man es, von 50 km/h bis 130 km/h in zehn Sekunden. Übrigens wurde der Büffel mit dieser Belastung keineswegs langsamer in seiner Endgeschwindigkeit.

Das mächtige Drehmoment genau im günstigsten Drehbereich wirkte sich enorm aus. Wir merkten das später besonders beim Fahren mit Seitenwagen. Die V 7/703,7 cm^3 ging stundenlang gute 135 km/h auf der Autobahn und fiel an zähen Steigungen zwischen 5 % und 7 % auf nur 115 km/h ab. Die spätere 750 cm^3 Ambassador V 7/1969 (50 DIN-PS bei 6500 U/min), lief mit einem voluminösen Seitenwagen à la Steib TR 500 gut über 140 km/h in der Ebene, und an langen 5 %-Steigungen im vierten Gang gut 120 km/h.

Einige erzielte Reisedurchschnitte sind vielleicht heute ganz interessant. Die V 7 machte einmal 400 km Autobahn in drei Stunden 15 Minuten = ca. 123 km/h Durchschnitt. Fahrten über Land im 300 km-Radius brachten meist Durchschnitte zwischen 80 und 90 km/h mit eingestreuten Autobahnstücken. Dabei fuhr man wie ein Hausherr souverän und ruhig. Man schaltete nicht viel, man schwang sich durch die Lande und war trotzdem erstaunlich schnell an den Reisezielen. Testverbrauch: 6 Liter auf 100 Kilometer, niemals mehr.

Das war also der Pfiff der V 7 – ! Sie war ein echter Autobahn-Brenner, ein Reisezug auf zwei Rädern, eine Maschine, die die Ferne in sich trug und uns immer wieder zu langen, schnellen Fahrten veranlaßte.

Wir machten schließlich am 27. November 1967 mit einer V 7 einen Vollgas-Test über die Strecke Hamburg – Wien. Start um 00.00 Uhr in Hamburg-Stillhorn. Der Fahrer war Erwin Müller aus Leideneck. Unterwegs gab es dann Schnee, Regen, sehr starken Seitenwind. Der eiserne Erwin durchfuhr die 1383 Kilometer trotz des Wetters inklusive aller Tankpausen in 14 Stunden und 11 Minuten mit einem Gesamtdurchschnitt von 98 km/h. Rechnete man

27. 9. 1969. Start in Stillhorn b. Hamburg zum Autobahntest Hamburg–Wien–Hamburg–Wien usw. (!) mit der 750 cm³ Moto Guzzi V 750 Ambassador. Von links nach rechts (auf den Maschinen): Hugo Schmitz/Jeanni, Erwin Müller, Beifahrer im Seitenwagen Roland Brecht, Fritz Röth.

die reine Fahrzeit ohne Pausen, kam er auf einen Reiseschnitt von 108,5 km/h (mit der Eisenbahn wäre er 15 Stunden auf Achse gewesen). Die fünfte Etappe von Holzkirchen bis Linz (241 km) brachte trotz Nebel, Grenzübergang, Baustellen und zweitweiser Schneeglätte einen Durchschnitt von knapp 130 km/h. Übrigens mußte er 1967 in München noch durch die Stadt, da es noch keine Autobahnumgehung gab. Das drückte natürlich auch auf den Durchschnitt.

Seine V 7 hatte nichts. Vor der Reise hatte der Motor 15 000 Kilometer gelaufen. Unterwegs gab es kurzzeitig Probleme mit Feuchtigkeit unter dem Verteilerdeckel und mit nach außen feuernden (Nässe!) Kerzen.

Unsere Testmaschine zeigte sich ähnlich zäh und unbeeindruckt von besonderen Anforderungen. Zwei Jahre später, am 27.9.1969 fand noch einmal eine Gewaltprobe, diesmal für die V 7 Ambassador/750 cm³, statt.

Zwei Solomaschinen, Fahrer wieder Erwin Müller aus Leideneck, dann der alte Rennfahrer der 50er Jahre, Hugo Schmitz aus Bad Ems, schließlich Fritz Röth/Hammelbach mit einem V 7-Gespann. Auf der Sitzbank von Hugo Schmitz fuhr ein reizendes 100 Pfund-Mädchen mit, Jeannie, und im Seitenwagen

von Fritz Röth saß Roland Brecht aus Mannheim.

Keine der drei Maschinen war noch neu, sie hatten alle schon einige tausend Kilometer runter. Die Aufgabe sollte sein, mit allem, was die Motoren hergeben konnten, von Hamburg nach Wien über die Autobahn zu fahren.

Es wurde eine dramatische Sache. Kurz vor dem Start um 15.00 Uhr in Hamburg-Stillhorn gab es noch eine Wetterprognose von Lufthansa-Flugkapitän Günter Häussler, der selbst eine V 7 fuhr. Danach sah es teilweise gar nicht so rosig aus, denn neben wolkenbruchartigen Regenfällen, Windböen bis zu 35 Knoten, Kälte und Nebel in den Rhönbergen mußten alle mit Wasserglätte auf der Autobahn rechnen. Aber zur Startzeit war wenigstens am Zielort Wien wunderschönes Herbstwetter.

In Seesen nach 209 km war mit einer Fahrzeit von 1:27 Erwin Müller als erster, zwei Minuten später Hugo Schmitz mit Jeannie. Durchschnitte gut 144,0 bzw. 141,0 km/h. Dabei war der angekündigte Seitenwind eine grausame Belastung gewesen, hinzu kamen Regenfälle. Weiter nach Süden wurde der Wind weniger, auch der Regen nahm ab. Aber die Durchschnitte zeigten schon, was die Fahrer sich

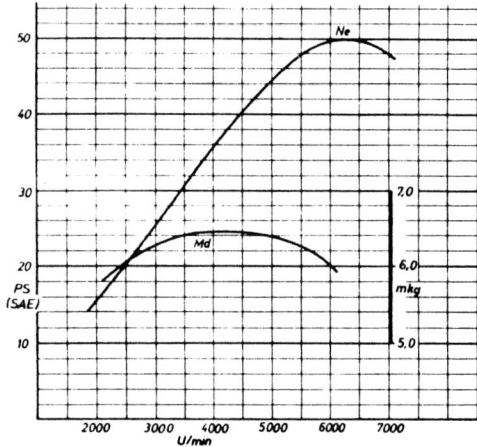

Leistungskurve der ersten Moto Guzzi V 7, 700 cm³, 1966.

vorgenommen hatten. Das Gespann kam, nachdem unterwegs aus zwei mitgeführten Kanistern 10 Liter nachgetankt worden waren, nach 1:48 in Seesen an = mehr als 116 km/h. Nach der Kontrolle Rhön, die nach drei Stunden von Erwin Müller und 3:09 von Hugo Schmitz erreicht wurde (gefahrene Kilometer bis dahin 429), waren die Durchschnitte bei 143,0 bzw. 136,2 km/h, und die Dunkelheit setzte ein. Das Gespann hatte sich an der Abzweigung hinter Kirchheim verfahren und war in Richtung Frankfurt weiter gesaust. Als sie's merkten, waren Zeit und Umwegkilometer weg. Sie kamen mit 180 km Zuwachs nach 5:34 zur Rhön-Tankstelle.

Ein ähnliches Pech ereilte Erwin Müller bei der Durchfahrt durch München, nachdem er nach 4:45 bereits in Greding gewesen war (nach 643 km = 136 km/h Durchschnitt).

Gegen 20.30 Uhr bemerkte er eine undichte Stelle an der Ölleitung zu den Zylinderköpfen des V-Motors. Das kostete ihn eine gute Stunde Straßenrand-Bauerei unter einer Münchener Straßenlaterne, aber zum Glück hatte er eine Ersatz-Ölleitung dabei (!!!). Eine Kontrolle weiter in Rosenheim bemerkte auch Fritz Röth an seinem Gespann den gleichen Defekt, was wiederum Zeitverlust bedeutete. Dieser Serienfehler, der nach 23.30 Uhr – also eine halbe Stunde vor dem geplanten Schluß der Tortur – auch an Hugo Schmitz' Maschine auftrat, hat bald darauf die Guzzi-Techniker in Mandello aufhorchen lassen. Es gab m.E. dafür zwei Erklärungen: bei der Produktion zu schnelle Abkühlung nach dem Hartlöten oder sehr feine Vibrationen mit der serienmäßigen Zündeinstellung von 10° vor OT. Unsere damalige eigene Ambassador-Langstrecken-Testmaschine hatten wir auf 8° Vorzündung und ohne jede Vibration laufen.

Inzwischen aber war Hugo Schmitz mit der immer fröhlichen Jeannie in Wien. 1166 Kilometer in 8:54 einschließlich aller Pausen = 131,01 km/h Durchschnitt.

In Hamburg und in Wien war für jede Maschine ein Reservehinterrad mit neuer Bereifung deponiert, aber Schmitz brauchte diese Hilfe nicht. Nach 15 Minuten Pause (!) drehte er

Moto Guzzi V 7-Motor 1966 in allen Einzelheiten.

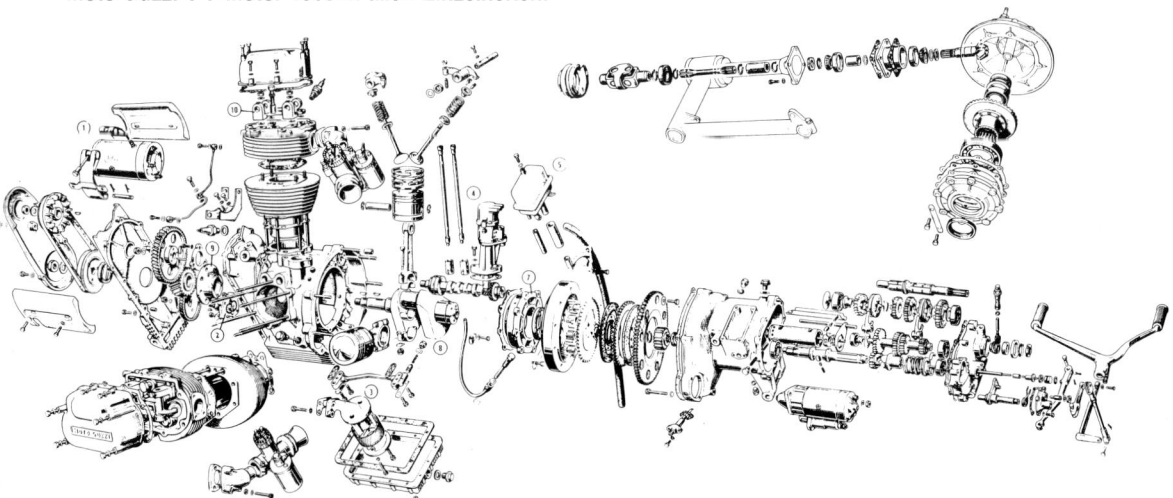

seine Guzzi in Richtung Hamburg zu den zweiten 1166 Kilomtern um! Auch Erwin Müller brauchte keine neue Bereifung, als er knapp eine Stunde nach Hugo Schmitz in Wien war. Auch er startete nach 16 Minuten Pause zurück nach Hamburg.

Die Gespannmaschine hatte, nachdem auch sie in Wien wieder nach Hamburg gestartet war, in Rosenheim einen nicht zu reparierenden Tankriß bekommen und schied aus. Nach 1700 Kilometern.

Um 09 Uhr 34 Minuten erschienen der Hugo und die Jeannie am Morgen des 28.9. wieder in Hamburg-Stillhorn. Kein neuer Reifen notwendig, zurückgelegte Kilometer zweimal 1166 = 2332. Maschine allright, keine besonderen Vorkommnisse, nur hatten die Morgenkühle und plötzliches Glatteis auf den Rhönbrücken sowie Nebel und Schauer den Durchschnitt etwas gedrückt.

Nach 20 Minuten Pause drehte Schmitz die Nase der Guzzi wieder in Richtung Wien. Jetzt galt es – um die 24 Stunden Marathon vollzumachen – bis 15.00 Uhr noch so weit zu fahren, wie man kommen konnte. Jeannie lachte. War das ein Ding – ?

Um 10 Uhr 31 Minuten erschien Erwin Müller in Stillhorn. Die Maschine ging prima, kein Radwechsel. Nach 26 Minuten Pause wurde in Richtung Wien gewendet.

Diese ungeheure Fahrt endete für Hugo Schmitz und Jeannie nach 24 Stunden bei der Kontrolle Rhön nach 2766 zurückgelegten Kilometern. Erwin Müller brauste noch bis in die Gegend von Würzburg und schaffte 2827 Kilometer.

Ergebnis in Zahlen

(gerechnet nach angezeigten Tachometer-Anzeigen)
Erwin Müller:

2827 Kilometer	= 119,1 km/h
	mit Pausen
	= 125,4 km/h
	ohne Pausen

Hugo Schmitz/Jeannie:

2766 Kilometer	= 115,3 km/h
	mit Pausen
	= 123,2 km/h
	ohne Pausen

Fahrleistung der V 7, 700 cm³, im Höhendiagramm des Nürburgringes dargestellt.

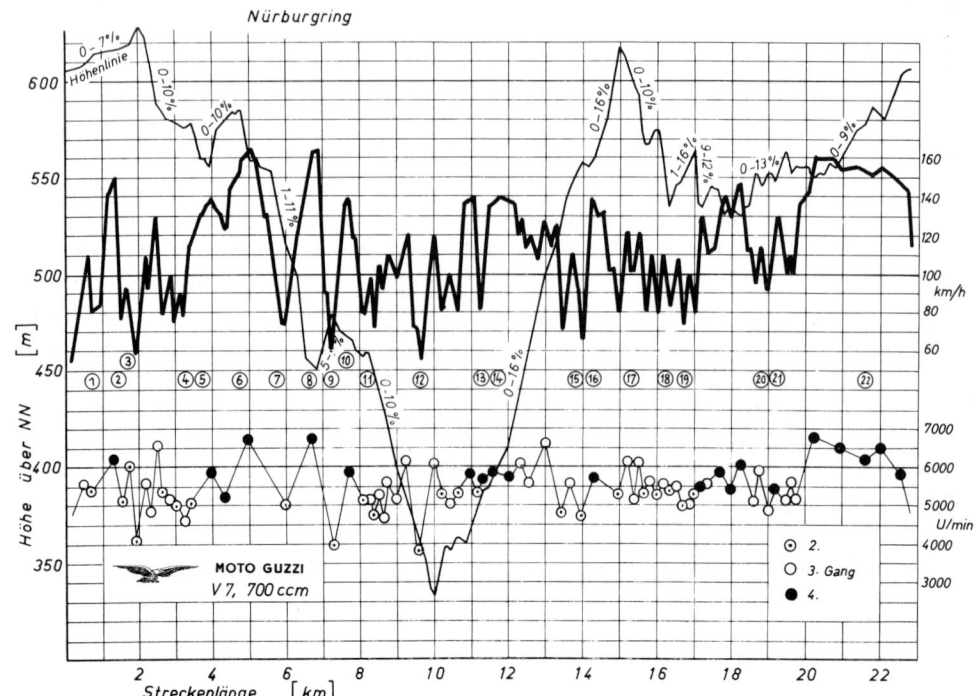

Kein Reifenwechsel war notwendig gewesen (Metzeler Block C 6), von den 7 mm Profiltiefe waren bei den Solomaschinen noch 3 mm übrig. Beim Gespann waren es nach Rückkehr nach Hammelbach noch 1 mm. Die beiden Solomaschinen hatten 8,73 und 9,4 Liter auf 100 Kilometer Benzin verbraucht. Es gab keinen Ausfall bis auf die defekte Ölleitung.

Das Ganze sollte kein Fahrertest werden, sondern ein Maschinentest sein, und so waren jeweils in Hamburg und in Wien Fahrerwechsel vorgesehen. Aber Müller, Röth, Schmitz und Jeannie wollten absolut nicht wechseln. Sie wollten partout und ganz und gar nicht – ! Sie wollten, nachdem sie bei ihren privaten Touren schon immer so gut gefahren waren und dies auch von vielen anderen Guzzi-Fahrern bestätigt bekamen, unter Beweis stellen, daß man tatsächlich auf einer solchen Reisemaschine – sogar mit Sozia – derartig weite Strecken zurücklegen konnte.

Sie wollten die erfolgte Geburt des »Büffels« dokumentieren, den wir so viele Jahre gefordert hatten.

Der Hugo lebt heute in Spanien, Erwin Müller starb leider nach einigen Jahren an einer heimtückischen Krankheit, und Fritz Röth hieß damals allgemein der »Guzzi-Röth«. Heute wären solche Gewalterprobungen auf den Autobahnen auf keinen Fall mehr möglich, dafür gibt es jetzt die jährliche wilde Jagd Paris – Dakar durch die Wüsten. Wir hatten aber gegen Ende der 60er Jahre nur diese Möglichkeit, Lebensdauer und Komfort von Motorrädern mit sichtbaren Ergebnissen zu erproben. Es wurde neben den Nürburgring-Meßrunden ein wichtiger Testteil bei »Das MOTORRAD«. Doch nun weiter mit der Beschreibung des Büffel-Urvaters, der 1966er Guzzi V 7/704 cm^3.

Die Maschine war auch mit zwei Personen herrlich zu fahren. Und gerade weil die mitfahrende Person so bequem sitzen konnte, war das möglich. Man sollte den Motorrad-Konstrukteuren der 80er Jahre jedesmal die Zeichnungen um die Ohren hauen, wenn sie – selbst noch bei den tollsten »Touren«-Ma-

schinen – die Fußrasten für die zweite Person hoch über den nach oben neben die Radachse geführten (»gestylten« – ha, ha, ha, ha – !) Schalldämpfer aufhängen, so daß das arme Mädchen da hinten drauf mit angeknickten und verkrampften Beinen sitzen muß. Was sich so ein »Stylist« wohl denkt – ? Eine solche Motorradteile käme nie in meine Garage. Auch mit normal liegenden Auspuffanlagen kann man enorme Schräglagen erreichen. Siehe V 7/1966 oder California 1983 (!).

Als Fahrer vorn oder auch als Mitfahrer auf der zweiten Sitzbankhälfte saß man sehr bequem. Denn es war in der Länge sehr viel Platz. Das rührte schon daher, daß der Fahrer wegen der seitlich aufragenden V-Zylinder weiter als üblich hinten saß. Die Beine waren bequem abgewinkelt und man berührte nirgendwo ein Motorenteil.

Deshalb mußte auch ein etwas größerer Magura-Lenker her, der aber keineswegs wie so eine Affenstange oder ein Hirschgeweih wirkte, sondern eine flachere und sportliche Form einhielt. Man konnte vom Fahrersitz aus nicht mit der Hand bis zum Scheinwerferglas reichen, und deswegen war im Tachometer eine kleine Lampe, die anzeigte, wenn das Standlicht brannte.

Der Schalter für die Scheinwerfer-Beleuchtung war auch ein raffiniertes und einfaches Teil. Man konnte ihn als Lichthupe und als normalen Abblendschalter benutzen, ohne Finger-, Daumen- oder gar Handverrenkungen. Übrigens hatte die 12 Volt-Batterie 32 Ah – es war die größte Batterie, die wir bis dahin bei Motorrädern gesehen hatten.

Die Maschine wurde vom Importeur in Deutschland mit einem großen Scheinwerfer von 200 mm ⌀ ausgerüstet, und es wurden Biluxlampen 45/40 verwendet. Das war ein gutes Licht. Und dabei fällt mir noch ein, daß alle elektrischen Aggregate von Marelli auch in Fiat-Autos zu finden waren, so daß man sich immer helfen konnte. Die V 7 Ambassador bekam 1969 eine komplette Boschausrüstung. Auch alles Teile, die man ebenfalls im Autobau verwendete. Gab es besondere Vorkommnisse bei unserer V 7, die wir 20 000 Kilometer bewegen konnten?

Ja, im Frühjahr 1967 wurde versehentlich bei der Begutachtung der Elektrik die Zündung verstellt. Der Motor lief danach einige Kilometer mit zu viel Frühzündung, wodurch er im oberen Drehbereich recht rauh wurde. Schnelle Straßenrand-Korrektur war danach der Grund für zu viel Spätzündung, die man nur deswegen für korrekt hielt, weil der Motor so seidenweich lief und immer noch mit zwei Personen über 155 km/h mit Gepäck erreichte. Nach etwa 1000 Kilometer haben wir das erst bei einer Routine-Kontrolle entdeckt, denn es war nichts Nachteiliges beim Fahren zu erkennen.

Der Motor hatte also nicht nur das Leistungsvermögen eines Bullen, sondern dazu noch dessen Gemüt. Unempfindlich gegen alle möglichen und unmöglichen Belastungen, Laufzustände, Temperaturen und Behandlungen. Das war uns 1966/67 neu.

Vielleicht half es auch, daß wir gleich zu Beginn aller Fahrten (England, Frankreich, Österreich, Schweiz, Norddeutschland usw.) einiges unternommen hatten. So hatten wir für Spritzschutz und Dichtmittel an den beiden Vergasern und am Verteiler gesorgt, und außerdem kümmerte ich mich um Beru-Kerzenstecker und später um die Bosch-Silicon-Kerzenstecker, so daß es niemals wegen Feuchtigkeit, Streusalz oder Wasser Ärger gab. Über die Vergaser-Mischkammern zog ich tief nach unten reichende Gummischläuche. Der Verteiler, die Kabeleinführungen, wurden mit Kontaktspray WD 40 behandelt.

»Verschleiß«-Erscheinungen: bei km-Stand 9000 wurde der Keilriemen zur Lichtmaschine nachgespannt und die Fiberdichtungen zu den Zylinderköpfen erneuert. Bei km-Stand 15 000 und bei 20 000 wurde das Ventilspiel besonders kontrolliert. Nur das linke Auslaßventil mußte etwas nachgestellt werden. Ölverbrauch war nicht festzustellen.

Es waren noch andere Kleinigkeiten zu erledigen, doch die sind hier nicht von Bedeutung. Aber der Reifenverschleiß war interessant.

Runde 6000 Kilometer hielten die Pirelli- oder die Metzeler-Reifen auf dem Hinterrad.

Es gibt eine Menge lustiger und unglaublich klingender Geschichten über unsere V 7. Zum Beispiel die Story mit den Schlauchboot-Fahrten.

Öfters transportierte ich unser Schlauchboot samt Außenbordmotor zum Neckar oder auch zu anderen Wasserläufen, um an den wenigen freien Wochenenden auf den 1967 noch relativ sauberen Gewässern die Freude der Seefahrt zu erleben. Sogar ein größeres Boot mit Holzboden und 5 PS-Außenborder konnten wir auf die V 7 verladen. Dieser Dampfer schleppte fast alles, was man festbinden konnte – !

Dabei erreichten wir mit der Guzzi Uferstellen, die wir mit einem vierrädrigen Transportfahrzeug nie gefunden hätten. Alte Wildwasser- und Motorradfahrer kennen so etwas bestimmt noch aus den früheren Jahren.

Mit der Zeit wurde unser Privat-Intercity ein immer heißer geliebtes Reisemotorrad, und so ergab es sich ganz von selbst, daß wir unseren alten Gespannträumen wieder nachgingen. Wir probierten einen englischen Watsonian-Wagen, aber der entsprach nicht unseren Erfahrungen, und so laborierten wir mit TR 500-Nachbauten, mit Hansjoachim Penz'ens neuem Clipper-Seitenwagen (ein dolles Gefährt) und anderen dritten Beinen herum.

Aber das war 1967 und 1968 noch immer schwierig und zeitraubend. Erst gegen Ende der 70er Jahre kam das Gespannfahren wieder mit neuen Seitenwagen.

Aus der 700er V 7 wurde die 750er V 7 Ambassador, dann kamen weitere Modelle. 850 cm^3, 900 cm^3, 1000 cm^3 – es ging mit diesem V-Dampfer in den nächsten Jahren immer weiter und weiter.

Aber das Urvieh aller »Büffel«, dieser Guzzi-Bahnburner – das war unsere Prototyp-V 7 von 1966. Unverwüstlich, abenteuerlich, schnell und gut für ein ganz neues Motoraderlebnis. Sie wird uns unvergeßlich bleiben und gehört zu den schönsten Motoraderinnerungen, die wir haben.

Tapferes altes England (Brave Old England)

»**Wenn's keine Männer mehr gibt, gibt's auch keine englischen Motorräder mehr**«

Zu Beginn der 60er Jahre waren noch fast alle berühmten englischen Motorradmarken in der Bundesrepublik Deutschland vertreten. In alphabetischer Reihenfolge waren das

    AJS
    Ariel
    BSA
    Francis Barnett
    Greeves
    Matchless
    Norton
    Royal Enfield
    Triumph
    Velocette.

Im Frühjahr 1970 waren noch immer die Marken

    BSA
    Norton
    Royal Enfield
    Triumph

in unserem Lande (und in West-Berlin) erhältlich.

So gesehen, hatte es weder den prophezeiten restlosen Exodus der englischen Motorradindustrie in diesen zehn Jahren gegeben, noch hatten sich die zähesten Vertreter auf dem Weltmarkt gegen die Japaner halten können. Und wenn jemand dachte, daß die Lords ihre old fashioned Ladies ungepudert in das Match um die Märkte schickten, dann ist das nicht richtig.

Allerdings – aus ihrer alten konservativen Art waren sie nicht herausgekommen. Es gibt dafür drei typische Anekdoten, die – zwar schon oft erzählt – in dieses Kapitel gehören.

Anfangs der 60er Jahre sprachen wir in Birmingham mit einigen Technikern und Kaufleuten von BSA darüber, welche Möglichkeiten in Deutschland wären, den Import englischer Motorräder zu forcieren. Wir waren der Meinung, daß die Zuverlässigkeit der Maschinen verbesserungsbedürftig sei, daß man vor allem dafür sorgen müsse, daß bei den Zweizylinder-Motoren die Wärmeableitung für unsere Autobahnen und das Tempo, welches man dort zu fahren pflegte, viel intensiver funktionieren müsse. Auch daß das Werkstatt- und Kundendienstnetz größer sein sollte und noch einige Dinge mehr.

Am Ende unserer Ratschläge antwortete der Exportleiter des Hauses: »Auf Ihren Autobahnen, Sir, fahren Sie alles kaputt. Da muß man eben lange Strecken mit Dreiviertel-Gas und mit vielen Pausen zurücklegen. Unsere Maschinen sind für kurvenreiche Bergstraßen gut. Dort sollten Sie fahren. Und im übrigen sollten Sie in Deutschland froh sein, wenn Sie eine BSA kaufen können.«

Das war die eine Anekdote. Die nächste drehte sich um Bremsen. Bei einem der ersten Serienmaschinen-Rennen 1968 auf der TT war eine Triumph siegreich. Sie hatte eine neue fantastische Vorderrad-Vollnaben-Bremse mit Be- und Entlüftung, die nicht nur gut aussah, sondern zu diesem Sieg sehr viel beitrug. Über diesen Erfolg sprachen wir mit einem verantwortlichen Ingenieur der Fabrik und meinten, ob das nicht der Anlaß sein könnte, nun auch für das Hinterrad eine ähnlich gute Bremse vorzusehen und dabei gleichzeitig den Zahnkranz mit der Hinterradkette von der bisherigen »Dosendeckel«-Bremstrommel zu trennen, denn dort heizte die Kette die Trommel, oder umgekehrt die Trommel die Kette, zu sehr beim Bremsen auf. »Nein, Sir. Das ist nicht notwendig. Ein guter Motorradfahrer bremst immer mit der Vorderradbremse zuerst und am meisten. Er benutzt die Hinterradbremse nur als Unterstützung und dafür, daß das Motorrad bei harten Bremsmanövern in der Spur bleibt. Wir bauen Motorräder für solche Fahrer, und die müssen eine extrem gute Vorderradbremse bekommen. Die Konstruktion am Hinterrad kann bleiben, wie sie ist. Im übrigen würde das auch zu teuer, und unsere Maschinen wollen wir ja auch verkaufen können.«

Und das war die dritte Geschichte: Etwa Mitte der 60er Jahre sprachen wir den Cheftechniker einer englischen Fabrik an, die große, weltberühmte Zweizylinder-Maschinen baute und in viele Länder, besonders nach Amerika, exportierte, wo man mit den Japanern in sehr hartem Konkurrenzkampf lag. Wir sagten, ob es nicht langsam Zeit wäre, diesen großen Maschinen Elektrostarter zu geben, um das Anlassen des starken Motors zu erleichtern. Schon im Hinblick auf den Komfortanspruch der amerikanischen Kunden und der japanischen Konkurrenz.

»Nein, Sir«, war die Antwort. »Wir bauen Motorräder für Männer, die brauchen keinen teuren Elektrostarter.«

»Glauben Sie das wirklich?« fragten wir weiter. »Glauben Sie nicht, daß die harten Männer für die Kickstarter weniger werden? Sie müssen doch den Wettbewerb halten können.«

»Sir«, war die Antwort, und unser Gesprächspartner runzelte die Stirn, »wenn es keine harten Männer mehr für die Kickstarter gibt, dann gibt es auch unsere Maschinen nicht mehr.«

Ironie des Schicksals: gerade diese Marke gibt es heute noch – aber alle anderen, die sind verschwunden. Mit Kickstartern und wehender Fahne untergegangen oder aber auch mit elektrischem Anlasser verschwunden. Wie er z. B. in der Norton Electra eingebaut war – 1964 – !

Natürlich, wir wollen und dürfen von den Aussagen einzelner nicht auf die Einstellung aller

schließen, das wäre ein ganz dummer Fehler. Vielleicht hätten wir im Kreise unserer eigenen erzkonservativen Techniker in jener Zeit Ähnliches zu hören bekommen – wer weiß – ?! (siehe Seite 65)

Doch sind mir diese Gespräche nie aus dem Kopf gegangen, weil sie in einer für unsere englischen Freunde brennend gefährlichen Zeit, die zwischen 1920 und 1950 die ganz große Motorradnation repräsentierten, stattfanden.

Schon als Junge verdrehte ich die Augen, wenn in irgendeiner Rennreportage der Name AJS oder Norton fiel, wenn ich in »Das MOTORRAD« vor dem Krieg die Geschichten von der Tourist Trophy las, die Gussi Müller oder H.W. Bönsch schrieben. Oder wenn es einmal gelungen war, in dieser Leib- und Magenzeitschrift ein englisches Motorrad nach einer Fahrtbeschreibung zu stilisieren.

Wenn uns »Motorcycling« oder »Motor Cycle«, die englischen Motorradzeitschriften, in die Finger fielen (und das war vor 1945 gar nicht so einfach!), dann wurden die Seiten so lange mit unserem Schulenglisch entziffert, bis es fast gar kein Papier mehr zum Festhalten gab – !

Stanley Woods, Harold Daniell – das waren Supermänner. Und als der Ewald Kluge 1938 mit der Doppelkolben-DKW die 250 cm^3-Klasse der Tourist Trophy (die »Lightweight«) gewonnen hatte, und 1939 der Meier Schorsch mit der 500er Kompressor-BMW die 500 cm^3 Klasse (die »Senior«) siegreich beendete, obwohl er mit der Startnummer 49 als letzter Fahrer gestartet wurde, da war das für uns Motorrad-Kinder 100 000mal interessanter als irgend etwas sonst, was uns der übrige Sport und die üblichen Zeitgeschehnisse geben konnten.

Der Ewald hatte die sauschnelle und tolle Excelsior – das »technische Wunder«, the mechanical marvel (mit Stanley Woods im Sattel) – besiegt, und der Meier Schorsch brachte es zusammen mit seinem englischen Stallgefährten Jock West fertig, einen Burschen wie Freddie Frith und dessen Norton zu distanzie-

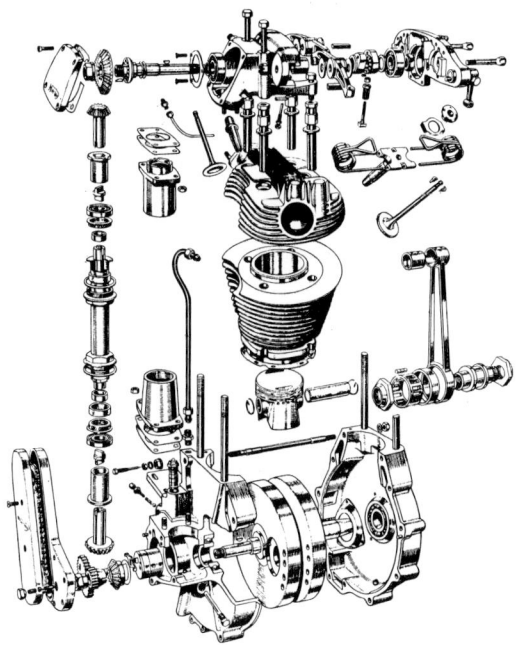

Der berühmte Norton International-Motor 500 cm³ mit Königswelle, der uns schon vor dem Krieg und danach bis in die 50er Jahre faszinierte. Merry Old England-Klassik –!

ren. Jawohl – er hatte die »unapproachable«, die unerreichbare, unnahbare, die unschlagbare Norton hinter sich gelassen – ! War das nicht nur Schlump? War das nicht nur Glück? Das würden sich die Lords doch niemals gefallen lassen: eine geschlagene Norton auf heiligem, eigenem Boden – !

Das mußte doch Revanche geben – !

Die kam nicht mehr. Dafür kam der Krieg, womit alle unsere Träume aus waren. Einen der Träume aber hatte ich durch die Zeit gerettet: der Norton-Einzylinder-Viertakter mit dem Königswellenantrieb der Nockenwelle, dieses klassische Ur-Motorrad, ist mir später nie mehr aus dem Kopf gegangen.

Aber nicht nur mir. Das Motorrad-Flair aus Merry Old England war nicht besiegbar in unseren Köpfen. Das hatten die Burschen auf der Grünen Insel unglaublich zäh und gut gepflegt und in die ganze Welt gebracht. Und darauf bauten sie nach dem Orlog wieder auf. Als auch in England ab der Mitte der 50er Jahre das Fahrzeug Motorrad immer mehr ins Hintertreffen geriet, verließ man sich mit den braven ohv-Viertaktern, den butterweich und

genau zu schaltenden Getrieben und den guten Fahrwerken auf den »Big Brother«, den großen Bruder Amerika. Der würde es schon machen und immer genug von den großen Singles und Twins abnehmen. Da konnte ja überhaupt nichts passieren.

Die Japaner? Die noch mit einer Tasse Reis pro Tag auskamen? Die sollten dieser klassischen Motorradindustrie gefährlich werden? Niemals! So dachten sie wahrscheinlich in den Teestuben der Direktoren-Etagen in Birmingham, Coventry und anderswo. Neue Entwicklungen? Modernere Produktionsmethoden? Rationalisieren? – Nein. Wieso denn das?*

So etwa mußte es noch Ende der 50er Jahre gehen, hatten wir den Eindruck.

Dann begann Soichiro Honda seine Motorrad-Werbung in den USA. »You meet the nicest people on a Honda«, war der japanische Schlachtruf. Mitten im großen Land, in dem die englische Motorradindustrie bislang König gewesen war. Es kamen die großen Honda-Rennerfolge, einer nach dem anderen, und ein Weltmeisterschaftstitel nach dem anderen. Die letzte Weltmeisterschaft mit einem englischen Motorrad hatte 1954 Eric Oliver mit einer Norton geholt – den Titel der Klasse Seitenwagen bis 500 cm³.

In den 60er Jahren mischten noch einige Einzylinder- und Zweizylinder-Rennmaschinen aus England im nationalen und internationalen Sport kräftig mit, meistens unter hervorragenden Privatfahrern. Sie waren noch immer für die zweiten und dritten Plätze in der Weltmeisterschafts-Wertung gut. Aber einen Titel gab es für die englischen Fabriken nicht mehr. Ab 1970 machten die deutschen, holländischen, italienischen, japanischen und spanischen Marken den Kampf um die Klassentitel in der WM ohne einen englischen Namen unter sich aus.

Dagegen aber gab es auf der anderen Seite des Kanals seit vielen Jahren mehr große Weltklasse-Fahrer als in anderen Ländern.

---

*Ich bewahre noch ein Tonband von 1963 auf, mit dem gewaltigen, uralten Hammer-Geräusch der Kurbelwellen-Schmiede von BSA.

44mal holten zwischen 1949 und 1970 (in diesem Jahre endet das Jahrzehnt, von dem in meinem Buch hier die Rede ist) Fahrer englischer Nationalität auf britischen, italienischen oder japanischen Motorrädern ihre WM-Titel. Von 1960 bis 1970 immerhin auch noch 19mal. Italienische Fahrer schafften das zwischen 1949 und 1970 insgesamt 28mal, zwischen 1960 und 1970 zehnmal, und die Westdeutschen stehen zwischen 1949 und 1970 22mal, und zwischen 1960 und 1970 13mal in der Titel-Liste.

Als in England die eigene Motorradindustrie kleiner und kleiner wurde, da stiegen die Importe aus anderen Ländern, vor allem aus Italien, Japan oder Spanien. England behielt dadurch trotz allem seinen Status als Motorradland.

1960 sah man deutliche Anzeichen, daß AJS, BSA, auch Norton und Triumph versuchten, die althergebrachte Technologie der Entwicklung in der Welt anzupassen. Zuviele Jahre hatte man sich wohl auf den Lorbeeren vergangener Zeiten ausgeruht. Man erinnerte sich daran, daß es früher ganz bedeutende Schritte in der Motorradtechnik gegeben hatte, und daß es nicht sein konnte, daß neue Überlegungen mit schläfriger Initiative angepackt wurden.

Zwischen 1960 und 1970 wurden noch einmal Anstrengungen gemacht, den Weltmarkt mit fortschrittlicher Technik englischer Prägung für Großbritannien zu halten.

Wir werden sehen, ob diese Entschlüsse und ihre Ausführungen noch rechtzeitig kamen und modern genug waren, eine einstmals weltbedeutende Industrie gegen den japanischen Ansturm zu retten.

Der letzte englische Einzylinder-Hammer zum Testen:
AJS, Modell 8, 1960, 350 cm³

Um gleich etwas zu erklären: es war nicht der letzte Einzylinder-Hammer englischer Produktion, diese AJS Modell 8/350 cm³. Nein,

die großen 350 bis 500 cm³-Singles wurden noch bis in die 70er Jahre gefertigt (z.B. bei BSA die 441 cm³ B 44 Shooting Star mit 30 PS; und AJS/Matchless bauten noch 1967 die 500 cm³-Statesman mit 29 PS), aber die AJS Modell 8 war die letzte englische Einzylinder-ohv-Maschine größeren Hubraums, die wir von einer Fabrik oder von einem Importeur zum Testen bekamen.

Alle englischen Einzylinder, die ich nach dieser AJS fahren konnte, waren Motorräder meiner Freunde, die sich von dieser eindrucksvollen Klassik nicht trennten. Für mich war die 500 cm³ Norton International (gebaut bis in die 50er Jahre) das Höchste dieser Kategorie. Sie hatte den 490 cm³-Einzylinder-Motor mit Königswellenantrieb für die obenliegende Nockenwelle; Bohrung 79 mm, Kolbenhub 100 mm; Amal-TT-Vergaser; Federbett-Rahmen.

Aber sie wurde nur in geringen Stückzahlen gebaut, war schwer zu kriegen und sehr teuer. Es blieb bis heute ein Traum für mich.

Darüber erzählen wir ein anderes Mal und wenden uns der AJS-8 zu, die im Winter 1959/60 in meiner Garage stand.

»Die Liebe zu einem richtigen Motorrad beginnt bei den klassischen Einzylinder-Viertaktmotoren – alles andere sind dann verfeinerte Geschmacksrichtungen«, hatte vor vielen, vielen Jahren Freund Crius auf einer Ausstellung zu mir gesagt, auf der ich noch von der Horex-Regina schwärmte (eine Norton International war da noch weit entfernt vom Kreis der Wunschobjekte, sie kam 1952 wegen fehlender Kasse ganz und gar nicht in Betracht – !). Der Crius hatte nicht ganz unrecht, und unsere Schwärmerei für diese Hammer wurde hier und da zu einer Liebesaffäre.

Mit der 350 cm³-Horex Resident verschwand der Typ der großen Einzylinder aus deutschen Produktionen, der letzte klassische 500 cm³-Single war die Konsul von NSU gewesen, deren Grundkonzeption schon lange vor dem Krieg existierte.

Was heißt eigentlich bei dieser Bauart »Grundkonzeption«? Seit den ersten Motor-

**AJS Modell 8, 1960,
350 cm³ ohv.**

radmodellen überhaupt, seit der Zeit gibt es diese Form des Motorradmotors.

Nichts Sensationelles, das Urbild des Viertaktmotors, bis in unsere Zeit verwendungsfähig. Als wir noch klein waren und auf ein Stück Papier ein Motorrad malten, hatte das eben einen deutlich sichtbaren Einzylinder-Viertaktmotor, genau wie ein Schiff ein großes Besansegel bekam, wie ein Flugzeug ein Doppeldecker war, wie eine Kirche eine Glocke im Turm hatte, und wie wir eine Oma mit einem Strickstrumpf malten.

Diese Bauart war gerade bei jenen Marken zu einem sehr soliden Antriebsaggregat geworden, die von Anfang an solche Motoren hergestellt hatten. Sie waren 1960 noch immer nicht unmodern – im Gegenteil!

Zwar wurden wir Mitte der 60er und später auch in den 70er Jahren von den Motorradherstellern und Konstrukteuren ausgelacht, wenn wir forderten, daß wieder ein vernünftiger großer Einzylinder-Viertakter auf den Markt kommen müsse. Das hat uns aber weiter nicht gestört, wir waren den Umgang mit betriebsblinden und marktfremden Menschen in der Motorradbranche gewohnt.

Was aber passierte dann? Gegen Ende der 70er Jahre wurden die großen Einzylinder-Viertakter für den Straßenbetrieb wieder modern. Yamaha fing damit an. Und wir schmunzelten: »Siehste – – !«

Trotzdem sollte man nicht vergessen, daß auch in Italien bis in die 70er Jahre hinein eine 450 cm³-Einzylinder-Ducati auf dem Markt war. In den großen Krisenjahren waren wir der Meinung, daß manche Fabrik ohne sensationelle Neuentwicklungen mit den Erfahrungen einer klassischen Einzylinder-Viertaktkonstruktion alle Schwierigkeiten besser überstanden hätte, wenn man Stückchen für

Der Viertakt-Einzylinder der AJS, Modell 8 von 1960 war äußerlich glattflächig, aber sein Aufbau entsprach der typischen englischen Einzylinderschule.

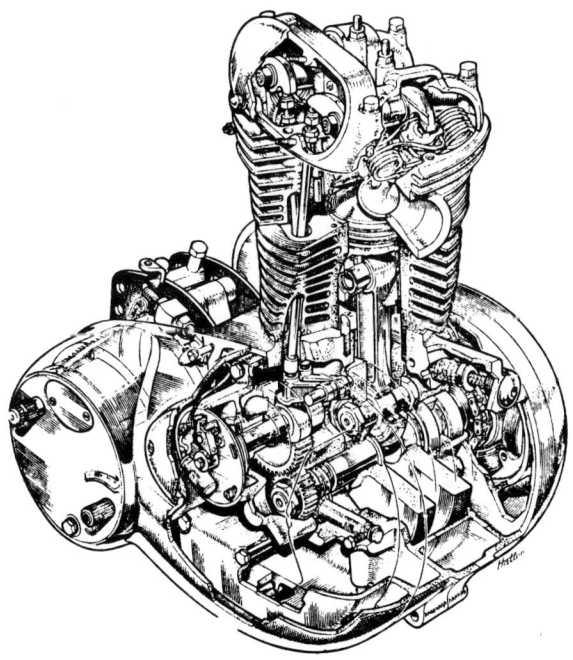

Stückchen der systematischen Modellpflege gewidmet hätte und auf diese Art weiter zur Festigung der Leistung und der Qualität sowie zur Weiterentwicklung gekommen wäre.

Ohne die hektische Nervosität, die manchen unserer Nachkriegskonstruktionen leider mit wenig glücklichen Folgerungen Pate stand – ohne dieses »Um-jeden-Preis« – entwickelten die Engländer seit Jahrzehnten ihre Einzylinder-Dampfhammer Stückchen für Stückchen auf solider Basis weiter. Man begriff eben, daß sich dabei alles von vornherein anbot, was andererseits bei einer völligen Neukonstruktion bis zur Reife viel Aufwand, Arbeit, Sorgen und »Kunden-Versuche« fressen würde.

Diesen englischen Motoren standen mehr als fünfzig Jahre Motorradbau zur Seite. Womit wir ohne weiteres die Maschinen als »Westerwald«- und »Wüsten«-Motorräder bezeichnen konnten.

Die 1960 noch neue AJS Modell 8/350 cm^3 (identisch mit der Matchless G 5) besaß dazu aber noch ein recht sportliches Temperament. In gewisser Hinsicht war es hier geglückt, Zugfreudigkeit und flach verlaufende Leistungskurve im höchsten Drehbereich für sportliche Fahrweise zu vereinen. Womit wir zu einem sehr interessanten Motor kommen, wie wir

noch an Hand des Nürburgringtests sehen werden.

Die 350 cm^3-Klasse gab es bei den Herstellern von Motorrädern in Westdeutschland nicht mehr. Ich finde heute, daß die AJS-8 fast ein direkter Nachfahre der berühmten Regina 350 hätte sein können, weil sie in etwa so aussah, wie sich viele alte Regina-Freunde die Weiterentwicklung wohl vorgestellt hatten. Hintere Schwinge, Telegabel weiterhin (die Horex-Gabel war eine der besten Teleskopgabeln), Motor äußerlich nicht viel geändert, Leistung etwas höher, erweiterter Drehbereich und das höchste Drehmoment noch weiter nach unten verlegt und dessen Kurve auch flacher verlaufend.

Es war schade, daß man mit der völlig neuentwickelten Resident bei Horex die Regina-Baureihe aufgab. Mit weniger Aufwand wäre dort noch viel zu holen gewesen. In Wettbewerben waren solche Prototypen ja bereits versuchsweise gelaufen.

Die AJS-8 war kein Rennblitz wie eine Ducati-Supersport, eine Catria, eine Honda-Supersport – es war eine Maschine für zwar ruhiger scheinende, aber doch schnelle und auf lange Touren eingerittene Fahrer. Das hatte auch etwas Bestechendes, man dachte unwillkürlich an Gesichter von manchen alten Hasen, die uns während vieler, vieler Kilometer und Fahrten begegnet sind. Man dachte an lange, lange wunderbare Reisen! Auf der anderen Seite entsprach diese Maschine immer wieder absolut dem Temperament der englischen Motorradfahrer.

Knappe 22 PS zeigte die uns vom Werk gegebene Leistungslinie des Motors, wobei über einen Bereich von 2000 U/min in der Spitzendrehzahl hinweg mehr als 20 PS gemessen wurden und wir somit eine sehr schöne, flache Kurve hatten. Man konnte also drehen lassen. Das war wichtig – besonders wenn es einmal im 3. Gang lange bergauf ging. Die andere Eigenschaft des Motors lag darin, daß das höchste Drehmoment in einer ebenso erstaunlich flachen Kurve ab 3000 U/min bis ca. 5500 U/min lag. Es war also »unten was drin«!

Die Leistung des AJS-Motors verglichen wir mit denen der Horex-Einzylinder aus den 50er Jahren.

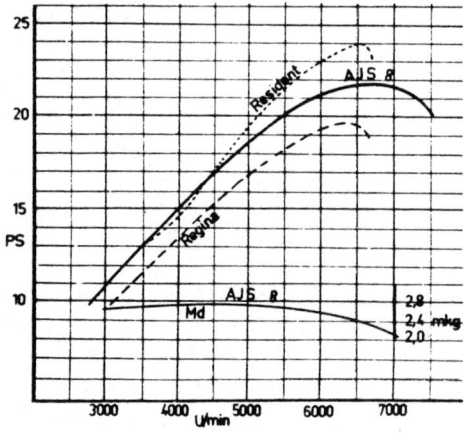

Stiegen wir auf dem Nürburgring z.B. von Breidscheid zur Hohen Acht durchs Kesselchen auf der Nordschleife hinauf, so kamen wir in der fünf Kilometer langen Steigung zwischen Kilometer 12 und 13 an diese berüchtigten 7 bis 8 %. Zwischen 95 und 98 km/h war hier das Tempo. Im 3. Gang drehte der Motor seine 7000 U/min, nur leicht überdreht, im 4. Gang knappe 5500 U/min.

Bei 7000 U/min waren noch 21,5 PS, bei 5500 aber schon 20 PS vorhanden. Deswegen benutzte ich an der Stelle nicht den 3. Gang (weil da oben die Vibrationen auftraten) – man konnte also erstaunlich schonend fahren.

Deswegen war es kein Rennblitz, deswegen ein Motorrad für ruhige Fahrer. Die Folge dieser Motorencharakteristik war schnelles und kaum aufreibendes Tempo. Ging es bergauf, dann war für zügigen Durchschnitt genug Kraft auch unterhalb 5500 U/min vorhanden, so daß man den kleineren Gang nicht unbedingt nötig hatte. Ging es bergab, dann konnte man im großen Gang ruhig bis auf 125 km/h gehen, ohne daß einem das Ding plötzlich um die Ohren flog.

Auf dem Nürburgring waren bei Durchschnitten über 90 km/h (mit Metzeler C-Reifen) nicht einmal irgendwelche Stellen vorhanden, die den 2. Gang zum Einsatz benötigten, das meiste fuhr man glatt im 4. Gang durch.

Aus 3500 U/min im 3. Gang zog man immer noch mit 13 PS (= knapp 50 km/h) hinter engen Kurven sauber und kraftvoll nach oben. Es machte auch Spaß, z.B. auf der Landstraße mit 80 km/h = 4500 U/min (über 17 PS) dahinzureisen, und ohne schalten zu müssen bei Überholmanövern spielend vorbei zu kommen und dazu von 80 bis 100 km/h in ca. 8 bis 10 Sekunden gegenüber Gegenkommern noch eine genügend große Sicherheitsspanne zu haben. Schaltete man aber runter, zog man den 3. Gang bis 90 rauf – dann verkürzte sich diese Überholzeit natürlich bis runter auf 5 Sekunden. Aber wie gesagt – nötig war das nicht immer.

Kein Drehzahlmesser war notwendig. Nur vielleicht ein besserer Schalldämpfer, der ein wenig mehr der Auffassung unserer TÜV-Leute vom leisen Motorrad entsprach. In unseren Ohren war jedoch dieser Ton des Motors bestimmt nicht unangenehm, im 50er Tempo innerhalb der Stadt (ging im 4. Gang absolut ruckfrei) war die Musik m. E. auch im 3. Gang noch nicht kriminell zu nennen. Es durfte eben kein Angeber-Würstchen damit vor einem Kino den Teenagern imponieren wollen – !

Der Motor war kein Kurzhuber (Steuerseite Gleitlager, Antriebsseite zwei Kugellager, Pleuelstange auf Hubzapfen mit Doppelrollenlager). 85,5 mm Kolbenhub (72 mm Zylinder-Bohrung) waren aber auch kein Zeichen für einen ausgesprochenen Langhuber. Die Horex-Regina hatte immerhin 91,5 mm Hub bei 69 mm Bohrung. Bei 6500 U/min betrug die Kolbengeschwindigkeit 18,38 m/s. (Regina 19,1 m/s bei 6250 U/min), das aber war nun mit diesen Drehzahlen eines Stoßstangenmotors wiederum nicht gerade das Kennzeichen eines »Wüsten«-Motorrades, eher das einer Sportmaschine.

Ja, zwei Seelen wohnten in diesem Ding, das übrigens das wieder einmal – wie bei allen englischen Maschinen – wunderbar zu schaltende Getriebe nicht zu einem Motor-Getriebe-Block vereinte. Das Getriebe wurde zwar auf der rechten Seite von einem Gehäuseteil des Motors umschlossen, war aber für sich im Rahmen hinter dem Motor aufgehängt. Die Primärketten-Spannung erfolgte durch Verdrehen des Getriebegehäuses in Spannbändern, die Kupplung saß koaxial zur exzentrisch liegenden Abtriebswelle. Die Klassiker konnten eben nicht aus ihrer Haut und verteidigten mit vielen guten Argumenten das grundsätzlich vom Motor getrennte Getriebe.

Die Getriebestufung wurde durch das Gangdiagramm sehr gut wiedergegeben. Es entsprach den Anforderungen kurvenreicher Landstraßen. Ich empfand diese Stufung für eine normale Straßenmaschine als sehr gut. Der 3. Gang reichte sehr schön weit nach oben unter den 4. Gang, und auch der 2. Gang lag für den Verkehr in den engen Städten genau richtig. Für Gebirgsstraßen lagen der 2. und 3. Gang ebenfalls gut, hinzu kam das günstige Drehmoment des Motors.

Wie wir aus den Nürburgring-Runden sahen, waren Spurhaltung und Kurvenlage mit den Metzeler C-Reifenprofilen sehr gut (serienmäßig waren englische Dunlops drauf – vorn ein Rillenprofil). Diese Durchschnitte waren wohlgemerkt in einer winterlichen Jahreszeit möglich, in der der Nürburgring in den Waldbezirken und in den Kurven, die nicht den ganzen Tag von der Sonne erreicht wurden, nicht mehr ganz abtrocknete. Man saß nicht verkrümmt auf dem Motorrad – man saß »englisch«, man saß wie am Schreibtisch auf einer genügend breiten und außerdem ausreichend gepolsterten Sitzbank. Die Beine wurden durch die Fußrastenlage selbst bei extrem Langhaxigen nicht so eingeknickt, daß man auf langen Touren lahme Oberschenkel bekam.

Die Telegabel gehörte zum Besten, was ich an Telegabeln bis dahin gefahren hatte. Die Elastizität der Gabelholme war ohne Wirkung auf die Spurhaltung, die Dämpfung hervorragend. Auf Schlaglochserien gab es kein Aufschaukeln, keinen Durchschlag. Im Moto Cross-Gelände über Wellen und Rinnen kam diese Gabel m. E. erst so richtig zur Wirkung.

Die nicht sehr breit gelagerte Hinterradschwinge hatte zwei Girling-Federbeine, deren unterer Teil extrem langgezogen war. Daß sie unterdimensioniert waren, das möchte ich nicht sagen – die Wirkung reichte bei normaler Belastung hinsichtlich Federhärte und Dämpfung. Die Maschine sprang hinten nicht herum, machte auch auf der sehr schlechten Strecken-Oberfläche der Südschleife des Nürburgringes in der ersten Rechtskurve vor Müllenbach keine Extratouren. Bei extrem schmal gelagerten Hinterradschwingen hatten wir immer so unsere speziellen schönen Erfahrungen in welligen Kurven gemacht. Aber der Rahmen der AJS-8 war in sich steif genug. Das Rohrmaterial und der Rahmenaufbau ließen keine gefährlichen Verwindungen zu.

Die Bremsen – ja, sie sahen auf den ersten Blick etwas mickrig aus. Die Vorderradbremse war aber eine echte Vollnabenbremse, die Hinterradbremse eine gewöhnliche Trommelbremse, jedoch aus Gußmaterial, die Leichtmetallnabe war lediglich ein Mode-Attribut. Beide Bremsen hatten einen Durchmesser von nur 148 mm, eine Belagbreite von ca. 30 mm. Es mußte aber an besonders guten Belagqualitäten liegen: diese kleinen Bremsen reichten tatsächlich auf dem Nürburgring aus. Der hintere Kettenkranz, direkt auf die Trommel geschraubt, betätigte sich als Wärmeleiter zwischen Trommel und Kette. Nur gut, daß diese englischen Ketten unwahrscheinlich zäh waren. Ich hatte sie während der 2000 Testkilometer nicht nachgestellt, obwohl der Kettenschutz offen war. Die Bremsen selbst griffen weich an – beachtlich war der Fußbremshebel – die Bremsstange war steif genug, um sich nicht in der Kröpfung zu strecken. Nach fünf Runden um die Nordschleife hatte ich dann erstmalig nachstellen müssen – vorn und hinten. Dabei blieb es die ganze Testzeit.

Das Hinterrad hatte keine Steckachse. Nach Lösen der Kette, des Bremsgestänges, der Tachometerwelle und der Radmuttern konnte man das Rad herausnehmen, wenn die Maschine etwas nach links geneigt wurde. Im englischen Handbuch waren übrigens diese Handgriffe alle genau beschrieben, und zwar die Demontage und Montage fast aller lebenswichtigen Teile an Motor, Fahrwerk und elektrischer Anlage, die ein wenig in manchen Details – wie die Schalter z. B. – nach billigstem Blechzeug aussah. Andere Teile wiederum beinhalteten eine Menge »Gewußt-Wie«.

Apropos Handbuch: die Engländer wußten vielleicht etwas mehr über die Praxis des Werkstatt- und Kundendienstes zu jener Zeit. Sie beschrieben genau, wie man sich helfen konnte – mit dem Bordwerkzeug! Die speziell als Zubehör erhältlichen Sonderteile wiesen auch recht deutlich auf die Atmosphäre hin, in der das Motorrad entstanden war: Luftfilter (nicht serienmäßig), Seitenständer, Gepäckträger, Sturzbügel, Packtaschen mit Halter,

170

geschlossener Kettenkasten.

Mit der AJS, Modell 8, wurde eines der ziemlich unkomplizierten Motorräder 1960 erhalten, wie man sie in der ganzen Welt überall dort schätzte, wo nicht hinter jeder Straßenecke eine Werkstatt war, wo es noch genug Fahrer gab, die ihre langen Reisen auf der Sitzbank eines unverbildeten Motorrades machten.

Sie war noch einmal etwas ganz Anderes, als es 1964 die berühmte Einzylinder-Velocette Thruxton (500 cm^3, ohv, 42 PS) oder die noch gebaute BSA Goldstar 500 cm^3, Einzylinder, ohv, darstellten.

Diese Thruxton oder die Goldstar gehörten durch ihre unerhörten Fahrleistungen in die Kategorie der reinen Sportmaschinen und erreichten etwa den Nimbus der schon mehrfach erwähnten früheren 500er Norton International. Die Thruxton, bis 1970 gebaut, sowie die Goldstar, bis 1963 hergestellt, waren seltene – aber unerhört faszinierende – Maschinen, von denen man heute noch spricht. Die AJS-8 war dagegen ein Wüsten-Motorrad in größeren Stückzahlen und blieb deswegen auch ein Stern der 60er Jahre. Nur spricht davon heute kein Mensch mehr.

Noch zu Anfang der 70er Jahre machte Moto Guzzi wieder einmal einen Versuch mit einem großen, liegenden Einzylinder. Es war das modernisierte Nachfolge-Modell der früheren Falcone und nannte sich »Sahara«. Sandfarben mit arabischer Schrift.

Für uns war das eine Bestätigung unserer Gedanken, die zuletzt 1960 bei der AJS-8 besonders laut ausgesprochen worden waren. Damals fiel mir der Begriff »Wüsten«-Motorrad ein, und – sieh mal einer guck! – bestimmt dieselben Überlegungen hatte man 1970 bei Moto Guzzi, als man den neuen großen Einzylinder »Sahara« nannte.

Es ist schon komisch, wie sich Empfindungen unter Motorrad-Narren gleichen können, wenn es um die Charakterisierung einer bemerkenswerten Maschine geht.

Die A 65-Geschichte von BSA

Im Januar 1962 sahen wir die neue BSA-Linie zum erstenmal, aber erst im Sommer 1963 war es so weit, daß wir von der Fabrik in Birmingham eine Testmaschine erhielten. Sie kam in einer Kiste verpackt nach Deutschland. Eine 654 cm^3 A 65. Zweizylinder-Viertaktmotor, ohv.

BSA hatte die »Star«-Modelle A 50 (500 cm^3 Zweizylinder) und A 65 (654 cm^3 Zweizylinder) seit dem Ende der 50er Jahre im Versuch gehabt. Die Warnrufe aus aller Herren Länder, daß man eine neue Linie und neue Motoren für den Marktwettbewerb brauche, waren nicht überhört worden. Auch wir waren 1961, 1962 und 1963 mehrere Male mit verantwortlichen Kaufleuten und Technikern in Birmingham, auf der Isle of Man und in Deutschland zusam-

1964 brachte Velocette den 500er Einzylinder unter der Typenbezeichnung »Thruxton« auf den Markt. 42 PS.

**BSA A 65, Spitfire,
650 cm³, 1967.**

mengekommen, um unsere Vorstellungen von Motorrädern darzulegen, die in den 60er Jahren in unserem Lande allen Anforderungen gerecht würden.

Als wir dieses Motorrad zu Beginn der Testfahrten zu Gesicht bekamen, da holten wir aus der Verpackung auf dem Bahnhof Adenau in der Nähe des Nürburgrings zwar ein Motorrad aus England, aber keine »englische« Maschine. Was da zu sehen war, das kam uns vor wie eine Horex, die nach 1960 nicht mehr entstehen konnte, als die Homburger den Motorradbau endgültig aufgegeben hatten. So etwa hätten wir uns die Fortentwicklung der Imperator ausgemalt.

Mit der metallblauen Lackierung, der zierlich wirkenden Bauform sah das Pferd so gut und modern, so frisch und gar nicht gewaltig aus, daß wir an den 654 cm³ Hubraum zweifelten. Jeder war begeistert, der uns beim Auspacken zuschaute.

Ja, nach den 250 und 350 cm³-Einzylindermodellen, die dieser Maschine in etwa gleicher Form vorausgegangen waren, setzte BSA mit der A 65 nun einen Meilenstein in der Entwicklung der großen englischen Maschinen. Für den Motorradliebhaber war es irgendwie neu, daß in dieser Maschinenklasse nun eine Lady von der Grünen Insel mit einem glattflächigen und formschönen Motor-Getriebeblock kontinentaler Konzeption auftrat, womit – was eben dort drüben so viel bedeu-

tete – alte Traditionen zugunsten einer neuen Zeit über Bord geworfen wurden: das Motorrad war nicht mehr zerklüftet, das Getriebe nicht mehr vom Motor getrennt.

Vorderkotflügel, Tankform, Seitenbleche, Blockform, Schalldämpfer, eingezogener Scheinwerfer – das alles zeigte ein abgerundetes, strömungsgünstiges, nicht als Blechbanane »gestyltes« und verunstaltetes, gerade aber darum doch klassisches Motorrad. Um diese Entwicklung besser verstehen zu können, sei hier an dieser Stelle erwähnt, daß BSA sich nach unseren Erfahrungen schon immer vom Gros der englischen Motorradhersteller durch größere Aufgeschlossenheit, Blick in fernere Zonen und ausgezeichnete Kundenbetreuung unterschieden hatte. Was wir an Informationen nötig hatten, das bekamen wir postwendend exakt und genau. BSA-Leute kamen uneingeladen und unaufgefordert immer wieder sogar von England aus zu uns mit der noch sehr neuen Maschine, um mit uns zu sprechen und intensiv zu diskutieren.

Die Testmaschine – auch das wäre hier noch zu sagen – kam nicht aus der Versuchsabteilung, sondern lief vom Band wie alle anderen, war auch zum Verkauf durch den Importeur Detlev Louis bestimmt, der sie dann aber auf sein eigenes Risiko an uns gab.

Da war also nichts dran gefriemelt, besonders hergerichtet oder »gepflegt«, damit die tum-

Unsere BSA A 65, 650 cm³, auf dem Rollenprüfstand der Akademischen Motorsportgruppe der TH Stuttgart, 1963.

ben Brüder von »Das MOTORRAD« auch ja etwas Gutes schrieben – !

Das herausstechende Merkmal der A 65 war nicht nur als flache Kurve im Diagramm des Drehmomentes (= 5,19 mkg bei 3000 U/min) zu finden, sondern auch beim Fahren festzustellen. Wir hatten bis dahin keine Maschine erlebt, die im unteren Drehbereich derartige Kraft hergab (analog den 250er Puchs). Die Zündapp KS 601 (600 cm³, gebaut von 1950 bis 1958) hatte bei 4000 U/min 4,5 mkg.

Die Meßrunden um die Nordschleife des Nürburgringes lagen beim Durchschalten und Ausfahren jedes der vier Gänge (stehend am Start und stehend im Ziel) bei 12:40 = 108,05 km/h, beim Fahren nur im vierten Gang unter den gleichen Bedingungen bei 13:00 oder 13:05 = 105,28 oder 104,61 km/h. Das waren

Leistungskurve der A 65.

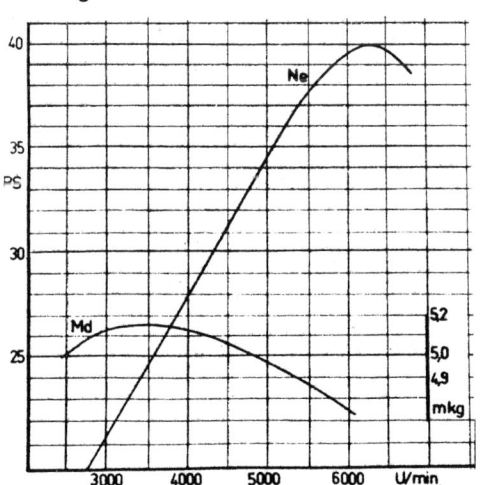

97,4 % oder 96,8 % der schnellen 12:40-Runde. Dabei ging die Geschwindigkeit bis auf 50 km/h in den Ecken herunter, aus denen der Motor Mann und Maschine ruckfrei, turbinenartig und blitzschnell wieder auf Höchsttempo zog.

Am Bergwerk (bei Kilometer 11 im Kurvenausgang) kam man von 60 km/h auf 120 km/h nur im vierten Gang bei etwa 5 % Steigung in 20 Sekunden. Beim Durchschalten vom zweiten in den dritten Gang, Schaltpunkt bei etwa 90 km/h, in 15 Sekunden. Das war der knuffigste Büffel, den wir bis 1963 bewegt hatten. Ein Motorrad für die Berge, für Gespannfahren, für Tourenbetrieb in den wildesten Gegenden. Dabei sah dieser Büffel so leicht aus wie eine 250er.

Erfreulich war es, daß das Ding keine Ölsardine wurde, daß die Gehäusenähte nur ganz schwachen Ölnebel bei starker Verschmutzung zeigten. Als es doch einmal zu einem Ölsturz kam, da war das Sieb vor dem Rücklauf-Kugelventil verschmutzt, so daß der Kurbelraum voll und schließlich durch die Entlüftung überlief. Das war eine Erfahrung, die man mit dieser Art Schmiersystem wohl machen konnte, wenn man nicht bei jedem zweiten oder dritten Ölwechsel die Siebe am Sumpf, am Rücklaufventil, am Tank und die Kugeln der Ventile und deren Sitz säuberte bzw. gängig hielt. Eine Arbeit, die nicht mehr Zeit erforderte als das Auspinseln einer Magnetablaß-

173

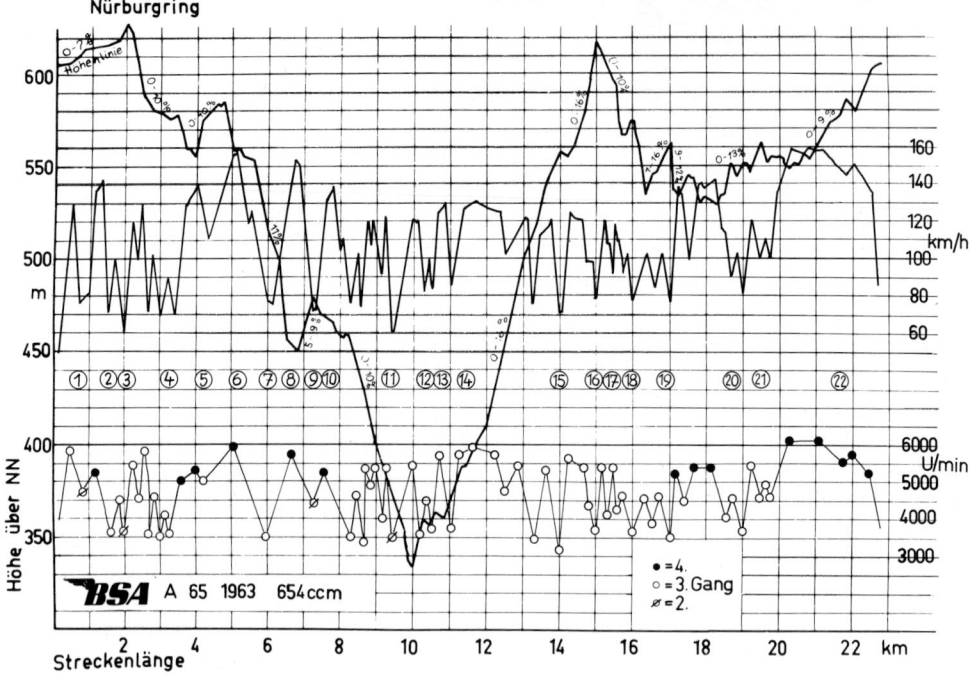

Darstellung der BSA A 65-Fahrleistung im Höhendiagramm des Nürburgringes.

schraube bei anderen Maschinen. Man mußte das nur wissen und einhalten.

Nach dieser Vorwegnahme der ganz wichtigen Erkenntnisse wollen wir nun noch bei diesem markanten Motorrad der 60er Jahre ins Einzelne gehen. Es war tatsächlich ein Gerät, welches nicht nur für den englischen Motorradbau eine entscheidende Entwicklungsstufe war.

Mit einer Hubraumleistung von 61,2 PS/Liter, einer Verdichtung von 7,5, einer Kolbengeschwindigkeit von 15,4 m/s bei 6250 U/min oder 14,8 m/s bei 6000 U/min (Kolbenhub 74 mm) – Höchstleistung 40 PS bei 6250 U/min – lag der Motor zwischen der erfahrungsgemäß vertretbaren Zuverlässigkeit eines Tourenmotors unter 60 PS/Liter dieser Klasse und der Rasanz eines Hochleistungs-Sportmotors über diesen 60 PS/Liter.

Es war aber zu beobachten, daß man aufgrund dieser unwahrscheinlich bulligen Kraft im unteren Drehbereich nur äußerst selten an die Grenze der höchsten Drehzahl kam. Man hatte es ja auch gar nicht nötig, den zweiten oder dritten Gang selbst bei ganz dringenden Blitzbeschleunigungen und dazu noch u.U. mit

der Belastung eines Seitenwagens bis in die Puppen ausdrehen zu lassen. Selbst wenn man die elegante Maschine mit großer Schonung fuhr, ging ihr nichts am spritzigen Temperament verloren. Das war in einer Situation, in der wir unbedingt nicht nur schnelle, sondern vor allem zuverlässige Motorräder nötig, sogar bitter nötig hatten, ein vielversprechendes Zeichen.

So war – in diesem Rahmen gefahren und ohne Verzicht auf nur die kleinste mitreißende, verkehrsmäßige und fahrerische Überlegenheit – an der Testmaschine überhaupt kein Ausfall irgendeines Details, der Elektrik, des Motors, des Getriebes zu notieren gewesen. Das Ventilspiel brauchte bei km-Stand 4200 nur am linken Einlaß ein wenig korrigiert zu werden. Die Nockenwelle lag hinter den Zylindern, die Stoßstangen führten schräg nach vorn zum Leichtmetall-Zylinderkopf und zu den Kipphebeln.

Die Kurbelwelle drehte sich auf der Steuerseite in einem Gleitlager und auf der Antriebseite in einem Kugellager. Die Pleuel hatten stahlarmierte Gleitlager. Es war eine Ein-stück-Kurbelwelle mit aufgeschraubter Mittel-

174

schwungmasse. Also ganz klassische englische Bauweise unter einer neuen Außenform. Wer eine Lichtanlage mit 12 Volt haben wollte, konnte diese auf Wunsch mit zwei 6-Volt-Batterien bekommen.

Auf längeren Überlandreisen fuhr man hohe Reisedurchschnitte (wobei es vorkam, über 100 km/h zu schaffen) – sei es mit stetem Dauertempo auf der Autobahn um 140 km/h herum (das waren im vierten Gang ca. 5200 U/min), oder auf Bundes- oder Nebenstraßen. Gerade auf den letzteren gelang es uns immer wieder, auch mit zwei Personen und Gepäck, ohne etwas zu riskieren, in aller Ruhe so überlegen zu sein, daß die Durchschnitte kaum registrierbar niedriger waren als auf der Autobahn. Besonders natürlich in kurvenreichen und gebirgigen Gegenden – aber auch auf dicht befahrenen Bundesstraßen – machte es Spaß, die Überlegenheit auszuspielen. Das alles ging mit einer enormen Sicherheit vor sich.

Wir hatten das Gefühl, daß die Engländer mit diesem Motorrad richtig lagen. Außerordentlich hohe Fahrleistungen ohne Überbeanspruchung. Die Kraftreserven dieser Leistungsauslegung erlaubten Sicherheit und Tempo, ohne im geringsten dem möglichen Stehvermögen zu nahe zu kommen.

Bei aller Achtung vor Supersport-Maschinen – ihre höheren Reisedurchschnitte waren bei den europäischen Verkehrsverhältnissen nicht oft zu erreichen, wobei aber immer das Damoklesschwert der Einstellempfindlichkeit und des durch die hohe Leistung bedingten geringeren Durchstehvermögens über einem schwebte, was man bei einem Supersport-Motorrad 1963 in Kauf nehmen mußte.

Wer ein ruhiges und schnelles Motorrad mit sehr, sehr hohen Kraft- und Sicherheitsreserven suchte, der war meiner Meinung nach bei der A 65 nicht an der falschen Adresse.

Das Gangdiagramm zeigte ja nun auch die passende Stufung des Getriebes. Beispiel: schaltete man bei 100 km/h vom dritten in den vierten Gang, war das ein Drehzahlsprung von ca. 4500 U/min hinunter auf ca. 4000 U/min,

und man kam in den Bereich des höchsten Drehmomentes. Was meint Ihr wohl, wie der Büffel in so einem Fall die Muskeln spannte und mit welchem Sprutz er da loslegte – ! Schaltete man bei 140 km/h, dann war der Drehzahlsprung von 6250 U/min auf 5000 U/min. Der Fahrtschwung ersetzte nun das in etwa, was das Drehmoment hier nachließ – aber doch waren es noch immer 4,7 bzw. 4,95 mkg. Das alles bei nur 175 kg Gesamtgewicht. Es machte nicht viel aus, ob man den dritten Gang bis so hoch hinaufzog, oder ob man bei 100 km/h schaltete – man konnte sich erlauben, als Senior zu wirken und den Bullen zu schonen. Das Temperament war gleich. Im Stadtverkehr im zweiten Gang bei 50 km/h waren gerade 3000 U/min da. Das bedeutete den Beginn des höchsten Drehmoments.

Der Motor lief in diesem Bereich noch völlig vibrationsfrei, erst bei etwa 5000 U/min merkte man ein wenig Sekt in den Fingern. Alte, verhärtete, mit Schwielen bedeckte Viertakt-Parallel-Twin-Fäuste empfanden die A 65 sogar »samtweich« im Lauf des Motors.

Die Gesamtübersetzung war mit dem serienmäßigen 20-Zähne-Ritzel am Getriebeausgang nicht zu knapp. Man konnte fünf verschiedene Gesamtübersetzungen wählen. Nur war es sehr umständlich, das Getrieberitzel zu wechseln, denn es mußte die Kupplung, die Lichtmaschine und das Motorritzel demontiert werden.

Zum Motor gehörte die Startfreudigkeit. Wir haben nie einen Versager erlebt. Man mußte nur warten, bis die Schwimmerkammer des 28er Amal-Monobloc-Vergasers richtig voll gelaufen war, dann wurde der Lufthebel geschlossen, und ohne Gas aufzuziehen sprang der Motor auf den ersten Tritt an. Die Kickstarter-Übersetzung war nicht zu knapp und auch nicht zu groß – unser zwölfjähriger Sohn konnte den Motor starten.

Diese letztere Bemerkung habe ich nicht umsonst machen wollen, denn die Handlichkeit war ein weiterer Trumpf. Obwohl sich die Maschine nach ihrer Fahrleistung eigentlich als »Brocken« einstufte, war es schon deswegen ein Vergnügen, damit zu fahren, weil man mit ihr umgehen konnte wie mit einem Fahrrad. Das zeigte sich vor allem bei ganz schlechten Wegen und im Gelände. Die Telegabel spielte und schlug nicht durch, die Dämpfung war immer passend und ließ nicht nach, die Radführung war erstklassig.

Natürlich interessierte uns auch sofort die Frage, was aus der Gabel bei schwerem Gespannbetrieb wohl würde. Sie sah nicht so aus, als ob sie das übel nehmen würde. Gespannfahren mit diesem Motorrad würde bestimmt noch etwas Spritziges sein. Wir meinten sogar, daß der Motor dafür noch leistungsfähiger sein würde, als das, was wir in der 600er Klasse bis dahin kannten.

Die vierfach verstellbaren Girling-Federbeine der Hinterradschwinge ließen bei ganz harten Löchern und Schlaglochserien einen härteren Stoß schon einmal durch, der jedoch von der sehr breiten Sitzbank noch einigermaßen abgefangen wurde. Wichtig war, daß man die richtige Vorspannung der Federn fand. Dann konnte man auch ohne wesentliche körperliche Belastung eine lange Tour machen. Zumal man sonst sehr gut saß.

Die Beine waren nicht so eng abgewinkelt, die Arme lagen auf dem Lenker, man hing also nicht an den damals so rasanten »dropped handlebars« wie ein Affe auf dem schnellen Schleifstein.

Zur Fahrleistung gehörten die Bremsen. Vorn 200 mm, hinten 180 mm $\emptyset$; echte Vollnaben-Bremsen. Also nicht etwa Dosendeckel am hinteren Zahnkranz. Die Wirkung insbesondere der Vorderradbremse war gewaltig – Fußspitzen- bzw. Fingerspitzen-Bremsen, kein Flattern der Gabel vorn. In die Bremsnaben ragten die Köpfe der Gradwegspeichen hinein, in spezielle Sockel gerade eingeführt. Das Hinterrad hatte eine Halbsteckachse, d.h., daß beim Radausbau nach Lösen der vier Muttern der Mitnehmerbolzen zum Zahnkranz, der Achsmutter, des Bremsgestänges (kein Seilzug) und des Zugankers, der die Bremsankerplatte hielt, die Steckachse herausgezogen wurde und dabei der Zahnkranz

ohne Veränderung der Kettenspannung am linken Schwingenholm blieb.

Zum Kontrollieren und Nachstellen des Ventilspiels mußte der 18-Liter-Tank abgenommen werden, damit man vorher den Deckel über dem Zylinderkopf lösen konnte. Man zog die Leitungen von den Bezinhähnen ab, löste vorn unter dem Tank zwei Schrauben, die zum Arretieren des Tanksitzes dienten, drehte schließlich unter der Gummiabdeckung eine Schraube los, die den Tank festhielt, und nahm den Bottich runter. Fertig.

Den Zylinderkopfdeckel kriegte man nach Lösen von sechs Muttern los, schon kam man an den Ventilmechanismus ran. Luftfilter säubern, Vergaser-Arbeiten, Batteriepflege – das war alles sehr leicht nach Abnahme der Seitenbleche möglich.

Kupplungseinstellung links nach Entfernen der Abdeckkappen am Gehäusedeckel, Unterbrecher (zwei) und Kondensatoren (zwei daumendicke Dinger von Lucas) waren auf der rechten Motorseite hinter dem Gehäusedeckel nach Entfernen der Abdeckkappe zu erreichen. Der Öleinfüllstutzen des in Gummi aufgehängten Öltanks lag oberhalb des rechten Abdeckblechs. Übergelaufenes Öl bleibt hinter dem Blech und gelangte nicht an die Klamotten.

Alle anderen wichtigen Stellen, die zur Pflege der Maschine zugänglich sein mußten, verlangten auch keine Fingerverrenkungen.

Das E-Werk bestand aus einer Lucas-Wechselstrom-Lichtmaschine mit rotierendem Magneten und stillstehenden Wicklungen, 6 Volt 60 Watt. Der nötige Gleichrichter war unter der Sitzbank in Gummi aufgehängt.

Auch die Batterie mit 13 Ah stand auf Gummipolstern und hatte die bei uns übliche flache Form. Beide Zündspulen hingen an den rückwärtigen Rahmenrohren. Das Zündschloß und der Lichtschalter waren getrennt – beides funktionierte wie auch das Amperemeter absolut zuverlässig, kein Anschlußärger. Alle Verbindungen – vielleicht auch Steckverbindungen – waren durch Kunststoff- oder Gummitüllen gegen Vibrationsbrüche geschützt.

Das war so gut und simpel – ! Das Amperemeter war in seiner Lage im Scheinwerfergehäuse allerdings schlecht ablesbar. Das Scheinwerfergehäuse war nach hinten offen (Wasser konnte aber nicht hinein, Kondenstropfen bildeten sich auch nicht), darin befand sich auch das ziemlich billig anmutende Signalhorn. Aber das hätte man heute einmal hören müssen – !

Es gab einen Tageszähler für die gefahrenen Kilometer. Das Licht bildete bei Dunkelheit einen hellen Mittelpunkt mit runder Randzone, abgeblendet einen halbkugeligen angeleuchteten Raum.

Der Durchschnitt auf dem Nürburgring sank bei Nacht auf 14:50 = 92,27 km/h. Das war 85,4 % der schnellsten Runde bei Tageslicht. Es bedeutete etwas mehr an Brauchbarkeit für Nachtfahrten als bei den in deutschen Maschinen der gleichen Klasse verwendeten Lichtanlagen, die im besten Falle nur 78 % der jeweils schnellsten Tageslicht-Runden brachten.

Was uns ungenügend erschien, das war das Bordwerkzeug. Es empfahl sich, daß man passendes Werkzeug mit englischen Zollmaßen von vornherein zusätzlich einkalkulierte. Aber das war eine Anschaffung, die wir jedem Fahrer einer englischen Maschine immer wieder geraten haben. Auch die englischen Reifen waren für unsere Zwecke nicht geeignet, wir nahmen den Metzeler Block C.

Ein Wort zu den Ketten: wir hatten die Hinterradkette bei km-Stand 4200 das erste Mal ein wenig nachgestellt. Durch das ausreichend überdeckende und seitlich bis zum unteren Kettentrum heruntergezogene Abdeckblech blieb sie auch bei starkem Baustellenschlamm einigermaßen unbehelligt. Als Sonderzubehör konnte man einen völlig geschlossenen Kettenkasten bekommen.

Den Durchhang der Primär-Kette haben wir nie nachzustellen brauchen. Auch dieser Kettenkasten war sehr schön dicht gegen Ölaustritt und Ölnebel.

Über das Getriebe sprachen wir anfangs schon. Doch sollten wir zum Schluß nicht vergessen, daß es sich so typisch englisch leicht und stets sehr genau mit dem kurzen Fußhebel betätigen ließ. Wie bei den meisten englischen Motorradgetrieben: es war Vorbild.

Das Getriebeöl wurde oben auf dem Motor-Getriebegehäuse eingefüllt, und der richtige Ölstand ergab sich automatisch beim Öffnen des Überlaufröhrchens in der Verschlußschraube. Zum Ausbauen des Getriebes brauchte man nicht den ganzen Motor zu zerlegen. Nach Entfernen des Primärantriebs, des Getrieberitzels auf der linken Motorseite, demontierte man rechts den Starter- und Fußschalt-Mechanismus und entfernte das Lagerschild, in dem die beiden Getriebewellen liefen, die sich daraufhin herausnehmen ließen. Der Motor konnte tatsächlich im Rahmen bleiben.

Die Testmaschine haben wir nicht so gerne wieder hergegeben. Wir hatten öfter einmal Motorräder, zu denen man schnell Kontakt fand und die einem irgendwie durch ihre Fahrcharakteristik lagen. Die versteckte und unauffällige, unheimliche Leistung – dieses Temperament und die wirklich bullige Kraft, die Leichtigkeit und Wendigkeit sowie die Handlichkeit, das Aussehen nach einem richtigen, klassischen Motorrad ohne Verzicht auf die moderne Linie hatten es uns angetan.

Auf der anderen Seite mußten wir auch sehr kritisch sein – gerade bei Fahrzeugen, für die nicht in jeder Stadt ein Ersatzteildepot zu finden war (von Werkstätten wollten wir gar nicht erst reden) und die weit weg von uns gefertigt wurden. Vielleicht war das der Pferdefuß zusammen mit noch anderen Unzulänglichkeiten an der ganzen Geschichte.

Die A 65 hielten wir für ein sicheres und feuriges Reitpferd, das gerade Leuten gefallen würde, die keine Ader für nervöse und nur auf schmalem Leistungsband lautende Motoren aufbrachten, welche mehr als vier Gänge brauchten, um die tollen PS überhaupt richtig einsetzen zu können. Einen gewissen guten Eindruck vermittelte auch der Primärantrieb, er bestand aus einer dreifachen Kette (bei dem Drehmoment kein Wunder), und als der

Motor auch das Prüfstand-Fahren, dieses oftmals so qualvolle Experiment, auf sich nahm, ohne übel zu reagieren, bekamen wir mehr Vertrauen zu dieser BSA.

Wir nannten sie einen »Büffel«, weil wir dieses Thema gerade soviel besprachen, weil einiges an der Maschine in die Richtung wies, aber auch, weil wir den späteren wirklichen »Büffel«, die Moto Guzzi V 7, 700 und 750 cm^3 (ab 1966) noch nicht kannten.

BSA entwickelte aus dem A 65-Motor noch weitere Varianten, die zwar wieder zu typischen englischen Viertakt-Twins mit allen Anzeichen englischer Klassik und englischer Motorradsportarten wurden, zwar ihre eigene so individuelle und liebenswerte Abenteuerlichkeit ausstrahlten, die aber den spektakulären Japanerinnen den Markt doch nicht mehr entreißen konnten.

Zur A 65 »Star« kam bald das Modell A 65 »Rocket« (43 PS), dessen Bezeichnung in A 65 »Thunderbolt« geändert wurde. Bald gab es eine Zweivergaser-Version, die A 65 »Lightning« (50 PS). Außerdem wies die A 65-Typenliste das Modell »Hornet« für Amerika, dann die »Spitfire« in mehreren Varianten (55 PS) und 1970 noch den Typ »Firebird« (55 PS) auf.

Alle diese Modelle basierten auf derselben Grundlage und waren manchmal untereinander sehr ähnlich. Wir fuhren 1965 die »Rokket«, 1966 ihre Schwester, die »Thunderbolt«, und schließlich 1967 die »Spitfire« Mk. III Spezial als Krönung der ganzen A 65-Reihe.

1967 gehörte die Spitfire zu den Motorradtrauben, die für manche Begeisterten sehr hoch hingen. Das Modell A 65 SS »Spitfire« MK. III Special (eine schrecklich lange Modell-Bezeichnung), 654 cm^3, Zweizylinder-ohv-Viertakter, war in Deutschland nur schwer zu haben, weil eine Allgemeine Betriebserlaubnis nicht existierte. Aber in der Schweiz fuhren einige herum. Bei Hostettler in Sursee konnten wir eine zum Fahren haben.

Als Leistungsdaten gaben die Engländer 55 PS bei 7000 U/min an. Das waren SAE-PS ohne Luftfilterung, ohne Ansauggeräusch-dämpfung, ohne Schalldämpfer und ohne zum Betrieb nicht unmittelbar nötige Aggregate, an der Kurbelwelle gemessen. Verdichtung 10,0. Wir schätzten den Motor auf über 47 bis 50 DIN-PS (mit Luftfilter, mit Ansauggeräusch-dämpfung, mit Schalldämpfer, mit allen anderen wichtigen Teilen gemessen), wenn es gelungen wäre, in Deutschland eine ABE zu bekommen.

Also ein Motorrad aus der Kategorie der damaligen »Raketen«, hervorgegangen aus dem Blockmotor von BSA mit der Typenbezeichnung A 65 und der A 65 »Rocket«, welche Modelle – wie oben schon erwähnt – wir 1963 bzw. 1965 schon getestet hatten. 1967 wurden sie nicht mehr gebaut.

Die Spitfire war nun in der Hubraumklasse über 500 cm^3 bei BSA das Spitzenmodell von vier 654 cm^3-Typen, die sich durch unterschiedliche Verdichtungen, Vergaser, Reifen, Auspuffanlagen, Tanks und andere Details unterschieden. Das Programm war für den amerikanischen Markt bestimmt, die Spitfire aber der interessanteste Typ dieser Reihe mit ausgesprochen europäischem Äußeren. Sie hatte alle Eigenschaften des schnellen Straßensports.

Es war ein schönes Motorrad, dessen Form gelungen war und so aussah, wie man sich einen schnellen Renner klassischer Art vorstellte. Viel trugen dazu die Art des 18-Liter-Kunststofftanks, die Sitzbank, der glattflächige Blockmotor und die Kotflügel bei – die Maschine war nicht »formverunstaltet« von Leuten, die vielleicht irgendeine künstlerische Ader, aber kein Wissen und kein Gespür für eine konservative Motorradlinie und -bau hatten. Aber auch die von Perfektionisten oftmals gepflegte nüchterne Zweckmäßigkeit war nicht übertrieben worden.

Ich möchte diese Äußerung deswegen machen, weil es 1967 schon wieder einmal so weit war, daß man in der europäischen Motorradindustrie bessere Verkaufserfolge mit dem Begriff »Formgestaltung« (»Styling«) zu koppeln plante, wobei die häßlichsten Blechbananen entworfen wurden. Angeblich wollte die

Jugend auf zweirädrigen Düsenflugzeugen über die Straßen »düsen« – ! So ein Quatsch! Für uns war so ein Gestaltungskrampf das sichere Zeichen für das bevorstehende Ende eines Motorrades, wenn man zu so übertriebenen Verrücktheiten neigte. Natürlich sollte ein Motorrad dem Zeitgeschmack entsprechend schön sein, aber mit Übertreibungen und Plastiken, bei denen man erstmal eine schriftliche Erklärung lesen mußte, um überhaupt feststellen zu können, daß der beräderte Irrsinn noch ein Motorrad sein sollte – nein, mit so einem Firlefanz sollte man uns vom Halse bleiben. Die klassischen Motorradformen lebten immer und fanden (und finden) begeisterte Freunde. Die Japaner bewiesen gerade das und eroberten alle Märkte.

Schon beim Betanken fiel uns etwas auf: der elegante Tankschnellverschluß, dessen kluge Verriegelung nicht durch den Druck einer Tanktasche gelöst werden konnte. Das Zündschloß lag nicht mehr in der Vibrationszone im Scheinwerfer, sondern links am Lenkkopf des Rahmens. Dafür gab es einen richtigen Sicherheits-Schlüssel und keinen Stift oder gestanzte Kontakt-Lasche. Nur der Lichtschalter befand sich neben dem Amperemeter im Scheinwerfer. Die Handhebel hatten durch Federdruck arretierte Stellschrauben, die leicht während der Fahrt auch mit dicken Handschuhen verstellt werden konnten, um die Seilzüge nachzujustieren. Die Griffe waren mit Schaumstoff gepolstert (dadurch aber etwas zu dick), damit die Vibrationen des Motors nicht so stark fühlbar wurden.

In der Tat, Vibrationen spielten bei den leistungsmäßig aufgestockten A 65-Modellen eine große Rolle und waren ein Grund dafür, daß es langsam und sicher auch in Amerika weniger Käufer gab, wo die Japaner inzwischen auch mit größeren Hubräumen auftraten. Sie trieben sehr viel Aufwand, um ihre Kurbelwellen richtig auszuwuchten und Vibrationen möglichst völlig zu beseitigen.

Anders diese Hochleistungstwins der Engländer, deren Kurbelwellen noch weiter nach alter Väter Sitte gefertigt wurden und somit nicht so fein ausgewuchtet waren. Das war bei der Rocket so, bei der Thunderbolt und auch bei der Lightning.

Ja, sie bauten eisern weiter Motorräder – nur für »Männer« – !

Die Kickstarter-Übersetzung war so gewählt, daß man auch bei kalter Maschine genügend Kraft und Weg zur Verfügung hatte. Der Motor sprang immer sofort an. Ab 2500 U/min war fühlbar Kraft vorhanden. Englische Zweizylinder-Motoren hatten nicht nur bei höchster Drehzahl ihre meisten PS, sondern sie hatten fast alle auch im unteren Drehbereich schon allerhand zu bieten.

Obwohl der Spitfire-Motor ausgesprochen sportlich ausgelegt war, hatte er kein engbrüstiges Leistungsband. Man merkte es auch gleich, wenn man zum ersten Male richtig beschleunigte. Von 0 bis 80 km/h in sechs Sekunden, von 0 bis 140 km/h in 17 Sekunden. Dabei fiel einem als nächstes auf, wie leicht und genau das Getriebe wieder zu schalten war.

Der mechanische Smith-Drehzahlmesser (serienmäßig neben dem Tachometer – beide Instrumente in Gummi gelagert) ging sehr genau. Nach dem Tachometer bei 60 km/h im dritten Gang zeigte der Drehzahlmesser 2800 U/min an. Das waren bei gestoppten echten 60 km/h genau 2860 U/min. Im vierten Gang bei Tachoanzeige 70 km/h zeigte der Drehzahlmesser ebenfalls 2800 U/min. Das waren bei echten 70 km/h genau 2930 U/min. Diese Zahlen blieben deswegen haften und wurden notiert, weil wir probierten, wie weit man das Tempo verringern konnte, ohne zurückschalten zu müssen.

Oberhalb von 3500 U/min begannen die Instrumente in ihren Gummiaufhängungen infolge der Vibrationen zu zittern, so daß man nicht genau genug ablesen konnte. Diese Vibrationen – wir sprachen schon darüber – waren nicht zu bagatellisieren.

Nun waren 55 SAE-PS 1967 kein Pappenstiel, und selbst, wenn unsere Spitfire nur die Verdichtung 9,0 und damit nur 53 SAE-PS gehabt hätte, wäre dieses Problem bei einer englischen Parallel-Twin nicht zu umgehen gewesen. Auch war das Feuerzeug kein Touren-Motorrad.

Nein, es war ein unerhörter Sprinter. Auf den Straßen in der Schweiz, wo wir das Motorrad fuhren, war das ein ganz feines Erlebnis. Besonders als es in die Berge hinein ging. Noch mit zwei Personen (meine Inge war natürlich dabei) war das Ding eine Rakete. Sehr enge Kurven auf den Bergstraßen nahm man im zweiten Gang, und wenn man ausgangs einer solchen Ecke noch in Schräglage wieder Gas gab, dann war da niemand, der uns folgte.

Aus lauter Vergnügen sind wir die Straße hinter Stans von Grafenort nach Engelberg mehrfach hinauf und hinunter gefahren. Diese Spitfire schenkte uns die Freude am Motorradfahren auf kurvenreichen Bergstraßen wieder einmal in einem Maße, wie das nicht alle Tage möglich war.

Und die Vibrationen? Liebe Freunde – in 15 Jahren Umgang mit so urigen Donnervögeln hatten wir das Gemüt eines Fakirs bekommen. Ohne Vibrationen war eine BSA doch überhaupt kein richtiges Motorrad. Jaaaa – irgendwie konnten wir schon verstehen, wenn ein in Öldunst und Straßenwind ergrauter englischer Motorrad-Erbauer der Meinung war, daß Motorräder so und nicht anders sein müßten und nur für Männer gebaut würden – !

Der Motor reagierte sauber auf jeden Millimeter Weg des Drehgriffs. Die Gänge ließen sich bis über 100 km/h (zweiter Gang), 140 km/h (dritter Gang) ausfahren. Bei optimaler Einstellung und einwandfreier Mechanik hätte man schneller als 165 km/h im vierten Gang fahren können, ohne sich besonders lang machen zu müssen. Obwohl diese Spitfire noch ziemlich neu war, ging sie mit uns in der Ebene immerhin gute 170 km/h und mehr. Das wirklich Mitreißende aber ging nicht von diesen Faktoren aus, denn begeistert wurden wir von der Kurvenlage, von dem unerhörten Abzug, der sonoren Viertakt-Twin-Symphonie und dem Aussehen des Motorrades.

200 Kilometer an einem Stück haben uns nicht ermüdet. Der Lenker war nach unten gezogen, eine Anordnung, die mir für lange Touren nicht lag (ebenso wenig wie die »Western«-Lenker amerikanischen Geschmackes, die wir »Affenstangen« nannten). Für kurvenreiche Rundstrecken, kurze und schnelle Spritztouren in die Berge, kurzzeitiges Roadburning waren sie natürlich gut. Irgendwie paßte diese Lenkerform zu der fixen Straßenmaschine.

Es waren sehr viele Kraftreserven im Motor. Kluge Leute werden ihn nicht dauernd gequält und das Letzte herausgequetscht haben, denn das hatte man einfach nicht nötig. Man konnte im vierten Gang tatsächlich bis auf 60 km/h herunter und von da an mit Vollgas beschleunigen – im Bereich von 2800 U/min bis 7000 U/min war immer viel Leistung vorhanden. Mit so einem PS-Hort kam man niemals in Verlegenheit, denn wo bei anderen Verkehrsteilnehmern der Ofen schon so ziemlich am Ende war, da fing hier die Freude ja erst an. Wie gesagt: es war unerhört, wie sich ein solches Motorrad in den Bergen fahren ließ. Es kam noch hinzu, daß es sich keineswegs um einen unhandlichen Eisenhaufen handelte. In der Stadt und im Gewühl ließ sich die Spitfire wie eine 250er fahren, eine große Seitenstütze sorgte dafür, daß man sie überall bequem ohne Hau-Ruck abstellen konnte.

Die Führung der Telegabel war sehr gut – sogar auf hart gefahrenen Schneerillen waren wir bei entsprechender Reduzierung des Tempos solo nicht in Bedrängnis gekommen, obwohl auf dem Vorderrad wieder so ein Altvordern von einem Rillenreifen saß.

Vorderradbremse: echte Vollnabe 190 mm ⌀, Wirkung sehr gut und beständig. Hinterradbremse: Gußtrommel (!) mit Kühlrippen und mit angeschraubtem Zahnkranz. In England gab es eben keine Paßabfahrten wie z.B. am Großglockner und anderswo, auf den englischen Landstraßen bremste man eben immer nur Sekunden – dann kühlte die Dosendeckeltrommel hinten bis zur nächsten Kurve schon wieder aus. Bei einem richtig gefahrenen Motorrad übernahm ja auch die Vorderradbremse die Hauptlast, und das war auch der Grund, daß englische Motorräder immer noch in den

Hinterrädern einfachere Bremsen hatten. Auch sollte man wissen, daß Guß die Wärme besser ableitet und stabil blieb. Die uralten Stahlblechtrommeln gab es im Motorradbau dieser Zeit schon lange nicht mehr.

Zur Demontage des Hinterrades brauchte die Kette nicht geöffnet zu werden.

Mit dem A 65-Motor hatten wir uns oft beschäftigt, die 1967er hatten zusätzlich eine Verrippung des Zylinderkopfdeckels. Die Spitfire hatte zwei neue Amal-Ringschwimmer-Vergaser, die wohl dafür verantwortlich waren, daß es im gesamten Drehbereich beim Beschleunigen kein Loch und kein Verschlucken gab. Die Explosionszeichnung des Motors auf dieser Seite mag die Feinheiten zusätzlich erläutern (z.B. Triplex-Primärkette).

Die elektrische Anlage hatte 1967 serienmäßig 12 Volt und, wie viele große englische Maschinen, eine Zenerdiode auf einer verrrippten Leichtmetall-Kühlplatte unter dem Lenkkopf.

Von diesem Motorrad sollte man noch erwähnen, daß es sehr viel Fahrsicherheit bot.

Schon deshalb, weil man so viel Kraft von unten heraus zur Verfügung hatte, daß niemand mehr den Fahrer in Verlegenheit bringen konnte. Diese Sicherheit durch Leistung war auch der Grund, weswegen man bei hohem Reisedurchschnitt keiner allzu großen Nervenbelastung ausgesetzt war und nicht so schnell ermüdete. Das möge man glauben oder nicht – es war so.

Auf der Rückfahrt aus den Bergen hatten wir noch ein ganz besonderes Abenteuer. Da erwischte uns am Vierwaldstätter See kurz vor Luzern der erste Orkan einer Sturmserie, die später in der zweiten Februarhälfte 1967 so viel Schaden in Europa angerichtet hatte. Wir mußten bis auf den ersten Gang hinunter, ein Omnibus wurde vor uns von der Bahn gewirbelt, Bäume, Dachpfannen, Reklameschilder, Fahrräder, Handwagen purzelten, trudelten, rollten oder fegten wie Schwerter über die Straßen. Wir mußten die Maschine an eine Leitplanke anlehnen, uns drüberhängen und sie mit den Gürteln unserer Fahranzüge fest-

Aufbau des BSA A 65-Motors.

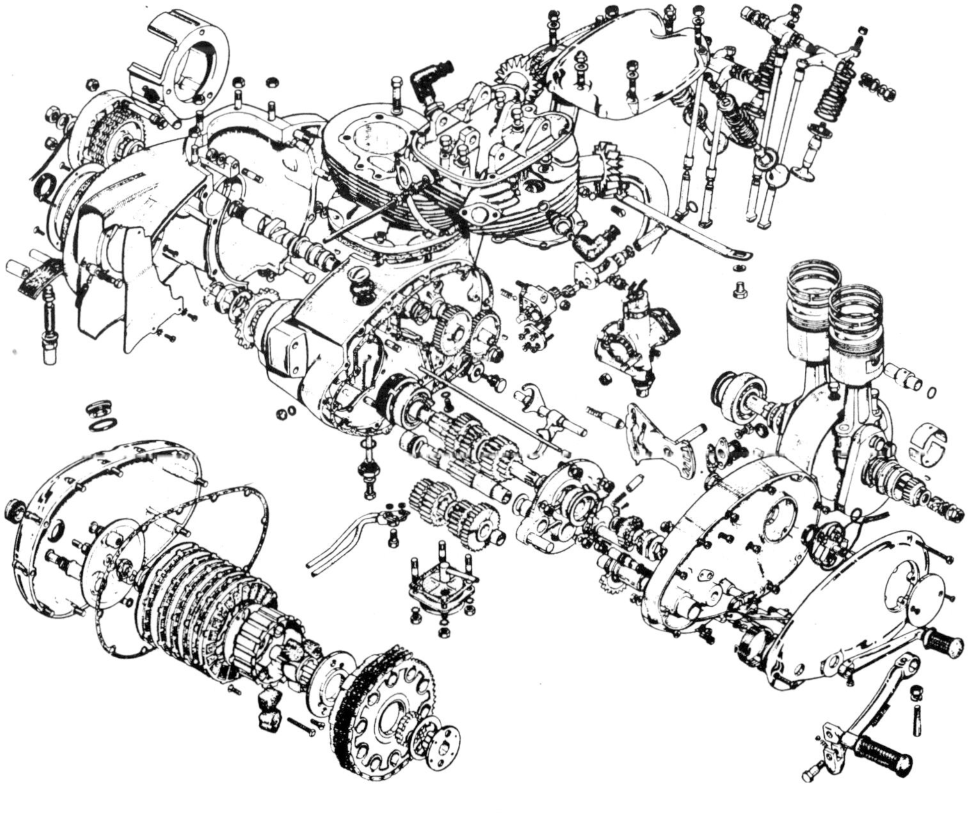

binden, damit nicht alles wegflog. Anschließend gab es enorme Wolkenbrüche, in denen wir vorsichtig am kochenden und von Wellen gepeitschten See nach Luzern weiterfuhren. Es gab keinen Ausfall der elektrischen Anlage, zuverlässig ackerte uns die Spitfire durch dieses Abenteuer wieder nach Sursee. Wir kamen heil und sogar noch schnell nach Hause. Auch dort, wo niemand mehr fuhr, weil Erdrutsche, Berge von Dachziegeln, Bäume, umgestürzte Fahrzeuge und helfende Feuerwehren, Sanitätsautos und Militärautos die Straßen blockierten.

Diese Naturkatastrophe und das Fahrerlebnis der Spitfire haben wir noch immer im Gedächtnis.

Zwischen-Gedanken

Heute ist uns klar, daß die Engländer trotz aller Bemühungen mit ihren so urig gebliebenen Maschinen auf dem Weltmarkt kaum noch etwas für sich retten konnten. Die Japaner hatten die »sanfteren« und »komfortableren« Motorräder, und die Generation der Fahrer, denen eine vibrierende, volltönende Parallel-Twin samt schlechtem Werkstattnetz und viel notwendiger Sorgfalt und Pflege das Nonplusultra schien, verschwand immer mehr. Die Lords konnten sich nicht schnell genug umstellen und einen neuen Anschluß gewinnen. Dabei nützte es nichts, wenn wir paar Narren mit den Herzen für urige Motorräder der Träumereien über die großen Abenteuer voll waren. Unsere Zahl war zu gering. Den Markt bestimmt immer die Masse, nicht ein paar Individualisten.

Und was die Engländer mit ihren Motorrädern nicht mehr fertigbrachten, das schafften die Japaner: die große Masse der Motorradfahrer für sich einzunehmen. Durch Sporterfolge und durch die neue Art technischer Gags.

Hierher paßt vielleicht auch die Frage, warum wir aber trotzdem immer wieder für solche Donnervögel à la Spitfire, Bonneville oder Norton Commando mehr »Herz« aufbringen

konnten in einer Zeit, als diese Geräte bereits unter »ferner liefen« registriert wurden.

Vielleicht war die erste Überraschung und Euphorie über die neuen japanischen Motorräder im 2. Drittel der 60er Jahre schon etwas abgeflaut. Wir hatten gefühlt, wie eine CB 450 z.B. in riesigen Stückzahlen produziert und mit den Mitteln der Massenwerbung unter die Leute kam.

Aber bei einer Spitfire oder auch bei einer italienischen Ducati-Desmo, da hatten wir noch das Gefühl, als würden solche Hammerwerke ganz persönlich für jeden einzelnen von uns ›gebaut‹ (eben nicht ›produziert‹) – die Ausstrahlung war individueller, eben magnetischer.

Mit den Japanern kam eine schon faszinierende, unheimlich interessante Technik in ganz neuer Form auf uns zu, aber eben –

– in Massen.

Die Persönlichkeit schien zu versinken.

Vielleicht ist das richtig erklärt.

Ein Joe Craig von Norton, das war »wer«, ein Bertie Goodman bei Velocette stellte für uns einen Begriff dar. Die hingen mit ihren Persönlichkeiten in diesen Feuerrössern mit drin. Die kannten wir, wie wir den Klankermaxe bei BMW kannten.

Von den japanischen Ingenieuren und Kaufleuten kannten wir niemanden. Es gab nur eine uns umkreisende Persönlichkeit, das war Ishizaka bei Yamaha. Er sprach fließend Deutsch und hatte sein Leben in Deutschland verbracht. Aber auch er ging dann in so einer Masse von Kaufleuten und Technikern in seinem Heimatland unter.

Vielleicht haftete den japanischen Motorrädern von diesem Massenflair trotz aller technischer Faszination so viel an, daß der Begriff der »Persönlichkeiten« im Wirbel des dauernd und schnell sich ändernden Produktionsprogrammes eines Hauses unterging.

Würde in Europa eine Fabrik, die seit Jahrzehnten nur Zweitaktmotoren gebaut hatte, plötzlich Viertakter bauen, wäre das eine emotionsvolle Katastrophe, dem Weltuntergang nahe.

Als man in Japan merkte, daß man mit Zweitaktern immer schwerer die Geräusch- und andere Bestimmungen in den Abnehmerländern erfüllen konnte, da schmiß man ohne Emotionen ganz kalt über Nacht den Hebel rum und baute Viertakter. Fertig. Bei Kawasaki, Suzuki und Yamaha. Es gab keinen Aufstand und keinen Umstand.

Wir sagten »seelenlos« dazu. Aber genau das war vielleicht der europäische Fehler, diese »Seele« auch in den technischen Motorrad-Glaubenssätzen. Und damit konnten die Engländer die Japaner nicht mehr einholen.

Inbegriff der englischen Motorrad-Klassik: Norton Commando, 750 cm³, 1968

Mit kaum einem anderen Markennamen verband sich der Begriff des klassischen englischen Motorrades mit allen artigen, eigen- und unartigen Eigenschaften so sehr wie mit dem Namen Norton.

Um die Mitte der 60er Jahre schien auch für Norton Villiers Ltd. in London der USA-Markt, auf dem die Japaner immer stärker auftraten, so bedeutend geworden zu sein, daß man sich nur am Rande für das Geschehen in Europa und besonders in Deutschland interessieren konnte.

Es war zuerst überhaupt nicht möglich, beim Werk oder beim Importeur eine neue 750 cm³ Commando zu bekommen, mit der das so bewährte Federbett-Fahrwerk, der Mc-Candless-Doppelschleifen-Rahmen, verlassen wurde, um einer neuen Konzeption Platz zu machen.

Erst auf der Isle of Man während der TT 1968 konnten wir erstmals eine Commando fahren, und es dauerte bis zum Spätherbst, daß wir auch einen Nürburgring-Test unternehmen konnten.

Man gab uns die Marshall-Maschine von der TT, und das war kein neues Stück mehr, sondern ein geschundenes Roß, bei dem zuerst eine sehr gründliche Durchsicht mit allerhand Pflegearbeiten notwendig war, ehe wir ernsthaft damit fahren konnten.

Die Maschine hatte noch den bekannten 750 cm³ Atlas-Motor, allerdings schien man diesen in fast allen Einzelheiten überarbeitet zu haben. Die Ersatzteil-Nummern des Commando-Motors stimmten nicht mit denen des Atlas-Motors überein. Doch war die alte Grundkonzeption von 1953 erhalten geblieben. Damals war es das 500 cm³-Modell 88. Zwei Zylinderbohrungen in einem Gußstück (thermisch nicht günstig); die beiden Hubzapfen der Kurbelwelle nebeneinander, die Schwungmasse dazwischen. Die teilbaren Pleuelfüße arbeiteten auf Gleitlagern. Die Kurbelwelle war auf der Steuerseite in einem Kugellager, auf der Antriebseite in einem Rollenlager gelagert. Die Nockenwelle befand

Norton Commando, 750 cm³, 1968.

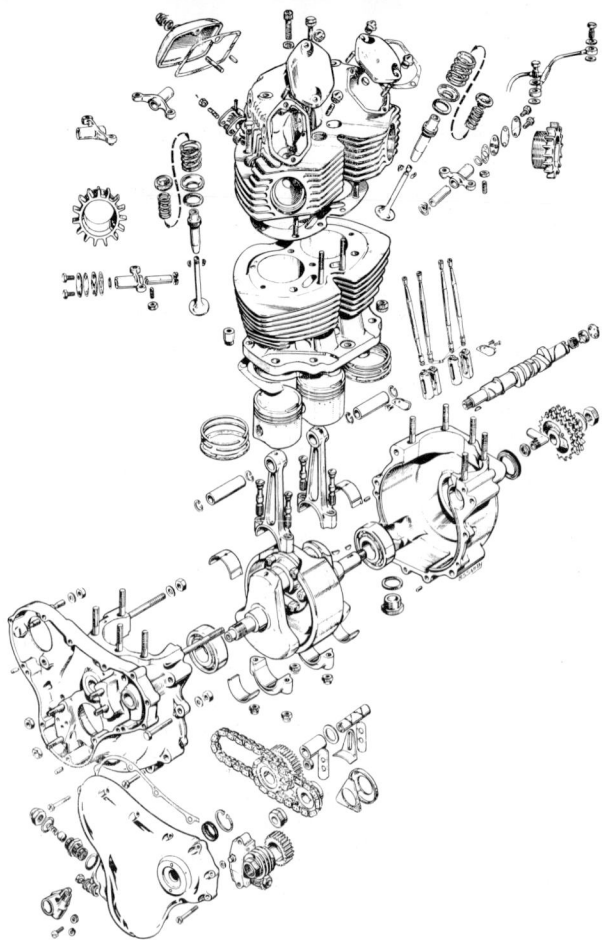

Explosionszeichnung des großen Zweizylinder-Norton-Motors.

sich vor dem Zylinderfuß, Ventiltrieb über Stößel, Stoßstangen und Kipphebel.

Der Motor leistete 56 PS bei 6750 U/min, das Drehmoment betrug bei 3000 U/min schon 6,2 mkg und bei 5000 U/min 6,75 mkg.

Das neue Fahrwerk, welches aus einem sehr starken oberen Rahmenrohr und zwei Unterzügen unter dem Motor bestand, besaß noch eine »zweite Hälfte«. Dazu gehörten der Motor mit Getriebe, die zwischen den Knotenblechen befindliche Schwingenachse und die Hinterradschwinge. Die Knotenbleche als Motoraufhängung waren gegen den vorderen Fahrwerkteil durch Gummipolster abgestützt, und so saß die Schwingenachse sozusagen »federnd« im Rahmen.

Diese Bauart wurde bis weit in die 70er Jahre –

später dann auch bei dem Modell Interstate – benutzt. Aber nun – 1968 – waren wir sehr skeptisch, ob das ebenso spurtreu funktionieren würde wie der alte Federbett-Rahmen. Was würde z.B., wenn die Gummipolster alterten, zu stramm angezogen wären usw.? Welcher Fahrer, der langsam mit den Eigenarten seiner Maschine vertraut wurde und abstumpfte, würde sowas merken?

Es geriet zu einem enormen Fahrerlebnis. Auf dem Nürburgring wurde die schnellste Runde mit Fahrtschreiber über die 22,3 Kilometer lange Meßstrecke in 11:30 = 116,35 km/h gefahren. Ohne Fahrtschreiber schaffte ich 10:52 = 123,13 km/h, und das war meine bis dahin schnellste Nürburgring-Runde mit einem Serienmotorrad. Dabei wurde nicht nach Kamikaze-Art um die Ecken gewetzt, es war noch eine Menge Sicherheit drin.

Begeistert waren wir von dem ungeheuren Durchzugsvermögen des Motors. Mit zwei Personen nur im vierten Gang war die Rundenzeit 11:50 = 113,07 km/h. Das sind 92 % der schnellsten Zeit, ein fabelhaftes Ergebnis. Bei 75 km/h im vierten Gang drehte der Motor 3000 U/min, das waren 25 PS und 6,2 mkg. Bis zu 15 % Steigungen konnte man damit noch im großen Gang bewältigen. Wer diesem Motorrad ein Fünfgang-Getriebe anbauen wollte, der machte das nur aus reiner Bastelwut, nicht aus Zweckmäßigkeit.

Das war wieder ein echtes Norton-Fahrwerk, wobei das Kurvenfahren ganz besonders begeisterte. Auffallend war, daß Vibrationen des Motors kaum noch im Lenker, an den Fußrasten, an den Tankkanten, auf der Sitzbank zu spüren waren. Selbstverständlich vibrierte dieser Paralleltwin, aber die Motoraufhängungen in Gummi fingen alle Frequenzen ab. Das hatte zur Folge, daß man dem Motor ständig alles abverlangte.

Nun wechselte man auf dem Nürburgring dauernd die Drehzahl, und über Land ging es ebenso. Da gab es also immer Kühlungsmöglichkeiten. Auch auf der Autobahn vermieden wir in jedem Falle längeres Stehenlassen einer bestimmten Drehzahl und wechselten ständig ein wenig das Tempo. In der Ebene wurden kurzzeitig 170 km/h erreicht.

Es gab einige Möglichkeiten, nicht nur die Gesamtübersetzung allen Erfordernissen anpassen zu können, sondern man konnte die Commando auch mittels verschiedener Tuning-Stufen für Straßenrennen präparieren, wobei als Höchstes 135 m.p.h. = 217,2 km/h Endgeschwindigkeit erreicht werden sollten. Aber diese Norton blieb auch eine Engländerin wie eh und je: die offene Hinterradkette und ihre Pflege, die Spannung und der Zustand der Primär-Triplexkette, das Ventilspiel, die Zündeinstellung, der Ölwechsel und vieles andere mußten sorgfältigst im Auge behalten und besorgt werden. Und die Hinterradbremse mit der einfachen Gußtrommel und dem aufgeschrumpften Zahnkranz neben der Leichtmetall-Vollnabe (die nicht als Vollnaben-Bremse mit Kühlrippen vorgesehen war!) schien aus dem Jahre 1930 zu sein. Da sie nur zum Abfangen seitlichen Ausbrechens zusammen mit der dreimal mehr beanspruchten hervorragenden Vorderradbremse betätigt wurde, funktionierte das gut. Allerdings mußten wir die aufgeheizte Kette mehrfach nachstellen.

Die Kolbengeschwindigkeit bei der Nenndrehzahl von 6750 U/min betrug 20 m/s, und bei 7000 U/min (= 130 km/h im dritten und 170 km/h im vierten Gang) stieg sie auf 20,76 m/s an. Das war eine gewaltige Zahl und veranlaßte uns, die höchste Drehzahl nicht oft einzusetzen. Das ging ja auch bei dem hohen Drehmoment schon ab 3000 U/min sehr gut. Man mußte eine gewisse Ruhe beim Fahren bewahren, und die Rundenzeiten am Ring zeigten ja beachtliche Werte, ohne daß wir zu oft über 6500 U/min hinauskamen.

Mit dieser Commando war übrigens noch eine nette Geschichte verbunden, als die Inge mit der Lady während des Hellkuhlen-Bergtrials in der Lüneburger Heide abseits in einem kleinen Ort vor die Poststelle fuhr, um etwas Reisegeld vom Postscheckkonto zu holen.

Die Poststelle war in einem kleinen Wohnzimmer eines Bauernhauses, und als unser Mädchen im Fahranzug, den Sturzhelm unterm Arm, durch die Tür trat, stand eine ältere Frau hinter dem Tisch auf. Sie war ganz weiß im Gesicht, zitterte und rief ins Nebenzimmer: »Hans, komm! Jetzt sind wir dran – !«

Aus dem Nebenzimmer erschien ein alter Herr, erschrak schrecklich und sagte: »Bei uns finden Sie nur zweitausend Mark. Das lohnt doch nicht.«

Inge lachte furchtbar und legte ihr Postsparbuch hin. »Hier ist mein Postsparbuch. Ich bin doch kein Bankräuber.«

»Nein – ? Wirklich nicht? Hier fährt nämlich seit Wochen ein Mädchen auf einem Motorrad mit einem grünen Benzintank herum und raubt die kleinen Poststellen aus. Die haben sie noch nicht erwischt. Wir dachten, daß . . .«

Beim Hinausgehen hörte sie, wie jemand, der vor der Tür gestanden hatte, laut sagte: »Ich hab' die Polizei angerufen. Die kommen gleich.«

Aber die Commando sprang gleich an, wie sie es immer auf den ersten Tritt machte, und Polizei sah Inge den ganzen Tag nicht. Nur an der Hellkuhle neben der Straße war ein Gendarm, der beim Trial aufpaßte, daß der Verkehr gut vorbei kam. Seit dem Tag nannten wir die Norton »die Grüne-Bank-Lady«.

Die Leistungslinie des Motors erinnerte an das, was wir »Büffel« nannten, und trotzdem war noch eine Leichtigkeit und eine fantastische Kurvenlage vorhanden, welch beides uns besonders bestach. Und das glänzte über den noch vorhandenen Anachronismus hinweg und ließ den Gedanken wahr sein, daß zu diesem Motorrad auch der passende Fahrer gehörte, wenn es eine glückliche Verbindung geben sollte.

Wir haben noch viele Jahre über diesen englischen Versuch ins Moderne diskutiert, und ab und zu höre ich mir das Tonband an, auf dem der »Brumm« des 750er Norton-Motors für alle Zeiten festgehalten wurde. Und dann fällt mir immer wieder ein, daß es schon 1963 und 1964 ein Norton-Zweizylinder-Modell gab, welches – man höre, staune und vergesse das nicht – einen elektrischen Anlasser und ein

Die 400 cm^3 Zweizylinder-Norton »Electra«, 27 PS, hatte 1963/64 einen elektrischen Anlasser.

12-Volt-E-Werk hatte.

Das war die 400 cm^3 Norton ES 400 »Electra«. Sie hatte einen neu gestylten Paralleltwin, 384 cm^3 Hubraum (Bohrung 66 mm, Kolbenhub 56 mm) und 27 PS. Man hätte sie fast mit einer der japanischen 400er der 80er Jahre vergleichen können, jedoch gab es keine obenliegende Nockenwelle, sondern Stößel und Stoßstangen.

1966 war von dieser Modellreihe nur noch die 250 cm^3 Jubilee (18 PS) ohne Elektrostarter auf dem Markt, und dieser Ansatz zu einer neuen Konzeption war schon verschwunden. Vielleicht hatte das Schicksal es bestimmt, daß auch die Norton immer ein ›Männer‹-Motorrad bleiben sollte – ohne E-Starter – bis in die 70er Jahre hinein. Zuletzt erlebten wir 1976 die Norton-Commando 850 cm^3 immer noch mit dem alten Zweizylinder-Motor und dem Commando-Fahrwerk, das 1968 gekommen war.

Nun hatte sie einen Elektro-Starter. Aber es gab schon eine Menge Motorradfahrer, die den Namen Norton überhaupt nicht mehr kannten und nicht wußten, daß es einmal einer der größten Motorrad-Namen auf der Welt aus England war.

The pretty Lady named »Bonnie« (Die hübsche Lady mit dem Namen »Bonnie«): Triumph Bonneville 650 cm^3

Neulich las ich in irgendwo einen Zeitungsartikel über moderne und frühere englische Motorräder. Der Mensch, der das schrieb, wunderte sich, »daß die ›Ladies‹ von heute eigentlich überhaupt nicht mehr mit den eisernen Zweirad-Damen der 60er Jahre zu vergleichen seien. Sie näherten sich heute sogar sehr dem allgemeinen Motorradkultur-Niveau, was man – wenn man von den Ölsardinen, Klapper- und Ewig-Kaputt-Maschinen der 60er Jahre höre – kaum glauben könne.« So dachte und schrieb er.

Da habe ich geschluckt, liebe Freunde.

Welche modernen englischen Motorräder (Mehrzahl!) meinte er überhaupt? Das könnten doch nur die Modelle der Marke Triumph gewesen sein, die 1983 noch auf dem Markt waren, darunter sogar immer weiter das Modell Bonneville. Und nachdem ich etwas nachgeforscht hatte, erfuhr ich auch, daß jener Erstaunte, der solche Meinung hatte, nur vom Hörensagen von den Ladies der 60er Jahre schrieb. Er hatte nie eine gefahren, weil er damals noch viel zu jung für solche Späße war. Da werden also – nur vom Hörensagen – solche Schauer-Thesen von »Ewig-Kaputt« und so in die Welt gesetzt – ! Das kommt einem vor, als ob man so eine Revolver-Klamotte aus dem Wilden Westen liest, die ein Mensch verfaßt, der den Wilden Westen auch nur aus illustren Büchern, vom Hörensagen und von Hollywood-Märchen »kennt«, selbst nie dort war und wahrscheinlich bereits zu zittern anfängt, wenn er nur von weitem eine Knallplättchen-Blech-Kanone sieht – !

Ja, wenn das mein Freund Heinz Muhr gesagt hätte, der Zeit seines Lebens erfolgreiche Kämpfe mit den Triumph-Motoren seiner Thunderbirds und Bonnies bestand, dann würde ich darüber kein Wort verlieren, denn der müßte es ja wirklich wissen. Nur – der Heinz erzählt das nicht, und ich habe nie erlebt, daß seine Hanna und er selbst von den weitesten Fahrten bis hin zum Mekka Isle of Man und zurück nicht pünktlich und fröhlich wiederkamen. Und außerdem –

– gerade diese Triumphs, und davon insbesondere die schönste Lady davon, die »Bonnie« – das Modell T 120 Bonneville 650 cm^3 –, durfte ich in den 60er Jahren mehrfach über viele tausend Kilometer fahren. Nein, so einen Blödsinn wie »Ölsardine, Klapper- und Ewig-Kaputt-Motorrad« hätte keiner geschrieben, der diese schöne und schnelle Dame tatsächlich erlebte.

Allerdings – so mit Jeans-Beinchen rüberschwingen, Starterknopf drücken und brause-brause zur Disko düsen, nein das war nicht drin – !

Dem Schutzheiligen aller Motorradfahrer sei Dank, daß das dem Stil dieser Dame nicht entsprach. Sie verlangte einen handfesten Kavalier, der ihre Schönheiten, ihr Temperament und ihre kleinen Schwächen und Unarten kannte, liebte und zu behandeln wußte. Und das, edle Ritter der feurigen Rösser, waren selbstverständliche Tugenden eines Verehrers der »Bonnie«. Dann war das keine Ölsardine, Klapper- und Ewig-Kaputt-Maschine, so daß die Fahrer ihre Freude daran hatten und von allen »Massen-Motollädeln« aus dem Lande des Lächelns gebührenden Abstand hielten, weil die im erlauchten Kreis der englischen Ritter nicht standesgemäß erschienen.

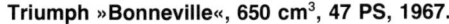

Triumph »Bonneville«, 650 cm^3, 47 PS, 1967.

Habt ihr oder könnt ihr das begreifen, junge Freunde? –

Wenn nicht, lest gar nicht erst weiter.

Die erste Zweizylinder-Triumph entstand 1937, und seit dieser Zeit gab es zig Versionen in allen Varianten von 350 cm³ an. Die 650 cm³-Bonneville war in den 60er Jahren die Krönung der Baureihe und nicht nur das Modell von Triumph, welches am meisten bekannt und diskutiert wurde, es war darüber hinaus eines der beliebtesten englischen Motorräder überhaupt. Die »Bonnie« überstand schließlich auch die Marktkämpfe gegen die Japaner.

Die Triumph Engineering Company Ltd. in Coventry versuchte 1967 schon seit Jahren, die T 120 den Freunden des Hauses zu erhalten und neue hinzuzugewinnen, indem Jahr für Jahr durch Änderungen und kleine Verbesserungen Schritte zur Qualitätserhöhung gemacht wurden.

Die Bonneville 1967 bewies dies deutlich.

Der Zweizylinder-Viertaktmotor (ohv) mit parallel liegenden Zylinderbohrungen in einem Gußeisenblock, Zylinderköpfe aus einem Leichtmetallblock, hatte genau 649 cm³ Hubraum. Zylinderbohrung 71 mm Ø, Kolben-

hub 82 mm. Bei 6700 U/min leistete er 47 PS. Verdichtung 9,0.

Die 47 PS waren b.h.p. = British Horsepower, und sie entsprachen etwa dem Wert unserer DIN-PS, gemessen an der Kurbelwelle, mit englischen Schalldämpfern und allen Aggregaten. Das höchste Drehmoment lag mit 5,36 mkg bei 5700 U/min, sein niedrigster Meßpunkt fand sich bei 4000 U/min mit 4,75 mkg, und bei 7000 U/min wurden immer noch 4,78 mkg gemessen.

Die Kurve verlief also sehr flach im oberen Bereich, unterhalb von 4000 U/min waren aber immer noch 4,0 mkg vorhanden. Es handelte sich um ein Antriebsaggregat mit großer Endleistung und mit großer Kraft von unten heraus. Im Reigen der immer mehr aufkommenden nervösen und leistungsmäßig schmalbrüstigen Hochleistungsmotoren handelte es sich um eine recht angenehme Art der Kraftentfaltung, die allerdings durch den größeren Hubraum so günstig beeinflußt wurde.

Wie sich das bemerkbar machte, zeigen folgende Rundendurchschnitte: der beste war mit Fahrtschreiber auf dem Tank über die 22,3 Kilometer lange Meßstrecke der Nordschleife auf dem Nürburgring stehend am Start und mit

Motor der »Bonnie«: 1967 gab es noch offene Ansaugtrichter!

Anbremsen der Endschikane als Endmeß-punkt 12:08 = 110,27 km/h. Natürlich wurden dabei alle Gänge richtig ausgefahren.

Beim Test der Durchzugskraft des Motors fuhr man nur im vierten Gang um die Strecke herum und erreichte dabei einen Schnitt von 12:40 = 105,63 km/h. Das waren 95,8 % der besten Rundenzeit! Normalerweise hielten wir 85 bis 90 % einer schnellsten Runde bei die-sem Test noch für gut, d.h., daß ein Motor ela-stisch genug für den Einsatz auf Landstraßen und um dichten Verkehr war.

Das Durchzugsvermögen aus dem unteren Drehbereich heraus war ein wesentlicher Punkt des Motors, der damit typisch englisch erschien. Der andere Punkt war die Zähigkeit, die er über ca. 3000 Kilometer härtester Test-beanspruchung nach dem Einfahren bewies. Nürburgring-Runden, schnelle Langstrek-ken-Reisen u.a. brachten keinen Ölnebel an die Gehäusenähte. Das war aber sehr bemer-kenswert für ein Motorrad aus dem Schaufen-sterladen.

Allerdings hatten wir in regelmäßigen Abstän-den sorgfältige Checks über gleichmäßig festen Sitz aller Muttern, Schrauben und Bol-zen vorgenommen, und Otto von Arx in Olten (Schweiz), aus dessen Laden die Maschine kam, hatte sie mit Fingerspitzen-Gefühl und Sachkenntnis schon betreut, als sie aus der Kiste kam.

Anschließend war sie beim Einfahren mit Ar-gusaugen beobachtet worden, bis der Motor lebendiger und lebendiger wurde, was etwa 5000 Kilometer dauerte. Ab da war dann »Feuer frei«, und die Testfahrten begannen schonungslos.

Neben unvermeidlichen Vibrationen hatte un-sere Bonnie aber eine Unart: war es sehr heiß, dann starb sie bei längerem Warten an Bau-stellen, Ampeln und dergleichen im Leerlauf ab. Vielleicht verdampfte in den Schwimmer-kammern der Amal-Monobloc-Vergaser durch die Wärmeausstrahlung des Motors der Sprit, und wir bemühten uns, diese Sache an den Gasfabriken abzustellen. Aber verge-bens. Nach den ersten 2000 Kilometern mußte

das Ventilspiel nachgestellt werden, und auch die Vorzündung wurde mittels eines Strobo-skops neu eingestellt. Der linke Zylinder hatte 50° und der rechte 40° Vorzündung. Beide wurden auf 39° volle Frühzündung neu einre-guliert.

Siehe da, die Vibrationen wurden deutlich ge-ringer und schließlich noch weniger, nachdem auch der Gleichlauf der beiden Gasschieber absolut genau stimmte. Jetzt ließen die Gum-mipuffer an der Lenkerbefestigung kaum noch Schwingungen durch.

Aha! Der Gesundheitszustand dieser Lady bedurfte einer sorgfältigen und zarten Hand. Durch die vorübergehend verschobene Zünd-einstellung und nicht genau gleichlaufenden Gasschieber mußten sich kurzzeitig stärkere Schwingungen gezeigt haben, denn an der Befestigung der linken Zündspule war ein Schwingungsriß aufgetreten.

Außerdem war die Hülle des linken Gaszugs durchgescheuert und mußte erneuert werden, aber die halbwegs offen laufende Hinterrad-kette brauchte noch nicht (!) nachgestellt zu werden, und der Durchhang der Duplex-Pri-märkette im Ölbadgehäuse stimmte auch noch.

Uns war klar: verschlampern durfte man an der Bonnie nicht ein Schräubchen, wenn man nicht Kettenreaktionen von Ärgernissen her-auf beschwören wollte. Die Hinterradbremse (einfache Gußtrommelbremse, 178 mm ∅ mit aufgeschrumpftem Zahnkranz) hatte keine Nachstellung nötig.

Auf den großen Strecken, die wir mit zwei Per-sonen und reichlich Gepäck zurücklegten, war das durchschnittliche Tempo auf schnellen Überlandstraßen und auf der Autobahn stän-dig etwa 120 und 130 km/h. Gelegentlich fuhr man bis zu 150 km/h, wenn ein Überholmanö-ver dies erforderte.

Bei dieser Fahrweise kam ein Verbrauch von 5,5 Liter Benzin auf 100 Kilometer heraus. Aber selbst bei sehr schneller Fahrt auf der Autobahn, beim Sprintern auf kurvenreichen und bergigen Strecken stieg der Verbrauch nicht über sechs Liter. Auf dem Nürburgring lag er bei 5,8 Liter; Ölverbrauch ca. 0,2 Liter auf 1000 Kilometer (wobei ich sagen muß, daß wir damals Ölverbräuche bis zu einem Liter auf 1000 Kilometern bei Viertaktern noch akzeptierten).

Die Höchstgeschwindigkeit betrug mit Fahrtschreiber auf dem Nürburgring bei leichtem Gegenwind genau 162 km/h.

Das Getriebe war am Motor angeblockt, wenn es auch von außen den Anschein erweckte, als sei es noch klassisch englisch vom Motor getrennt. Die zweifache Primärkette lief in einem Leichtmetallgehäuse im Ölbad und wurde durch einen Spannhebel in der richtigen Spannung gehalten.

Die Fußschaltung hatte kurze Schaltwege und war leicht und genau zu bedienen. Englische Motorradgetriebe waren hinsichtlich Robustheit, Genauigkeit und Bequemlichkeit in der Bedienung immer noch ein Vorbild.

Zum Anfahren ging man mit der Drehzahl ganz in den Leerlauf zurück, um den ersten Gang ohne Kratzen einlegen zu können. Das war bei kaltem Motor wichtig. Die Getriebestufung 2,44/1, 64/1,19/1 war knapp wie bei einem Straßenrenngetriebe, aber das konnte man sich bei dem elastischen Motor gut erlauben. Der knappe Abstand zwischen dem dritten

und vierten Gang war genau richtig für kurvenreiche Strecken und für Überholmanöver.

Der erste Gang reichte bei 7000 U/min bis 67 km/h, der zweite Gang bis 97 km/h, der dritte Gang bis 138 km/h, bei 7000 U/min erreichte man im vierten Gang 165 km/h. Im vierten Gang kam die Testmaschine mit aufrecht sitzendem Fahrer, Fahrtschreiber und Gegenwind nur schwer auf diese Drehzahl, was anzeigte, daß sie entsprechend dem Fahrwiderstand (165 kg Leergewicht, Zuladung plus Luftwiderstand usw.) etwas zu knapp übersetzt war. Doch die bullige Kraft des Motors zog uns doch an der langen Steigung zwischen Bergwerk (bei Kilometer 11) und Karussell (bei Kilometer 13) auf dem Nürburgring (im Durchschnitt etwa 8 % Steigung, höchstens 16 %) im vierten Gang mit mehr als 140 km/h den Berg hinauf! Da steckte schon eine gewaltige Kraft drin.

Der Nürburgring hatte 1967 bei Kilometer 22,3 kurz vor Streckenende eine neue Kurvenschikane erhalten, wodurch sich die Gesamtlänge der Nordschleife auf 22,835 km (statt bis dahin 22,810 km) verlängerte. Die Streckencharakteristik am Ende der langen Geraden und kurz vor dem Ziel änderte sich dadurch. So konnten wir unsere Hochleistungsmessungen nur bis

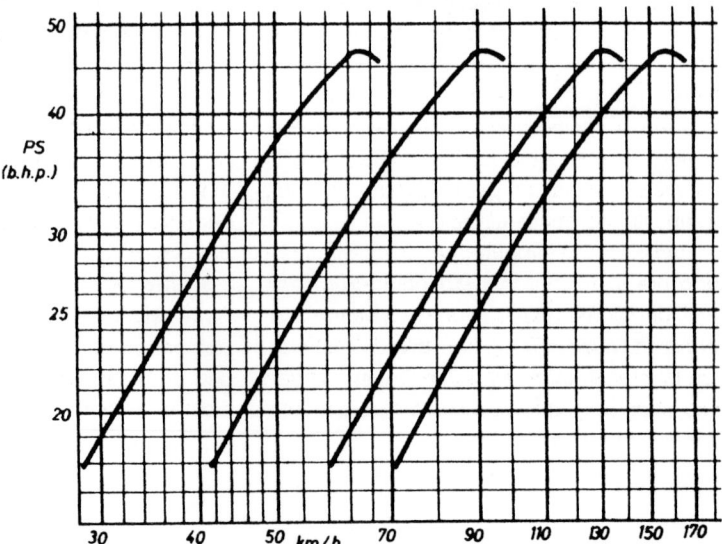

Das Gangdiagramm mit Angaben der Motorleistung zeigt deutlich, daß der dritte Gang dicht am vierten Gang liegt. Für die Straße ist das die genau richtige Stufung. Man kann sich diese Art der Getriebeauslegung wiederum wegen des enormen Durchzugsvermögens des Motors im unteren Drehbereich erlauben. ▼

Gangdiagramm der Bonneville.

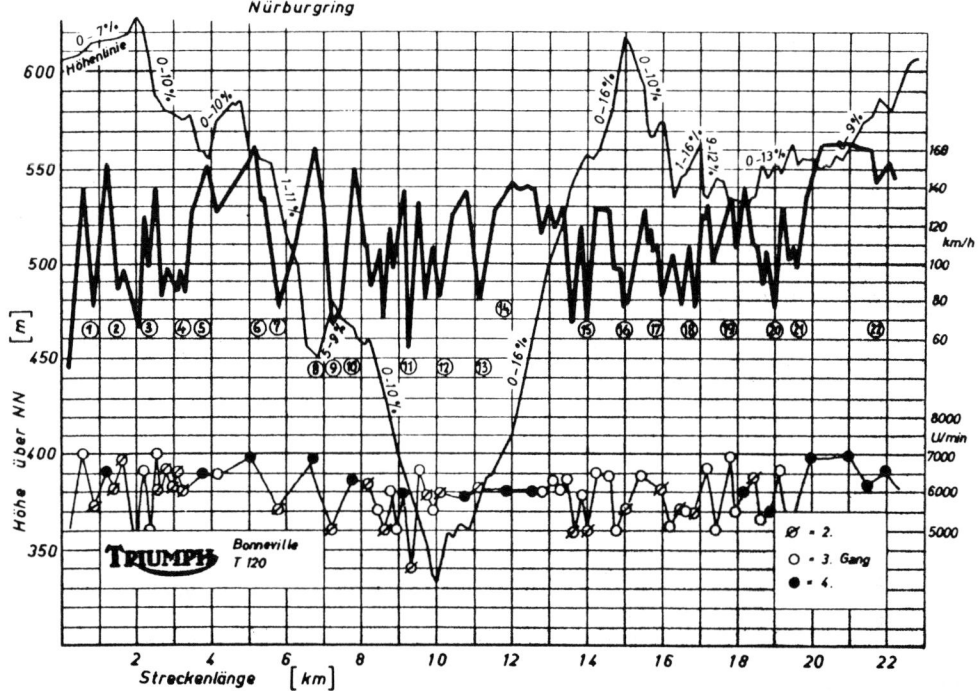

Fahrleistung der Triumph-Bonneville im Höhendiagramm des Nürburgringes dargestellt.

zum Anbremsen der Schikane bei Kilometer 22,3 durchführen, weil bei Meßfahrten ein erneutes Beschleunigen und dann hartes Bremsen bis zur Ziellinie nichts Wesentliches mehr einbrachten.

Die gefahrenen Zeiten bis zu dieser Stelle des Anbremsens bei Kilometer 22,3 von etwa 12 Minuten waren für die Bonnie in unserem Test maßgebend und lagen bei einem Durchschnitt von 110 km/h. Dabei setzten wir voraus, daß es bei günstigerer Witterung und ohne Nässe auf der Straße noch höhere Werte mit diesser Maschine gegeben hätte (z.B. mit anderen Reifen). Für die Bonnie gab es auf guten Bundesstraßen mit zwei Personen Belastung in schnellen, langen Kurven oberhalb von 120 km/h leichte seitliche Schaukelbewegungen, die aber beherrschbar blieben.

Auf dem Nürburgring wurde diese Erscheinung bei sehr hoher Geschwindigkeit hinter der Dunlop-Brücke vorm Schwedenkreuz in der Abfahrt bei Kilometer 4,6 bis 4,9 bestätigt. Dort ist die berühmte leichte Krümmung nach links über ein kurzes Gefälle von 8 bis 9 %,

außerdem war es wellig, und es gab dort einen Teerbelag-Wechsel.

Die Maschine drehte im vierten Gang voll aus bis knapp 7000 U/min (= 165 km/h), zeigte auch das Bestreben, noch weiter zu drehen und noch schneller zu werden, doch mußte ich das Gas abrupt und kurz wegnehmen, denn das Motorrad begann, im Lenker unruhig zu werden. Doch es beruhigte sich sofort wieder, so daß ich wieder voll aufzog, und kaum ein Tempoabfall zu verzeichnen war.

Ähnlich war es bei diesem hohen Tempo in der Fuchsröhre bei 11 % Gefälle zwischen Kilometer 6,0 bis 6,8. Da Räder, Bereifung, Stoßdämpfung, Schwingenlagerung und alle anderen wichtigen Details in einwandfreiem Zustand waren, kam ich zu dem Schluß, daß sich hier die Grenzen des Bonnie-Fahrwerkes zeigten. Eine Grenze, die sehr hoch lag, und die man nur selten und nur bei so hohen Anforderungen erreichte. Doch ich wollte einmal wissen, wo man diese Grenze fand, die jedem Motorradfahrwerk gesetzt ist.

Der Grund: Triumph hatte die früheren Doppelrohr-Rahmen zugunsten eines einfacheren Rahmens mit nur einem Stirn- und einem Hauptrohr verlassen, der sich erst unterhalb des Motors in einen doppelten Unterzug teilte. Nein, man flog nicht raus und konnte sich fahrerisch mit starken Armen auf der Bonnie von 1967 etwas leisten.

So, und nun kommt noch eine der ganz besonders beeindruckenden Eigenschaften: man kann auch heute noch nicht von der T 120 Bonneville reden, ohne ihre ganz tollen Sprinter-Eigenschaften zu erwähnen und ihre enorme Kurvenfestigkeit zu loben. Das war nämlich noch die echte englische Schule, die Freunde dieser Motorräder restlos faszinierte und zu dem – auch bei anderen Maschinen angewandten – Ausspruch veranlaßte: »Dieses Motorrad frißt Hondas zum Frühstück«.

Mit dem gewaltigen Durchzug aus dem unteren Drehbereich aus einer Kurve hinauszuschießen, das war einfach ein mitreißendes Erlebnis. Ober ein Überholmanöver mit der feinen Beschleunigung zu exerzieren – !

Bei einer nicht zu umgehenden Parforcejagd über 31 Kilometer Autobahn, 64 Kilometer schnelle und fast kaum belebte Landstraße und 10 Kilometer Stadtverkehr an einem Sonntagnachmittag (ohne LKW-Kolonnen) gab es bei 62 Minuten Fahrzeit einen Durchschnitt von 101,6 km/h. Das ging eben nur mit einem solchen Motorrad.

Auf den – von Arx gut ausgewuchteten – Rädern befanden sich vorn ein Reifen Avon Speedmaster Mk II 3.00-18 und hinten ein 3.50-18 Dunlop Gold Seal K 70. Der Speedmaster war auf schnellen Straßenmaschinen als Vorderrad-Reifen 1967 sehr gut zu fahren, er zeigte kaum Abrieb und auch vom scharfen Bremsen keine Sägezähne. Dabei hatte die Vollnaben-Vorderradbremse mit ihren 200 mm ⌀ eine ausgezeichnete Wirkung. Der Hinterradreifen hatte nach 4000 Kilometern noch ausreichend seitliches Profil, die Mittelnut begann schon abzuflachen. Bei Nässe neigte dieser Gummi aber bei harten Kurvenausfahrten zum seitlichen Wegschmieren – 5,36 mkg – – !

Das E-Werk hatte 12 Volt, eine Wechselstrom-Lichtmaschine im Primärkettenkasten lieferte den Strom, der über einen Gleichrichter mit Zenerdiode die Batterieaufladung besorgte. Das Amperemeter konnte man über 4000 U/min kaum noch ablesen, da der Zeiger durch die Vibrationen und Fahrerschütterungen zu tanzen anfing.

Die Förderung der Doppelkolben-Ölpumpe stand durch eine grüne Druck-Kontrollampe dauernd unter Kontrolle (ein Zubehörteil von Otto von Arx). Das war genau richtig, und ich möchte nicht wissen, wieviele englische Ladies, bei denen meist eine Druckkontrolle fehlte, doch zum »Ewig-Kaputt-Motorrad« geworden sind.

Ebenso hatte unsere Bonnie eine zusätzliche Aufhängung der Schalldämpfer, um das Abreißen zu verhindern. Ein Kunststoffüberzug am Gasdrehgriff, an den Mischkammerdeckeln der Vergaser als Wasser- und Staubschutz sowie ein ähnlicher Schutz über den Seilzugenden an den Handhebeln verhinderten ärgerliche und banale Ausfälle.

Werkstätten? Tja, da sah es in Deutschland mies aus. Es gab viel zu wenig gute. Also empfahlen wir Freunden englischer Maschinen wieder, sich das nötige Pflege- und Reparaturwerkzeug (englische Zollmaße) anzuschaffen und dazu das sehr gute Werkstatt-Handbuch in englischer Sprache.

Also: man mußte schon die englische Sprache lesen und verstehen können, man mußte sich jede Woche sorgfältig um die Lady kümmern – dann war sie liebenswert, Freunde, und keine Ölsardine, kein Klapper- und Ewig-Kaputt-Motorrad. Man vergleiche ruhig manches »Motollad« damit – !

Für die Bonnie gab es im Übrigen allerhand sportliches Zubehör, und man konnte einen noch schnelleren Renner daraus machen. Die 500-Meilen-Straßenrennen für Serienmaschinen in England, eines in Castle Combe 1965, und zwei in Brands Hatch 1966 und 1967, hatten Bonnies gewonnen – !

1968 gab es mit einer von Otto von Arx vorbereiteten Bonneville auf dem abgesperrten

War das einer der letzten englischen Versuche?
BSA Rocket-3, Triumph Trident: 750 cm³, Dreizylinder »Roadburners«

Schon 1964 begannen unsere Freunde in England, einen 750 cm³ Dreizylinder-ohv-Viertaktmotor zu entwickeln, aber es dauerte bis zum Sommer 1968, bis BSA und Triumph diesen Motor in zwei neuen Modellen vorstellten. Im Herbst 1968 hörten wir von ersten fahrerischen Erkenntnissen, und im Winter 1968/69 war es möglich, die Triumph Trident und die BSA Rocket-3 in England und auf dem Nürburgring zu fahren.

Zur gleichen Zeit kam auch die 750 cm³ Honda CB 750 mit einem Reihen-Vierzylinder mit obenliegender Nockenwelle und 67 PS Motorleistung in unser Blickfeld, so daß es absolut klar war, daß diese Dreizylinder-Modelle aus England der Versuch waren, die Eroberung des amerikanischen Marktes und der Märkte in Europa durch die Japaner auch in den großen Maschinenklassen zu dämpfen. Vom Abstoppen der japanischen Markterfolge konnte keine Rede mehr sein.

Ein »Bonnie«-Erlebnis besonderer Art auf dem Nürburgring: Rennen Triumph-Bonneville gegen einen Doppeldecker (Tiger Moth) – ! Das war der »Ziel-Durchgang« – !

Nürburgring ein tolles Erlebnis: da fuhr ich mit einem im Tiefflug 50 m über der Strecke dahinflitzenden Doppeldecker – gegen eine Tiger Moth! – um die Wette – – – !
Ratet einmal, wer schneller war und zuerst wieder bei Start und Ziel ankam – ?!
Aber die Antwort darauf steht in einem anderen Buch mit irren Geschichten über schnelle Motorräder, und es ist eine abenteuerliche Story. Aber genau so war das mit dieser T 120. Es war eine gute, edle Rasse mit Persönlichkeit. Verflixt nochmal, das ist wahr. Und es gab sie 1983 immer noch und – und – und – !
Lang lebe die pretty Lady named Bonnie!
Die haben auch die Japaner nicht geschafft.

BSA Rocket 3, 750 cm³, 1969 auf dem Nürburgring.

Auch bei BMW bereitete man eine neue Motorrad-Serie bis 750 cm³ für das Ende des Jahrzehntes vor, und die Italiener hatten bei Moto Guzzi und Ducati angefangen, ebenfalls in diese Kategorie vorzustoßen.

Dreizylinder-Motoren waren ja nun bestimmt nichts Neues mehr – neu war dagegen, daß die so konservativen englischen Konstrukteure sich 1964 zu einem großen Dreizylinder entschlossen. Ein neuer Zweizylinder, eventuell auch ein Vierzylinder aus englischer Schule, hätten uns nicht so überrascht wie nun diese ungerade Zylinderzahl.

Die Meinung der Konstrukteure war, daß ein Dreizylinder-Motor – die Hubzapfen um 120° versetzt – weniger Vibrationen bringen würde als ein Parallel-Twin der gleichen Größe, daß er nicht so breit baute wie vielleicht ein Vierzylinder, und daß die Produktion bei gleichem Leistungsgewinn billiger als beim Vierzylinder sein müßte.

Ja, Vibrationen spielten eine große Rolle, und die Produktionskosten nicht minder. Das waren die echten Beweggründe zur Wahl gerade dieser Konstruktion, als klar wurde, daß ein Motorrad mit einer Motorleistung um 60 PS herum nicht nur in den USA ab 1968 ein solcher Verkaufserfolg sein würde, daß man nicht nur den Japanern etwas vom Kuchen wegnehmen, sondern auch sich selbst noch lange über Wasser halten könnte, und daß das dann hoffentlich nicht als letztes Aufgebot gelten würde.

Freunde englischer Motorräder sahen in der Tat in diesen Maschinen einen Lichtblick, aber der erwartete Riesenerfolg blieb aus.

Warum?

Weil die Japaner mittlerweile doch wieder mehr Leistung anboten, weil ihre Motoren kultivierter und weicher liefen, und weil man schließlich auch in England mit den Preisen nicht mehr mitkommen konnte. Die Engländer boten keinen Elektrostarter an und hatten nicht die hohen Werbekapazitäten zur Verfügung. Die amerikanischen Motorradfahrer waren auch nicht mehr so markentreu und traditionsbewußt, als daß sie nun unbedingt ein englisches Motorrad irgendeinem anderen vorzogen. Die Dreizylinder wurden tatsächlich ein »letztes Aufgebot«, welches zwar mutig kämpfte, aber ohne den erhofften Durchbruch blieb.

Die Kurbelwelle bestand aus einem Stück und drehte sich in vier Lagern. Sie rotierte in einem Rollenlager auf der Steuerseite, einem Kugellager auf der Antriebseite und zwei Gleitlagern in der Mitte. Die Pleuelfüße liefen ebenfalls auf Gleitlagern.

Die drei Amal-Concentric-Vergaser 27 mm ∅ waren durch ein Betätigungsgestänge für die Gasschieber verbunden. Die Nockenwellen – eine für die Einlaß- und eine für die Auslaßventile – befanden sich vor bzw. hinter dem Zylinderblock.

58 PS bei 7500 U/min war die Leistungsausbeute, und 185 km/h liefen beide Maschinen immer. Auf dem Nürburgring kamen wir auf einen Durchschnitt von 120,8 km/h. Ein Vollgas-Test von Wien nach Hamburg über die Autobahn im Frühsommer 1969 brachte für 1235 gefahrene Kilometer einen Durchschnitt von 130,0 km/h mit allen Pausen, und 143,3 km/h nach Abzug aller Aufenthalte.

So gesehen waren die Rocket-3 und die Trident Maschinen der Motorrad-High-Society. Die Tatsache, daß der Motor ein unheimliches Durchzugsvermögen besaß, machte sich in einer gewaltigen Beschleunigung (vom Stand bis 100 km/h in sechs Sekunden) bemerkbar, und ein Getriebe mit mehr als vier Gängen überflüssig.

Der Pferdefuß aber blieb das Thema Vibrationen. Bis zu 5000 U/min waren diese nicht sehr bedeutend, aber oberhalb dieser Grenze wurden sie gefährlich. Bei der Autobahntestfahrt riß das hintere Nummernschild ein, die Halterung der Schalldämpfer brach, es gab Blechanrisse und eine Menge gelöster Schrauben, der Kickstarter-Knebel ging verloren. Der erste Hamburg-Wien Versuch mußte nicht nur wegen sehr schlechten Wetters aufgegeben werden, auch der Hinterradreifen verlor nach 800 Kilometern Profilstücke. Beim zweiten Autobahn-Versuch brach übrigens

Mit der Rocket 3 machte BSA noch einmal einen Vorstoß, die Marktanteile 1969 in den USA und Europa zu behaupten.

die Hinterradkette.

Der mittlere Zylinder war wegen der etwas behinderten Wärmeableitung immer ein Sorgenkind, Kerzenwechsel war dort sehr schwierig. Aber der Motor hielt alles durch.

Die Rocket-3 hatte natürlich ein BSA-Getriebe, die Trident eines von Triumph. Den Primärantrieb besorgte eine Triplexkette, die Kupplung war wie bei dem BMC Mini-Wagen eine Tellerfeder-Kupplung.

Bei der Rocket-3 war der Zylinderblock um etwa 5° nach vorn geneigt, und die Maschine hatte einen Doppelrohr-Rahmen. Bei der Trident standen die Zylinder senkrecht, das Fahrwerk hatte vorn ein kräftiges Rahmenrohr, das sich unter dem Motor in zwei kleinere Rohre teilte.

Bis 1982 stand die Dreizylinder-Triumph in den Listen und Katalogen, erst dann kam das endgültige »Aus« für sie. Bei vielen Serienmaschinen-Rennen war sie erfolgreich, und es gab eine Menge Fahrer, für die sie als Spitzenmodell die englische Motorradindustrie repräsentierte. Aber die allgemeine negative Entwicklung englischer Motorrad-Herstellung konnte sie nicht bremsen.

Ganz früh im Jahr 1969 verglichen wir die Rocket-3 und die Trident auf der MIRA-Bahn in England und auf dem Nürburgring in Deutschland. Die MIRA-Bahn ist die Meß- und Versuchsanlage der englischen Fahrzeugindustrie in Mittelengland.

Beim Fahren ergab sich bald, daß die Trident etwas temperamentvoller war, auch ihre Endgeschwindigkeit lag über der der Rocket-3. Percy Tait fuhr 203,36 km/h mit der Triumph und 199,68 km/h mit der BSA auf der Versuchsbahn – natürlich beide Male im engen Renndreß und ganz in die Maschinen »hinein gekrochen«. Auf dem Nürburgring mit Fahrtschreiber auf dem Tank und mit einem Fahrer im Regenzeug leicht gebückt waren es im Nebel gute 160 km/h, und später bei trockener Strecke und im knappen Lederzeug erreichten wir 185 km/h.

Auf dem Nürburgring kamen ein paar Unter-

Die Triumph-Trident 750 cm^3 hatte den gleichen Dreizylinder-Viertaktmotor wie die BSA-Rocket 3. Allerdings standen die Zylinder hier senkrecht und waren nicht leicht nach vorn geneigt wie bei der Rocket 3. Leistung 58 PS.

195

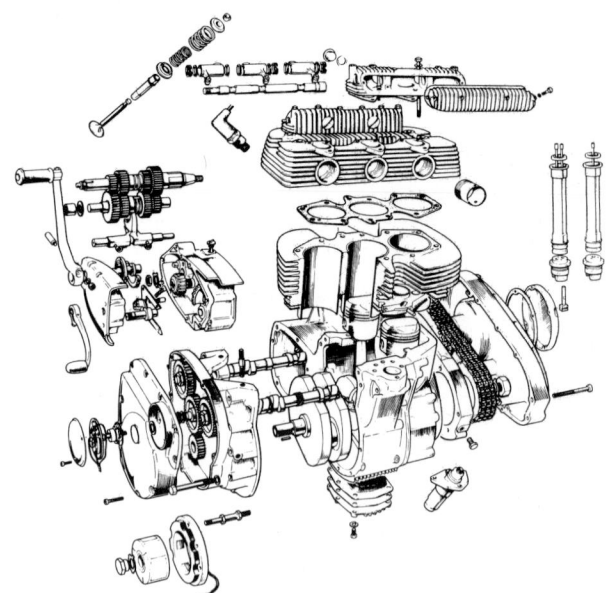

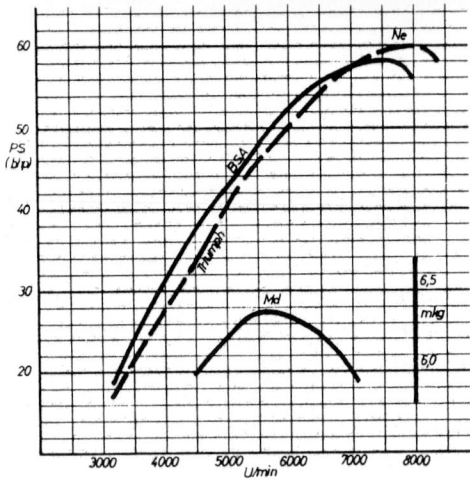

Die Leistung des Dreizylinders-Motors variierte
ein wenig zwischen der BSA und der Triumph.

**Der Dreizylinder-Viertakter 750 cm³ von BSA
und Triumph 1969 hatte eine Triplexkette im
Primärtrieb. Die Nockenwellen – eine für die Ein-
laß- und eine zweite für die Auslaßventile – lagen
vor bzw. hinter den Zylindern.**

schiede meßbar zutage. Unten hinter Breidscheid nach Kilometer 10 bis zum Kilometer
14 hinter dem Karussell hoben beide Maschinen bei Kilometer 10,4 vom Boden ab. Auf
dem Fahrtschreiber-Blatt konnte man deutlich
die Haken in der Geschwindigkeitslinie erkennen.

Die Hinterräder drehten in der Luft kurz durch,
was sich deutlich abzeichnete, weil der Fahrtschreiber am Hinterrad-Tachoantrieb ange-
schlossen war. Beim Wiederaufsetzen auf den
Boden gingen bei der Triumph von 140 km/h
etwa 4 km/h verloren, und es gab einen
Schlenker in der Lenkung. Bei der BSA war
kaum etwas zu sprüen, von den 138 km/h ging
nichts verloren.

Aber die Triumph beschleunigte etwas besser
als die BSA. Die Trident gab also mehr Leistung her, hatte aber den unruhigeren Rahmen.

Später zeigten sich dann Reifenprobleme,
denn offensichtlich waren die englischen Reifen der Leistung und dem Drehmoment solcher Maschinen noch nicht gewachsen. Erst
im Laufe des Jahres 1969 wurde man mit diesem Problem fertig.

Die äußere Linie war wunderschön, der Ton
des Motors fantastisch, die Fahrleistungen
beachtlich. Aber noch gab es die altmodische
Gußtrommelbremse mit aufgesetztem Zahnkranz am Hinterrad, noch schleuderte die offene Hinterradkette das Schmiermittel herum,
und noch fehlte ein Elektro-Starter – !

Alles, aber auch alles, hatten die Lords in Birmingham und Coventry begriffen, nur eines
nicht: die Masse der Fahrer in den USA wollte
keine englischen konservativen Grundsätze,
sie wollten es so, wie es die Japaner vormachten.

Und – laut dem alten Song von Meyers
Dampfkapelle – ».... nur die Masse bringt
Kohlen und bringt Kasse...«

So war's, so ist's, so wird's immer bleiben,
Freunde. Mag eine International, eine Bonnie,
eine Commando, eine Trident auch noch so
herrlich urig und individuell sein, mögen diese
Hammer auch alle noch so dramatisch und
»nur für Männer« gebaut worden sein – offensichtlich starben viel zu viele dieser »Männer«,
und die Masse wollte es anders. Sie mußte die
E-Starter, mußte problemlose und saubere
Hinterradantriebe, mußte Motoren ohne Vibrationen, mußte teure Hinterradbremsen
und, und, und bekommen – !

Als die Trident entwickelt wurde, da war das
Massen-Zeitalter bereits auch in der Motor-
rad-Szene längst angebrochen.

Das letzte Kapitel

Motorrad-Rennsport und Rennmaschinen, Elefanten-Treffen, Pfadfinder-Trophäe und Schwarzpulver-Rallye: wir müßten noch viel mehr erzählen – !

Obwohl dieses Buch über die 60er Jahre in erster Linie von den wichtigsten Motorrädern handelt, kommen wir ohne eine Übersicht über das Geschehen im Sport nicht aus.

In alphabetischer Reihenfolge möchte ich zuerst von den Fahrern, den Weltmeistern zwischen 1960 und 1970 sprechen, und eine Aufstellung darüber machen – mit den Maschinen, die sie fuhren, aus welchem Land diese kamen und für welche Nation sie starteten.

Name des Fahrers	Klasse des Titels cm³	Nation des Fahrers	Herkunftsland und Marke des Motorrades	Jahr des Titels
G. Agsotini	500	I	MV/I	1966
	500	I	MV/I	1967
	350	I	MV/I	1968
	500	I	MV/I	1968
	350	I	MV/I	1969
	500	I	MV/I	1969
	350	I	MV/I	1970
	500	I	MV/I	1970
H. Anderson	50	NZ	Suzuki/J	1963
	125	NZ	Suzuki/J	1963
	50	NZ	Suzuki/J	1964
	125	NZ	Suzuki/J	1965
H. G. Anscheidt	50	D	Suzuki/J	1966
	50	D	Suzuki/J	1967
	50	D	Suzuki/J	1968
D. Braun	125	D	Suzuki/J	1970
R. Bryans	50	GB	Honda/J	1965
K. Carruthers	250	AUS	Benelli/J	1069
E. Dognor	60	D	Suzuki/J	1962
M. Deubel/	500 SW	D	BMW/D	1961
E. Hörner	500 SW	D	BMW/D	1962
	500 SW	D	BMW/D	1963
	500 SW	D	BMW/D	1964
K. Enders/	500 SW	D	BMW/D	1967
R. Engelhardt	500 SW	D	BMW/D	1969
	500 SW	D	BMW/D	1970
H. Fath/				
A. Wohlgemuth	500 SW	D	BMW/D	1960
W. Kalauch	500 SW	D	URS/D	1968
R. Gould	250	GB	Yamaha/J	1970
M. Hailwood	250	GB	Honda/J	1961
	500	GB	MV/I	1962
	500	GB	MV/I	1963
	500	GB	MV/I	1964
	250	GB	MV/I	1965
	250	GB	Honda/J	1966
	350	GB	Honda J	1966
	250	GB	Honda/J	1967
	350	GB	Honda/J	1967
G. Hocking	350	RSR	MV/I	1961
	500	RSR	MV/I	1961
W. Ivy	125	GB	Yamaha/J	1967
A. Nieto	50	E	Derbi/E	1969
	50	E	Derbi/E	1970
T. Phillis	125	AUS	Honda/J	1961
Ph. Read	250	GB	Yamaha/J	1964
	250	GB	Yamaha/J	1965
	125	GB	Yamaha/J	1968
	250	GB	Yamaha/J	1968
J. Redmann	250	RSR	Honda/J	1962
	350	RSR	Honda/J	1962
	250	RSR	Honda/J	1963
	350	RSR	Honda/J	1963
	350	RSR	Honda/J	1964
	350	RSR	Honda/J	1965
F. Scheidegger/	500 SW	CH	BMW/D	1965
J. Robinson	500 SW	CH	BMW/D	1966
D. Simmonds	125	GB	Kawasaki/J	1969
J. Surtees	350	GB	MV/I	1960
	500	GB	MV/I	1960
L. Taveri	125	CH	Honda/J	1962
	125	CH	Honda/J	1964
	125	CH	Honda/J	1966
C. Ubbiali	125	I	MV/I	1960
	250	I	MV/I	1960

Es handelt sich nur um Titel, die zwischen 1960 und 1970 erworben wurden. Vorherige oder spätere Titel sind nicht berücksichtigt (dieses Buch behandelt auch nur diesen Zeitraum).

Motorrad-Weltmeisterschaft in Zahlen zwischen 1960 und 1970

Anzahl der Titel für die einzelnen Teilnehmer-Marken:

MV Agusta (Italien)	18
Honda (Japan)	16
BMW (Bundesrepublik Deutschland)	10
Suzuki (Japan)	9
Yamaha (Japan)	6
Derbi (Spanien)	2
Benelli (Italien)	1
Kawasaki (Japan)	1
URS (Bundesrepublik Deutschland)	1

Anzahl der Titel für die Nationen als Ursprungsländer der teilnehmenden Marken:

Japan	32
Italien	19
Bundesrepublik Deutschland	11
Spanien	2

Anzahl der Titel verteilt auf die teilnehmenden Marken und Jahre:

1960	MV August	4
	BMW	1

1961	Honda	2
	MV Agusta	2
	BMW	1

1962	Honda	3
	BMW	1
	MV Agusta	1
	Suzuki	1

1963	Honda	2
	Suzuki	2
	BMW	1
	MV Agusta	1

1964	Honda	2
	BMW	1
	MV Agusta	1
	Suzuki	1
	Yamaha	1

1965	Honda	2
	BMW	1
	MV Agusta	1
	Suzuki	1
	Yamaha	1

1966	Honda	3
	BMW	1
	MV Agusta	1
	Suzuki	1

1967	Honda	2
	BMW	1
	MV Agusta	1
	Suzuki	1
	Yamaha	1

1968	MV Agusta	2
	Yamaha	2
	URS	1
	Suzuki	1

1969	MV Agusta	2
	Benelli	1
	BMW	1
	Derbi	1
	Kawasaki	1

1970	MV Agusta	2
	BMW	1
	Derbi	1
	Suzuki	1
	Yamah	1

Zwischen 1949 und 1959 hatten Marken aus Italien 33 Weltmeistertitel, aus der Bundesrepublik Deutschland 11 und aus England ebenfalls 11 Titel herausgefahren.

Die erfolgreichsten Marken zwischen 1949 und 1982:

MV Agusta 38 Titel, Yamaha 27 Titel, BMW 19 Titel, Honda 16 Titel, Suzuki 13 Titel, Kawasaki 9 Titel, Moto Guzzi und Norton je 8 Titel u. a.

Der Fahrer mit den meisten Titeln war zwischen 1949 und 1982:

Giacomo Agostino (Italien) mit 15, wovon er 14 auf MV Agusta fuhr. Er war fünfmal Doppelweltmeister in der 350 cm^3- und 500 cm^3-Klasse (1968/69/70/71/72).

Titelanzahl für Fahrer nach Nationen zwischen 1949 und 1982:

Großbritannien	51
Italien	49
Bundesrepublik Deutschland	34
Schweiz	10

u. a.

Die nebenstehende Graphik zeigt, wieviele Weltmeister-Titel jene drei Nationen Jahr für Jahr erzielen konnten, die den Grand Prix-Sport als eifrigste betrieben. Von Jahr zu Jahr wurde zusammengezählt und die Zähl- und Jahrespunkte untereinander durch eine Linie verbunden. Dadurch entstanden drei Diagrammlinien, die die Entwicklung andeuten.

Es geht hier nur um die Titel, die zwischen 1960 und 1970 gewonnen wurden, es sind also keine eingerechnet, die vor und nach diesem Zeitraum herausgefahren wurden.

Nun können wir deutlich erkennen, daß das Jahrzehnt der 60er Jahre nicht nur in der Motorradtechnik, sondern dazu auch im Sport eine neue Zeit einläutete. Mit einer gewaltigen Anstrengung schoß Japan in die Höhe – 32 WM-Titel insgesamt, nachdem 1961 die ernsthafte Sportbeteiligung begonnen hatte, also innerhalb von zehn Jahren.

Dagegen wehrte sich die italienische Motorrad-Nation am meisten, aber da in dieser Zeit nur MV Agusta und Benelli erfolgreich waren und andere italienische Marken (wie früher z. B. Moto Guzzi oder Mondial) nicht erschienen, kamen nur 19 Titel zusammen. Eine Ausnahme war Morini mit der wahnsinnig schnellen 250 cm³ Einzylinder-Doppelnocken-Maschine, die von Provini gefahren wurde, und die noch 1963 in Hockenheim die Vierzylinder-Hondas und -Benellis schlug. Aber dieser Einsatz reichte nicht aus, die Titelsumme zu verbessern.

Interessant aber war es, daß 16mal englische Fahrer, 14mal Deutsche (mit Beifahrern 17mal), 10mal Italiener, 8mal Rhodesier, 4mal Schweizer (mit Beifahren 6mal), 4mal Neuseeländer, 2mal Australier und 2mal Spanier einen Titel bekamen. Japan verfügte also nicht über die fahrerischen Könner und Praktiker, dieses Land stellte »nur« die Technik.

So schien es auch außerhalb des Sports zu sein. Die Japaner erschlugen alles mit einer neu angewandten sportlichen Technik und mit technischen Gags. Aber den Verkauf und den Umgang damit mußten sie in Europa (und in den USA) erst lernen.

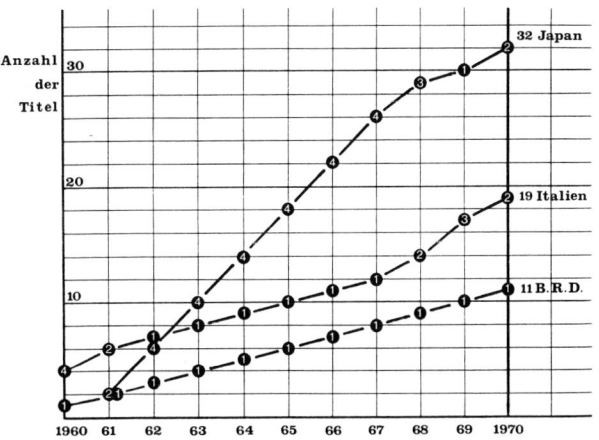

Entwicklung der Weltmeister-Titel für deutsche, italienische und japanische Motorradmarken von 1960 bis 1970.

Zu den Rennmaschinen der Weltmeister ist eine wichtige Bemerkung zu machen. Soweit diese Fahrzeuge nicht astreine Werksmaschinen waren, (Italien, Japan, Spanien), handelte es sich – ganz besonders bei den Gespann-Maschinen von BMW oder bei der Fathschen URS (1968) – um außerhalb des Werkes verbesserte, geänderte oder ganz neu konstruierte Motoren oder/und Fahrwerke, wobei besonders im Falle BMW nur noch einige wenige Motorenteile aus dem ehemaligen BMW-RS-Motor stammten.

Es ist eigentlich sehr fraglich, ob man darum viele der Gespanntitel dem Hause BMW noch zuschreiben sollte. Nach dem FIM-Reglement allerdings durfte sich die Marke BMW durchaus mit den gewonnenen Titeln schmücken, selbst dann, wenn nur noch das Markenzeichen an die ehemalige Herkunft der Maschine erinnerte, ansonsten aber alles von den Fahrern in Eigeninitiative umgebaut und mit deren eigenen Ideen auf Leistung gebracht worden war.

Die letzten, völlig allein von der BMW-Fabrik konstruierten, gebauten und auch während der Rennen finanzierten und betreuten echten Werksmaschinen fuhren – so weit sich das schwarz auf weiß belegen läßt – 1956 zum Beispiel neben anderen Fahrern noch Wilhelm

Noll / Fritz Cron. Danach verwischt sich das Verhältnis der allein von der Fabrik präparierten und gebauten Werksmaschinen immer mehr.

In den 60er Jahren bekamen die Fahrer meist mehr oder weniger Unterstützung mit Teilen, bei der Betreuung während der Rennen (z. B. durch Gustel Lachermaier, den Werksmonteur), durch Zubehörfirmen mit Geld und Teilen (Bosch-Elektrik und -Kerzen oder Conti-, Dunlop- oder Metzeler-Reifen u. v. a. m.) und andere Zuwendungen und Prämien. Sie fuhren meist als Privatfahrer »mit Werksunterstützung«.

Je mehr die Jahre fortschritten, umso mehr kam auch dieses Unterstützungs-Verhältnis ins Schwanken. Schließlich änderten, verbesserten oder bauten diese Privatfahrer ihre Gespanne mehr oder weniger in Eigeninitiative – vielleicht auch schon mit der finanziellen Hilfe irgendwelcher Sponsoren oder Zubehörfirmen – um oder ganz neu auf. So weit noch ein altes RS-Gehäuse verwendet wurde und der Motor äußerlich noch in wenigen Details nach einem ehemaligen BMW-RS-Motor aussah, wurde das Gespann als »BMW« gemeldet.

Längst wurden Fahrwerk-Konstrukteure wie z. B. Busch berühmt, der die Fahrwerke für Klaus Enders und andere baute. Camathias (CH) und auch Scheidegger (CH) waren bekannt für ihre Fahrwerk-Ideen, als mehr und mehr die immer flacher werdenden »Kneeler« in Gebrauch kamen.

Es soll vorgekommen sein, daß die Fabrik in München sich von diesen Konstruktionen distanzierte (z. B. bei Camathias), weil man an der Zweckmäßigkeit und Qualität solcher Fahrwerke zweifelte. Trotzdem aber machte man Reklame mit dem WM-Titel, obwohl er auf einem solchen Gespann herausgefahren worden war.

Wir empfanden das als irreführend und machten aus unseren Gedanken kein Hehl. Wir verlangten, daß dann auch in der offiziellen Weltmeisterschafts-Liste neben dem Namen BMW auch der Name des Konstrukteurs des Fahrwerks und des für die Änderung des Motors Verantwortlichen genannt würde.

Aber – wie so oft im Kreise der alten, weisen und politisierenden Männer der FIM (Federation Internationale Motocycliste, Dachorganisation für den gesamten Motorradsport) – es geschah nichts, und wenn wirklich jemand in diesem Kreis seine Stimme erhob (z. B. Otto Sensburg oder H. W. Bönsch), dann war das ohne Erfolg.

So kam es dazu, daß wir inoffiziell die letzten BMW-Weltmeistertitel nicht als Verdienst der Fabrik, sondern als Verdienst der Fahrer und ihrer Helfer ansahen und – wo es nur ging – auch so publizierten. Unser Rechtsempfinden ließ uns keine Wahl.

In meiner Graphik und in meinen Listen haben daher mindestens auch die genannten Fahrer und Beifahrer dieser »BMW«-Seitenwagen-Maschinen, die Motorenleute und Fahrwerk-Erbauer das Recht auf eine verdiente »Marken«-Würdigung.

Mit solchen Problemen haben wir uns zwischen 1960 und 1970 noch oft herumschlagen müssen. Eines aber steht fest: Alle Weltmeister-Titel, die mit italienischen, japanischen oder spanischen Motorrädern gefahren wurden, beruhen auf echten Werksmaschinen, d. h. diese Fahrzeuge wurden in der jeweiligen Fabrik konstruiert, gebaut und von einer speziellen Rennmannschaft beim Einsatz betreut. Die Fahrer hatten volle Fabrikverträge.

Eine Ausnahme davon waren die Motorräder von Dieter Braun (Suzuki 125 cm³, 1970 z. B.), der zwar ehemalige Werksmaschinen fuhr, sie aber zusammen mit seinen Freunden noch in Gang hielt bzw. sie verbesserte.

In der Bundesrepublik gab es in diesen Jahren keinen echten Fabriksport mit Einsätzen bei nationalen und internationalen Rennen. Eine Ausnahme machte Kreidler mit den 50ern, wobei allerdings keine WM-Titel erreicht wurden. Dafür gab es für das Stuttgarter Werk eine ganze Reihe Weltrekorde und nationale Titel.

Unter den Fabrikmaschinen, die eine Weltmeisterschaft holten, hatte uns besonders die Sechszylinder-Honda 250 cm³ und 350 cm³ der Jahre 1966 und 1967 imponiert. Mike Hailwood wurde damit zweimal Doppelweltmeister (250 cm³ und 350 cm³) in den Jahren 1966 und 1967.

Wir fanden es erstaunlich, daß man einen Sechszylinder-Viertakter mit zwei obenliegenden Nockenwellen quer in den Rahmen einer Rennmaschine einbauen konnte, ohne zu große Breite und zu großes Gewicht zu erreichen. Tatsache war, daß die beiden Maschinen extrem schmal blieben und auf den ersten Blick (schon durch die alle Technik verdeckenden Verkleidungen) nicht von dem Vierzylinder-Rennmodell zu unterscheiden waren.

Pro Zylinder gab es vier Ventile (insgesamt also 24!), die beiden Nockenwellen wurden durch Stirnräder zwischen den mittleren Zylindern angetrieben. Sechs Vergaser bildeten die »Gasfabrik«.

Das Gewicht — es klingt kaum glaubhaft — sollte unter 115 kg liegen!

Die 250er hatte ein Getriebe mit sieben Gängen, die 350er (sie war in Wirklichkeit eine auf etwa 297 cm³ vergrößerte Ausgabe) ein solches mit sechs Gängen. Aber es war kein Baukastensystem, beide Motoren waren eigenständig in allen Details. Die kleinere Version hatte 39 mm Zylinderbohrung und 34,8 mm Kolbenhub = 247 cm³ Hubraum. Der größere Motor hatte Zylinderbohrungen von 41 mm und einen Kolbenhub von 37,5 mm = 297 cm³.

Als Drehzahlen wurden 18 000 U/min mit 60 PS für das kleine, 17 000 U/min mit 65 PS für das größere Modell genannt. Über 240 km/h bzw. über 250 km/h sollten die Maschinen laufen.

Aber hier wie auch 1967 bei der 500 cm³-Vierzylinder-Honda, deren problematisches Fahrwerk (mit den Rädern mehr in der Luft als auf der Straße!) wir bei der TT auf der Isle of Man erlebten, waren offensichtlich die Motoren noch schneller als der Rahmen. Um so erstaunlicher und bewundernswerter war es, wie Mike Hailwood und Jim Redman mit diesen gefährlichen Kraftprotzen Siege um Siege

(Hailwood z. B. 1967 mit der 500er auf der TT — das tollste Rennen, das wir dort je erlebten) — und Hailwood dann auch die Weltmeistertitel holten.

Übrigens ist mir klar, daß diese »kleinen« Sechszylinder das Vorbild für die Honda-Sechszylinder-Serienmaschine CBX (1096 cm³, 76 kW/100 PS bei 9000 U/min) war, die ab 1978 auf dem Motorradmarkt Furore machte.

Allerdings: schon 1957 hatte es bei MV Agusta eine 350 cm³ und 500 cm³ Sechszylinder-Rennmaschine gegeben, aber sie griffen nicht ernsthaft ins Geschehen ein und dürften heute Museumsstücke sein. Und der Achtzylinder-Motor von Moto Guzzi 500 cm³ (78 PS) — vor allem aus dem Jahr 1957 — war auch noch nicht vergessen. 1964 kam MV Agusta nun aber mit einer Dreizylinder-Konzeption ins Rennen, und mit dieser Maschine (350 cm³ fünfmal Weltmeister und 500 cm³ siebenmal!) erschien einer der erfolgreichsten Straßenrennfahrer des Jahrzehnts und bis 1982 auf dem Plan, Giacomo Agostini. Ein glänzender italienischer Fahrer auf einer erstaunlichen italienischen Maschine. Erstaunlich deswegen, weil der Motor so zuverlässig war. Ausfälle gab es nur wegen Lappalien (z. B. gerissene Hinterradkette bei der TT 1967 oder gebrochene Unterbrecherfeder u. a.).

Außerdem war mit den MV-Rennmaschinen eine weitere Besonderheit verbunden: das Werk produzierte nur sehr geringe Stückzahlen im Serienbau. Man lebte von der Hubschrauber-Produktion. MV Agusta war bis 1982 die erfolgreichste Motorradfabrik seit Bestehen der Weltmeisterschaft 1949 mit insgesamt 38 Titeln, aber auf dem Markt spielte sie kaum eine Rolle, wenn man von der Zahl der produzierten, im Lande verkauften und exportierten Maschinen ausging. 1983 stand die Marke nicht mehr in den Katalogen.

Natürlich waren die Werksmaschinen von Suzuki und Yamaha auch interessant, die sich im Laufe der Jahre durch die verschiedensten Versionen ihre Erfolge erkämpften unter Fahrern wie Hugh Anderson, Hansgeorg Anscheidt, Ernst Degner (alle Suzuki) oder Rodney Gould, Bill Ivy, Phil Read (alle Yamaha). Doch möchte ich die Fathsche Konstruktion von 1968, die URS, mit der er und sein Beifahrer Wolfgang Kalauch Weltmeister wurden, erwähnen.

Es war keine »Fabrik«maschine, sondern eine Konstruktion der Diplomingenieure Hartmann und Kuhn und wurde von Helmut Fath und Horst Owesle (Weltmeister 1971) gebaut. Die 500 cm³-Einspritz-Version hatte acht Einlaßstutzen, zwei obenliegende Nockenwellen, zwei Ventile pro Zylinder, vier Zylinder in Reihe, luftgekühlt. Der Motor saß quer zur Fahrtrichtung im Rahmen. Für den Einsatz in Solomaschinen waren vier Vergaser vorgesehen.

Es war eine astreine Privatsache, und es gab – 1968 Fath/Kalauch und 1971 Owesle/Rutherford – zwei Weltmeistertitel. Als Solomaschine anfangs der 70er Jahre fuhr sie u. a. auch Karl Hoppe. Da liefen Faths URS (nach seinem Wohnort Ursenbach im Odenwald genannt) unter dem Namen »Münch-URS«, weil das Geld zum Einsatz vom damaligen Inhaber der Münch-Motorradfabrik, dem Amerikaner Georg Bell, kam.

Uns hat Helmut Fath immer besonders gefallen, denn nach seinem schweren Sturz 1961 auf dem Nürburgring und dem Tod seines Beifahrers Alfred Wohlgemuth mußte er lange Zeit ins Krankenhaus. Ihn hatte aller Mut verlassen. Schließlich aber fing er doch wieder an und erschien 1968 erneut auf den Rennstrecken, wo er auf Anhieb mit seinem neuen Eigenbau-Motor Weltmeister wurde. Eine ganz tolle Geschichte!

Aber so erging es vielen Rennfahrern in dieser

Der 500 cm³ Vierzylinder-Rennmotor von Helmut Fath (Einspritz-Version).

Zeit. Hatten sie einmal den Status des Ausweisfahrers (Nachwuchsfahrer) hinter sich, dann wurde es im Lizenzsport und bei den Grand Prix-Läufen fast unmöglich, spektakuläre Erfolge gegen die Werksmaschinen und -fahrer zu erringen. Höchstens auf unbedeutenden internationalen Veranstaltungen ohne WM-Wertung konnten sie noch – z. B. mit der käuflichen 125 cm³ und 250er Bultaco (Spanien) oder mit der 125er Honda CR 93 u. a. – im Verein mit den weiter laufenden Einzylinder-Norton-, -AJS, -Matchless, -Velocette-Modellen – etwas holen.

Darum kamen einige wie Helmut Fath auch auf den Gedanken, sich selbst Maschinen zu bauen. Darunter war Reinhard Scholtis, der neben anderen Motorrädern eine tolle Adler 250 cm³ mit Wasserkühlung modernisierte, die ich hier im Bild vorstellen möchte. Das war in Hockenheim 1968.

Im selben Jahr entstand eine 350 cm³-Dreizylinder-Zweitakt-Rennmaschine durch Jürgen Karrenberg. Als Beispiel, wie diese Fahrer ihre Sportgeräte bauten, mag sie hier näher beschrieben sein.

Solche Rennmaschinen waren das Ergebnis vieler Entbehrungen, unendlicher Arbeit, Versuche, immer neu zu überwindender Enttäuschungen. Schon 1964 hatte Karrenberg angefangen, und es dauerte vier Jahre, bis das Motorrad im Herbst 1968 bei einem Rennen in Hockenheim mitlief. Die Idee wurde aus der alten Dreizylinder-Rennmaschine von DKW geboren, denn Jürgen war ein fanatischer Zweitakt-Fan. Er konnte auch noch Teile früherer DKW-Rennmaschinen verwenden. So zum Beispiel etwas vom Kurbelgehäuse, Getriebe und von den Bremsen.

Alles andere wurde neu geplant, konstruiert, gebaut, erprobt, umgebaut, wieder erprobt, wieder konstruiert und schließlich nach unendlicher Arbeit und Bemühungen auf die Räder gebracht. Dabei verdiente sich der Erbauer eigentlich noch so nebenbei den Titel eines »Dr. µ« (sprich »Doktor Müh« = »µ« = $^1/_{1000}$ mm), denn was er da alles auf engstem Raum zusammenbrachte – Wasserkühlung,

Wasserpumpe, Ölpumpe, drei Vergaser, drei ausgeklügelte und erprobte Auspuffsysteme, Batterie usw. – und wie er das bewerkstelligte, ohne die Zugänglichkeit zu sehr zu beeinträchtigen, das war schon toll. Dazu aber noch alles im Gewichtsbereich knapp über 100 kg zu halten und das Ganze auf höchstens 50 cm Breite hinzukriegen, das berechtigte zu ganz besonderer Anerkennung.

»Wir haben einmal den einen Zylinder auf dem Prüfstand mit 21 PS gemessen – «, antwortete er auf die Frage nach der Leistung des Motors. Das wären so 63 PS gewesen. Na, und – ? Nur über die Drehzahlen war nichts zu erfahren.

Die schlitzgesteuerten Zylinder – der mittlere war liegend nach vorn angeordnet – hatten einen verrippten Kühlmantel, doch die Überströmkanäle besaßen demontierbare Abdeckkappen. Die Einlaßkanäle waren auf der Zylinderrückseite, und die Auslaßkanäle lagen darüber.

Das Kühlwasser wurde durch eine Pumpe umgewälzt. An der Antriebswelle dieser Wasserpumpe saß gleichzeitig auch die Ölpumpe, die zu jedem Kurbelwellenlager eine separate Druckleitung hatte. Eine andere Finesse war das Sichtfenster zum Getriebeinneren unter dem linken Vergaser. Unter dem rechten Deckel am Kurbelgehäuse lagen die drei Unterbrecher, jede Zündkerze hatte ihre eigene Spule.

Die beiden äußeren Vergaser hatten schräg liegende Schiebergehäuse, der mittlere Vergaser mit dem nach unten führenden Ansaugkanal lag quer über dem nach vorn gelegten Zylinder. Uns war nicht ganz klar, ob die Wärme der Auspuffrohre so dicht an den Schiebergehäusen der Vergaser nicht ungünstige Einflüsse hatte.

Die Auspuffrohre wurden mit Spiralzugfedern gehalten, die man einfach aushaken konnte. Die Batterie hatte ihren Platz unter dem Rahmen vor dem Hinterradreifen in Höhe der Schwingenlagerung für die Hinterradgabel. Der Rahmen war ein Doppelschleifen-Baustück aus Fliegwerkstoff und zeigte sehr sau-

Reinhard Scholtis aus Köln (wir nannten ihn auch wegen seiner körperlichen Dürre und Länge den »Bleistift«) baute 1968 eine wunderschöne wassergekühlte Adler 250 cm^3 für Straßenrennen und normale Straßenfahrten.

1969 baute Reinhard Scholtis eine 250 cm^3 Serien-Kawasaki für Straßenrennen um. Auch diese Maschine mag hier im Bild dokumentieren, wozu Privatfahrer in den 60er Jahren fähig waren.

Die von Jürgen Karrenberg 1968 gebaute 350 cm^3 Dreizylinder-Zweitakt-Rennmaschine.

bere Schweißarbeit. Es war eine besondere Lenkkopfabstützung vorgesehen, außerdem sorgten Querverbindungen für die notwendige Steifheit. Die Vorderradgabel war von Ceriani. Die beiden Tanks hatte Karrenberg aus Leichtmetall gefertigt, wobei der hintere einen ansonst von Rennmaschinen zu jener Zeit selten ausgenutzten Raum einnahm und als Sitzstütze für den Fahrer diente.

Karrenberg schlosserte noch weiter an seiner Rennmaschine, die letzte Version von 1969 war auch ganz schön schnell.

1969 baute Scholtis noch eine 250 cm^3 Serien-Kawasaki A 1 für Rennen um. Auch die Maschine war beispielhaft.

Wir fanden alle, daß die technischen Aktivitäten der Privatfahrer zwischen 1960 und 1970 wohl interessant sind und zum Bild dieser Zeit gehören. Denn kaufen konnten viele eine

rennfertige und auch leistungsmäßig konkurrenzfähige Straßenrennmaschine nicht immer. Ganz abgesehen davon war das große Geld mit Rennerfolgen sowieso nur von den Top-Werksfahrern zu holen – !

Sponsoren, die einem Fahrer Geld für seine Maschine und seinen Sport schenkten, gab es kaum – selbst war der Mann, absolut – !

Eine andere Sportszene in den 60er Jahren waren die Internationalen Sechstagefahrten für die Geländezuverlässigkeitsfahrer. Hier waren deutsche Fabriken mehr engagiert als im Straßensport. In alphabetischer Reihenfolge möchte ich die Hauptbeteiligten nennen. BMW (zeitweise mit 500 cm^3-Solomaschinen und mit einem 600 cm^3-Gespann), solange diese Klassen gefahren wurden und erfolgsträchtig für die Münchner waren; Hercules sehr aktiv mit Werksmaschinen und Werksfahrern (der Mentor im Hause Hercules und aktivste Betreuer seiner Leute war Alfred Winkler); Maico selbstverständlich, denn die kleine Fabrik lebte vom Moto Cross- und vom Geländesport; Zündapp war ganz gewaltig mit vielen Fahrern dabei (1968 stellte Zündapp die siegreiche Trophy-Mannschaft ganz allein) und schließlich auch die Zweirad Union.

Die Sixdays waren immer das größte Ereignis für diese Aktiven, und da wurde auch nicht mit Maschinen und Leuten gespart.

Internationale Sechstagefahrt zwischen 1960 und 1970

Jahr	Austragungs- land	Trophy	Silber- vase	
1960	Öster- reich	Öster- reich	Italien	35.
1961	England	BRD	CSSR	36.
1962	BRD	CSSR	BRD	37.
1963	CSSR	DDR	CSSR	38.
1964	DDR	DDR	DDR	39.
1965	Isle of Man	DDR	DDR	40.
1966	Schweden	DDR	BRD	41.
1967	Polen	DDR	CSSR	42.
1968	Italien	BRD	Italien	43.
1969	BRD	DDR	BRD	44.
1970	Spanien	CSSR	CSSR	45.

Ganz deutlich wird, daß die DDR mit sechs Trophy-Siegen und zwei Silbervasen-Erfolgen den dicksten Vogel abschoß. Danach kamen die Tschechen mit zwei Trophy-Siegen und vier Silbervasen. Die Bundesrepublik Deutschland mit zwei Trophy-Siegen und drei Silbervasen lag in der Rangfolge dahinter. Italien gewann einmal die Silbervase.

Nun produzierten MZ (DDR), CZ und Jawa (CSSR) besonders ruhige und unverwüstliche Alltagsmotorräder. Und obwohl alle drei Marken auch im Grand Prix-Sport vertreten waren, legten sie den Schwerpunkt der Maschinen-Charakteristik in das zuverlässige Arbeitspferd für ihre Serienproduktion, die in die ganze Welt ging.

Mit der Zeit war in der Bundesrepublik aber auch das Stilfahren im Gelände, der Trialsport, langsam gewachsen. Er tat sich anfangs schwer, weil die Sportbehörde nicht so richtig mitziehen wollte. Aber eines Tages wurde auch dieses Eis gebrochen. Nur kamen deutsche Fahrer gegen die englischen Asse in diesem Sport schwer an. Trotzdem schielten wir ständig nach der großen Schottischen Sechstagefahrt, die für die Trialsportler in jedem Jahr der Höhepunkt war.

Daß der Moto Cross-Sport, daß auch der Bahnsport blühte, möchte ich natürlich erwähnen. Ja, sogar Motoball kam auf, und in der Aktivität des Motorradsports sah es nicht schlecht aus. Es würde Bücher füllen, wollte man über alles eine Chronik verfassen.

Doch bevor wir dies letzte Kapitel beenden, muß noch von drei Ereignissen die Rede sein, die auch maßgeblich in dieses Jahrzehnt gehören.

1960 wude das 5. Elefanten-Treffen – wie in der Einleitung zu diesem Buch schon geschildert – auf dem kleinen Feldberg im Taunus organisiert, ab 1961 war es auf dem Nürburgring. Hier in Kürze die Orte und Jahre des Geschehens:

1956 Solitude-Rennstrecke bei Stuttgart
1957 Solitude-Rennstrecke bei Stuttgart
1958 Bad Dürkheim a.d. Weinstraße
1959 Stadtoldendorf/Niedersachsen
1960 Feldberg/Taunus
1961 – 1977 Nürburgring
ab 1978 Salzburgring/Österreich

1956 hatten meine Inge und ich mit ein paar Freunden damit angefangen. Die Zeiten entwickelten sich recht negativ für Motorradfahrer, und es sollte der Versuch sein, daß sich die Fahrer enger (auch ohne Vereinsmeierei) zusammenschlossen, kennenlernten und zeigten, daß es uns noch gab.

1961 war die Sache durch die unwahrscheinliche Beteiligung so groß geworden, daß wir das nicht mehr in unserem kleinen Familienkreis bewältigen konnten. Daraufhin kümmerte sich ab 1962 der Bundesverband der Motorradfahrer e.V. um die Ordnung, denn viele der leitenden Mitglieder hatten das schon 1961 gemacht.

So blieb es bis heute, es ist inzwischen eine bedeutende Veranstaltung des BVdM geworden.

In diesen 60er Jahren war das Ereignis klar eine Quelle der Freude, der Begegnungen, es kamen Fahrer aus der ganzen Welt. 1969 war es das 14. Treffen. Lassen Sie mich davon erzählen:

Keine touristische Veranstaltung für Motorräder im Sommer hatte diese großen Teilnehmerzahlen – 1969 zählten wir 10 000 Motorräder. Das Elefanten-Treffen hatte sein festes Datum im Kalender: das erste Wochenende eines jeden neuen Jahres. Immer noch war es ein freier Treffpunkt ohne Ausschreibung, Wertung oder Ehrenjungfrauen, und mancher der damaligen Zeitgenossen (besonders aus dem deutschen Vereins-Almanach) stand fassungslos vor diesem Phänomen. Wer der Ansicht gewesen war, daß das Motorrad als Fahrzeug und Sportinstrument und daß der Motorradfahrer als Verkehrsteilnehmer und Sportler »unmöglich in das Bild des wirtschaftlichen Wiederaufstieges der Bundesrepublik passe«, unzeitgemäß und zum Aussterben verurteilt gewesen sei, der mußte sich wohl oder übel eines anderen belehren lassen. Wer meinte, daß die Teilnehmer am Elefanten-Treffen unmöglich die Existenz der Masse der Motorradfahrer und -sportler repräsentieren konnte, der mußte sie schon in den letzten Jahren von 50 cm³ bis 1200 cm³, von neun bis zu achtzig Lebensjahren, im Querschnitt betrachten.

Damit waren eininige der vielen Gedanken verwirklicht, die wir 1956 hatten und die zu diesem Treffen führten. Es war damals eine Zeit, in der jeder Wichtigtuer glaubte, sich billig und publikumswirksam ohne jedes Risiko an der allgemeinen Hexenjagd gegen Motorräder und Motorradfahrer beteiligen zu können, ohne daß ihm von irgendeiner Seite der Kraftfahrt-Interessen-, Industrie- oder Handwerkerverbände auch nur in geringem Maße öffentlich Paroli geboten worden wäre. Und nun, 1969, wo aus diesem Treffen mit Hilfe tapferer und aufopferungswilliger Männer etwas Grö-

ßeres geworden war, da gaben sich plötzlich die Vertreter dieser ursprünglich nicht beteiligten Verbände die Türklinken in die Hände, um eine Begrüßungsansprache zu halten.

Somit war dieses Ereignis wohl auch in diesen Kreisen »gesellschaftsfähig« geworden. Ja, die Motorrad-Sportbehörden aus Deutschland und aus anderen Ländern sandten mit schriftlicher Vorankündigung offizielle Vertreter – aber sie wußten nicht, daß es gar keinen offiziellen »Veranstalter« im 08/15-Sinn gab und daß die OMK nicht zuständig war – ! Ha, ha – ! Aber wie schon gesagt: »Wer hinfuhr, der war selber schuld«, und eingeladen wurde niemand. Wer aber kam, dem wurde die Hand gereicht, wenn er nach langer strapaziöser Fahrt von einem Motorrad stieg! Und unser Platz an diesem Abend war nirgendwo anders als an den Feuern unserer Fahrer (und nicht in irgendeinem Funktionärs-Lokal!), meiner Motorradfahrer und Freunde, deren lange Reise mit der Maschine den einzigen und wahren Sinn dieses – wie Opa Sexé sagte – »Wintermärchens« dokumentierte. Nichts sonst. Es war eine Art Weihnachtsfest noch immer. Das einzige, was ich zur regelmäßigen Durchführung eingeführt hatte und wo ich wagte, eine Rede zu halten, das war vor dem Fackelzug um den Nürburgring die Ehrung der verstorbenen Motorradfreunde.

Auf der Hinfahrt durch hochverschneite Landschaften drückten sich die Leute der Tankstellen an den Fenstern der Waschhallen, der Büros, der Werkstatt die Nasen platt. Wir zählten mindestens zehn platte Riechkolben und zwanzig große Augen. Der Tankwart sagte nichts, er betrachtete meine Winterkleidung, mich, die Guzzi V 7 und die Inge im Seitenwagen wie die neueste Attraktion aus Prof. Grzimeks Zoologischem Garten. Schließlich fragte er, woher wir kämen.

»Ja, Mensch, da ist aber doch ein geheiztes Auto bequemer, bestimmt aber für das Mädchen«, meinte er.

»Sie sagen es ganz richtig«, antwortete ich ihm. Lieber nicht mehr sagen, sonst alarmierte der die Funkstreife mit der Nachricht, es seien heute schon mehrere Verrückte an seiner Spritsäule gewesen.

Es war jedes Jahr dasselbe, wenn wir zum Elefanten-Treffen fuhren und an die Tankstellen kamen.

In der Dämmerung kam die Nürburg endlich in Sicht, und mit uns strebte schon eine ganze Kolonne nach Mekka. Mitten drin Vater Harr aus Rohrdorf bei Nagold mit seiner unentbehrlichen Knopf-Nähmaschine. Heute, am Freitag, noch ehe die Schlacht begann. Oder hatte sie schon begonnen?

Sie hatte. Die ersten Zelte, die ersten Lagerfeuer – und im »Lindenhof« in Nürburg für ein Telefongespräch DM 5,75, das in der Post in der gleichen Länge nur DM 0,90 kostete. Wovon sollten die armen Pensionswirte, Hoteliers, Gasthöfe, Suppenköche im Winter dort auch leben, wenn nicht vom Einzug der 10 000 Motorradfahrer? Aber das war ja immer schon so in der langen Geschichte, wenn die Heere zogen – !

Da rief jemand aus dem Dunkel der Dorfstraße von Nürburg heraus – John Ebbrell aus London, und nach einer halben Stunde schon hatte man fast alle beisammen, die da Jahr für Jahr die weiten Reisen machten.

Allan mit dem BSA-Schiff und Jim, John und Don, Jack und Charles, Achmet aus dem Lande Mohammeds, den Langen aus Zürich, die Zwei aus Straßburg, den Doktor ut Hamborg, den Förster aus dem Silberwald und Gerd aus den Äppelwoi-Gärten. Dazu ihre Maschinen. Die ewigen Ka-Essen, die edlen BMWs, die launischen englischen Ladies, die scharfen Hondas, den Sahara-Elefanten und dazu ihre Geschichten, Geschichten, Geschichten, Geschichten. Nun ja, ein ganzes Jahr hatte man sich oft nicht gesehen und vielleicht nur beim letzten Elefanten-Treffen ein paar Minuten miteinander gesprochen, soweit man sich verständigen konnte. Die Mannschaft also war versammelt.

Nein, kein Mensch hätte behauptet, daß das Motorrad als Fahrzeug und Abenteuer-Utensil seine Daseinsberechtigung eingebüßt hatte. 10 000 Maschinen waren eine stolze Zahl, für Außenstehende in dieser Winterzeit eine geradezu unfaßliche Zahl. Der Mann, der zu diesem Fest die weiteste Anfahrt 1969 hatte, war Mauretio D'Asaro aus Palermo auf Sizilien. 2800 Kilometer waren sein Weg. Diese Strecke fuhr er auf einer BMW R 51/3 solo quer durch die Winter-Alpen. Maarten Mager und Björn Stokke kamen 1600 Kilometer weit aus Norwegen mit einer R 69 mit MZ-Seitenwagen, einige Schweden waren mit einer R 50 solo 1400 Kilometer gefahren. Aber das war noch nicht alles: aus Dallas in Texas kam ein Ehepaar mit einem kleinen Jungen auf einer alten BMW R 67, um sich während einer Europa-Reise das Treffen anzusehen.

Das waren nur einige Beispiele aus dem Kreise dieser Zehntausend. Der älteste feststellbare Teilnehmer, der mit einem Motorrad kam, war Richard Herford aus Bocholt, 73 Jahre. Seine Maschine war eine Triumph.

Am nächsten Tag um 18.30 Uhr wurde die große Ehrenrunde mit Lichtern und Fackeln gestartet. Nach der Ansprache zu Ehren unserer verstorbenen Freunde, deren Namen wir nannten, warfen wohl 500 Fahrer die Motoren ihrer Maschinen auf das Kommando gleichzeitig an. Das war der Auftakt zu einer gewaltigen Motoren-Symphonie. Dann setzte sich die lange Lichterkolonne zur Fahrt um die Nordschleife in Bewegung. Dies war schon immer der schönste und ergreifendste Augenblick des Elefanten-Treffens überhaupt, denn wir konnten diesen Tag nicht ohne das Gedenken an unsere Toten vergehen lassen.

Schließlich fand man sich an den Feuern zusammen, und die Gespräche gingen überall hin und her. Einer stimmte das Lied vom Hamburger Veermaster an. Einer stocherte in der Glut, daß die Funken aufstoben, und dann fielen sie in den Chor ein »Blow, boys, blow – !« So ging es mit den Liedern reihum. Der Graf Hardubrand wurde wie jedes Jahr besungen, aber der Pulver-Schmied hatte ein neues Schnaderhüpferl erfunden – bravissimo, prost – und schließlich sang John in Alt-Englisch ein Lied auf die Königin Elisabeth I.

Jeder hatte da etwas auf Lager, und Karl

Fackelfahrt zu Ehren verstorbener Motorradfahrer und -sportler um die Nordschleife des Nürburg-ringes beim Elefantentreffen. Ein Brauch, der sich bis heute bei diesem Treffen gehalten hat.

brannte dazwischen eine kleine Salutkanone ab. Ja, es war zwar nicht Wallensteins Lager, aber im roten Licht des Feuers wirkten die Männer doch wie jene fantastischen Gestalten der alten Geschichten.

Der Schreinermeister hatte im Haufen der Maschinen die alte KS entdeckt, die ihm als erstem vor vielen Jahren gehörte. Sie lief noch immer, und das war auch wieder ein Grund zum Feiern. Der Tank war noch drauf, der Seitenwagen war noch erstklassig – ja, wo war das gute Stück wohl in all' den Jahren herumgegondelt? Und das war ein neues Stichwort, und die Reisegeschichten wurden erzählt.

»Aber der Wagen, der rollt!« sangen sie danach. So hieß es in dem Lied: » – wäre so gern noch geblieben, aber der Wagen, der rollt!« Und wo wären wir in dem vergangenen Jahr des Fahrens und Wanderns überall gern noch länger geblieben!

Bei der Tour de France, auf der Isle of Man,

dort am Nürburgring nach dem Eifel-Pokal-Rennen, oder – so sagte einer – da im Tal der Loire. Auf den Straßen zum Nordkap, meinte ein anderer. Jeder hatte so irgendeinen Platz, und das Erzählen übertönte die Lieder. Über dem Feuer stand der Mond, die Nacht war ganz klar. Ringsherum an den Zelten saßen sie zusammen, sangen, erzählten und diskutierten. Auf den Maschinen blitzten hier und da die Lichter, und Glühwürmchen herumwandernder Taschenlampen geisterten im Dunkeln herum. Das Holz knallte und schoß in der Glut.

Am Sonntagmorgen wären wir am liebsten gleich nach Hause gefahren, denn die Polizei hatte plötzlich alle Mühe, draußen auf den Straßen die Auto-Knäuel zu entwirren. Fernsehberichte vom Vorabend hatten eine Unmenge von Schaulustigen in die Eifel zum Nürburgring gelockt, die sich die Motorradfahrer ansehen wollten, die da im Winter aus aller

Herren Länder zusammengeströmt waren. Das war immer wieder für einen braven Mitteleuropäer eine Sensation.

Aber wir blieben doch noch, denn hinter der Bosch-Tribüne auf dem großen, freien Platz bauten sie schon die kleine Strecke auf, auf der dann die Junioren auf Vaters Gespann zeigen konnten, was sie gelernt hatten. Das war auch eine große Gaudi, und die Jungens und – Mächen (jawohl!) – machten dann auch vor, daß sie mit einem großen Gespann umgehen konnten. Alter? Na, so von sieben an bis zwölf und vierzehn Jahren.

Das hätten sich einmal die Leutchen ansehen sollen, die soviel, so wichtig und weise von Verkehrssicherheits-Schulung predigten. Da brachte ein Neunjähriger eine 600er BMW mit Seitenwagen auf dem engen Schnee-Kurs um die Ecken, wie das ein alter Fahrensmann nicht besser hinkriegte.

Das war in jedem Jahr für uns sozusagen der Abschluß. Man ging noch einmal auf den Start- und Zielplatz und schaute, wen man noch von seinen Freunden erwischte, um Ade sagen zu können. Allan, der Feuerwehrmann aus Birmingham, kam aufgeregt an und suchte Hilfe für die Vincent eines Freundes, dem irgend etwas am Motor defekt war. Aber da war nicht nur der Berliner Motorradhändler Verworner mit Ersatzteilen und Werkstatthilfe, da stand auch der Renndienst-Wagen von Varta, und die Männer darin hatten weiß Gott keine Langeweile. Für eine alte Matchless drehten sie sogar Stößel neu, Motorenüberholungen waren zwar nicht dabei, aber es gab doch die sagenhaftesten Reparaturen auszuführen. Mancher wäre restlos aufgeschmissen gewesen, wenn es diese Hilfsmöglichkeiten nicht gegeben hätte.

Die Schlacht war geschlagen. Die Mitglieder des Bundesverbandes der Motorradfahrer, die da so unermüdlich und begeistert für Ordnung sorgten, wußten bestimmt, was sie an diesen beiden Tagen geleistet hatten.

Das wußte aber auch wohl mancher derjenigen, die sich nicht scheuten, Hunderte von Kilometern abzuspulen, um dabeisein zu kön-

Solange es eine Jugend gibt, die sich weder von Regen und Nässe noch von Eis und Schnee abhalten läßt, ein Motorradziel zu erreichen, so lange braucht niemand zu fürchten, daß gute Motorradfahrer aussterben (Bild von einem schneereichen Elefantentreffen der 60er Jahre).

nen, und die immer wieder kamen. Jahr für Jahr. Opa Sexé sagte, es sei nun das letzte Elefanten-Treffen, das er gesehen hätte. Wir antworteten ihm, daß das Unsinn wäre, denn genau die gleichen Worte habe er schon 1961 gesagt, und das war nun acht Jahre her. Acht Jahre, von denen er keines ausließ, im Januar zum Nürburg-Ring zu fahren – ! Als wir das alles 1956 anfingen, wußten wir schon, warum wir das machten, und so war es auch 1965, als Inge auf die Idee der »Pfadfinder-Trophäe« kam, die heute – nun seit Jahren vom ARBÖ in Österreich veranstaltet – jedes Jahr über die Bühne geht.

Wir mußten dem Tourenfahrer etwas Lohnendes vorbereiten und zeigen, daß Motorräder nicht zum sinnlosen Herumwetzen da waren. Wir wollten es als Forschungs- und Bildungswerkzeug, als Mittel für einmalig schöne Urlaubsreisen und für ganz besonders interessante Fahrtziele benutzen. Es sollte ein Beitrag sein, Motorradfahren erlebnisreicher, wichtiger und dauerhafter zu gestalten.

Auch das war ein Zeichen des Jahrzehnts – der Aufbruch in eine Art des Fahrens, die in der Öffentlichkeit für uns alle eine Werbung war. Es hatte bis dahin niemanden gegeben – nicht eine einzige offizielle Interessenvertretung –, der sich solche Gedanken für eine gute Motorradzukunft gemacht hatte. Also packten wir's selbst an. Und siehe da – dieser touristische Wettbewerb brachte neuen Auftrieb, neues Ansehen und existiert weiter und weiter.

Nicht jeder konnte oder wollte am organisierten offiziellen Sport teilnehmen, und es gab viele und immer mehr, die auf der Suche nach einem ungezwungenen Abenteuer waren, welches man nur mit Motorrädern bestehen konnte und welches auch nur zu ihnen und ihren Vorstellungen paßte. Es war in den 60er Jahren wichtig, daß wir das genau erkannten, um auch hier neue Wege zu finden, die dem Motorrad und seinem abenteuerlichen Flair noch mehr Freunde brachten.

So erfand ich diesen Spaß, der »Schwarzpulver-Rallye« genannt und 1968 zum ersten Male mit Hilfe des Hammelbacher Motorsport-Clubs und des ansässigen Schützenvereins im Odenwald in Gang gesetzt wurde und der heute noch existiert.

Dabei kam es darauf an, eine gute fahrerische Leistung (immer im Monat Februar, denn wir wollten keine Angeber und Showmänner haben) zu bringen, und zum Gewinn eines Preises auch noch mit einer alten Schwarzpulver-Muskete (Feuerstein- oder Perkussions-Zündung!) auf 50 m stehend freihändig, durch Blitz und Dampf gezielt, drei 11-mm-Kugeln genau ins Schwarze zu bringen.

Es wurde eine fürchterliche Gaudi – !

Der Schmied und Büchsenmacher Karl Johnsdorf aus Hanau und seine fantastischen (staatlich beschossenen!) Charleville-Musketen und Kentucky-Büchsen erlangten Berühmtheit. Vor allem aber war es vom Kreise der Teilnehmer und Schlachtenbummler her genau das, was uns vorgeschwebt hatte. Hier wurde – meist ohne einen tierischen Medaillen-, Sportabzeichen-Punkte- oder ehrgeizigen Ernst – das zwanglose Abenteuer verwirklicht, nach dem viele der »Windgesichter« Jahre gesucht hatten.

Es sollte dazu beitragen, neue Impulse zum Fahren und zu Motorrad-Ereignissen zu geben, die wir alle so dringend brauchten.

Womit wir nun zum Schlußpunkt dieses Jahrzehntes kommen, in dem auch die zuletzt genannten Unternehmungen als typisch gehören.

Bis zur Mitte der 60er Jahre sah es zunächst deprimierend aus, und es gab nicht viele Leute, die daran glaubten, daß das Motorrad jemals wieder irgendeine Bedeutung erlangen würde. Wie deprimiert waren wir z.B. zum Elefanten-Treffen 1960 auf den Feldberg im Taunus gefahren.

Aber seit 1961 rührten sich die Japaner, kamen immer mehr in Schwung, holten sich über ihre errungenen Weltmeisterschaften und mit ihrer sensationellen Technik mehr und mehr Marktanteile in den USA, in Europa und in Deutschland.

Ab 1965 ging es aufwärts – !

Noch mißtrauisch beobachtet, zögernd berührt und zum Teil lächerlich verkannt kam eine neue Motorradzeit. Zum Ende des Jahrzehnts konnte man voraussehen, daß da ein Boom im Kommen war. Es begann, daß sich neue Motorradmodelle plötzlich sozusagen über Nacht und reihenweise in eine neue Zeit einfügten.

Wir Motorradkinder waren zuerst erstaunt, dann unheimlich motiviert, bald waren unsere Depressionen verschwunden, und dann schließlich fing es an, daß wir heftig mitmischten – !

Es ging wieder los – die Karre war aus dem Dreck, Freunde!

Den Silvesterabend und die Neujahrsglocken 1969/70 beim Jahreswechsel waren die schönsten Glocken seit Jahren. Wir holten die Guzzi aus der Garage.

»Auf, zum Elefanten-Treffen!« Und dann hinein in ein Motorradparadies, wie wir's vorher nie zu träumen wagten!

Wurde es die Verwirklichung unserer Träume?

Wir glaubten es und sangen: ». . . der alte Graf von Kotzensteyn fährt noch in tausend Jahren . . .«

Schlußwort

Es gibt viel zu wenig Papier – !

Das war, liebe Leser, meine Geschichte von den rasanten Motorrädern der 60er Jahre. Um es gleich zu sagen: es konnte nur – wie man heute sagt – »die Spitze eines Eisberges« sein. Man müßte noch viel, viel mehr erzählen. Aber erzählt werden mußte es mal, wie das zwischen 1960 und 1970 war, als die ganze Motorradwelt umgekrempelt wurde. Doch mußte ich mit dem Papier auskommen, was ich zur Verfügung hatte.

Es sind die markantesten Serienmotorräder in dieser Dokumentation versammelt, die die 60er Jahre prägten, und es sind auch ein paar andere Dinge aufgeführt, die für diesen Zeitraum wichtig waren. Natürlich war es unmöglich, alles und jedes, diesen und jenen wichtigen Menschen zu erwähnen, wofür ich um ein wenig Verständnis bitte. Und allwissend bin ich auch nicht – !

Allen aber, die mir mit viel Freude und Fleiß (z. B. die wie ein Rennmotor mit 16 000 U/min tippende unermüdliche Inge), mit viel Wissen und Erinnerungsvermögen (wie z. B. in Gesprächen Oberingenieur Siegfried Rauch, der frühere Chefredakteur von »Das MOTOR-RAD«) geholfen haben, muß ich herzlich danken.

Es sind alles Menschen, für die das Fahrzeug Motorrad das Leben schlechthin ist, und denen sich die Welt entsprechend frei und weit auftut. Da war auch wieder der Karl mit seiner Maschinen-Sammlung, der Helmut mit seinen Ladies und noch so viele von meinen Motorradfreunden, die nicht selten mit fiebriger Spannung verfolgten, wie dieses Buch weiter und weiter gedieh. »Mensch, bist du noch immer nicht fertig – ? Leg' 'mal ein paar Umdrehungen zu, wir wollen es endlich lesen –.«

Nun ist es fertig, dieses Buch. Aber fertig im Sinne der notwendigen Motorrad-Dokumentationen und der immer neuen Motorrad-Geschichten werde ich wohl nie sein. Es gibt gar nicht so viel Papier, um alles aufschreiben zu können.

Doch dieser »Aufschrieb« nun würde dadurch einen ganz guten Schlußpunkt haben, wenn er Ihnen, liebe Leser, ein wenig gefallen hat und ein wenig Motorradluft in den grauen Alltag brachte.

»Hals- und Beinbruch« Ihnen allen!

Insider lesen

MOTORRAD

Europas größte Motorrad-Zeitschrift.